Ökonomische Analyse der Haftung
des Wirtschaftsprüfers

Europäische Hochschulschriften

Publications Universitaires Européennes
European University Studies

Reihe V
Volks- und Betriebswirtschaft

Série V Series V
Sciences économiques, gestion d'entreprise
Economics and Management

Bd./Vol. 2145

PETER LANG
Frankfurt am Main · Berlin · Bern · New York · Paris · Wien

Elisabeth Herrmann

Ökonomische Analyse der Haftung des Wirtschaftsprüfers

PETER LANG
Europäischer Verlag der Wissenschaften

Die Deutsche Bibliothek - CIP-Einheitsaufnahme

Herrmann, Elisabeth:

Ökonomische Analyse der Haftung des Wirtschaftsprüfers / Elisabeth Herrmann. - Frankfurt am Main ; Berlin ; Bern ; New York ; Paris ; Wien : Lang, 1997
(Europäische Hochschulschriften : Reihe 5, Volks- und Betriebswirtschaft ; Bd. 2145)
Zugl.: München, Univ., Diss., 1997
ISBN 3-631-32179-1

D 19
ISSN 0531-7339
ISBN 3-631-32179-1

Geleitwort

Die Regeln zur Haftung des Wirtschaftsprüfers sind umstritten. Aufgrund von Fällen, in denen man bei Prüfungen des Jahresabschlusses zu geringe Sorgfalt des Prüfers vermutete, wird insbesondere im journalistischen und politischen Bereich eine Haftungsverschärfung gefordert, um neuen Schadensfällen vorzubeugen. Der betroffene Berufsstand sieht in solchen Maßnahmen kein Heilmittel und befürchtet bei zu hoher Haftung Unversicherbarkeit oder erdrosselnde Kosten und - um diese Probleme zu vermeiden - eine Förderung von bereits bestehenden, als stark empfundenen Konzentrationsprozessen. Eine theoretische Würdigung dieser Argumente steht bisher weitgehend aus.

Aufbauend auf Calabresi haben sich die amerikanische und wichtige Teile der deutschen Rechtswissenschaft mit der ökonomischen Analyse von Haftungsregeln auseinandergesetzt. Die Arbeiten sind Bestandteil der sog. ökonomischen Analyse des Rechts. Frau Dr. Herrmann übernahm die bedeutsame Aufgabe, die Fruchtbarkeit dieser Ansätze, welche ökonomische Kalküle auf die Frage der Rechtsgestaltung übertragen, für die gegenwärtige Diskussion der Haftung des Wirtschaftsprüfers zu prüfen. Sie gelangt bei der Einschätzung des geltenden Haftungsrechts und der Würdigung potentieller Weiterentwicklungen zu neuen interessanten Ergebnissen und scheut vor eigenen Verbesserungsvorschlägen nicht zurück. Der gute Überblick über die Möglichkeiten (und Grenzen) der ökonomischen Analyse, die Aktualität der Fragestellung und die Vorlage eigener Verbesserungsvorschläge zum geltenden Recht sind nur drei Gründe, um der Arbeit zahlreiche Leser zu wünschen.

München, den 21. April 1997 Prof. Dr. Wolfgang Ballwieser

Vorwort

Die vorliegende Arbeit ist im Wintersemester 1996/97 vom Promotionsausschuß der Fakultät für Betriebswirtschaft der Münchner Ludwig-Maximilians-Universität angenommen worden. Sie ist neben meiner praktischen beruflichen Tätigkeit als Revisionassistentin entstanden und berücksichtigt bis 30. Oktober 1996 erschienene Literatur, Rechtsprechung und Gesetzgebung.

Meinen herzlichsten Dank möchte ich an dieser Stelle meinem Doktorvater Herrn Prof. Dr. Wolfgang Ballwieser aussprechen, der mir ermöglicht hat, die Dissertation als externe Doktorandin anzufertigen. Nicht zuletzt aufgrund seiner vielfältigen und kritischen Anregungen ist mir die Fertigstellung der Arbeit gelungen.
Herrn Prof Dr. Bernd Rudolph danke ich für die bereitwillige Übernahme der Erstellung des Zweitgutachtens.
Gesprächen mit meinen Vater WP Dr. Bernhard Ph. Herrmann und meiner Schwester Stephanie Herrmann verdanke ich Denkanstöße zur praktischen und zur juristischen Seite des Themas.

Gewidmet sei die Arbeit meinen Eltern und meinen beiden Schwestern, die mir in allen Jahren jederzeit unterstützend zur Seite gestanden sind.

München, im April 1997 Elisabeth Herrmann

Inhaltsverzeichnis

Abkürzungsverzeichnis

A.2d	Atlantic Reporter - Second Series
AAB	Allgemeine Auftragsbedingungen für Wirtschaftsprüfer undWirtschaftsprüfungsgesellschaften
a.a.O	am angegebenen Ort
a.F.	alte Fassung
Abl.EG	Amtsblatt der EG
Abs.	Absatz
AcP	Archiv für die civilistische Praxis
AG	Aktiengesellschaft; Die Aktiengesellschaft
AGBG	Gesetz zur Regelung des Rechts der Allgemeinen Geschäftsbedingungen
AICPA	American Institute of Certified Public Accountants
AktG	Aktiengesetz
Anm.	Anmerkung
Art.	Artikel
ARSP	Archiv für Rechts- und Sozialphilosophie
Aufl.	Auflage
AuslandsInvestmentG	Gesetz über den Vertrieb ausländischer Investmentanteile und über die Besteuerung der Erträge aus ausländischen Investmentanteilen (Auslandsinvestment-Gesetz)
AVB-WB	Allgemeine Bedingungen für die Vermögensschadenhaftpflichtversicherung von Angehörigen der wirtschaftsprüfenden sowie wirtschafts- und steuerberatenden Berufe

BAK	Bundesaufsichtsamt für das Kreditwesen
BB	Der Betriebs-Berater
Bd.	Band
bearb.	bearbeitet(e)
begr.	begründet
betr.	betreffend
BFuP	Betriebwirtschaftliche Forschung und Praxis
BGB	Bürgerliches Gesetzbuch
BGBl.	Bundesgesetzblatt
BGH	Bundesgerichtshof
BHV	Verordnung über die Berufshaftpflichtversicherung der Wirtschaftsprüfer, vereidigten Buchprüfer und der nach § 131b Abs. 2, § 131f Abs. 2 der Wirtschaftsprüfer-ordnung vorläufig bestellten Personen
bspw.	beispielsweise
BT-Drs.	Drucksachen des Deutschen Bundestages
BVerfG	Bundesverfassungsgericht
BVerfGE	Amtliche Sammlung der Entscheidungen des Bundesverfassungsgerichts
bzw.	beziehungsweise
Cal.Rptr.2d	California Reporter - Second Series
c.i.c.	culpa in contrahendo
Co.	Company
Corp.	Corporation
c.p.	ceteris paribus
CPA	Certified Public Accountant

DB	Der Betrieb
dgl.	dergleichen
d.h.	das heißt
Diss.	Dissertation
DM	Deutsche Mark
DMBilG	D-Markbilanzgesetz
DStR	Deutsches Steuerrecht
DZWir	Deutsche Zeitschrift für Handelsrecht und Wirtschafts-recht
EG	Europäische Gemeinschaften
entspr.	entsprechend
etc.	et cetera
e.V.	eingetragener Verein
evtl.	eventuell
f.	folgende
F.2d	Federal Reporter - Second Series
FASB	Financial Accounting Standards Board
FAZ	Frankfurter Allgemeine Zeitung
FG	Fachgutachten des IDW
FN	Fachnachrichten des IDW
F.Supp.	Federal Supplement
GAAP	Generally Accepted Accounting Principles
GAAS	Generally Accepted Auditing Standards
gem.	gemäß

GenG	Gesetz betreffend die Erwerbs- und Wirtschaftsgenossenschaften
GG	Grundgesetz für die Bundesrepublik Deutschland
GI	Gerling Informationen für wirtschaftsprüfende, rechts- und steuerberatende Berufe
GmbH	Gesellschaft mit beschränkter Haftung
GmbHG	Gesetz betreffend die Gesellschaften mit beschränkter Haftung (GmbH-Gesetz)
GmbH-Rdsch.	GmbH-Rundschau - Gesellschafts- und Steuerrecht der GmbH und GmbH & Co.
HB	Handelsblatt
HFA	Hauptfachausschuß des IDW
HGB	Handelsgesetzbuch
HGrG	Gesetz über die Grundsätze des Haushalts des Bundes und der Länder (Haushaltsgrundsätzegesetz)
h.M.	herrschende Meinung
hrsg.	herausgegeben
Hrsg.	Herausgeber
HWRev	Handwörterbuch der Revision
i.d.F.	in der Fassung
i.V.m.	in Verbindung mit
IDW	Institut der Wirtschaftsprüfer in Deutschland e.V.
IFAC	International Federation of Accountants
IKS	Internes Kontrollsystem

JAR	Journal of Accounting Research
Jg.	Jahrgang
JITE	Journal of Institutional and Theoretical Economics - Zeitschrift für die gesamte Staatswissenschaft
JoA	Journal of Accountancy
JuS	Juristische Schulung - Zeitschrift für Studium und juristische Ausbildung
JZ	Juristenzeitung
KAGG	Gesetz über Kapitalanlagegesellschaften
KG	Kommanditgesellschaft
KGaA	Kommanditgesellschaft auf Aktien
KPMG	Klynveld Peat Marwick Goerdeler
KritV	Kritische Vierteljahresschrift für Gesetzgebung und Rechtswissenschaft
KWG	Gesetz über das Kreditwesen
LG	Landgericht
Ltd.	Limited
m.a.W.	mit anderen Worten
Mio.	Millionen
Mrd.	Milliarden
N.E.	North Eastern Reporter
neubearb.	neubearbeitet(e)
N.J.	New Jersey Reports
NJW	Neue Juristische Wochenschrift

NJW-RR	Neue Juristische Wochenschrift - Rechtsprechungs-Report Zivilrecht
No.	number
Nr.	Nummer
N.Y.	New York Reports
N.Y.2d	New York Reports - Second Series
NZZ	Neue Zürcher Zeitung
o.a.	oben angegeben(e)
o.ä.	oder ähnliche(s)
o.g.	oben genannt(e)
o.T.	ohne Titel
o.V.	ohne Verfasser
OHG	Offene Handelsgesellschaft
OLG	Oberlandesgericht
P.2d	Pacific Reporter - Second Series
PartGG	Gesetz zur Schaffung von Partnerschaftsgesellschaften (Partnerschaftsgesellschaftsgesetz)
PublG	Gesetz über die Rechnungslegung von bestimmten Unternehmen und Konzernen (Publizitätsgesetz)
Rdnr.	Randnummer(n)
RICO	Racketeer Influenced and Corrupt Organizations Act
RIW	Recht der Internationalen Wirtschaft - Betriebs-Berater International
Rule 10b-5	Verordnung der SEC No. 3230 v. 21.05.1942

S.	Seite
S.Ct.	Supreme Court Reporter
SEC	Securities and Exchange Commission
Sec.	section
sog.	sogenannte(n)
Sp.	Spalte
StB	Der Steuerberater
Stbg	Die Steuerberatung
StGB	Strafgesetzbuch
Suppl.	Supplement
SZ	Süddeutsche Zeitung
TDM	Tausend Deutsche Mark
u.a.	unter anderem
u.ä.	und ähnliche
Urt.	Urteil
US	United States
USA	United States of America
u.U.	unter Umständen
v.	von; vom; versus
v.a.	vor allem
VAG	Gesetz über die Beaufsichtigung der Versicherungsunternehmen (Versicherungsaufsichtsgesetz)
VersR	Versicherungsrecht
vgl.	vergleiche
Vol.	Volume

WFA	Wohnungswirtschaftlicher Fachausschuß des IDW
WiSt	Wirtschaftswissenschaftliches Studium
WM	Wertpapiermitteilungen - Zeitschrift für Wirtschafts- und Bankrecht
WPg	Die Wirtschaftsprüfung
WpHG	Gesetz über den Wertpapierhandel (Wertpapierhandelsgesetz - WpHG)
WPK	Wirtschaftsprüferkammer
WPK-Mitt.	Wirtschaftsprüferkammer-Mitteilungen - Zeitschrift für Berufspolitik, Berufsrecht und berufliche Praxis
WPO	Gesetz über eine Berufsordnung der Wirtschaftsprüfer (Wirtschaftsprüferordnung)
z.B.	zum Beispiel
ZfB	Zeitschrift für Betriebswirtschaft
ZfbF	Schmalenbachs Zeitschrift für betriebswirtschaftliche Forschung
ZGR	Zeitschrift für Unternehmens- und Gesellschaftsrecht
ZHR	Zeitschrift für Handelsrecht und Wirtschaftsrecht
Ziff.	Ziffer
ZIP	Zeitschrift für Wirtschaftsrecht
ZRP	Zeitschrift für Rechtspolitik
ZZP	Zeitschrift für Zivilprozeß

A Problemstellung

Seit einigen Jahren ist eine Zunahme der Haftungsprozesse gegen Wirtschaftsprüfer zu verzeichnen, die ihren Anfang in den Ländern des Common Law, vor allem in den USA, genommen hat[1]. Die Schadensersatzbeträge liegen dabei häufig im mehrstelligen Millionenbereich[2]. Nicht zuletzt aus dieser Entwicklung läßt sich erkennen, daß die Regeln zur Haftung der Wirtschaftsprüfer keineswegs unumstritten sind. So unterliegt auch die Haftung der Wirtschaftsprüfer in Deutschland zunehmenden Verschärfungen, z.B. durch Erhöhung der Anforderungen an die Pflichten des Berufsstandes von Seiten der Rechtsprechung[3] und eine seit rd. 25 Jahren tendenziell steigende Zahl von Schadensersatzklagen gegen Wirtschaftsprüfer und gleichermaßen erhöhtem Schadensaufwand[4].

Allein von 1990 bis 1994 konnte eine Zunahme von Haftungsfällen aus den verschiedenen Tätigkeiten der Wirtschaftsprüfer von 458 Fällen im Jahr 1990 auf 627 Fälle im Jahr 1994 (das sind 169 Fälle oder rd. 36,9 %) festgestellt werden, die mit einer Steigerung des Schadensaufwands um 12,6 Mio. DM oder 62,6 %

---

[1] Vgl. Ebke, Werner F.: Risikoeinschätzung und Haftung des Wirtschaftsprüfers und vereidigten Buchprüfers - international -, in: WPK-Mitt., Sonderheft, 35. Jg. (April 1996), S. 17 - 40, Zitierweise: Risikoeinschätzung, hier S. 19 - 20; Hopt, Klaus J.: Haftung des externen Prüfers, in: Coenenberg, Adolf/ v. Wysocki, Klaus (Hrsg.), Handwörterbuch der Revision, 2. Aufl., Stuttgart 1992, Sp. 791 - 802, Zitierweise: Prüfer, hier Sp. 799; Hopt, Klaus J.: Die Haftung des Wirtschaftsprüfers - Rechtsprobleme zu § 323 HGB (§ 168 AktG a.F.) und zur Prospekt- und Auskunftshaftung -, in: WPg, 39. Jg. (1986), S. 461 - 466, 498 - 506, Zitierweise: Haftung, hier S. 464.

[2] Siehe z.B eine 400 Millionen Dollar Schadensersatzforderung gegen Arthur Andersen & Company, Chicago, in Zusammenhang mit der Prüfung einer Sparbank. Vgl. Hofmann, Norbert/ Zdral, Wolfgang: Die Macht des Geldes, in: TopBusiness, Juni 1992, S. 20 - 28, hier S. 22, 23.

[3] Vgl. Versicherergemeinschaft für das wirtschaftliche Prüfungs- und Treuhandwesen: Neue Haftungsgefahren für den prüfenden Berufsstand, Haftung ja, Versicherungsschutz nein?, in: WPK-Mitt., 34. Jg. (1995), S. 29 - 31, Zitierweise: Haftungsregeln, hier S. 29.

[4] Vgl. Ebke, Werner F. (Risikoeinschätzung), a.a.O., S. 17.

auf 32,7 Mio. DM (in 1994) verbunden war[5]. Obwohl das Haftungsrisiko statistisch gesehen bei Pflichtprüfungen niedriger liegt als bei den übrigen Tätigkeiten der Wirtschaftsprüfer, wie Buchführung, Steuerberatung, Treuhandtätigkeiten, Unternehmensberatung und sonstige freiwillige Prüfungen, (es ergibt sich in etwa ein Verhältnis von 1:4), so ist doch der Schadensaufwand aus Pflichtprüfungen um rund das Siebenfache von 1990 bis 1994 angestiegen, während die Steigerung bei den übrigen Tätigkeiten lediglich bei ca. 17,5 % lag[6]. Anhand dieser Zahlen ist die besondere Relevanz der Vorbehaltsprüfungen der Wirtschaftsprüfer auch bei Haftungsfragen erkennbar, so daß diese Tätigkeit Hauptgegenstand der nachfolgenden Analyse sein wird.

Vor allem US-amerikanische Rechtswissenschaftler haben sich im Rahmen der ökonomischen Analyse des Rechts mit der Analyse von Haftungsregeln beschäftigt. Wenn auch in Deutschland diese Ansätze aufgegriffen wurden, so ist doch für die ökonomische Analyse der Haftung des Wirtschaftsprüfers auf die umfangreiche amerikanische Literatur zurückzugreifen.

Im Rahmen einer ökonomischen Analyse rechtlicher Regelungen werden die Instrumente moderner mikroökonomischer Theorie in juristische Begründungszusammenhänge integriert[7]. Daraus ergibt sich eine Orientierung an der ökonomischen Effizienz, also der optimalen Allokation knapper Ressourcen, als Regelungsziel[8].

---

[5] Vgl. Ebke, Werner F.: Die zivilrechtliche Verantwortlichkeit der wirtschaftsprüfenden, steuer- und rechtsberatenden Berufe im internationalen Vergleich, Heidelberg 1996, Zitierweise: Verantwortlichkeit, S. 40 - 41. Zum Vergleich: In den USA mußten 1992 allein die Big Six 783 Mio. US-$ für Schadensersatzansprüche und Prozeßkosten aus ihrer Prüfungstätigkeit ausgeben; vgl. Narayanan, V.G.: An Analysis of Auditor Liability Rules, in: JAR, Vol. 32 (Suppl. 1994), S. 39 - 59, Zitierweise: Analysis, hier S. 40.

[6] Vgl. Ebke, Werner F. (Verantwortlichkeit), a.a.O., S. 40 - 41.

[7] Vgl. Kübler, Friedrich: Effizienz als Rechtsprinzip. Überlegungen zum rechtspraktischen Gebrauch ökonomischer Argumente, in: Baur, Jürgen F./ Hopt, Klaus J./ Mailänder, K. Peter (Hrsg.): Festschrift für Ernst Steindorff zum 70. Geburtstag am 13. März 1990, Berlin/ New York 1990, S. 687 - 704, Zitierweise: Effizienz, hier S. 688.

[8] Vgl. Kübler, Friedrich (Effizienz), a.a.O., S. 689.

Die ökonomische Analyse des Rechts verwendet zur Erklärung von Rechtsproblemen den „ökonomischen Ansatz“. Dieser unterstellt nutzenmaximierendes Verhalten, die Existenz eines Marktgleichgewichts und Stabilität der Präferenzen[9]. Der ökonomische Ansatz wird zur Erklärung jeglichen menschlichen Verhaltens verwendet, unabhängig davon, ob es sich um in Geldeinheiten meßbares Verhalten handelt oder nicht[10]. Dabei liegt eine Definition von Ökonomie als Wissenschaft von der Allokation knapper Mittel zur Verfolgung konkurrierender Ziele zugrunde[11]. Um bei gleichzeitig stabilen Präferenzen ihren Nutzen zu maximieren, beschaffen sich die Individuen auf verschiedenen Märkten eine optimale Ausstattung an Information und sonstigen Faktoren[12]. Dem Recht wird eine Steuerungsfunktion zugeschrieben. Im Rahmen einer Verbindung von Ökonomie und Recht ist der Frage nachzugehen, wie das Recht die einer Handlung zugrunde liegenden Entscheidungen beeinflußt[13]. Die Analyse des Ökonomen beginnt demnach bereits vor einem möglichen Rechtsstreit in einem Stadium, in dem beide betroffenen Parteien noch die Möglichkeit besitzen, ihre Aktivitäten anzupassen, um die Wahrscheinlichkeit eines Rechtsstreits und die damit verbundenen Kosten und Schäden zu minimieren[14]. Das Recht wird als Methode zur Reallokation von Verlusten gesehen, die Anreize zur Schadensreduzierung und effizienteren Ressourcenverwendung gibt[15].

Ziel der Anwendung des ökonomischen Ansatzes in Form einer Analyse der Haftung des Wirtschaftsprüfers ist, zu beurteilen, ob die Aufgaben des Schadens-

---

[9] Vgl. Becker, Gary S.: Der ökonomische Ansatz zur Erklärung menschlichen Verhaltens. Übers. von Monika und Viktor Vanberg, Tübingen 1982, Zitierweise: Ansatz, S. 4.
[10] Vgl. Becker, Gary S. (Ansatz), a.a.O., S. 7.
[11] Vgl. Becker, Gary S. (Ansatz), a.a.O., S. 7 und 2.
[12] Vgl. Becker, Gary S. (Ansatz), a.a.O., S. 15.
[13] Vgl. Behrens, Peter: Über das Verhältnis der Rechtswissenschaft zur Nationalökonomie: Die ökonomischen Grundlagen des Rechts, in: Jahrbuch für Neue Politische Ökonomie, Bd. 7 (1988), S. 209 - 228, Zitierweise: Verhältnis, hier S. 214.
[14] Vgl. Veljanovski, Cento: The Economics of Law. An Introductory Text, London 1990, Zitierweise: Economics, S. 38.
[15] Vgl. Veljanovski, Cento (Economics), a.a.O., S. 38.

ersatzrechtes, nämlich die Kompensations- und die Präventionsfunktion[16] als Komponenten des Effizienzzieles erfüllt werden. Es ist zu fragen, "ob das Recht die (politisch vorgegebenen) Ziele mit den gewählten Mitteln überhaupt zu erreichen vermag"[17]. Durch die ökonomische Analyse des Rechts kann eine „Realitätskontrolle des geltenden Rechts“ vorgenommen werden[18]. Nachdem die Ziele einer Haftungsregel festgelegt sind, folgen die Bewertung anhand des möglichen Zielerreichungsgrades und die Überlegung, wie dieser Zielerreichungsgrad verbessert werden kann. Die Durchführung der ökonomischen Analyse der Haftung des Wirtschaftsprüfers soll eine Hilfestellung zur Rechtsfortbildung geben[19].

Es erfolgt keine vollständige juristische Darstellung der Haftung des Wirtschaftsprüfers. Vielmehr besteht die Absicht, bestehende Gesetze auf ihre Wirkungen zu untersuchen und die Folgen möglicher Gesetzes- und Rechtsprechungsänderungen abzuschätzen.

Bei Durchführung der ökonomischen Analyse der Haftung des Wirtschaftsprüfers sind vor allem die Regelungen zu diskutieren, die derzeit aus journalistischer oder politischer Sicht oder im Berufsstand selbst umstritten sind. Einen zentralen Punkt bildet dabei die Haftungsbeschränkung des § 323 Abs. 2 HGB: Einerseits wird in Deutschland immer wieder der Vorwurf laut, diese Haftungsobergrenze sei mit TDM 500 erheblich zu niedrig bemessen im Verhältnis zu den möglichen Schäden aus Pflichtprüfungen. Andererseits tritt in den USA in Folge der dort unmäßig hohen Schadensersatzbeträge verstärkt die Forderung der Prüfer nach einer ge-

---

[16] Vgl. Koller, Ingo: Die Wirksamkeit formularmäßiger Haftungsfreizeichnungsklauseln zwischen Schadensausgleich und Schadensprävention, in: ZIP, 7. Jg. (1986), S. 1089 - 1100, Zitierweise: Wirksamkeit, hier S. 1090.

[17] Salje, Peter: Ökonomische Analyse des Rechts aus deutscher Sicht, in: Rechtstheorie,15. Jg. (1984), S. 277 - 312, Zitierweise: Analyse, hier S. 279.

[18] Vgl. Taupitz, Jochen: Ökonomische Analyse und Haftungsrecht - Eine Zwischenbilanz, in: AcP, 196. Bd. (1996), S. 114 - 167, Zitierweise: Analyse, hier S. 122.

[19] Vgl. Salje, Peter (Analyse), a.a.O., S. 280.

setzlichen Haftungsbegrenzung auf[20]. Neben dem ökonomischen Ziel der Haftungsbeschränkung, nämlich der Verminderung von Transaktionskosten, ist auf die mögliche Gefahr eines zu niedrigen Sorgfaltsniveaus durch die Haftungsbeschränkung und auf die ökonomischen Auswirkung der Schäden, die über TDM 500 liegen, einzugehen.

Weiterhin sind die Folgen von Vermögensschäden und das Verhalten von Schädiger und Geschädigtem in unterschiedlichen Schadenssituationen zu untersuchen. Die Frage der Quantifizierung von Schäden ist zu erörtern. Außerdem ist auf Zusammenhänge zwischen Schadenskosten und -vermeidungsaufwand sowie Schadensumlage durch Versicherung einzugehen.

Nicht ohne Wirkung auf die Effizienzbeurteilung ist die gesetzlich vorgeschriebene Berufshaftpflichtversicherung für Wirtschaftsprüfer. So läßt sich z.B. als Folge der Versicherung ein moral hazard-Verhalten der Versicherungsnehmer vermuten, das sich in einem nicht optimalen Sorgfaltsniveau der Wirtschaftsprüfer äußern könnte. Auch die Ermittlung der Prämien und der Deckungssummen enthält problematische Aspekte, die in die Diskussion einbezogen werden und gleichzeitig Anlaß und Grundlage für Änderungsvorschläge darstellen.

Durch die öffentlich, auch außerhalb des Berufsstandes geführten Diskussionen zur Haftung der Wirtschaftsprüfer, die immer wieder in Zusammenhang mit Zusammenbrüchen von Unternehmen mit uneingeschränkt testierten Jahresabschlüssen zu vernehmen sind, ist die Gefahr der Rufschädigung einzelner Wirtschaftsprüfer, aber auch der Verlust der Glaubwürdigkeit des Berufsstandes[21] ein Bestandteil der ökonomischen Analyse. Beachtlich ist dabei eine eventuelle Scha-

---

[20] Vgl. Lück, Wolfgang/ Holzer, Peter: Die Krise des wirtschaftsprüfenden Berufsstandes in den USA, in: DB, 46. Jg. (1993), S. 237 - 242, Zitierweise: Krise, hier S. 241; Ebke, Werner F. (Risikoeinschätzung), a.a.O., S. 20; Siliciano, John A.: Negligent Accounting and the Limits of Instrumental Tort Reform, in: Michigan Law Review, Vol. 86 (1988), S. 1929 - 1980, Zitierweise: Accounting, hier S. 1930.

[21] Vgl. Schildbach, Thomas: Die Glaubwürdigkeitskrise der Wirtschaftsprüfer - zu Intensität und Charakter der Jahresabschlußprüfung aus wirtschaftlicher Sicht, in: BFuP, 48. Jg. (1996), S. 1 - 30, Zitierweise: Intensität, hier S. 1 - 4.

densprävention durch die Angst vor einer Rufschädigung durch einen Haftungsfall.

Neben den handelsrechtlichen Regelungen besteht eine Verantwortlichkeit der Wirtschaftsprüfer nach BGB. Für die ökonomische Analyse interessant sind Fragen der Dritthaftung aus den deliktsrechtlichen Regeln des BGB und aus den durch die Rechtsprechung entwickelten Rechtsinstituten - wie Vertrag mit Schutzwirkung zugunsten Dritter -, die wegen ihrer Unbestimmtheit bezüglich der schadensersatzberechtigten Personen und der Haftungshöhe, die grundsätzlich nicht begrenzbar ist, erhebliche Haftungsgefahren in sich bergen. Des weiteren relevant ist der Spezialfall der Prospekthaftung, die wohl die strengste Form der Haftung, die einen Wirtschaftsprüfer treffen kann, darstellt.

Auch von berufsrechtlicher Seite gibt es Normen, die Einfluß nehmen auf die ökonomische Beurteilung der Haftungssituation der Wirtschaftsprüfer. In den letzten Jahren sind zahlreiche Aktivitäten des Berufsstandes oder auf dessen Veranlassung zu verzeichnen, die weitere Aspekte hinsichtlich der Effizienz der Wirtschaftsprüferhaftung eröffnen. So sind durch die Änderung der Wirtschaftsprüferordnung mit Wirkung ab 1. Januar 1995, die Verabschiedung einer Berufssatzung für Wirtschaftsprüfer am 11. Juni 1996 oder die zum 1. Januar 1995 neugefaßten Allgemeinen Auftragsbedingungen Effizienzwirkungen auf die Haftung der Wirtschaftsprüfer denkbar.

Durch die verstärkte internationale Tätigkeit ist die Möglichkeit der Haftung eines deutschen Wirtschaftsprüfers nach einer ausländischen Rechtsordnung[22] in Betracht zu ziehen. Von besonderer Bedeutung wegen der spektakulären Haftungsfälle und der immensen Haftungshöhe ist in dieser Hinsicht die Haftung der amerikanischen CPA. Im US-amerikanischen Rechtssystem dominiert, anders als in Deutschland, das nicht kodifizierte Richterrecht. Zusätzlich wird die Effizienz als Regelungsziel als Grundsatz richterlicher Rechtsprechung betrachtet[23].

---

[22] Vgl. Ebke, Werner F. (Verantwortlichkeit), a.a.O., S. 2 - 3.
[23] Vgl. Kübler, Friedrich (Effizienz), a.a.O., S. 689.

Da im Verlauf der ökonomischen Analyse der Wirtschaftsprüferhaftung immer wieder auf amerikanische Literatur zurückgegriffen wird, ist die Darstellung der Haftung des amerikanischen CPA notwendig, da Unterschiede bei der ökonomischen Beurteilung von Haftungssituationen aufgrund der verschiedenen Rechtssysteme möglich sind. Jedoch werden auch bei Diskussion von Änderungsvorschlägen zur Haftung der deutschen Wirtschaftsprüfer Entwicklungen und ökonomische Konsequenzen der amerikanischen Haftungssituation berücksichtigt. So ist z.B bei einer Diskussion verschiedener Haftungsregeln auf die aus den USA stammende Ansicht einzugehen, daß wichtigste Aufgabe des Rechtssystems dessen Fähigkeit sei, Schäden so zu verteilen, daß derjenige mit den tiefsten Taschen bzw. der besten Versicherung zu bezahlen hat[24].

Nicht ausreichend für eine ökonomische Analyse der Haftung des Wirtschaftsprüfers ist eine Diskussion nur der geltenden Regelungen. Vielmehr ist zu versuchen, auf Möglichkeiten einzugehen, ob und wie nicht der ökonomischen Effizienz entsprechende Situationen verändert (verbessert) werden können. Im Mittelpunkt werden die die meiste Kritik und die größten Unstimmigkeiten hervorrufenden Regeln stehen, wie die handelsrechtliche Haftungsbeschränkung, der Schutz von geschädigten Dritten auch bei Pflichtprüfungen oder die Berufshaftpflichtversicherung.

Die theoretischen Ausführungen zur ökonomischen Analyse der Haftung des Wirtschaftsprüfers sollen durch Beispiele anhand konkreter Rechtsfälle untermauert werden. Aufgrund von veröffentlichten berufsgerichtlichen Entscheidungen sowie Rügen in Wirtschaftsprüfersachen[25], Gerichtsurteilen und in aktuellen Aufsätzen diskutierten Problemen, die Wirtschaftsprüfer derzeit betreffen, werden

---

[24] Vgl. Minow, Newton N.: Accountants' Liability and the Litigation Explosion. CPAs' liability - no further than fair, in: JoA, Vol. 158 (September 1984), S. 70 - 86, Zitierweise: Accountants, hier S. 72.

[25] Vgl. WPK (Hrsg.): Berufsgerichtliche Entscheidungen und Rügen in Wirtschaftsprüfersachen. Band II. März 1978 - Juni 1991, bearb. von Lichtner, Rolf und Teckemeyer, Helmuth, Düsseldorf 1993, Zitierweise: Entscheidungen II.

praxisnahe Beispiele für die konkrete Anwendung der Ergebnisse der ökonomischen Analyse aufgezeigt.

B Theoretische Grundlagen der ökonomischen Analyse des Haftungsrechts

I Ausgangspunkte der ökonomischen Analyse des Rechts

1. Entstehung und Konzept der ökonomischen Analyse des Rechts

1.1 Entstehung der ökonomischen Analyse des Rechts

Die ökonomische Analyse des Rechts ist ein aus den USA stammender Forschungsansatz[26]. Der Anfang der "new law and economics" wurde durch Aufsätze von Calabresi[27] und Coase[28] gemacht[29]. Nach Coase ist es nicht ausreichend, bei der Beurteilung rechtlicher Regelungen nur die Beseitigung bestimmter Nachteile zu betrachten[30]. Vielmehr ist eine Problemlösung erforderlich, die Mängel in einem Teil des Systems behebt, ohne gleichzeitig Schlimmeres in anderen Teilen des Systems zu bewirken[31]. Der Ansatz von Coase zielt darauf ab, wirtschaftspolitische Fragen durch Abwägen von Vor- und Nachteilen im Falle von Schädigungen Dritter zu beurteilen und die durch alternative soziale Arrangements erzielten Gesamterträge miteinander zu vergleichen[32].

Die Verbreitung der ökonomischen Analyse des Rechts erfolgte in den USA sehr stark in den 70er Jahren durch Kurse an den Law Schools und das Aufgreifen in

---

[26] Vgl. Eidenmüller, Horst: Effizienz als Rechtsprinzip: Möglichkeiten und Grenzen der ökonomischen Analyse des Rechts, Tübingen 1995, Zitierweise: Effizienz, S. 4.

[27] Vgl. Calabresi, Guido: Some Thoughts on Risk Distribution and the Law of Torts, in: Yale Law Journal, Vol. 70 (1961), S. 499 - 553, Zitierweise: Thoughts.

[28] Vgl. Coase, Ronald H.: The Problem of Social Cost, in: The Journal of Law & Economics, Vol. III (October 1960), S. 1 - 44, Zitierweise: Social Cost.

[29] Vgl. Posner, Richard A.: Economic Analysis of Law, 4th Edition, Boston/ Toronto 1992, Zitierweise: Analysis, S. 21. Williamson, Oliver E.: Transaction Cost Economics Meets Posnerian Law and Economics, in: JITE, Vol. 149 (1993), S. 99 - 118, Zitierweise: Transaction Cost, hier S. 100.

[30] Vgl. Coase, Ronald H. (Social Cost), a.a.O., S. 28 - 42.

[31] Vgl. Coase, Ronald H. (Social Cost), a.a.O., S. 34.

[32] Vgl. Coase, Ronald H. (Social Cost), a.a.O., S. 43.

der Literatur[33]. Als einer der wichtigsten Beiträge ist die Arbeit von Posner[34], einem Vertreter der Chicago Law School[35], zu nennen[36], die Auslöser für viele weiterführende Diskussionen und erhebliche Kritik an der Law and Economics-Bewegung war. Allgemein bedeutet ökonomische Analyse des Rechts, die Rechtsordnung oder zumindest Teile derselben unter dem Blickpunkt ihrer richtigen instrumentalen Ausgestaltung im Hinblick auf die bestmögliche Erreichung eines bestimmten wirtschaftlichen Ziels zu betrachten und insoweit auf ihre Effizienz zu untersuchen[37]. Man unterscheidet einen positiven und einen normativen Zweig der ökonomischen Analyse des Rechts[38]. Die positive Analyse versucht, rechtliche Regelungen unter dem Aspekt der zu erreichenden Effizienz zu erklären[39]. Die normative Analyse bemüht sich, die Anwendung des Effizienzkriteriums zur Beurteilung rechtlicher Regeländerungen zu rechtfertigen[40]. In Erweiterung der positiven Analyse verspricht man sich die Erklärung der Bedingungen der Entstehung und Veränderung von Rechtsnormen als Ergebnisse von Interessenlagen von Mitgliedern einer Gesellschaft, die Untersuchung der Auswirkungen von Rechtsnormen auf allokative, distributive und stabilitätspolitische Entschei-

---

[33] Vgl. im Überblick dazu Schanze, Erich: Ökonomische Analyse des Rechts in den U.S.A.. Verbindungslinien zur realistischen Tradition, in: Assmann, Heinz-Dieter/ Kirchner, Christian/ Schanze, Erich: Ökonomischen Analyse des Rechts. Tübingen 1993, S. 1 - 16, hier S. 3 - 5.

[34] Vgl. Posner, Richard A. (Analysis), a.a.O..

[35] Die Chicago Law School gilt als Begründerin des law and economics program. Zur Entstehung vgl. Coase, Ronald H.: Law and Economics at Chicago, in: The Journal of Law & Economics, Vol. 36 (1993), S. 239 - 254, Zitierweise: Law, hier v.a. S. 247 - 248.

[36] Vgl. Veljanovski, Cento (Economics), a.a.O., S. 25 - 26; O'Driscoll, Gerald P.: Justice, Efficiency, and the Economic Analysis of Law: A Comment on Fried, in: The Journal of Legal Studies, Vol. 9 (1980), S. 355 - 366, Zitierweise: Justice, hier S. 355.

[37] Vgl. Lehmann, Michael: Bürgerliches Recht und Handelsrecht - eine juristische und ökonomische Analyse, Stuttgart 1983, Zitierweise: Recht, S. 28.

[38] Vgl. Posner, Richard A. (Analysis), a.a.O., S. 23 - 25; O'Driscoll, Gerald P.: The Liability Crisis: A Law and Economics Analysis, in: Federal Reserve Bank of Dallas Economic Review, (November 1987), S. 1 - 13, Zitierweise: Crisis, hier S. 3.

[39] Vgl. Posner, Richard A. (Analysis), a.a.O., S. 23; Schäfer, Hans-Bernd: Allokationseffizienz als Grundprinzip des Zivilrechts, in: Ott, Claus/ Schäfer, Hans-Bernd: Allokationseffizienz in der Rechtsordnung. Beiträge zum Travemünder Symposium zur ökonomischen Analyse des Zivilrechts, 23. - 26. März 1988, Berlin u.a. 1989, S. 1 - 24, Zitierweise: Allokationseffizienz, hier S. 2.

[40] Vgl. Schäfer, Hans-Bernd (Allokationseffizienz), a.a.O., S. 2; O'Driscoll, Gerald P. (Crisis), a.a.O., S. 3.

dungen der den Rechtsnormen Unterworfenen und Empfehlungen zur zweckentsprechenden Ausgestaltung von Rechtsnormen[41].

1.2 Konzept der ökonomischen Analyse des Rechts

Ökonomische Analyse des Rechts beinhaltet die Untersuchung der Fragen, welche Folgen durch Rechtsnormen und Rechtsprechung ausgelöst werden, wie diese Folgen aus ökonomischer Sicht zu bewerten sind und wie durch Rechtsgestaltung ökonomisch erwünschte Ergebnisse erreicht werden[42]. Diesem Forschungsansatz liegt folgendes Konzept zugrunde[43]:

1. Die Menschen verhalten sich rational und nutzenmaximierend.
2. Rechtliche Regelungen haben eine Preisen vergleichbare verhaltenssteu-ernde Wirkung.
3. Die Vorhersage der Konsequenzen von Rechtsnormen und Rechtsprechung soll auf Grundlage des ökonomischen Verhaltensmodells (vgl. B I 1.3) erfolgen.
4. Die Bewertung dieser Konsequenzen soll auf Grundlage der Wohlfahrtsökonomik erfolgen, wonach solche Konsequenzen effizient sind, die zu einer Steigerung des gesellschaftlichen Wohlstands führen.
5. Die Funktion des Rechtsystems besteht darin, durch rechtliche Mittel ökonomisch erwünschte Konsequenzen, die den gesellschaftlichen Wohlstand erhalten oder erhöhen, herbeizuführen.

---

[41] Vgl. Weigel, Wolfgang: Ökonomie und Recht, eine Einführung, in: Weigel, Wolfgang (Hrsg.): Economic Analysis of Law. A Collection of Applications, Wien 1991, S. 13 - 39, Zitierweise: Ökonomie, hier S. 15.

[42] Vgl. Eidenmüller, Horst (Effizienz), a.a.O., S. 4; Schäfer, Hans-Bernd/ Ott, Claus: Lehrbuch der ökonomischen Analyse des Zivilrechts, 2. überarb. und erweiterte Auflage, Berlin u.a. 1995, Zitierweise: Lehrbuch, S. 10; Kohl, Reinhard: Über die Rechtsanwendung im Sinne der ökonomischen Analyse des Rechts im Verhältnis zu den hergebrachten Kanones der Gesetzesauslegung, in: Jahrbuch Junger Zivilrechtswissenschaftler, 1992, S. 29 - 46, Zitierweise: Rechtsanwendung, hier S. 30.

[43] Vgl. Eidenmüller, Horst (Effizienz), a.a.O., S. 4.

Die in 2. und 5. genannte Rechtsfunktion der Verhaltenssteuerung ist grundlegende Voraussetzung dafür, daß eine Messung des Rechts danach, ob und inwieweit die unterstellte Steuerung erreicht wird, sinnvoll ist[44].

In vorliegender Arbeit werden reziproke Probleme durch die ökonomische Analyse des Rechts untersucht: A hat B geschädigt. Die Vermeidung des Schadens von B würde aber eine Schädigung des A bedeuten[45]. Es ist zu analysieren, ob die Vermeidung des einen Schadens zu Schäden an anderer Stelle führt und ob diese Schäden im Hinblick auf das ökonomische Effizienzkriterium als besser oder schlechter zu beurteilen sind im Vergleich zum vermiedenen Schaden.

Ziel rechtlicher Regelungen aus ökonomischer Sicht ist die Effizienz, die zumeist mit der optimalen Allokation von Ressourcen näher erläutert wird[46]. Daneben werden noch optimale Einkommensverteilung und Gerechtigkeit als Orientierungsziele der Rechtsnormen genannt[47].

Basierend auf diesen Annahmen wird untersucht, wie die Rechtsnormen einer Gesellschaft ausgestaltet sein müssen, um die größtmögliche Befriedigung der menschlichen Bedürfnisse bei begrenzt vorhandenen Ressourcen zu erzielen[48]. Eine wichtige Rolle in der ökonomischen Analyse des Rechts spielen die (negativen) externen Effekte, die Kosten darstellen, die ein Individuum in Folge von Aktivitäten eines anderen Individuums zu tragen hat, ohne diese beeinflussen zu können[49]. Es handelt sich um „interindividuelle Wohlfahrtswirkungen, die sich

---

[44] Vgl. Ott, Claus: Die soziale Effektivität des Rechts bei der politischen Kontrolle der Wirtschaft, in: Jahrbuch für Rechtssoziologie und Rechtstheorie, Bd. 3 (1977), S. 345 - 408, Zitierweise: Effektivität, hier S. 360.

[45] Vgl. Coase, Ronald H. (Social Cost), a.a.O., S. 2.

[46] Vgl. z.B. Behrens, Peter: Aspekte einer ökonomischen Theorie des Rechts, in: Rechtstheorie, 12. Bd. (1981), S. 472 - 490, Zitierweise: Aspekte, hier S. 476 - 477.

[47] Vgl. Behrens, Peter (Aspekte), a.a.O., S. 476 - 478.

[48] Vgl. Kötz, Hein (Haftung), a.a.O., S. 150 - 151; Rahmsdorf, Detlev W./ Schäfer, Hans-Bernd: Ökonomische Analyse des Rechts - ein Gegentrend?, in:Voigt, Rüdiger (Hrsg.): Verrechtlichung, Königstein/Ts. 1980, S. 94 - 108, Zitierweise: Analyse, hier S. 94 - 95.

[49] Vgl. Utzig, Siegfried: Die Rolle des Rechts in der modernen ökonomischen Theorie. Ergebnisse neuer institutionenökonomischer Forschung, in: AcP, 189. Band (1989), S. 158 - 178, Zitierweise: Rolle, hier S. 162.

nicht in Marktvorgängen niederschlagen“[50]. Externe Effekte finden keine Berücksichtigung in der Kosten-Ertragsrechnung des verursachenden Individuums[51]. Sie sind dann von Bedeutung, wenn kein Ausgleich der Belastungen oder Begünstigungen, die Individuen aufgrund von Tätigkeiten anderer zu tragen haben, erfolgt[52]. Ziel einer ökonomischen Analyse ist es, negative externe Effekte, die zu einer nicht optimalen Allokation von Ressourcen führen, zu internalisieren, indem Nutzungsrechte neu oder anderweitig zugeteilt werden[53].

Innerhalb der ökonomischen Analyse gibt es verschiedene Ansätze. Im wesentlichen sind ein konstitutioneller Ansatz, der das Recht nach dem Zustandekommen einer Rechtsvorschrift beurteilt, und ein konsequentialer Ansatz zu erkennen, der das Recht nach dem Inhalt der Regelungen beurteilt[54]. In vorliegender Arbeit werden vor allem die Kriterien des konsequentialen Ansatzes (Wohlfahrts- bzw. Vermögensmaximierung) und dessen Instrumentarium (z.B. Pareto-Optimum)[55] verwendet, weil die dadurch erzielten Ergebnisse Anhaltspunkte für die Fortentwicklung und Problemlösung de lege ferenda liefern.

1.3 Das ökonomische Verhaltensmodell

Das ökonomische Verhaltensmodell dient der ökonomischen Analyse des Rechts als Grundlage bei der Ermittlung der Konsequenzen rechtlicher Regelungen[56]. Der Mensch wird als homo oeconomicus angesehen, der rational und nutzenma-

---

[50] Krüsselberg, Hans-Günter: Property Rights-Theorie und Wohlfahrtsökonomik, in: Schüller, Alfred (Hrsg.): Property Rights und ökonomische Theorie, München 1983, S. 45 - 77, Zitierweise: Property Rights, hier S. 64.

[51] Vgl. Krüsselberg, Hans-Günter (Property Rights), a.a.O., S. 63; Taupitz, Jochen (Analyse), a.a.O., S. 147.

[52] Vgl. Krüsselberg, Hans-Günter (Property Rights), a.a.O., S. 66.

[53] Vgl. Utzig, Siegfried (Rolle), a.a.O., S. 163; Taupitz, Jochen (Analyse), a.a.O., S. 147.

[54] Vgl. Engelke, Heinrich J.: Die Interpretation der Rundfunkfreiheit des Grundgesetzes: Eine Analyse aus ökonomischer Sicht, Frankfurt am Main u.a. 1992, Zitierweise: Interpretation, S. 83.

[55] Vgl. Engelke, Heinrich J. (Interpretation), a.a.O., S. 94 - 115.

[56] Vgl. Eidenmüller, Horst (Effizienz), a.a.O., S. 28; Endres, Alfred: Ökonomische Grundlagen des Haftungsrechts, Heidelberg 1991, Zitierweise: Grundlagen, S. 4 - 5.

ximierend handelt[57]. Gemäß der Rationalitätsannahme besitzt das Individuum eine Präferenzordnung, die vollständig (= alle Güterbündel sind miteinander vergleichbar) und transitiv (= wenn ein Güterbündel X einem Güterbündel Y vorgezogen wird, und Y einem Güterbündel Z vorgezogen wird, so wird auch X Güterbündel Z vorgezogen) ist[58]. Ein Individuum verhält sich rational, wenn es sich nach Abwägung der Vor- und Nachteile einzelner Handlungsalternativen unter Berücksichtigung seines momentanen begrenzten Informationsstandes für die am vorteilhaftesten erscheinende Alternative entscheidet[59]. Gemäß der Annahme der Nutzenmaximierung entscheidet sich ein Individuum für das Güterbündel bzw. die Handlungsalternative, die es am meisten aus einer Menge möglicher Alternativen präferiert[60]. Die Entscheidung für eine bestimmte Handlungsalternative wird durch die Knappheit der Ressourcen eingeschränkt[61]. Das Ziel der Nutzenmaximierung wird durch die Wahl der Handlungsalternative erreicht, die unter den gegebenen Restriktionen (Ressourcenknappheit) am meisten präferiert wird[62]. Um menschliches Verhalten erklären und vorhersagen zu können, wird von einer Stabilität der Präferenzen ausgegangen[63]. Ebenso wird eigennütziges

---

[57] Vgl. Eidenmüller, Horst (Effizienz), a.a.O., S. 28 - 29; Burow, Patrick: Einführung in die ökonomische Analyse des Rechts, in: JuS, 33. Jg. (1993), S. 8 - 12, Zitierweise: Einführung, hier S. 9; Adams, Michael: Normen, Standards, Rechte, in: JZ, 46. Jg. (1991), S. 941 - 955, Zitierweise: Normen, hier S. 941; Schünemann, Wolfgang B.: Der Homo Oeconomicus im Rechtsleben, in: ARSP, 72. Bd. (1986), S. 502 - 512, Zitierweise: Homo, hier S. 503.

[58] Vgl. Varian, Hal R.: Mikroökonomie. Übers. von Michaela Kleber und Martin Weigert, 3. völlig überarb. und stark erweiterte Auflage, München/ Wien 1994, Zitierweise: Mikroökonomie, S. 95; Eidenmüller, Horst (Effizienz), a.a.O., S.29.

[59] Vgl. Kirchgässner, Gebhard: Führt der homo oeconomicus das Recht in die Irre?, in: JZ, 46. Jg. (1991), S. 104 - 111, Zitierweise: homo, hier S. 106.

[60] Vgl. Varian, Hal R. (Mikroökonomie), a.a.O., S. 98; Eidenmüller, Horst (Effizienz), a.a.O., S. 29.

[61] Vgl. Varian, Hal R. (Mikroökonomie), a.a.O., S. 100.

[62] Vgl. Eidenmüller, Horst (Effizienz), a.a.O., S. 30; Hesse, Günter: Zur Erklärung der Änderung von Handlungsrechten mit Hilfe der ökonomischen Theorie, in: Schüller, Alfred (Hrsg.): Property Rights und ökonomische Theorie, München 1983, S. 79 - 109, Zitierweise: Erklärung, hier S. 81.

[63] Vgl. Eidenmüller, Horst (Effizienz), a.a.O., S.32 - 33; Gäfgen, Gérard: Entwicklung und Stand der Theorie der Property Rights: Eine kritische Bestandsaufnahme, in: Neumann, Manfred (Hrsg.): Ansprüche, Eigentums- und Verfügungsrechte: Arbeitstagung des Vereins für Socialpolitik, Ges. für Wirtschafts- und Sozialwissenschaften, Basel 26. - 28. September 1983, Berlin 1984, S. 43 - 62, Zitierweise: Entwicklung, hier S. 57; Becker, Gary S. (Analyse), a.a.O., S. 7.

Verhalten unterstellt, das interdependente Nutzenfunktionen (= Definition der Präferenzen in Abhängigkeit von Präferenzen anderer) nicht zuläßt[64].

Dieses ökonomische Verhaltensmodell ist auch als REM-Hypothese bekannt[65]: Ein egoistisch handelnder, rationaler, auf Mehrung des eigenen Vorteils bedachter Mensch hat unbegrenzte Bedürfnisse und sucht jegliche Schädigung (seines Körpers, seines Vermögens und seines Ansehens) zu vermeiden, bei gleichzeitiger Ressourcenknappheit[66]. REM steht als Abkürzung für den rationalen egoistischen Menschen[67]. Gem. der REM-Hypothese sucht der Mensch die Ziele zu erreichen, die seinen eigenen Nutzen vergrößern[68]. Ohne die Rationalitätsannahme wäre die Vorstellung, daß das menschliche Verhalten durch Gesetze und andere Anreize beeinflußt werden kann, nicht haltbar[69].

Neben dem eigennützigen und rationalen Verhalten basiert die ökonomische Analyse in Anlehnung an das einfache neoklassische Gleichgewichtsmodell auf folgenden Annahmen: Menschen können sich frei bewegen und Ressourcen sind frei handelbar; es existieren weder Markteintritts- noch Marktaustrittsschranken; die Individuen haben perfekte Informationen[70].

Die Ökonomisierung der Rechtswissenschaft ist nicht kritiklos geblieben. Vor allem den Wissenschaftlern der Chicago Law School wird vorgeworfen, zu impe-

---

[64] Vgl. Eidenmüller, Horst (Effizienz), a.a.O., S. 32 - 33; Kirchgässner, Gebhard (homo), a.a.O., S. 106.

[65] Vgl. Schäfer, Hans-Bernd/ Ott, Claus (Lehrbuch), a.a.O., S. 50.

[66] Vgl. Kötz, Hein: Zivilrechtliche Haftung aus ökonomischer Sicht, in: Schäfer, Hans-Bernd/ Wehrt, Klaus (Hrsg.): Die Ökonomisierung der Sozialwissenschaften, Frankfurt/ New York 1989, S. 149 - 167, Zitierweise: Haftung, hier S. 150; Schäfer, Hans-Bernd/ Ott, Claus (Lehrbuch), a.a.O., S. 50.

[67] Engelhardt, Gunther: Imperialismus der Ökonomie?, in: Schäfer, Hans-Bernd/ Wehrt, Klaus (Hrsg.): Die Ökonomisierung der Sozialwissenschaften, Frankfurt/New York 1989, S. 19 - 49, hier S. 25; Schäfer, Hans-Bernd/ Ott, Claus (Lehrbuch), a.a.O., S. 50.

[68] Vgl. Schäfer, Hans-Bernd/ Ott, Claus (Lehrbuch), a.a.O., S. 51.

[69] Vgl. Veljanovski, Cento (Economics), a.a.O., S. 35; Kirchgässner, Gebhard (homo), a.a.O., S. 106 - 107.

[70] Vgl. Malloy, Robin Paul: A New Law and Economics, in: Malloy, Robin Paul/Braun, Christopher K. (Hrsg.): Law and Economics. New and Critical Perspectives, New York u.a. 1995, S. 1 - 29, Zitierweise: Law, hier S. 13 - 15.

rialistisch und zu stark ökonomisch orientiert vorzugehen, da nur die ökonomisch abgeleiteten Formen juristischer Argumente als geeignet angesehen werden zur Beurteilung juristischer Regelungen[71]. Der ökonomische Imperialismus stelle einen zu engen Ansatz dar, der im Menschen nur einen „nutzenmaximierenden Bedürfnisträger“ sieht; jedoch ermöglicht erst dieser ökonomische Imperialismus die Kosten-Nutzen-Analyse[72].

2. Grundlagen der ökonomischen Theorie

2.1 Die Effizienz im Sinne der ökonomischen Analyse des Rechts

2.1.1 Pareto-Optimum und Kaldor-Hicks-Kriterium

Die ökonomische Analyse des Rechts verwendet zur Beurteilung rechtlicher Regeln das Effizienzprinzip[73]. Zur Messung der Effizienz werden Kriterien benötigt als normative Maßstäbe zur Bewertung und rechtlichen Gestaltung sozialer Entscheidungsverfahren[74] bzw. zur Beurteilung des Zweckerreichungsgrades rechtlicher Regeln[75].

Verwendet werden meist das Pareto-Optimum (die Pareto-Superiorität) und die Kaldor-Hicks-Effizienz[76]. Im Sinne des Pareto-Kriteriums ist eine Allokation von Ressourcen effizient, wenn jedes Wirtschaftssubjekt so gut wie möglich gestellt

---

[71] Vgl. Ackermann, Bruce A.: Recht, Ökonomie und das Problem der juristischen Kultur, in: Schäfer, Hans-Bernd/ Wehrt, Klaus (Hrsg.): Die Ökonomisierung der Sozialwissenschaften, Frankfurt am Main/ New York 1989, S. 129 - 148, hier S. 129 - 130.

[72] Vgl. Eger, Thomas/ Nagel, Bernhard/ Weise, Peter: Effizienz und Menschenwürde - Ein Gegensatz?, in: Ott, Claus/ Schäfer, Hans-Bernd (Hrsg.): Ökonomische Probleme des Zivilrechts. Beiträge zur ökonomischen Analyse des Rechts, Berlin u.a. 1991, S. 18 - 40, Zitierweise: Effizienz, hier S. 19.

[73] Vgl. Coleman, Jules L.: The Economic Analysis of Law, in: Pennock J. R./ Chapman, J. W. (eds.): Ethics, Economics and the Law, 1982, S. 83 - 103, Zitierweise: Analysis, hier S. 83.

[74] Vgl. Behrens, Peter: Die ökonomischen Grundlagen des Rechts. Politische Ökonomie als rationale Jurisprudenz, Tübingen 1986, Zitierweise: Grundlagen, hier S. 85.

[75] Vgl. Weigel, Wolfgang (Ökonomie), a.a.O., S. 19.

[76] Vgl. Coleman, Jules L. (Analysis), a.a.O., S. 83; Burow, Patrick (Einführung), a.a.O., S. 9.

ist[77], d.h. wenn eine Person durch eine andere Ressourcenallokation nur auf Kosten einer anderen Person besser gestellt werden kann[78]. Eine Allokation S1 ist im Vergleich zu einer anderen Allokation S Pareto-superior, wenn durch den Übergang von S auf S1 niemand schlechter gestellt, aber die Wohlfahrt mindestens einer Person gesteigert wird[79]. Zu einer Pareto-optimalen Allokation kann es keine im Vergleich Pareto-superiore geben[80]. Gleichzeitig gibt es verschiedene Pareto-optimale Situationen, die untereinander nicht vergleichbar sind, weshalb die Entscheidung für die eine oder andere Situation nicht anhand der Effizienz vorgenommen werden kann[81].

Das Pareto-Kriterium stellt jedoch keine geeignete Grundlage zur Überprüfung einer Änderung der Wohlfahrt dar, weil alle Veränderungen, durch die einige Individuen sich verbessern und andere sich verschlechtern, unbestimmbare Auswirkungen auf die Wohlfahrt haben[82]. Da sich die meisten Regelungsänderungen gleichzeitig positiv und negativ auswirken, befände man sich immer in einer Pareto-optimalen Situation[83]. Deshalb ist zur Beurteilung einer Veränderung hinsichtlich einer Wohlfahrtssteigerung das Kaldor-Hicks-Kriterium[84] eher ein geeignetes Meßinstrument[85]. Es versucht, Effizienz durch eine Kosten-Nutzen-Rechnung zu ermitteln[86].

---

[77] Vgl. Varian, Hal R. (Mikroökonomie), a.a.O., S. 226.
[78] Vgl. Coleman, Jules L. (Analysis), a.a.O., S. 84; Rahmsdorf, Detlev W./ Schäfer, Hans-Bernd (Analyse), a.a.O., S. 95.
[79] Vgl. Coleman, Jules L. (Analysis), a.a.O., S. 84; Burow, Patrick (Einführung), a.a.O., S. 9.
[80] Vgl. Coleman, Jules L. (Analysis), a.a.O., S. 84.
[81] Vgl. Coleman, Jules L. (Analysis), a.a.O., S. 84; Calabresi, Guido: The Pointlessness of Pareto: Carrying Coase Further, in: Yale Law Journal, Vol. 100 (1991), S. 1211 - 1237, Zitierweise: Pareto, hier S. 1216; Kirchgässner, Gebhard (homo), a.a.O., S. 109.
[82] Vgl. Hovenkamp, Herbert: The First Great Law & Economics Movement, in: Stanford Law Review, Vol. 42 (1990), S. 993 - 1058, Zitierweise: Movement, S. 1037.
[83] Vgl. Calabresi, Guido (Pareto), a.a.O., S. 1216.
[84] Es handelt sich um eine von Nicholas Kaldor bzw. John R. Hicks entwickelte Entscheidungsregel. Vgl. Kaldor, Nicholas: Welfare Propositions of Economics and Interpersonal Comparisons of Utility, in: Economic Journal, Vol. 49 (1939), S. 549 - 552; Hicks, John R.: The Foundations of Welfare Economics, in: Economic Journal, Vol. 49 (1939), S. 696 - 712.
[85] Vgl. Hovenkamp, Herbert (Movement), a.a.O., S. 1037 - 1038; Eidenmüller, Horst (Effizienz), a.a.O., S. 50; Rahmsdorf, Detlev W./ Schäfer, Hans-Bernd (Analyse), a.a.O., S. 95.
[86] Vgl. Kübler, Friedrich (Effizienz), a.a.O., S. 695; Kirchgässner, Gebhard (homo), a.a.O., S. 109.

Eine Ressourcenverteilung S1 ist Kaldor-Hicks-effizient im Vergleich zu einer Verteilung S, wenn der Übergang von S auf S1 aufgrund der Möglichkeit der Kompensation von Gewinnen und Verlusten einen Nettogewinn an Wohlfahrt ergibt[87]. Entsprechend dem Kaldor-Hicks-Kriterium soll eine Kollektiventscheidung „dann durchgeführt werden, wenn es möglich ist, aus dem Gewinn der Begünstigten die Benachteiligten voll zu entschädigen und die Begünstigten trotzdem noch einen Nettovorteil übrig behielten"[88]. Zu beachten ist, daß es nur um die Entschädigungs*möglichkeit* eines Benachteiligten geht, nicht um die tatsächliche Entschädigung[89]. Eine Kaldor-Hicks-Verbesserung führt somit immer zu Gewinnern und Verlierern[90]. Eine Kaldor-Hicks-effiziente Verteilung von Ressourcen läßt sich in eine Pareto-effiziente umwandeln, wenn die Verluste, die Personen durch die Ressourcenallokation erlitten haben, tatsächlich aus den Gewinnen der anderen kompensiert werden[91].

Demnach ist jedes Pareto-Optimum auch Kaldor-Hicks-effizient. Das gilt jedoch nicht umgekehrt. Wenn die Transaktionskosten für die Durchführung der Kompensationszahlungen an die Verlierer die Differenz zwischen dem Kompensationsbetrag für die Verlierer und dem Gewinn für die Gewinner aufzehren, so würden letztendlich die Gewinner der Verteilung S1 schlechter dastehen als in der ursprünglichen Verteilung S[92].

Ein weiteres Effizienzkriterium ist das Reichtumsmaximierungsprinzip, wonach ein Zustand X einem Zustand Y vorzuziehen ist, wenn der Reichtum in X größer als in Y ist[93]. Die Beurteilung der gesamtgesellschaftlichen Wohlfahrt erfolgt

---

[87] Vgl. Coleman, Jules L. (Analysis), a.a.O., S. 84.
[88] Schäfer, Hans-Bernd/ Ott, Claus (Lehrbuch), a.a.O., S. 30; vgl. Taupitz, Jochen (Analyse), a.a.O., S. 146 - 147; Burow, Patrick (Einführung), a.a.O., S. 9.
[89] Vgl. Coleman, Jules L. (Analysis), a.a.O., S. 84; Schäfer, Hans-Bernd/ Ott, Claus (Lehrbuch), a.a.O., S. 30.
[90] Vgl. Coleman, Jules L. (Analysis), a.a.O., S. 84.
[91] Vgl. Coleman, Jules L. (Analysis), a.a.O., S. 84; Calabresi, Guido (Pareto), a.a.O., S. 1221 f..
[92] Vgl. Coleman, Jules L. (Analysis), a.a.O., S. 84.
[93] Vgl. Posner, Richard A.: Utilitarianism, Economics and Legal Theory, in: The Journal of Legal Studies, Vol. 8 (1979), S. 103 - 140, Zitierweise: Utilitarianism, hier S. 119 - 127; Eidenmüller, Horst (Effizienz), a.a.O., S. 54.

nicht wie beim Pareto-Optimum oder Kaldor-Hicks-Kriterium nach dem Nutzen, den „die Individuen aus ihren Verfügungsrechten über knappe Ressourcen ziehen, sondern basiert auf ihrer Zahlungsbereitschaft für diese Verfügungsrechte"[94]. Dieses Prinzip entspricht weitgehend dem Kaldor-Hicks-Kriterium, so daß dessen Verwendung keine anderen Ergebnisse bezüglich der Effizienzbeurteilung bringt[95].

An den Effizienzkriterien wird einige Kritik geübt. Beispielsweise kann aufgrund der Tatsache, daß beim Kaldor-Hicks-Kriterium nur die Kompensationsmöglichkeit für die Beurteilung der Effizienz oder Ineffizienz einer Situation ausschlaggebend ist, ohne die tatsächliche Entschädigung eines Geschädigten sowohl die alte als auch die neue Situation Kaldor-Hicks-effizient sein[96]. Auch die Ermittlung von Kosten und Nutzen, der Art ihrer Verrechnung oder der Wahrscheinlichkeit der späteren Entschädigung von Benachteiligten ist problematisch[97]. Möglicherweise führt demnach das Kaldor-Hicks-Kriterium zu logischen Widersprüchen und ist damit als Effizienzkriterium nicht verwendbar[98]. Es gibt jedoch keine empirischen Untersuchungen, wann diese Widersprüche auftreten[99].

Die vorgenannten Kriterien versuchen zu erklären, in welchem Verhältnis soziale Ziele zu den Präferenzen der einzelnen Mitglieder einer Gesellschaft stehen und wie es möglich ist, von bekannten individuellen Präferenzen zu einer Sozial- bzw. Kollektiventscheidung zu gelangen[100]. Durch Anwendung des Kaldor-Hicks-Kriteriums kann es zu einer Überbewertung der Allokationseffizienz kommen, die

---

[94] Engelke, Heinrich J. (Interpretation), a.a.O., S. 111; vgl. Kronman, Anthony P.: Wealth Maximization as a Normative Principle, in: The Journal of Legal Studies, Vol. 9 (1980), S. 227 - 242, Zitierweise: Wealth, hier S. 235 - 236, S. 240.

[95] Vgl. Posner, Richard A. (Analysis), a.a.O., S. 13; Eidenmüller, Horst (Effizienz), a.a.O., S. 54; Kronman, Anthony P. (Wealth), a.a.O., S. 236.

[96] Vgl. Veljanovski, Cento G.: Wealth, Maximization, Law and Ethics - On the Limits of Economic Efficiency, in: International Review of Law and Economics, Vol. 1 (1981), S. 5 - 28, hier S. 12 (vgl. die in diesem Aufsatz enthaltene Kritik am Wohlfahrtsmaximierungsprinzip und am Effizienzkriterium); Engelke, Heinrich J. (Interpretation), a.a.O., S. 103 - 105.

[97] Vgl. Kübler, Friedrich (Effizienz), a.a.O., S. 695.

[98] Vgl. Eidenmüller, Horst (Effizienz), a.a.O., S. 54.

[99] Vgl. Eidenmüller, Horst (Effizienz), a.a.O., S. 54.

[100] Vgl. Schäfer, Hans-Bernd/ Ott, Claus (Lehrbuch), a.a.O., S. 21.

zu einer falschen Einschätzung und Berücksichtigung der Werte der gesellschaftlichen Normen führt[101]. Grundsätzlich besitzen die fundamentalen Normen einer Gesellschaft (wie Freiheit, menschliches Leben, Menschenwürde) eine höhere Wertigkeit als Verbesserungen der Allokationseffizienz, was folglich die Allokationseffizienz erst als Kriterium zur Beurteilung rechtlicher Regelungen zuläßt, wenn sie den Wert der Fundamentalnormen übersteigt[102]. Trotz der Schwierigkeiten, die sich aus der Anwendung des Kaldor-Hicks-Kriteriums ergeben, ist es zur Lösung spezifischer Probleme anwendbar, wenn vorab die zugrundegelegten Annahmen richtig ermittelt und erklärt werden[103]. Schäfer/Ott machen eine Verwendung des Kaldor-Hicks-Kriteriums als Effizienzkriterium von folgenden Einschränkungen abhängig[104]:

- Keine Anwendung bei Bestehen von Abwägungsverboten, d.h. bei Verletzung von Fairneßregeln oder liberalen Rechten
- Problematische Anwendung, "wenn eine Abwägung zwar zulässig ist, die hypothetisch angebotenen Geldbeträge aber keinen Indikator für individuelle Nutzenveränderungen darstellen"[105]. In einer solchen Situation (z.B. wenn die Zahl der durch eine Entscheidung Benachteiligten sehr klein, der Verlust pro Kopf hingegen groß ist) soll das Kaldor-Hicks-Kriterium nur als Entscheidungskriterium verwendet werden, wenn eine Generalkompensation innerhalb eines überschaubaren Zeitraumes durch die Summe vieler Kollektiventscheidungen stattfindet, auch wenn ein einzelner zunächst erhebliche Verluste erleidet[106].

Als Kompromißlösung wird vorgeschlagen, einerseits auf die Überbetonung der Allokationseffizienz aus ökonomischer Sicht zu verzichten und statt des Kaldor-Hicks-Kriteriums ein Maximierungskriterium anzuwenden, das Fundamentalnor-

---

[101] Vgl. Eger, Thomas/ Nagel, Bernhard/ Weise, Peter (Effizienz), a.a.O., S. 30.
[102] Vgl. Eger, Thomas/ Nagel, Bernhard/ Weise, Peter (Effizienz), a.a.O., S. 30.
[103] Vgl. Kübler, Friedrich (Effizienz), a.a.O., S. 695.
[104] Vgl. Schäfer, Hans-Bernd/ Ott, Claus (Lehrbuch), a.a.O., S. 47.
[105] Schäfer, Hans-Bernd/ Ott, Claus (Lehrbuch), a.a.O., S. 47.
[106] Vgl. Schäfer, Hans-Bernd/ Ott, Claus (Lehrbuch), a.a.O., S. 47; Kronman, Anthony P. (Wealth), a.a.O., S. 236 - 237.

men wie Menschenwürde und andere Grundrechte mit in die Bewertung einbezieht; andererseits soll aus juristischer Sicht eine Bewertung dieser Normen für zulässig und möglich erachtet werden[107]. Durch eine solche Lösung kann das Problem der Durchführung einer Effizienzanalyse nur auf Kosten gesellschaftlicher Werte beseitigt werden, da eine Über- und eine Unterbewertung der menschlichen Autonomie vermieden wird[108]. Da jedoch die Bewertung der Fundamentalnormen äußerst schwierig ist, würde deren Einbeziehung in ein ökonomisches Analyseproblem nur weitere Probleme bringen, deren Lösung doch zumindest fraglich ist. Es könnte daher praktikabler sein, zuerst eine Regelung oder Situation aus ökonomischer Sicht rein auf das Ziel der Allokationseffizienz hin zu untersuchen und anschließend zwischen Effizienzziel und übrigen Zielen aus juristischer Sicht abzuwägen.

2.1.2 Effizienz und Nutzen

Aus Sicht der ökonomischen Analyse besteht die Aufgabe des Rechts darin, Verteilungsregeln aufzustellen und durch diese Regeln eine Verteilung von Ressourcen zu ermöglichen, die langfristig gesehen den individuellen Nutzen aller Beteiligten erhöht[109]. Die gesamtgesellschaftliche Wohlfahrt ergibt sich aus der Summe der subjektiven Nutzen jedes Individuums dieser Gesellschaft[110]. Eine Aufgabe der Rechtsprechung ist, „dasjenige Verhalten zu sanktionieren, das dem ökonomischen Rationalitätsprinzip nicht entspricht“[111]. Die von der ökonomischen Analyse verwendeten normativen Kriterien (Effizienzkriterien) sind daran ausgerichtet, das Gemeinwohl einer Gesellschaft mit Hilfe konsensfähiger Regelungen

---

[107] Vgl. Eger, Thomas/ Nagel, Bernhard/ Weise, Peter (Effizienz), a.a.O., S. 32 - 33; Kirchgässner, Gebhard (homo), a.a.O., S. 110, empfiehlt zusätzlich noch die Berücksichtigung von Verteilungsargumenten neben der Allokationseffizienz; ebenso Calabresi, Guido (Pareto), a.a.O., S. 1232.

[108] Vgl. Eger, Thomas/ Nagel, Bernhard/ Weise, Peter (Effizienz), a.a.O., S. 33.

[109] Vgl. Ott, Claus/ Schäfer, Hans-Bernd: Die ökonomische Analyse des Rechts - Irrweg oder Chance wissenschaftlicher Rechtserkenntnis?, in: JZ, 43. Jg. (1988), S. 213 - 223, Zitierweise: Irrweg, hier S. 217; Taupitz, Jochen (Analyse), a.a.O., S. 140; Burow, Patrick (Einführung), a.a.O., S. 9.

[110] Vgl. Engelke, Heinrich J. (Interpretation), a.a.O., S. 96.

[111] Taupitz, Jochen (Analyse), a.a.O., S. 162.

zu steigern[112]. Die Individuen als Nutzenmaximierer stimmen nur solchen Regelungen zu, die ihren persönlichen Nutzen maximieren[113]. Konsensfähig in diesem Sinne ist das Ziel der Vermeidung von Ressourcenverschwendung[114]. Diese Verschwendung ergibt sich aus einer falschen Allokation von Ressourcen, die zur Folge hat, „daß weniger persönliche Ziele der Gesellschaftsmitglieder erreicht werden als tatsächlich erreicht werden könnten, daß mehr Bedarfe befriedigt werden können, als befriedigt werden“[115]. Dieses gesellschaftlich konsensfähige Ziel der Vermeidung von Ressourcenverschwendung wird durch das Streben nach Allokationseffizienz unterstützt[116]. Voraussetzung ist, daß die angewandten Effizienzkriterien konsensfähig sind. Konsensfähig in diesem Sinne sind sowohl das Pareto- als auch das Kaldor-Hicks-Kriterium, unter Berücksichtigung der Kritik vor allem bezüglich der Reichweite der Kriterien[117] (vgl. B I 2.1.1).

Die Durchführung einer ökonomischen Analyse rechtlicher Regelungen in Orientierung am Effizienzkriterium darf nicht dazu verleiten, eine gesetzliche Regelung nur weil sie dem Effizienzprinzip nicht gerecht wird, abzulehnen. Vielmehr sind auch andere Zielsetzungen, z.B. verteilungspolitischer Art, vorhanden[118]. Diese werden zwar in der ökonomischen Analyse des Rechts nicht berücksichtigt, müssen sich jedoch in den Folgerungen, die vielleicht in Regeländerungen einmünden, niederschlagen.

---

[112] Vgl. Ott, Claus/ Schäfer, Hans-Bernd (Irrweg), a.a.O., S. 217; Kohl, Reinhard (Rechtsanwendung), a.a.O., S. 33.

[113] Vgl. Ott, Claus/ Schäfer, Hans-Bernd (Irrweg), a.a.O., S. 218; Kohl, Reinhard (Rechtsanwendung), a.a.O., S. 33. Aus juristischer Sicht wird von einer breiten Massenakzeptanz gesprochen, ohne die sich eine Legalordnung nicht halten kann; vgl. Schünemann, Wolfgang B. (Homo), a.a.O., S. 507.

[114] Vgl. Ott, Claus/ Schäfer, Hans-Bernd (Irrweg), a.a.O., S. 218; Kohl, Reinhard (Rechtsanwendung), a.a.O., S. 33.

[115] Ott, Claus/ Schäfer, Hans-Bernd (Irrweg), a.a.O., S. 218.

[116] Vgl. Ott, Claus/ Schäfer, Hans-Bernd (Irrweg), a.a.O., S. 218.

[117] Vgl. Ott, Claus/ Schäfer, Hans-Bernd (Irrweg), a.a.O., S. 218; Kohl, Reinhard (Rechtsanwendung), a.a.O., S. 34.

[118] Vgl. Kübler, Friedrich (Effizienz), a.a.O., S. 698.

2.2 Coase-Theorem und Property-Rights-Theorie

Im Rahmen der Zielsetzung der ökonomischen Analyse des Rechts, nämlich der Messung des geltenden Rechts an ökonomischen Effizienzkriterien einer optimalen Ressourcenallokation, besitzt das Coase-Theorem besondere Bedeutung. Coase übt an den Erläuterungen Pigous zu den externen Effekten Kritik und bietet alternative Lösungen[119].

Pigou sah drei Schritte vor[120]: Als erstes erkennt eine geeignete staatliche Stelle eine Handlung als Quelle oder Ursache eines externen Effektes. Anschließend legt diese Stelle fest, wieviel dieser externen Nebenprodukte der verletzenden Partei optimal oder effizient ist. Zuletzt wird der verletzenden Partei eine Steuer auferlegt, entsprechend dem durch diese Partei verursachten, über dem optimalen Niveau liegenden Schaden. Der Effekt dieser Steuer liegt in der Reduzierung des Output der verletzenden Partei auf das optimale Niveau, indem über die Steuer nicht nur die privaten Kosten der verletzenden Partei, sondern auch die sozialen Kosten der jeweiligen Handlungsweise zu bezahlen sind[121]. Zur Festlegung dieses optimalen Niveaus schlägt Pigou vor, sich vorzustellen, alle Aktivitäten würden von einer Person ausgeführt[122]. Diese Annahme entspricht dem sog. Schleier der Unwissenheit nach Rawls[123]. Demnach kennt niemand im vorhinein die Stellung, die er einnehmen wird[124]. Weiß eine Person aber nicht, ob sie Schädiger oder Geschädigter sein wird, wird sie ihre Aktivitäten derart steuern, daß sich ein optimales Verhältnis von Schaden und Nutzen ergibt. In diesem Sinne hat die Analyse einer rechtlichen Regel zu einem Zeitpunkt stattzufinden, zu dem die späteren Anwender noch nicht wissen, in welcher Form sie von der Regelung betroffen

[119] Vgl. Coase, Ronald H. (Social Cost), a.a.O., S. 28 - 42; Pigou, A.C.: The Economics of Welfare, 4th Edition, London 1932.
[120] Vgl. Coleman, Jules L. (Analysis), a.a.O., S. 89.
[121] Vgl. Coleman, Jules L. (Analysis), a.a.O., S. 89.
[122] Vgl. Coleman, Jules L. (Analysis), a.a.O., S. 90.
[123] Vgl. Rawls, John: Eine Theorie der Gerechtigkeit. Übersetzt von Hermann Vetter, 8. Aufl., Frankfurt am Main 1994, Zitierweise: Theorie, hier S. 159 - 166.
[124] Vgl. Rawls, John (Theorie), a.a.O., S. 160.

sein werden[125]. Dieses Vorgehen verspricht einstimmige Beschlüsse über Regelungsänderungen, die zu effizienten und gerechten Verteilungen im Sinne der Theorie der Gerechtigkeit nach Rawls führen[126].

Coase und Pigou unterscheiden sich insoweit, als Coase die Internalisierung externer Effekte nicht über Steuern, die von Außenstehenden festgesetzt werden, erreichen wollte, sondern über privaten Tausch[127]. Das Coase-Theorem unterstellt eine eindeutige Festlegung der Handlungsrechte, freie Übertragbarkeit der daraus abzuleitenden Handlungsmöglichkeiten sowie Transaktionskosten gleich Null. Die Allokation der Ressourcen ist dann stets pareto-effizient. Sofern Transaktionskosten fehlen, stellt sich unabhängig von der Verteilung von Rechten ein marktliches Gleichgewicht ein[128]. Die Anfangsausstattung der Handlungsrechte einer jeden Partei hat keine Auswirkungen auf die Effizienz, wenn die Individuen rational handeln, ihre eigenen und die Präferenzen der anderen kennen, Transaktionen kostenlos sind, Verträge zwischen den Individuen staatlich unterstützt werden, Verhandlungen nicht durch relativen Wohlstand eines Individuums beeinflußt werden und die Preise, auf deren Basis um die Rechte verhandelt wird, vorgegeben sind und nicht durch Verhandlungsgeschick beeinflußt werden[129]. Ein Recht geht automatisch zu dem, der es höher bewertet[130]. Bezogen auf die Haftung besagt das Coase-Theorem, daß unterschiedliche Haftungsregeln in allokativer Hinsicht neutral sind[131].

---

[125] Vgl. Schmidt, Reinhard H.: Ökonomische Analyse des Insolvenzrechts, Wiesbaden 1980, Zitierweise: Analyse, hier S. 20. Diese Annahme unterliegt auch dem Kaldor-Hicks-Kriterium; vgl. dazu Kirchgässner, Gebhard (homo), a.a.O., S. 109 - 110.

[126] Vgl. Schmidt, Reinhard H. (Analyse), a.a.O., S. 21. Problematisch an dieser Sichtweise ist, daß man sich meist in realen Situationen befindet, in denen man mehr darüber weiß, wer Gewinner und Verlierer einer Entscheidung sein wird; vgl. Calabresi, Guido (Pareto), a.a.O., S. 1223 - 1224.

[127] Vgl. Coleman, Jules L. (Analysis), a.a.O., S. 91.

[128] Vgl. Coase, Ronald H. (Social Cost), a.a.O., S. 8; Schäfer, Hans-Bernd/ Ott, Claus (Lehrbuch), a.a.O., S. 81.

[129] Vgl. Coleman, Jules L. (Analysis), a.a.O., S. 92 - 93.

[130] Vgl. Veljanovski, Cento (Economics), a.a.O., S. 22; Eger, Thomas/ Nagel, Bernhard/ Weise, Peter (Effizienz), a.a.O., S. 21.

[131] Vgl. Monissen, Hans G.: Haftungsregeln und Allokation: Einige einfache analytische Zusammenhänge, in: Jahrbuch für Sozialwissenschaft, Bd. 27 (1976), S. 391 - 412, Zitierweise: Haftungsregeln, hier S. 392; Endres, Alfred: Das Coase-Theorem bei langfristiger Betrach-

Wie Coase selbst feststellt, ist seine Modellannahme, die Markttransaktionskosten seien gleich Null, unrealistisch[132]. Vielmehr hat die Höhe der Transaktionskosten und die anfängliche Festlegung von Rechten Auswirkungen auf die Effizienz des ökonomischen Systems[133]. Das Ziel der Allokationseffizienz kann daher durch Minimierung der Transaktionskosten erreicht werden, da hohe Transaktionskosten zu vermeidbaren Fehlallokationen führen können[134]. Sind die Transaktionskosten geringer als der Wert der Transaktion zwischen den Parteien selbst[135], übersteigen also die Transaktionskosten nicht den Kompensationsgewinn[136], ist die Annäherung an das Coase-Theorem und damit an die effiziente Allokation von Ressourcen um so größer. Solange die Voraussetzungen des Coase-Theorems nicht erfüllt sind, wird keine Neutralität verschiedener Haftungsregeln bezüglich der Allokationseffizienz erreicht.

Als Fortentwicklung der Arbeiten von Coase ist die Property-Rights-Theorie zu nennen[137]. Mit dem Begriff Property Rights lassen sich „ökonomisch, rechtlich, sozial oder institutionell festgelegte Handlungsrechte und -möglichkeiten von Wirtschaftssubjekten“[138] umschreiben. Ökonomie im Sinne des Property-Rights-Ansatzes enthält die Untersuchung, wie Varianten des Bündels an Handlungsrechten die Preise und die Allokation von Ressourcen beeinflussen[139]. Diese Theorie

---

tung, in: Jahrbuch für Sozialwissenschaft, Bd. 27 (1976), S. 430 - 433, Zitierweise: Coase, weist nach, daß bei langfristiger Betrachtung diese Aussage des Coase-Theorems keine Gültigkeit besitzt, da eine Änderung der Haftungsregel die Absatzpreise des Schädigers beeinflussen kann.

[132] Vgl. Coase, Ronald H. (Social Cost), a.a.O., S. 15; Coase, Ronald H. (Law), a.a.O., S. 251; Ellickson, Robert C.: The Case for Coase and Against „Coaseanism“, in: Yale Law Journal, Vol. 99 (1989), S. 611 - 630, Zitierweise: Case, hier S. 612 - 613.

[133] Vgl. Coase, Ronald H. (Social Cost), a.a.O., S. 16.

[134] Vgl. Taupitz, Jochen (Analyse), a.a.O., S. 141.

[135] Vgl. Posner, Richard A. (Analysis), a.a.O., S. 51.

[136] Vgl. Eger, Thomas/ Nagel, Bernhard/ Weise, Peter (Effizienz), a.a.O., S. 21.

[137] Vgl. Tietzel, Manfred: Die Ökonomie der Property Rights: Ein Überblick, in: Zeitschrift für Wirtschaftspolitik, 30. Jg. (1981), S. 207 - 243, Zitierweise: Ökonomie, hier S. 208; Hesse, Günter: Der Property-Rights-Ansatz. Eine ökonomische Theorie der Veränderung des Rechts?, in: Jahrbuch für Nationalökonomie und Statistik, Bd. 19 (1980), S. 481 - 495, Zitierweise: Property Rights, hier S. 481.

[138] Tietzel, Manfred (Ökonomie), a.a.O., S. 209; Hesse, Günter (Property Rights), a.a.O., S. 482.

[139] Vgl. Veljanovski, Cento (Economics), a.a.O., S. 24.

geht davon aus, daß die Property Rights nach ihrer Spezifizierung, das heißt, „welche Rechte an welchen Ressourcen von wem in welchem Maße wahrgenommen werden können“, Anreize auf die Art der Nutzung von Ressourcen ausüben[140]. Sie stellen Instrumente dar, wie durch Gesetze und andere Regelungen die Ausübung eines Handlungsrechts durch dessen Besitzer geregelt werden kann[141]. Maßgeblich sind die Property Rights bei der Internalisierung der externen Effekte[142] und somit der Minimierung der Transaktionskosten im Sinne des Coase-Theorems[143]. Durch Zuweisung von Property Rights wird die Grundlage zur Berücksichtigung externer Effekte in den Überlegungen der beteiligten Wirtschaftssubjekte gelegt, so daß Verhandlungs- bzw. marktliche Lösungen möglich sind[144]. Die Funktion der Rechtsordnung besteht in diesem Sinne in der Kompensation der Störung der Tauschvorgänge der Marktteilnehmer; Recht ist ein Instrument zur Internalisierung externer Effekte und ein Anreizsystem zur Förderung der Marktrationalität und damit der Allokationseffizienz der Ressourcen[145]. Die Rechtsordnung legt fest, welche externen Kosten mit oder ohne Ausgleichszahlungen zu ertragen sind und welche verboten werden können[146].

Der Property Rights-Theorie ist die REM-Hypothese zuzuschreiben (vgl. B I 1.3), die den Menschen nicht nur als Gewinn-, sondern als Nutzenmaximierer sieht, so daß neben Güterversorgung und Gewinn auch Güter wie Macht, Freiheit oder Selbstverwirklichung in einer Nutzenfunktion berücksichtigt werden können[147]. Gefährlich an diesem Menschenbild ist, daß „jede beliebige empirische Beobachtung auf Besonderheiten einer Nutzenfunktion“[148] zurückgeführt werden könnte.

---

[140] Vgl. Tietzel, Manfred (Ökonomie), a.a.O., S. 216.
[141] Vgl. Krüsselberg, Hans-Günter (Property Rights), a.a.O., S. 68.
[142] Vgl. Demsetz, Harold: Toward a Theory of Property Rights, in: American Economic Review, Vol. 57 (1967), S. 347 - 359, Zitierweise: Theory, hier S. 347 - 348.
[143] Vgl. Engelke, Heinrich J. (Interpretation), a.a.O., S. 82.
[144] Vgl. Krüsselberg, Hans-Günter (Property Rights), a.a.O,. S. 68.
[145] Vgl. Demsetz, Harold (Theory), a.a.O., S. 349.
[146] Vgl. Gotthold, Jürgen: Zur ökonomischen „Theorie des Eigentums“, in: ZHR, 144. Bd. (1980), S. 545 - 562, Zitierweise: Theorie, hier S. 558.
[147] Vgl. Tietzel, Manfred (Ökonomie), a.a.O., S. 218 - 219.
[148] Tietzel, Manfred (Ökonomie), a.a.O., S. 219.

Dieser Gefahr kann durch entsprechend genaue Spezifizierung der Nutzenfunktion begegnet werden[149].

Bei der Tätigkeit des Wirtschaftsprüfers im Rahmen gesetzlicher Pflichtprüfungen ist die Voraussetzung des Coase-Theorems, nämlich die freie Verfügbarkeit über die Handlungsrechte der betroffenen Parteien, nicht gegeben. Die prüfungspflichtigen Unternehmen können aufgrund der gesetzlichen Verpflichtung nicht frei entscheiden, ob und zu welchen Bedingungen diese Prüfungen durchzuführen sind. Die Art der Haftungsregel (d.h. wem von den betroffenen Parteien die Haftungsverpflichtung auferlegt wird) ist folglich nicht zwingend neutral bezüglich der Allokation von Ressourcen. Es führt also nicht jede Haftungsregel zu ökonomisch effizienten Lösungen. Ebenso hat eine Haftungsregel dann allokative Auswirkungen, wenn die Transaktionskosten nicht vernachlässigbar gering sind[150].

2.3 Transaktionskosten

Wesentlich bei Anwendung des Coase-Theorems sind die Transaktionskosten[151]. Es handelt sich dabei um Kosten, die bei der Verwirklichung des Tausches von Rechten anfallen, oder um den Ressourceneinsatz, der zur Herbei- und zur Durchführung einer Transaktion notwendig ist[152]. Im Sinne der Property-Rights-Theorie stellen die Transaktionskosten eine Art Handlungsbeschränkung dar[153]. Sie können sogar bei Transaktionen zwischen nur zwei Parteien recht hoch sein, obwohl grundsätzlich die Kosten einer Transaktion mit der Zahl der an der Transaktion beteiligten Parteien - vielleicht exponentiell - steigen[154].

---

149 Vgl. Tietzel, Manfred (Ökonomie), a.a.O., S. 219.
150 Vgl. Demsetz, Harold: When does the Rule of Liability Matter?, in: The Journal of Legal Studies, Vol. 1 (1971), S. 13 - 28, Zitierweise: Rule, hier S. 26.
151 Vgl. Williamson, Oliver E. (Transaction Cost), a.a.O., S. 100 - 101.
152 Vgl. Gäfgen, Gérard (Entwicklung), a.a.O., S. 52; Hesse, Günter (Erklärung), a.a.O., S. 90.
153 Vgl. Gäfgen, Gérard (Entwicklung), a.a.O., S. 51
154 Vgl. Posner, Richard A. (Analysis), a.a.O., S. 51.

Der Transaktionskostenansatz geht davon aus, daß alle komplexen Verträge notwendigerweise unvollständig sind[155]. Unter den Verhaltensannahmen der beschränkten Rationalität (bounded rationality), des Opportunismus und der Spezifität von Ressourcen sind zur Lösung komplexer Leistungsbeziehungen sowohl marktliche, als auch hierarchische, d.h. unter Ausschaltung des Preismechanismus, Koordinationen notwendig[156]. Transaktionskostenprobleme treten auf durch unterschiedliche Information der verschiedenen Parteien, die einerseits als asymmetrische Informationsverteilung (eine Partei hat mehr, bessere oder andere Informationen als die andere) auftreten kann und sich andererseits in der beschränkten Informationsverarbeitungsfähigkeit der Individuen (die individuell variiert) äußert[157]. Entsprechend dem Transaktionskostenansatz sind wirtschaftliche Strukturen und Prozesse in einer Gesellschaft effizient, „wenn die 'Reibungen', die bei der Abstimmung zwischen den Beteiligten entstehen, möglichst gering bleiben"[158]. Reibungsverluste sind Transaktionskosten, die beim Austausch von Leistungen auftreten, weil die Interessen sowie das Wissen und Können der an den Transaktionen Beteiligten unterschiedlich sind[159].

Eine Transaktion besteht im Tausch bzw. der Übertragung von Property Rights[160]. „Transaktionskosten sind die bei Bestimmung, Übertragung und Durchsetzung von Verfügungsrechten für einen bestimmten Leistungsaustausch entstehenden Kosten"[161]. Sie umfassen alle Kosten, die im Rahmen von

---

[155] Vgl. Williamson, Oliver E. (Transaction Cost), a.a.O., S. 102.

[156] Vgl. Williamson, Oliver E. (Transaction Cost), a.a.O., S. 102; Picot, Arnold/ Dietl, Helmut: Transaktionskostentheorie, in: WiSt, 19. Jg. (1990), S. 178 - 184, Zitierweise: Transaktionskostentheorie, hier S. 178 - 179.

[157] Vgl. Williamson, Oliver E. (Transaction Cost), a.a.O., S. 103 - 104; Picot, Arnold/ Dietl, Helmut (Transaktionskostentheorie), a.a.O., S. 179.

[158] Picot, Arnold: Transaktionskostenansatz, in: Wittmann, Waldemar u.a. (Hrsg.): Handwörterbuch der Betriebswirtschaft, Teilband 3, 5. völlig neu gestaltete Auflage, Stuttgart 1993, Sp. 4194 - 4204, Zitierweise: Transaktionskostenansatz, hier Sp. 4194.

[159] Vgl. Picot, Arnold (Transaktionskostenansatz), a.a.O., Sp. 4194.

[160] Vgl. Picot, Arnold/ Dietl, Helmut (Transaktionskostentheorie), a.a.O., S. 178; Baur, Cornelius: Make-or-Buy-Entscheidungen in einem Unternehmen der Automobilindustrie, München 1990, Zitierweise: Entscheidungen, S. 43 - 44; ausführlich Michaelis, Elke: Organisation unternehmerischer Aufgaben - Transaktionskosten als Beurteilungskriterium, Frankfurt a.M./ Bern/ New York 1985, Zitierweise: Organisation, S. 65 - 77.

[161] Picot, Arnold (Transaktionskostenansatz), a.a.O., Sp. 4195.

„Zustandekommen und Ausführung ... der Vertragsbeziehungen anfallen“[162]. Transaktionskosten können anfallen durch Informationssuche und -verarbeitung, durch Verhandlungsprozesse bis hin zur Spezifizierung von Vereinbarungen, durch Überwachung und Sanktionierung der Durchführung und durch Anpassung unvollkommen spezifizierter Inhalte an eine neue Situation[163]. Sie können in verschiedene Kostenarten unterteilt werden, wie Anbahnungs-, Vereinbarungs-, Abwicklungs-, Kontroll- und Anpassungskosten[164]. Auch eine Einteilung in vor- und nachvertraglich auftretende Kosten ist möglich[165]. Transaktionskosten fallen zusätzlich zum Preis oder den Produktionskosten an und können größere Bedeutung als der Preis selbst erlangen[166]. Es sind „Kosten für das Zustandekommen von Marktbeziehungen“[167].

Gemäß dem Transaktionskostenansatz ist eine absolute Quantifizierung der Transaktionskosten nicht notwendig; vielmehr reicht es für die Suche nach effizienten Lösungen aus, festzustellen, welche Lösung im Vergleich zu einer anderen mit geringeren Transaktionskosten belastet ist[168]. Man kann somit die Schwierigkeit der genauen Quantifizierung der Transaktionskosten (wie Erfassungs- und Zuordnungsprobleme) vermeiden[169]. Der Transaktionskostenansatz ist auf jede

---

[162] Weber, Rolf H.: Ökonomische Rationalität und Vertragsrecht. Bemerkungen zu den Theorieansätzen der „ökonomischen Analyse des Rechts“, in: Forstmoser, Peter/ Schluep, Walter R. (Hrsg.): Freiheit und Verantwortung im Recht. Festschrift zum 60. Geburtstag von Arthur Meier-Hayoz, Bern 1982, S. 419 - 444, hier S. 428.

[163] Vgl. Gäfgen, Gérard (Entwicklung), a.a.O., S. 52; Ellickson, Robert C. (Case), a.a.O., S. 615; Behrens, Peter (Aspekte), a.a.O., S. 483 f..

[164] Vgl. Picot, Arnold (Transaktionskostenansatz), a.a.O., Sp. 4195 - 4196.

[165] Vgl. Baur, Cornelius (Entscheidungen), a.a.O., S. 44 - 45; Michaelis, Elke (Organisation), a.a.O., S. 95.

[166] Vgl. Hotz, Beat: Ökonomische Analyse des Rechts - eine skeptische Betrachtung, in: Wirtschaft und Recht, 34. Jg. (1982), S. 293 - 314, hier S. 298.

[167] Schneider, Dieter: Rechtssichere Gesetzesanwendung und Steuerplanung - Ein Beitrag zur ökonomischen Analyse des Rechts -, in: Tipke, Klaus (Hrsg.): Grenzen der Rechtsfortbildung durch Rechtsprechung und Verwaltungsvorschriften im Steuerrecht, Köln 1982, S. 85 - 98, hier S. 93.

[168] Vgl. Picot, Arnold (Transaktionskostenansatz), a.a.O., Sp. 4196; Michaelis, Elke (Organisation), a.a.O., S. 206.

[169] Vgl. Picot, Arnold (Transaktionskostenansatz), a.a.O., Sp. 4196; zu den Problemen der Ermittlung der Höhe der Transaktionskosten vgl. Michaelis, Elke (Organisation), a.a.O., S. 206 - 225.

Art von Leistungsbeziehungen anwendbar, die sich als Kontrahierungsproblem formulieren läßt[170]. Dafür sind die transaktionskostenrelevanten Einflußgrößen und Merkmale wie Unsicherheit, Analysier- und Beschreibbarkeit und Häufigkeit zu spezifizieren[171]. Danach sind die situativen Einflußgrößen auf das Zustandekommen einer Vereinbarung und die Aufgabenerfüllung zu analysieren sowie die im Vergleich günstigste Art der Koordination zu ermitteln, also nach Hilfsmitteln und Rahmenbedingungen zu fragen, wie möglichen Vertragsformen, organisatorischen Regelungen oder rechtlichen Rahmenbedingungen[172].

In Situationen, in welchen Transaktionskosten erheblich sind, werden durch Haftung des Schädigers nur die Schäden vermieden, für die die Vermeidungskosten des Schädigers geringer sind als die erwarteten Schadenskosten, und umgekehrt werden durch eine Haftung des Geschädigten nur die Schäden vermieden, für die die Vermeidungskosten des Geschädigten niedriger sind als die erwarteten Schadenskosten[173]. Das bedeutet grundsätzlich, daß je nachdem, ob der Schädiger oder der Geschädigte haftet, sich unterschiedlich viele Schadensfälle ergeben, solange die Schadensvermeidungskosten beider Parteien unterschiedlich sind[174]. Voraussetzung ist, daß beide am Schadensereignis beteiligten Parteien Schadensvermeidungsmöglichkeiten besitzen. Hat der Gesetzgeber Kenntnisse über die Möglichkeiten der Schadensvermeidung der einzelnen Parteien, kann er die Ressourcenallokation durch Auferlegung der Haftung zu der Partei, von der erwartet wird, daß sie eine teure Interaktion am günstigsten vermeiden kann, verbessern[175].

---

170 Vgl. Picot, Arnold/ Dietl, Helmut (Transaktionskostentheorie), a.a.O., S. 182.

171 Vgl. Picot, Arnold: Zur Bedeutung allgemeiner Theorieansätze für die betriebswirtschaftliche Information und Kommunikation: Der Beitrag der Transaktionskosten- und Principal-Agent-Theorie, in: Kirsch, Werner/ Picot, Arnold (Hrsg.): Die Betriebswirtschaftslehre im Spannungsfeld zwischen Generalisierung und Spezialisierung. Edmund Heinen zum 70. Geburtstag, Wiesbaden 1989, S. 362 - 379, Zitierweise: Bedeutung, hier S. 365; Picot, Arnold/ Dietl, Helmut (Transaktionskostentheorie), a.a.O., S. 182.

172 Vgl. Picot, Arnold (Bedeutung), a.a.O., S. 365, Picot, Arnold/ Dietl, Helmut (Transaktionskostentheorie), a.a.O., S. 182.

173 Vgl. Demsetz, Harold (Rule), a.a.O., S. 27.

174 Vgl. Demsetz, Harold (Rule), a.a.O., S. 27.

175 Vgl. Demsetz, Harold (Rule), a.a.O., S. 27 - 28.

Eine Lösung, die gemäß dem Coase-Theorem, also unter der Voraussetzung, daß keine Transaktionskosten vorhanden sind, optimal ist, muß nicht zwingend auch in einer Situation, in der Transaktionen und mögliche Substitute Geld kosten, optimal sein[176].

2.4 Property Rules und Liability Rules

Es ist u.a. Aufgabe der ökonomischen Theorie, zu untersuchen, wie externe Effekte internalisiert oder überwacht werden können, wenn Transaktionskosten die Fähigkeit des Marktes, im Zuge privaten Tausches Effizienz zu erreichen, bedrohen[177]. Es gibt verschiedene Lösungen, z.B. die Auferlegung staatlicher Steuern an den Schädiger oder die Unterstützung des Geschädigten durch staatliche Subventionen[178].

Hier ist die Kontrolle externer Effekte über den Rechtsweg durch Auferlegung von Haftungs- (liability rules) oder Eigentumsregeln (property rules) relevant[179]. Zuerst wird dabei jemand das gesetzliche Recht zugewiesen, eine bestimmte Aktivität durchzuführen; im zweiten Schritt wird ein Verfahren zum Schutz des zugewiesenen Rechts festgelegt[180]. Schutz eines Rechtes durch eine property rule bedeutet, daß niemand dem Inhaber des Rechtes dieses Recht nehmen kann, außer der Inhaber verkauft es freiwillig zu einem Preis, mit dem er es subjektiv bewertet[181]. Besteht genug öffentliches Interesse, kann ein Recht auch durch Verpflichtung zu Kompensationen im Falle der Verletzung geschützt werden. Eine Haftungsregel soll den Übergang eines Rechts von dessen Inhaber auf dessen Verlet-

---

[176] Vgl. Calabresi, Guido: Transaction Costs, Resource Allocation and Liability Rules - A Comment, in: Journal of Law and Economics, Vol. 11 (1968), S. 67- 73, Zitierweise: Transaction, hier S. 69.
[177] Vgl. Coleman, Jules L. (Analysis), a.a.O., S. 95.
[178] Vgl. Coleman, Jules L. (Analysis), a.a.O., S. 95.
[179] Vgl. Coleman, Jules L. (Analysis), a.a.O., S. 95.
[180] Vgl. Coleman, Jules L. (Analysis), a.a.O., S. 95.
[181] Vgl. Calabresi, Guido/ Melamed, Douglas A.: Property Rules, Liability Rules, and Inalienability: One View of the Cathedral, in: Harvard Law Review, Vol. 85 (1972), S. 1089 - 1128, Zitierweise: Rules, hier S. 1105; Landes, William M./ Posner, Richard A.: The Economic Structure of Tort Law, Cambridge, Massachusetts u.a. 1987, Zitierweise: Structure, S. 29.

zer durch Festlegung eines externen objektiven Wertmaßstabes regeln[182]. Am Beispiel läßt sich der Unterschied wie folgt erklären: Wenn mein Recht an meinem Haus durch eine property rule geschützt ist, kann ein anderer nur das, was ich erlaube, mit meinem Haus tun; wenn es durch eine liability rule geschützt ist, kann ein anderer alles, was er will, damit tun, wenn er mich danach angemessen für die Verletzungen entschädigt[183]. Mit der Haftungsregel wird jemand eine Ersatzpflicht auferlegt, wenn er sich dafür entscheidet, bestimmte Ressourcen nicht vertragsgemäß, sondern zum Nachteil der anderen Partei zu verwenden[184]. Durch Haftungsregeln werden Schadensersatzbeträge als Preis für eine nachteilige Ressourcenverwendung festgelegt. Bei den Eigentumsrechten wird dieser Preis durch Vereinbarungen zwischen dem Rechtsinhaber und einem Vertragspartner ausgehandelt. Die Vorteile der jeweiligen Regel sind von den relativen Transaktionskosten abhängig[185]. Sind die Kosten für freiwillige Markttransaktionen niedrig, so ist eine property rule in ökonomischer Hinsicht einer liability rule vorzuziehen, und umgekehrt wenn die Transaktionskosten hoch sind, da dann eine property rule nicht die bestmögliche Ressourcenallokation zuläßt[186]. Ziel des Rechts muß eine Verminderung der Transaktionskosten sein, die durch Verminderung der Anzahl der Handlungsalternativen, der Anzahl der an der Entscheidung Beteiligten, der Anzahl der für eine Entscheidung notwendigen Zustimmungen oder der Anzahl der zu treffenden Entscheidungen erreicht werden kann[187]. Ist durch diese Maßnahmen keine Reduzierung der Transaktionskosten erreichbar, kann die Legislative Verbote verhängen oder Entschädigungsregeln erlassen[188]. Durch Entschädigungsregeln verbleibt die Entscheidung gegen die Ausübung einer be-

---

[182] Vgl. Calabresi, Guido/ Melamed, Douglas A. (Rules), a.a.O., S. 1106.

[183] Vgl. Coleman, Jules L. (Analysis), a.a.O., S. 96: ähnlich Landes, William M./ Posner, Richard A. (Structure), a.a.O., S. 29 - 30.

[184] Vgl. Behrens, Peter (Grundlagen), a.a.O., S. 162.

[185] Vgl. Behrens, Peter (Grundlagen), a.a.O., S. 162; Landes, William M./ Posner, Richard A. (Structure), a.a.O., S. 31.

[186] Vgl. Landes, William M./ Posner, Richard A. (Structure), a.a.O., S.31.

[187] Vgl. Behrens, Peter (Aspekte), a.a.O., S. 484.

[188] Vgl. Behrens, Peter (Aspekte), a.a.O., S. 485.

stimmten Tätigkeit beim Handelnden[189]. Mit der Entscheidung, wem unter welchen Umständen welche Ersatzansprüche durch das Recht zugesprochen werden, wird eine Allokation und Bewertung von Nutzungsrechten durch das Recht vorgenommen[190].

II Ökonomische Analyse der Haftung

1. Bestandteile der Haftung aus ökonomischer Sicht

1.1 Ziele der Haftung

Haftung soll Vertrauen unter den Wirtschaftssubjekten schaffen[191]. Aus ökonomischer Sicht trägt eine ausreichende finanzielle Haftung neben qualifizierter menschlicher Arbeitsleistung wesentlich zur Sicherung des Wirtschaftssystems und zur einzelwirtschaftlichen Sicherung der Marktteilnehmer innerhalb einer Rechtsordnung bei[192]. Durch Vertrauen auf ein bestimmtes Verhalten von Individuen können in einer Gesellschaft auftretende Vertragsprobleme gemildert und Transaktionskosten gesenkt werden[193].

---

[189] Vgl. Calabresi, Guido: The Decision for Accidents: An Approach to Nonfault Allocation of Costs, in: Harvard Law Review, Vol. 78 (1965), S. 713 - 745, Zitierweise: Decision, hier S. 715; Taupitz, Jochen (Analyse), a.a.O., S. 146.

[190] Vgl. Behrens, Peter (Aspekte), a.a.O., S. 485 - 486.

[191] Vgl. Deppe, Hans-Dieter: Finanzielle Haftung heute - Obsoletes Relikt oder marktwirtschaftliche Fundamentalisierung?, in: Claussen, Carsten P./ Hübl, Lothar/ Schneider, Hans-Peter (Hrsg.): Zweihundert Jahre Geld und Brief. Herausforderungen an die Kapitalmärkte. Festgabe an die Niedersächsische Börse zu Hannover aus Anlaß ihres 200jährigen Bestehens, Frankfurt a.M. 1987, S. 179 - 204, Zitierweise: Haftung, hier S. 180; Ott, Claus (Effektivität), a.a.O., S. 361, weist dem Recht grundsätzlich auch eine Vertrauensfunktion zu.

[192] Vgl. Deppe, Hans-Dieter (Haftung), a.a.O., S. 181.

[193] Vgl. Michaelis, Elke (Organisation), a.a.O., S. 128 - 129.

Dem Haftungsrecht lassen sich drei Ziele zuordnen: der Schadensausgleich, die Schadensprävention und ein verteilungspolitisches Ziel[194]. Aus juristischer Sicht ist das Ausgleichsziel vorherrschend[195], das vor allem in den Regeln wiederzufinden ist, die Art und Umfang eines zu ersetzenden Schadens festlegen[196]. Es beinhaltet die Allokation von Risiken, die aus Schadensfällen resultieren[197].

Das aus ökonomischer Sicht vorherrschende Präventionsziel[198] hat Steuerungsfunktion, wonach Anreize für schadenvermeidendes Verhalten gegeben werden sollen, um gesamtgesellschaftliche Wohlfahrt zu erreichen[199]. Durch entsprechende Ressourcenallokation sollen die Wahrscheinlichkeit, daß sich überhaupt Schadensfälle ereignen, und die Höhe des Schadens, sofern dieser nicht verhindert werden konnte, vermindert werden[200]. Zur Erreichung dieses Zieles sind dem Schädiger Ersatzpflichten aufzuerlegen, um dessen Verhalten zu beeinflussen, und dem Geschädigten Schadensersatzansprüche zuzugestehen, um diesem einen Anreiz zu geben, Ansprüche geltend zu machen und damit die Sanktionierung des Schädigers zu veranlassen[201]. Für die Anwendung des Kaldor-Hicks-Kriteriums zur Effizienzbeurteilung ist es demnach nicht ausreichend, nur die Entschädi-

---

[194] Vgl. Kötz, Hein: Ziele des Haftungsrechts, in: Baur, Jürgen F./ Hopt, Klaus J./ Mailänder, K. Peter (Hrsg.): Festschrift für Ernst Steindorff zum 70. Geburtstag am 13. März 1990, Berlin/ New York 1990, S. 643 - 666, Zitierweise: Ziele, hier S. 644 - 646; Rahmsdorf, Detlev W./Schäfer, Hans-Bernd (Analyse), a.a.O., S. 101.

[195] Vgl. Kötz, Hein (Ziele), a.a.O., S. 643; Taupitz, Jochen (Analyse), a.a.O., S. 137 - 139; Hirte, Heribert: Berufshaftung, München 1996, Zitierweise: Berufshaftung, S. 314; Finsinger, Jörg: Wettbewerb und Regulierung, München 1991, Zitierweise: Wettbewerb, S. 220.

[196] Vgl. Kötz, Hein (Ziele), a.a.O., S. 644.

[197] Vgl. Shapiro, Carl: Symposium on the Economics of Liability, in: Journal of Economic Perspectives, Vol. 5, Nr. 3 (1991), S. 3 - 10, Zitierweise: Symposium, hier S. 5.

[198] Vgl. Taupitz, Jochen (Analyse), a.a.O., S. 138 - 139; Hirte, Heribert (Berufshaftung), a.a.O., S. 317; Finsinger, Jörg (Wettbewerb), a.a.O., S. 220.

[199] Vgl. Kötz, Hein (Ziele), a.a.O., S. 645. Diese Anreizfunktion von Rechtsnormen ist aus juristischer Sicht nicht unumstritten, da die Menschen nicht mit der entsprechenden Rechtskenntnis ausgestattet seien, die Voraussetzung für die Erfüllung der Anreizfunktion ist. Statt dessen werden die Rechtsnormen als Bewertungsnormen, „die als Maßstab rechtlicher Entscheidungen in Verwaltung und Justiz dienen", angesehen; Schünemann, Wolfgang M. (Homo), a.a.O., S. 511 - 512. Zur Funktion der Verhaltenssteuerung vgl. auch Malloy, Robin Paul (Law), a.a.O., S. 19 - 20.

[200] Vgl. Shapiro, Carl (Symposium), a.a.O., S. 5.

[201] Vgl. Kötz, Hein (Ziele), a.a.O., S. 656 - 657.

gungsmöglichkeit zu beachten. Fehlt der Anreiz für den Geschädigten, eine Klage gegen den Schädiger anzustrengen (oder auch auf sonstigem, z.B. Vergleichswege Schadensersatz zu verlangen), geht der Anreiz zur Schadensvermeidung beim Schädiger verloren, da die Wahrscheinlichkeit, den verursachten Schaden ersetzen zu müssen, gegen Null geht.

Ein verteilungspolitisches Ziel liegt denjenigen Haftungsregeln zugrunde, die aufgrund sozialer Interessen (z.B. Gewährleistung sozialer Sicherheit oder Vermeidung sozialer Härtefälle) und nicht wegen Sorgfaltspflichtverletzungen Schadensersatzansprüche zugestehen[202].

Der Sinn der Eigentumsrechte und auch der Haftungsregeln liegt in der Optimierung der Maßnahmen zur Risikominderung oder -vermeidung[203]. Um dieses Optimum zu erreichen, dürfen die Risikovermeidungsaufwendungen nicht den Wert des tatsächlichen Risikos übersteigen. Das kann bei der Haftungslösung durch Haftungsgrenzen erreicht werden[204].

1.2 Haftungsmaßstab und Haftungsanlaß

1.2.1 Grundmodell zur Analyse von Haftungsregeln

Zur Analyse der Wirkungen von Haftungsregeln werden in der ökonomischen Theorie Modelle verwendet. Obwohl es unterschiedliche Varianten dieser Modelle gibt, basieren sie auf einem einfachen Grundmodell[205]: Ein (potentieller) Schädiger A und ein (potentieller) Geschädigter B können beide durch Wahl ihrer eigenen Sorgfaltsniveaus x und y die Eintrittswahrscheinlichkeit w und das Ausmaß S eines Schadens beeinflussen (bilaterale Schäden).

---

202 Vgl. Kötz, Hein (Ziele), a.a.O., S. 646.
203 Vgl. Behrens, Peter (Grundlagen), a.a.O., S. 162, 163.
204 Vgl. Behrens, Peter (Grundlagen), a.a.O., S. 163.
205 Vgl. Endres, Alfred (Grundlagen), a.a.O., S. 5 - 6.

Die Gesamtkosten, die mit bestimmten Sorgfaltsaktivitäten einhergehen, lassen sich wie folgt formulieren für den:

Schädiger	$K_A^G = K_a(x) + \Phi ES(x,y)$
Geschädigten	$K_B^G = K_b(y) + (1-\Phi)ES(x,y)$
wobei $K_a(x) =$	Kosten der Durchführung einer Sorgfaltsaktivität x des Schädigers
$K_b(y) =$	Kosten der Durchführung einer Sorgfaltsaktivität y des Geschädigten
$\Phi ES =$	ΦwS
=	Teil der erwarteten Schäden, die bei der jeweils geltenden Haftungsregel dem Schädiger angelastet werden
$(1-\Phi)ES =$	$(1-\Phi)wS$
=	Teil der erwarteten Schäden, die bei der jeweils geltenden Haftungsregel dem Geschädigten angelastet werden

Es gilt:	$0 \leq \Phi \leq 1$ (Φ = Haftungsparameter)	
	falls $\Phi = 0$	keine Haftung des Schädigers
	falls $\Phi = 1$	volle Haftung des Schädigers
	falls $0 < \Phi < 1$	Haftungsaufteilung

Eine Variante dieses Modells nimmt an, daß Schäden nicht durch die Sorgfaltsniveaus von Schädiger und Geschädigtem beeinflußt werden, sondern nur durch das des Schädigers (unilaterale Schäden).

Bestandteile der Haftungsregeln sind der Haftungsmaßstab und der Haftungsumfang[206]. Es lassen sich grundsätzlich sechs Arten von Haftungsmaßstäben unterscheiden[207]:

1. Keine Haftung: Der Geschädigte trägt alle Schäden.
2. Strikte Haftung: Der Schädiger haftet für alle Folgen des schädigenden Ereignisses.
3. Verschuldenshaftung: Der Geschädigte haftet, außer der Schädiger hat fahrlässig gehandelt.
4. Strikte Haftung mit konkurrierendem Verschulden: Der Schädiger haftet, außer der Geschädigte hat fahrlässig gehandelt.
5. Verschuldenshaftung mit konkurrierendem Verschulden: Der Schädiger haftet, wenn er fahrlässig gehandelt hat und der Geschädigte nicht. Sonst haftet der Geschädigte.
6. Strikte Haftung mit beiderseitigem konkurrierendem Verschulden: Der Geschädigte haftet, wenn er fahrlässig handelt und der Schädiger nicht. Sonst haftet der Schädiger.

Hinzu kommen zwei weitere Haftungsformen: Die relative Verschuldenshaftung, bei der der Schädiger haftet, wenn eine Geldeinheit, die vom Schädiger zur Schadensvermeidung ausgegeben wird, mehr Schaden vermeiden kann als die ausgegebene Geldeinheit des Geschädigten[208]. Die Mitverschuldenshaftung teilt die Haftung zwischen Schädiger und Geschädigtem auf[209], für den Fall, daß beide fahrlässig gehandelt haben[210]. Hat nur der Schädiger fahrlässig gehandelt, haftet

---

[206] Vgl. Behrens, Peter (Grundlagen), a.a.O., S. 163.

[207] Vgl. Brown, John Prather: Toward an Economic Theory of Liability, in: The Journal of Legal Studies, Vol. 2 (1973), S. 323 - 349, Zitierweise: Theory, hier S. 328 - 329; ähnlich Endres, Alfred (Grundlagen), a.a.O., S. 6 - 13.

[208] Vgl. Brown, John Prather (Theory), a.a.O., S. 329.

[209] Vgl. Brown, John Prather (Theory), a.a.O., S. 329; Haddock, David/ Curran, Christopher: An Economic Theory of Comparative Negligence, in: The Journal of Legal Studies, Vol. 14 (1985), S. 49 - 72, Zitierweise: Theory, hier S. 49; Wittman, Donald: The Price of Negligence under Differing Liability Rules, in: Journal of Law & Economics, Vol. 29 (1986), S. 151 - 163, Zitierweise: Price, hier S. 153.

[210] Vgl. Endres, Alfred (Grundlagen), a.a.O., S. 11.

dieser voll, hat nur der Geschädigte fahrlässig gehandelt, trifft den Schädiger keine Haftung[211].

Diese Haftungsformen lassen sich in mathematischer Form darstellen als Ableitung einer neoklassischen Produktionsfunktion[212]. Input sind die Maßnahmen der Schadensvermeidung von Schädiger und Geschädigtem, Output ist die Wahrscheinlichkeit der Vermeidung eines Schadens[213].

Haftungsvoraussetzung für alle Arten der Verschuldenshaftung ist die Verletzung von Sorgfaltspflichten[214] und der Eintritt eines Schadens aufgrund dieser Sorgfaltspflichtverletzung[215]. Eine Verschuldenshaftung motiviert sowohl den Schädiger als auch den Geschädigten, die gesetzlich erforderliche Sorgfalt anzuwenden, die alle Vorsichtsmaßnahmen beinhaltet, welche eine verantwortungsbewußte Person unter vergleichbaren Umständen auch anwenden würde[216]. Der effiziente Aufwand an Sorgfalt ist durch das Sorgfaltsniveau erreicht, das die Summe der Kosten für Sorgfalt von Schädiger und Geschädigtem und der erwarteten Schadenskosten minimiert[217]. Beim Prinzip der strikten Haftung haftet der Schädiger auch für solche Schäden, die nur mit höheren Kosten, als der Schaden selbst ver-

---

[211] Vgl. Endres, Alfred (Grundlagen), a.a.O., S. 12.

[212] Vgl. Brown, John Prather (Theory), a.a.O., S. 324; Bakker, B.B./ Sterks, C.G.M.: Optimal Legal Standards in Negligence-Based Liability Rules, in: De Economist, 136. Bd. (1988), S. 383 - 400, Zitierweise: Standards, hier S. 383 - 385. Eine neoklassische Produktionsfunktion setzt sich grundsätzlich aus zwei Inputgrößen und einer Outputgröße zusammen. Kennzeichnend ist, daß die Funktion durch den Ursprung verläuft, ihre Steigung überall positiv und im gesamten Bereich abnehmend ist. Vgl. näher Felderer, Bernhard/ Homburg, Stefan: Makroökonomik und neue Makroökonomik, 6. Aufl., Berlin u.a. 1994, S. 54 - 57.

[213] Vgl. Brown, John Prather (Theory), a.a.O., S. 324.

[214] Vgl. Trimarchi, Pietro: Die Regelung der Vertragshaftung aus ökonomischer Sicht, in: ZHR, 136. Band (1972), S. 118 - 138, Zitierweise: Regelung, hier S. 127; Bakker, B.B./ Sterks, C.G.M. (Standards), a.a.O., S.386.

[215] Vgl. Kahan, Marcel: Causation and Incentives to take Care under the Negligence Rule, in: The Journal of Legal Studies, Vol. 18 (1989), S. 427 - 447, Zitierweise: Causation, hier S. 427.

[216] Vgl. Rubinfeld, Daniel L.: The Efficiency of Comparative Negligence, in: The Journal of Legal Studies, Vol. 16 (1987), S. 375 - 394, Zitierweise: Efficiency, hier S. 377.

[217] Vgl. Rubinfeld, Daniel L. (Efficiency), a.a.O., S. 377; Kahan, Marcel (Causation), a.a.O., S. 430; Taupitz, Jochen (Analyse), a.a.O., S. 143.

ursacht, vermieden werden können[218]. Er haftet nur dann nicht, wenn der Schaden in Folge höherer Gewalt verursacht wurde[219]. Sowohl Verschuldens- als auch strikte Haftung können zu effizienten Lösungen führen in dem Sinne, daß sich nur solche Schäden ereignen, die nur durch Aufwendung höherer Kosten als der Schaden selbst verursacht vermieden werden können. Dennoch haben sie nicht die gleichen ökonomischen Auswirkungen, wie sich für die Fälle zeigen läßt, in welchen keine der beteiligten Parteien eine effiziente Lösung durch irgendwelche Aktivitäten erreichen kann[220]: Häufig könnten Schadensfälle sehr wohl durch Maßnahmen entweder des Schädigers oder des Geschädigten vermieden werden, aber diese Vermeidungsmaßnahmen würden mehr kosten als der erwartete Schaden und daher soll im Sinne der Effizienz lieber der Schaden eintreten, als daß Schadensvermeidungsaufwendungen getätigt werden[221]. Im System der Verschuldenshaftung ist der Schädiger in diesem Fall nicht haftbar, im System der strikten Haftung steht er voll für den Schaden ein[222].

Als Vorteil der strikten Haftung wird erwartet, daß der Haftende nach Innovationen zur kostengünstigen Vermeidung der Schäden sucht, wohingegen im Fall der Verschuldenshaftung kein Anreiz besteht, entsprechende Fortschritte zu machen[223]. Voraussetzung für diesen Vorteil der strikten Haftung ist, daß der Schädiger tatsächlich am besten den innovativen Prozeß im Sinne der Risikominderung steuern kann und daß ein hohes Maß an Wettbewerb vorhanden ist, von dem der erforderliche Innovationsdruck auf einen Schädiger ausgehen kann[224]. Da sowohl bei beherrschbaren als auch bei unbeherrschbaren Risiken der Schädiger mit

---

[218] Vgl. Behrens, Peter (Grundlagen), a.a.O., S. 164; Posner, Richard A. (Analysis), a.a.O., S. 175.
[219] Vgl. Trimarchi, Pietro (Regelung), a.a.O., S. 127 - 128.
[220] Vgl. Posner, Richard A.: Strict Liability: A Comment, in: The Journal of Legal Studies, Vol. 2 (1973), S. 205 - 221, Zitierweise: Liability, hier S. 208.
[221] Vgl. Posner, Richard A. (Liability), a.a.O., S. 208.
[222] Vgl. Posner, Richard A. (Liability), a.a.O., S. 208.
[223] Vgl. Behrens, Peter (Grundlagen), a.a.O., S. 166; Trimarchi, Pietro (Regelung), a.a.O., S. 130, 133; Kötz, Hein: Ökonomische Analyse von Rechtsproblemen. Entwurf einer Lehrveranstaltung für Juristen, in: Horn, Norbert (Hrsg.): Sozialwissenschaften im Studium des Rechts, Bd. I, Zivil- und Wirtschaftsrecht, München 1977, S. 234 - 244, Zitierweise: Analyse, hier S. 240.
[224] Vgl. Behrens, Peter (Grundlagen), a.a.O., S. 166 - 167.

den geringeren Kosten entweder den Schaden minimieren oder vermeiden oder eine Risikostreuung (vor allem durch Versicherung) vornehmen kann, erwartet man eine effizientere Allokation der Ressourcen durch das Prinzip der strikten Haftung als durch das der Verschuldenshaftung[225]. Posner sieht als Folge der strikten Haftung mehr einen Anreiz zur Veränderung als zur Schaffung neuer Schadensvermeidungsmöglichkeiten[226]. Der Anreiz zu Innovationen wird seiner Ansicht nach auch durch eine Verschuldenshaftung vermittelt, indem z.B. die Geschädigten die Forschung nach Schadensvermeidungsmöglichkeiten finanzieren[227].

Nachteil der strikten Haftung ist, daß Anreize zur Schadensvermeidung durch die Geschädigten untergraben werden[228]. Hingegen kann eine strikte Haftung verhindern, daß neue Technologien, die langfristig den Nutzen aller erhöhen können, bei ihrer Einführung von den Individuen bekämpft werden, die bei einer Verschuldenshaftung ihnen durch diese Innovationen entstandene Schäden selbst tragen müßten[229].

Ein Nachteil der Verschuldenshaftung aus ökonomischer Sicht ist die Wahrscheinlichkeit einer erhöhten Zahl von Rechtsstreitigkeiten im Vergleich zur strikten Haftung, weil die Beurteilung von Frage und Ausmaß des Verschuldens dem richterlichen Ermessen unterworfen ist[230]. Aber auch bei der strikten Haftung ist denkbar, daß durch die rechtliche Sicherheit für den Geschädigten, mit einer Klage Erfolg zu haben, ein Anreiz gegeben wird, mehr Geld für Prozesse auszugeben[231]. Bei der objektiven Haftung ist die Frage nach dem Vorliegen hö-

---

[225] Vgl. Behrens, Peter (Grundlagen), a.a.O., S. 167.
[226] Vgl. Posner, Richard A. (Liability), a.a.O., S. 209.
[227] Vgl. Posner, Richard A. (Liability), a.a.O., S. 209.
[228] Vgl. Shapiro, Carl (Symposium), a.a.O., S. 6; Cosack, Tilman: Die Gefährdungshaftung im Vordringen, in: VersR, 43. Jg. (1992), S. 1439 - 14444, Zitierweise: Gefährdungshaftung, hier S. 1441.
[229] Vgl. Adams, Michael: New Activities and the efficient Liability Rules, in: Faure, M./ Van den Bergh, R. (Hrsg.): Essays in Law and Economics, Corporations, Accident Prevention and Compensation for Losses, 1989, S. 103 - 106, hier S. 105 - 106.
[230] Vgl. Trimarchi, Pietro (Regelung), a.a.O., S. 133.
[231] Vgl. Posner, Richard A. (Liability), a.a.O., S. 209.

herer Gewalt zu entscheiden, die sich im Vergleich zur Frage des Verschuldens nicht so häufig stellen läßt[232]. Für die Verschuldenshaftung spricht die Möglichkeit, Schäden zu verlagern, was deren Kompensation erleichtert, da sie denkbare finanzielle Schwierigkeiten auf mehrere verteilt und damit für den einzelnen vermindert[233].

1.2.2 Modellvoraussetzungen

Folgende Voraussetzungen liegen dem Grundmodell (vgl. B II 1.2.1) zur Analyse von Haftungsregeln zugrunde[234]:

- Die von Haftungsregeln Betroffenen (Schädiger, Geschädigte, Gerichte) haben Kenntnis über
  * den Inhalt der geltenden Haftungsregeln
  * die jeweils realisierten Sorgfaltsniveaus aller Beteiligten
  * die Zusammenhänge zwischen den eigenen Sorgfaltsvorkehrungen und erwarteten Schäden
  * das pareto-optimale Niveau jeder Sorgfaltsaktivität
- Verschulden bzw. Mitverschulden wird von der normsetzenden Institution (Gericht, Behörde, evtl. Berufsaufsicht) anhand der Abweichung vom (als bekannt vorausgesetzten) optimalen Sorgfaltsniveau definiert.
- Die Analyse findet in Situationen vollständiger Konkurrenz mit risikoneutralen Entscheidungsträgern statt.
- Der Schädiger geht davon aus, daß der Geschädigte nicht auf eine Änderung seines Sorgfaltsniveaus ebenfalls das Sorgfaltsniveau ändert.
- Schäden sind in Geld ausdrückbar. Schädiger und Geschädigter können eindeutig und ohne Kostenaufwand identifiziert werden.
- Schäden und Schadensersatzzahlungen sind gleich hoch.

---

[232] Vgl. Trimarchi, Pietro (Regelung), a.a.O., S. 133.
[233] Vgl. Trimarchi, Pietro (Regelung), a.a.O., S. 134.
[234] Vgl. Endres, Alfred (Grundlagen), a.a.O., S. 14 - 17.

Diese Modellbedingungen werden in verschiedenen Untersuchungen aufgehoben, wodurch sich unterschiedliche Auswirkungen auf die Effizienz einer Haftungsregelung ergeben[235]. Obwohl die (teilweise) Aufgabe dieser Bedingungen eine Komplizierung des Grundmodells bedeutet, nähert man sich damit mehr der Realität[236]. Es wird erkennbar, daß keineswegs durch das Haftungsrecht die optimale Prävention durch völlige Internalisierung externer Effekte erzielt wird[237].

1.3 Haftungsumfang

Das primäre Ziel zur Beurteilung der Haftung ist die effiziente Allokation der Ressourcen. "Die risikobelastete Partei muß mit dem *Wert* konfrontiert werden, *den die jeweils andere Partei der Leistung zumißt*"[238]. Es sei bereits durch diese Kosten-Nutzen-Kalkulation sichergestellt, daß der Schädiger die (der Allokationseffizienz) entsprechenden optimalen Maßnahmen zur Verminderung bzw. Vermeidung des Schadensrisikos ergreift[239]. Damit die gewünschte verhaltenssteuernde Wirkung des Haftungsrechts einsetzt, ist der Haftungsumfang so zu gestalten, daß ein Schädiger immer dann zum Schadensersatz verpflichtet ist, wenn er präventive Maßnahmen hätte ergreifen können, die den Schaden verhindert und gleichzeitig weniger Kosten als der Schaden selbst verursacht hätten[240] (vgl. B II 3. Learned-Hand-Formel). Die Berechnung der tatsächlich zu leistenden Schadensersatzzahlung soll sich prinzipiell daran orientieren, daß der Schädiger keinen wirtschaftlichen Vorteil aus seinem Rechtsverstoß erzielt[241].

Haftungsregeln und insbesondere Haftungsbeschränkungen sind "gesetzliche Risikoverteilungen", die den Effizienz-Vorstellungen der ökonomischen Analyse

---

[235] Vgl. Endres, Alfred (Grundlagen), a.a.O., S. 35.
[236] Vgl. Endres, Alfred (Grundlagen), a.a.O., S. 35.
[237] Vgl. Endres, Alfred (Grundlagen), a.a.O., S. 35 - 36.
[238] Behrens, Peter (Grundlagen), a.a.O., S. 168.
[239] Vgl. Behrens, Peter (Grundlagen), a.a.O., S. 168.
[240] Vgl. Kötz, Hein (Ziele), a.a.O., S. 648.
[241] Vgl. Lehmann, Michael: Juristisch-ökonomische Kriterien zur Berechnung des Verletzergewinns bzw. des entgangenen Gewinns, in: BB, 43. Jg. (1988), S. 1680 - 1687, Zitierweise: Kriterien, hier S. 1681.

des Rechts entgegenstehen, da in der ökonomischen Analyse grundsätzlich Effizienz bei vertraglichen Risikoallokationen vermutet wird[242]. Andererseits wird durch diese gesetzliche Risikoverteilung versucht, Transaktionskosten zu vermindern durch Verwirklichung gerade der Risikoverteilung, "die von rational entscheidenden Individuen bei Abwesenheit von Transaktionskosten ohnehin vereinbart worden wäre"[243].

Durch den Zwang für den Schädiger zur Entschädigung des Rechtsinhabers und damit durch die Berücksichtigung der Bewertung des verletzten Rechts durch den Rechtsinhaber im Kosten-Nutzen-Kalkül des Schädigers soll auch im Falle außervertraglicher Schadensereignisse durch eine Haftungsregelung das optimale Schädigungs-Niveau erreicht werden [244]. In Schadensfällen mit hohen Transaktionskosten wird die effiziente Ressourcenallokation durch Zuweisung von Entschädigungsansprüchen anstelle von Schadensabwehrrechten erreicht[245] (s. B I 2.4 Vergleich zwischen property rules und liability rules bei vertraglichen Schäden). Der Wirtschaftsprüfer ist vom außervertraglichen Schadensrecht vor allem bei Dritthaftungsfällen betroffen. Um den "optimalen Schadensverhütungsgrad"[246] zu erreichen, wird gegen den Wirtschaftsprüfer z.B. das Rechtsinstitut des Vertrages mit Schutzwirkung zugunsten Dritter angewandt. Inwieweit entsprechende Haftungsregelungen zu einer effizienten Risikoverteilung beitragen, wird später (D II 2.) untersucht.

---

[242] Vgl. Behrens, Peter (Grundlagen), a.a.O., S. 169.
[243] Behrens, Peter (Grundlagen), a.a.O., S. 170 - 171.
[244] Vgl. Behrens, Peter (Grundlagen), a.a.O., S. 174.
[245] Vgl. Posner, Richard A. (Analysis), a.a.O., S. 35.
[246] Behrens, Peter (Grundlagen), a.a.O., S. 175.

2. Effizienzkriterium der Haftung

2.1 Bedeutung

Ökonomische Effizienz wird durch eine rechtliche Regel erreicht, wenn unter konkurrierenden Zielen die bestmöglichen Kompromisse zustande gekommen sind, d.h. die Erreichung eines Zieles nur noch auf Kosten eines anderen Zieles verbessert werden kann [247]. Eine Analyse von Haftungsregeln unter dem Effizienzziel hat zu fragen, ob eine Regelung Anreize für effizientes Verhalten schafft [248], und ob sie die Risiken zwischen den betroffenen Parteien effizient verteilt[249]. Es geht auch "um die Frage, wie wahrscheinlich Normumgehungen sind (Effektivität des Rechts)"[250].

Haftungsrecht gehört zum Schadensersatzrecht. Dieses regelt, wer in welcher Höhe für bestimmte Schäden aufzukommen hat[251], (aus Sicht der ökonomischen Analyse) mit dem Ziel, die gesamtgesellschaftlichen Wohlfahrtsverluste so gering wie möglich zu halten[252]. Durch die Schadenszurechnungsfunktion des Haftungsrechts sollen Kosten minimiert werden[253]. Um eine pareto-effiziente Situation zu erreichen, ist die Summe der insgesamt zu erwartenden Sorgfalts- und Schadenskosten $KG = K_a(x) + K_b(y) + ES(x,y)$ zu minimieren[254]. Die Kosten bestehen in den tatsächlichen Schäden (primäre Kosten), deren sozioökonomischen Auswirkungen (sekundäre Kosten) sowie den für das Schadenskontrollsystem zur Ver-

---

[247] Vgl. Eger, Thomas/ Nagel, Bernhard/ Weise, Peter (Effizienz), a.a.O., S. 26.
[248] Vgl. Polinsky, A. Mitchell: An Introduction to Law and Economics, 2d edition, Boston/ Toronto 1989, Zitierweise: Introduction, hier S. 130 - 132.
[249] Vgl. Polinsky, A. Mitchell (Introduction), a.a.O., S. 130, 132 - 134.
[250] Kirchner, Christian: Ökonomische Analyse des Rechts. Interdisziplinäre Zusammenarbeit von Ökonomie und Rechtswissenschaft, in: Assmann, Heinz-Dieter/ Kirchner, Christian/ Schanze, Erich: Ökonomische Analyse des Rechts, Tübingen 1993, S. 62 - 78, hier S. 72.
[251] Vgl. Lehmann, Michael (Recht), a.a.O., S. 86; Hovenkamp, Herbert (Movement), a.a.O., S. 1044; Posner, Richard A. (Analysis), a.a.O., S. 265.
[252] Vgl. Taupitz, Jochen (Analyse), a.a.O., S. 144.
[253] Vgl. Horn, Norbert: Zur ökonomischen Rationalität des Privatrechts. - Die privatrechtstheoretische Verwertbarkeit der „Economic Analysis of Law“, in: AcP, 176. Band (1976), S. 307 - 333, Zitierweise: Rationalität, hier S. 324.
[254] Vgl. Endres, Alfred (Grundlagen), a.a.O., S. 17 - 18.

meidung von Schäden aufzuwendenden Kosten (tertiäre Kosten)[255]. Die sekundären Kosten bestehen in den durch einen Schaden ausgelösten sozialen Kosten, deren Vermeidung zur Risikostreuung z.B. durch Versicherung beitragen[256]. Die tertiären Kosten sind Transaktionskosten[257].

Speziell für die Haftung des Wirtschaftsprüfers ist zu überlegen, welche Schäden auftreten können und welche ökonomisch sinnvollerweise vermieden werden müssen, welche Schäden nicht vermeidbar und welche kompensierbar sind. Wirtschaftsprüfer verursachen grundsätzlich Vermögensschäden, nicht körperliche Schäden an Personen oder Sachschäden. Schwierig bei der Festlegung des Effizienzkriteriums ist, daß der Wirtschaftsprüfer in seiner Eigenschaft als gesetzlicher Abschlußprüfer keinen typischen Austausch von Leistung und Gegenleistung vollzieht, wie beispielsweise bei der Abwicklung eines Kaufvertrags. Er wird zwar von prüfungspflichtigen Unternehmen beauftragt, hat aber seine Arbeit nach gesetzlichen Vorschriften und im Interesse Dritter zu leisten. Das bedeutet, daß die Festlegung des Effizienzkriteriums für die Haftung des Wirtschaftsprüfers auch den Kreis der an der Arbeit des Wirtschaftsprüfers Interessierten und von dessen Arbeit Betroffenen zu berücksichtigen hat, nicht nur den Prüfungsauftraggeber als direkten Vertragspartner.

2.2 *Schadensprävention und -kompensation*

Die Individuen halten Gesetze ein, wenn das mit ihren persönlichen Interessen vereinbar ist, und sie versuchen gleichzeitig, die Nachteile, die ihnen durch Gesetze auferlegt werden, zu minimieren[258]. Daher müssen Gesetzesverstöße so „ökonomisch sanktioniert sein, daß sich ein Verstoß im Endeffekt wirtschaftlich

---

[255] Vgl. Horn, Norbert (Rationalität), a.a.O., S. 324; Schäfer, Hans-Bernd/Ott, Claus (Lehrbuch), a.a.O., S. 100,106; Calabresi, Guido: The Costs of Accidents. A Legal and Economic Analysis, NewHaven/ London 1970, Zitierweise: Costs, S. 26 - 28.
[256] Vgl. Schäfer, Hnas-Bernd/ Ott, Claus (Lehrbuch), a.a.O., S. 106.
[257] Vgl. Horn, Norbert (Rationalität), a.a.O., S. 324.
[258] Vgl. Veljanovski, Cento (Economics), a.a.O., S. 29.

nicht lohnt"[259]. Das Ziel der Schadensvermeidung wird grundsätzlich bei der Verschuldens- und bei der Gefährdungshaftung erreicht, da ein Schädiger aus ökonomischer Sicht solange versuchen wird, einen Schaden zu vermeiden, als seine Schadensvermeidungskosten geringer sind als seine mögliche Schadensersatzpflicht und trotzdem der angestrebte Nutzen einer bestimmten Tätigkeit erreicht werden kann[260].

Die Schadensprävention ist nicht immer gewährleistet. Vielmehr wird bezweifelt, daß jemand vor jeder zu treffenden Entscheidung tatsächlich alle ihm offenstehenden Möglichkeiten in einer Kosten-Nutzen-Analyse abwägt und dann die ihm am günstigsten erscheinende Alternative wählt[261]. Die Steuerungsfunktion des Haftungsrechts ist abhängig von der „Sanktions-empfindlichkeit" der durch eine Haftungsregelung Betroffenen sowie den unterschiedlichen Haftungssituationen[262]. Grundsätzlich ist die Wirkung einer Haftungsregelung um so größer, je mehr Zeit der Betroffene hat, verschiedene Handlungsalternativen und deren Auswirkungen in seine Kosten-Nutzen-Analyse einzubeziehen[263].

Keine Haftungsverpflichtungen dürfen entstehen, sofern es sich um nicht vermeidbare Verstöße eines sorgfältig arbeitenden Menschen handelt[264]. Die Sorgfalt ist daher nicht so eng auszulegen, daß nur der ein guter Prüfer ist, der nie Fehler macht[265]. Der Zustand völliger Fehlerlosigkeit muß nicht effizient sein, da er nur unter Aufwendung erheblicher Kosten, die einen Schaden möglicherweise weit übersteigen würden, erreicht werden könnte.

---

[259] Lehmann, Michael (Recht), a.a.O., S. 86; ähnlich Hirte, Heribert (Berufshaftung), a.a.O., S. 320.

[260] Vgl. Koller, Ingo (Wirksamkeit), a.a.O., S. 1090 - 1091.

[261] Vgl. Kötz, Hein/ Schäfer, Hans-Bernd: Schadensverhütung durch ökonomische Anreize. Eine empirische Untersuchung, in: AcP, 189. Band (1989), S. 501 - 525, Zitierweise: Schadensverhütung, hier S. 503; Kötz, Hein (Ziele), a.a.O., S.652.

[262] Vgl. Taupitz, Jochen (Analyse), a.a.O., S. 139.

[263] Vgl. Taupitz, Jochen (Analyse), a.a.O., S. 139.

[264] Vgl. Koller, Ingo (Wirksamkeit), a.a.O., S. 1091.

[265] Vgl. Goldberg, Victor P.: Accountable Accountants: Is Third-Party Liability Necessary?, in: The Journal of Legal Studies, Vol. XVII (1988), S. 295 - 312, Zitierweise: Accountants, hier S. 303.

Des weiteren könnte die Präventionsfunktion beeinträchtigt werden, wenn die Schädigung nicht vom Haftenden selbst, sondern durch dessen Arbeitnehmer ausgelöst wird[266]. Diese Beeinträchtigung kann jedoch durch Weitergabe der Haftung, z.B. in Form von Kündigung des vorsätzlich oder fahrlässig handelnden Schädigers, aufgehoben und durch sorgfältige Personalauswahl und Personalkontrolle[267] sowie im Falle des Wirtschaftsprüfers durch Personalqualifizierung vermieden werden.
Auch eine Haftpflichtversicherung könnte der Präventionsfunktion des Haftungsrechts entgegenwirken, da der Schädiger im Schadensfall nicht selbst zur Leistung verpflichtet ist[268]. Werden jedoch die Versicherungsprämien dem Haftungsrisiko angepaßt, kann das Schadensvermeidungsziel erreicht werden, da ein erhöhtes Risiko aufgrund nicht sorgfältigen Verhaltens direkt die Höhe der Versicherungsprämien beeinflußt[269].

Das Präventionsziel kann nicht erreicht werden, wenn der Schädiger zahlungsunfähig ist oder ein Schadensersatzanspruch nicht geltend gemacht wird, weil die Kosten der Geltendmachung für den Geschädigten zu hoch sind[270]. Letzteres kann durch straf- und verwaltungsrechtliche Vorschriften verhindert werden[271].

Eine empirische Untersuchung, mit deren Hilfe die Wirkung der Haftung als ökonomischer Verhaltensanreiz überprüfbar sein soll[272], wurde speziell zur Haftung des Wirtschaftsprüfers in Deutschland bislang nicht bekannt. Eine weitere theoretische Untersuchungsmöglichkeit besteht in der Orientierung an Modellen aus der ökonomischen Principal-Agent-Theorie, die sich mit der Analyse optimaler Kon-

---

[266] Vgl. Koller, Ingo (Wirksamkeit), a.a.O., S. 1092.
[267] Vgl. Koller, Ingo (Wirksamkeit), a.a.O., S. 1092.
[268] Vgl. Kötz, Hein (Ziele), a.a.O., S. 652; Hirte, Heribert (Berufshaftung), a.a.O., S. 320 - 321; Ebke, Werner F. (Dritthaftung), a.a.O., S. 278.
[269] Vgl. Kötz, Hein (Ziele), a.a.O., S. 654; Hirte, Heribert (Berufshaftung), a.a.O., S. 320; Ebke, Werner F. (Dritthaftung), a.a.O., S. 277.
[270] Vgl. Kötz, Hein (Ziele), a.a.O., S. 654; Hirte, Heribert (Berufshaftung), a.a.O., S. 321 - 322.
[271] Vgl. Kötz, Hein (Ziele), a.a.O., S. 654 - 655.
[272] Vgl. Kötz, Hein/ Schäfer, Hans-Bernd (Schadensverhütung), a.a.O., S. 504.

trakte zwischen Eigentümer, Manager und Prüfer bezüglich Risikoteilung und Motivation auseinandersetzt[273].

Der zweite Aspekt des Effizienzkriteriums ist die Schadenskompensation. Die Schadensausgleichsfunktion übernimmt eine Verteilungsaufgabe: die Schädigung eines anderen soll rückgängig gemacht werden[274]. Zur Beantwortung der Frage, ob eine effiziente Situation durch Schadensausgleich oder durch Schadensvorsorge erreicht wird, sind das bereits erwähnte Pareto-Optimum oder das Kaldor-Hicks-Kriterium (vgl. B I 2.1.1) zu Vergleichszwecken heranzuziehen.

2.3 cheapest cost avoider

Die Figur des cheapest cost avoider wurde von Calabresi entwickelt[275]. Dieser geht vom Coase-Theorem aus: bei Abwesenheit von Transaktionskosten wird unabhängig davon, wer für die Kosten eines Unfalls haftet, vom Markt immer nach dem billigsten Weg gesucht, um den Unfall zu vermeiden. Eine Fehlallokation von Kosten ist unter diesen Annahmen nicht möglich[276]. Im Ergebnis wird die Haftung immer von demjenigen übernommen, der die Unfallkosten am günstigsten vermeiden kann. Da diese automatische Allokation über den Marktmechanismus im Sinne des Coase-Theorems nicht sichergestellt ist, sobald Transaktionskosten auftreten, ist die Haftung für die Unfallkosten über Haftungsregelungen dem cheapest cost avoider zuzuordnen[277], um eine effiziente Allokation der Kosten der Schadenskompensation und -vermeidung zu erreichen. Beim cheapest

---

[273] Vgl. Ewert, Ralf: Rechnungslegung, Wirtschaftsprüfung, rationale Akteure und Märkte, in: ZfbF, 45. Jg. (1993), S. 715 - 747, Zitierweise: Rechnungslegung, hier S. 720; Beispiele für solche Modelle sind enthalten in: Ballwieser, Wolfgang: Kapitalmarkt, Managerinteressen und Rolle des Wirtschaftsprüfers, in: Schneider, Dieter (Hrsg.): Kapitalmarkt und Finanzierung. Jahrestagung des Vereins für Socialpolitik, Gesellschaft für Wirtschafts- und Sozialwissenschaften in München vom 15. - 17. September 1986, Berlin 1987, S. 351 - 362, Zitierweise: Kapitalmarkt; Ewert, Ralf: Wirtschaftsprüfung und asymmetrische Information, Berlin u.a. 1990, Zitierweise: Wirtschaftsprüfung, v.a. S. 165 - 182.

[274] Vgl. Koller, Ingo (Wirksamkeit), a.a.O., S. 1090.

[275] Vgl. Calabresi, Guido (Costs), a.a.O., S. 135.

[276] Vgl. Calabresi, Guido (Costs), a.a.O., S. 135 - 136.

[277] Vgl. Calabresi, Guido (Costs), a.a.O., S. 136 - 138.

cost avoider handelt es sich um die Person, die "den Schaden mit den wenigsten Kosten vermeiden könnte"[278] oder „zu den geringsten Kosten ein bestimmtes wirtschaftliches Risiko am besten zu beherrschen und zu kontrollieren (und nicht nur zu versichern) vermag“[279]. In der Literatur wird die gleiche Funktion dem cheapest risk insurer zugesprochen, der haftet, wenn er am besten ein Schadensrisiko zu versichern vermag[280].

Man kann in diesem Sinne auch von Schadensverlagerung sprechen[281]. Diese ist sozial erwünscht, "wenn der Schädiger den Schaden eher tragen kann als der Geschädigte"[282]. Hintergrund dieser sozialen Erwünschtheit ist die Wahrung des Lebensstandards als soziale Grundforderung. Diese Grundforderung ist mit der Ausbreitung des Sozialstaatsgedankens entstanden und hat bewirkt, daß sich die Abgrenzung zwischen Unglück und Unrecht derart verschoben hat, daß Schäden immer seltener als Unglück angesehen werden, sondern grundsätzlich als ausgleichsbedürftig[283]. Das Prinzip des cheapest cost avoider trägt der sozialen Komponente des Schadensersatzrechts Rechnung, im Gegensatz zur wirtschaftlichen Komponente des Schadensausgleichs.

Ein cheapest cost avoider ergreift so lange entsprechende Maßnahmen der Kostenverhütung, „bis ein Punkt erreicht ist, wo der Preis, den ein anderer zur Risikoübernahme verlangt, billiger ist als sein eigenes Kostenvermeidungssystem bzw. wo das Aufkommen für die Schäden billiger wäre"[284].

---

[278] Assmann, Heinz-Dieter: Die Transformationsprobleme des Privatrechts und die Ökonomische Analyse des Rechts. Chancen und Grenzen der privatrechtlichen Verwertbarkeit der Ökonomischen Analyse des Rechts, in: Assmann, Heinz-Dieter/ Kirchner, Christian/ Schanze, Erich: Ökonomische Analyse des Rechts, Tübingen 1993, S. 17 - 61, Zitierweise: Transformationsprobleme, hier S. 43; Taupitz, Jochen (Analyse), a.a.O., S. 160 - 161; Rahmsdorf, Detlev W./ Schäfer, Hans-Bernd (Analyse), a.a.O., S. 105.

[279] Lehmann, Michael (Recht), a.a.O., S. 107.

[280] Vgl. Trimarchi, Pietro (Regelung), a.a.O., S. 123; Hirte, Heribert (Berufshaftung), a.a.O., S. 324.

[281] Vgl. Medicus, Dieter: Schuldrecht I. Allgemeiner Teil, 6. Aufl., München 1992, Zitierweise: Schuldrecht I, S. 257.

[282] Medicus, Dieter (Schuldrecht I), a.a.O., S. 257 f..

[283] Vgl. Medicus, Dieter (Schuldrecht I), a.a.O., S. 257.

[284] Assmann, Heinz-Dieter (Transformationsprobleme), a.a.O., S. 43.

Den cheapest cost avoider bei Vorhandensein von Transaktionskosten eindeutig zu erkennen, ist schwierig. Eine Identifizierung ist durch Experimente oder durch Richtlinien, die in Ermangelung näherer Informationen helfen können, möglich[285]. Das Problem der „Trittbrettfahrer" (free-loader/free-rider) ist zu berücksichtigen: es handelt sich um Personen, die zwar von einem Geschäft profitieren wollen, aber nicht bereit sind, für den Abschluß dieses Geschäfts zu bezahlen[286]. Ist ein Ausschluß dieser free-loader von Vorteilen, für die sie nicht bezahlen wollen, sehr aufwendig, ist die zwangsweise Zuordnung von Haftung zu rechtfertigen[287].

Bei der Zuordnung und Gestaltung von Entschädigungsregeln, durch die externe Effekte internalisiert werden sollen, sind vier gedankliche Schritte zu unternehmen[288]: Handlungsrechte für bestimmte Aktivitäten sind so zuzuordnen, daß möglichst wenig externe Effekte auftreten. Treten externe Effekte auf, sollte der dafür aufkommen müssen, der die vergleichsweise umfassenderen Informationen über mögliche Alternativen besitzt, da dieser deren Vor- und Nachteile am besten abwägen kann. Der cheapest cost avoider sollte die externen Effekte tragen müssen. Ist der cheapest cost avoider nicht eindeutig bestimmbar, so hat derjenige, der mit den geringsten Transaktionskosten die Bestimmung des cheapest cost avoider vornehmen kann, diesen zu bestimmen. Ist man nicht sicher, ob die Zuordnung der Haftungsverpflichtung zu einer Partei A oder B vorgenommen werden soll, ist zu überlegen, welche Zuordnung einer marktlichen Lösung am nächsten kommt[289]. Dieses gedankliche Vorgehen entspricht dem Versuch der Nachahmung eines funktionsfähigen Marktes[290]. Das ist anders zu beurteilen bei Gültigkeit einer (gesetzlichen) Haftungsbeschränkung, die einen möglicherweise zu er-

---

285 Vgl. Calabresi, Guido (Costs), a.a.O., S. 139 - 140.
286 Vgl. Calabresi, Guido (Transaction), a.a.O., S. 67.
287 Vgl. Calabresi, Guido (Costs), a.a.O., S. 137.
288 Vgl. Behrens, Peter (Aspekte), a.a.O., S. 486 - 487; vgl. Calabresi, Guido/ Melamed, A. Douglas (Rules), a.a.O., S. 1096 - 1097.
289 Vgl. Calabresi, Guido (Transaction), a.a.O., S. 72 - 73.
290 Vgl. Behrens, Peter (Aspekte), a.a.O., S. 487.

setzenden Schaden quantifiziert und so eine feste Größe in der Kosten-Nutzen-Analyse des Schädigers darstellt.

3. Die Learned-Hand-Formel

Für die Zuordnung der Haftung zum Schädiger oder zum Geschädigten benötigt man bei den Formen der Verschuldenshaftung (vgl. B II 1.2) einen gesetzlich festgelegten Standard von Fahrlässigkeit, der Sorgfaltsmaßstab genannt wird[291]. Ein solcher Sorgfaltsmaßstab ist die nach dem amerikanischen Richter Learned-Hand benannte Formel[292]. Sie läßt sich als Funktion von drei Variablen darstellen[293]. Demnach "handelt jemand dann fahrlässig, wenn sein Vorsorgeaufwand (V) kleiner als der erwartete Schaden im Falle des Schadenseintritts (S) multipliziert mit der Schadenswahrscheinlichkeit (q) ist"[294] ($V < Sq$). Diese Formel gibt einen Hinweis, was als optimaler Verhütungsaufwand (dieser ist erreicht, wenn $V = Sq$ gilt) anzusehen ist bzw., was für richterliche Entscheidungen wichtiger ist, wann ein Verschulden durch eine bestimmte Handlung oder Unterlassung vorliegt, die zu einer Verschuldenshaftung für den Schädiger führt[295]. Die Formel ist ein Hilfsmittel zur Beurteilung, ob Fahrlässigkeit vorliegt oder nicht[296].

Es gibt verschiedene Möglichkeiten der Interpretation der Learned-Hand-Formel[297]. Bei wörtlicher Auslegung werden die gesamten Kosten einer Partei mit den erwarteten Kosten des Schadensereignisses verglichen. Dabei kann es zu

---

[291] Vgl. Brown, John Prather (Theory), a.a.O., S. 331 - 332.

[292] Vgl. Brown, John Prather (Theory), a.a.O., S.332; United States v. Carroll Towing Co., (159 F. 2d 169, 2d cir. 1947); Burow, Patrick (Einführung), a.a.O., S. 10.

[293] Vgl. Brown, John Prather (Theory), a.a.O., S. 332.

[294] Schäfer, Hans-Bernd/ Ott, Claus (Lehrbuch), a.a.O., S.128; Posner, Richard A.: A Theory of Negligence, in: The Journal of Legal Studies, Vol. 1 (1972), S. 29 - 96, Zitierweise: Theory, hier S. 32; Taupitz, Jochen (Analyse), a.a.O., S. 157 - 158.

[295] Vgl. Schäfer, Hans-Bernd/ Ott, Claus (Lehrbuch), a.a.O., S. 128 - 130; Burow, Patrick (Einführung), a.a.O., S. 10.

[296] Vgl. Rahmsdorf, Detlev W./ Schäfer, Hans-Bernd (Analyse), a.a.O., S. 101; Bishop, William: Negligent Misrepresentation through Economists´ Eyes, in: The Law Quarterly Review, Vol. 96 (1980), S. 360 - 379, Zitierweise: Misrepresentation, hier S. 363.

[297] Vgl. Brown, John Prather (Theory), a.a.O., S. 332.

einer Lösung kommen, die dem Schädiger empfiehlt, völligen Schutz vor Schaden herzustellen, obwohl bei vergleichsweiser Betrachtung der marginalen Kosten und Nutzen ein geringerer Schutz eine kostengünstigere Lösung darstellen würde[298].

In einer anderen Interpretation der Learned-Hand-Formel wird angenommen, daß vollkommene Information über die der Schadensvermeidung zugrunde liegende Technologie besteht, so daß die Fahrlässigkeit einer Partei durch die Annahme, daß die andere Partei immer optimal handelt, bestimmt wird[299]. Zuletzt wird unterstellt, daß das Gericht nicht über vollkommene Information verfügt, sondern nur die Auswirkungen kleiner Veränderungen der Schadensvermeidungsmöglichkeiten, die von zwei Parteien gewählt werden, untersuchen kann[300]. Demnach ist ein Niveau der Schadensvermeidung fahrlässig, wenn es niedriger liegt als das Niveau, das optimal wäre, wenn bekannt wäre, was die andere Partei tatsächlich getan hat[301]. Die Anwendung der Learned-Hand-Formel führt nur in marginalisierter Form zu richtigen Lösungen, d.h. in Form einer Grenzbetrachtung bezüglich zusätzlicher Aufwendungen und Schäden[302].

Die bedeutendste Schwierigkeit all der genannten Beurteilungsmaßstäbe ist die Quantifizierung der Schäden und externen Kosten[303], da nur in Ausnahmefällen sichere oder zumindest schätzbare Daten über Eintrittswahrscheinlichkeit und Ausmaß von Schäden vorhanden sind und selbst bei Vorhandensein solcher Daten die Bewertung von Ressourcen zur Schadensvermeidung oder von durch Schaden vernichteten Ressourcen schwierig ist[304]. Daraus folgt eine vom allgemeinen Ge-

---

[298] Vgl. Brown, John Prather (Theory), a.a.O., S. 332 - 333; Veljanovski, Cento (Economics), a.a.O., S. 70.
[299] Vgl. Brown, John Prather (Theory), a.a.O., S. 333.
[300] Vgl. Brown, John Prather (Theory), a.a.O., S. 334.
[301] Vgl. Brown, John Prather (Theory), a.a.O., S. 334.
[302] Vgl. Schäfer, Hans-Bernd/ Ott, Claus (Lehrbuch), a.a.O., S. 128 - 129 (Darstellung der marginalisierten Formel); Veljanovski, Cento (Economics), a.a.O., S. 70 - 72.
[303] Vgl. Horn, Norbert (Rationalität), a.a.O., S. 309.
[304] Vgl. Kötz, Hein (Analyse), a.a.O., S. 238; Polinsky, A. Mitchell (Introduction), a.a.O., S. 135.

rechtigkeitssinn geleitete Beurteilung der Effizienzfrage. Dabei könnte die Beurteilung, wer schuldhaft nicht die erforderlichen Sorgfaltsmaßnahmen getroffen hat, so geschehen, daß von einer Personenidentität von Schädiger und Geschädigtem ausgegangen wird und die in diesem Fall getroffenen Sorgfaltsvorkehrungen und der Tätigkeitsumfang als Maßstab benutzt werden[305].

4. Konzept für die Durchführung der ökonomischen Analyse der Haftung des Wirtschaftsprüfers

4.1 Beurteilung rechtlicher Regeln am Effizienzkriterium

Die Durchführung der ökonomischen Analyse der Haftung des Wirtschaftsprüfers besteht aus zwei Teilen: Zunächst sind die in die Analyse einbezogenen rechtlichen Regeln unter dem ökonomischen Effizienzziel zu beurteilen (vgl. D). Danach wird aufbauend auf die Effizienzanalyse eine Analyse der Folgen möglicher veränderter Rechtsetzung durchgeführt (vgl. B II 4.2 und E).

Die Effizienzanalyse beginnt mit der Festlegung der Effizienzkriterien und der Konkretisierung der Ziele der zu analysierenden Regelung. Bei der Haftung des Wirtschaftsprüfers geht es grundsätzlich um die Vermeidung und Kompensation von Vermögensschäden. Um die Effizienz zu beurteilen, ist die Frage zu beantworten, ob durch die entsprechende Regel die Ziele (Schadensprävention und -kompensation) erreicht werden und ob die Zielerreichung hinsichtlich der ökonomischen Effizienz optimal ist.

Diese Frage ist mit Hilfe der bereits dargestellten Instrumentarien der ökonomischen Analyse von Haftungsregeln zu beantworten. So ist die Suche des cheapest cost avoider für die einzelnen in die Analyse einbezogenen Tätigkeiten, d.h. vor allem die Pflichtprüfung, ein wesentlicher Teil der Effizienzanalyse. Dabei ist auf

---

[305] Vgl. Adams, Michael: Zur Aufgabe des Haftungsrechts im Umweltschutz. Eine Abhandlung zur Theorie optimaler Beweislast und Haftungsregeln bei Unsicherheit, in: ZZP, 99. Bd. (1986), S. 129 - 165, Zitierweise: Aufgabe, hier S. 141.

die Probleme der eindeutigen Identifizierung des cheapest cost avoider einzugehen. Zusätzlich ist festzustellen, ob durch die zu analysierende Haftungsregel auch tatsächlich dem cheapest cost avoider die Haftung auferlegt wird, was den Schluß zuließe, daß die untersuchte Regelung effizient ist.

Des weiteren ist der Haftungsmaßstab zu analysieren. Dabei ist zu unterscheiden nach Verschuldens- und Gefährdungshaftung. In diesem Zusammenhang sind die haftungauslösenden Aspekte maßgeblich. Bei der Verschuldenshaftung sind somit die Begriffe der Fahrlässigkeit und des optimalen Sorgfaltsniveaus von Interesse. Auch hierfür steht in der ökonomischen Analyse des Rechts ein Beurteilungsinstrument, nämlich die Learned-Hand-Formel (vgl. B II 3.), zur Verfügung.

Da die Modellvoraussetzung des Coase-Theorems, daß keine Transaktionskosten auftreten, als unrealistisch zu qualifizieren ist, ist auch eine Analyse der Transaktionskosten bei der Pflichtprüfungstätigkeit der Wirtschaftsprüfer durchzuführen. Daran anschließend ist eine Beurteilung zu versuchen, ob die Haftungsregeln zu einer Minderung (oder sogar Minimierung) der Transaktionskosten beitragen und so das Erreichen einer effizienten Situation im Sinne eines optimalen Verhältnisses von tatsächlichen Schäden und Schadensvermeidungskosten fördern.

Zur Durchführung einer ökonomischen Analyse des Haftungsrechts ist die Einbeziehung nur der gesetzlich festgelegten Regelungen nicht ausreichend. Auch die durch Rechtsprechung entwickelten Regeln, wie der Vertrag mit Schutzwirkung zugunsten Dritter oder die Prospekthaftung, sind zu berücksichtigen. Ein Erklärungsansatz, genannt Evolutionstheorie[306], geht (zurückgreifend auf das Modell von Charles Darwin über die Evolution durch natürliche Auslese) davon aus, daß effiziente Regeln besser durch den richterlichen Entscheidungs- als durch den Gesetzgebungsprozeß selektiert werden, da das Richterrecht diesen Evolutionsprozeß im Gegensatz zur Gesetzgebung erprobt[307]. Dieser Theorie ist entgegenzuhal-

---

[306] Vgl. Schäfer, Hans-Bernd (Allokationseffizienz), a.a.O., S. 2.

[307] Vgl. Hovenkamp, Herbert (Movement), a.a.O., S. 1016 - 1018; Posner, Richard A. (Analysis), a.a.O., S. 523; Adams, Michael (Normen), a.a.O., S. 944 - 945.

ten, daß die Weiterentwicklung des Richterrechts, vor allem wenn es um öffentliche Belange geht, zu langsam vor sich geht, als daß es ein effektives soziales Kontrollinstrument sein könnte[308]. Zudem können Richter nur Entscheidungen fällen, wenn Parteien ihren Streit vor Gericht austragen, d.h. im Zivilprozeß legen die Parteien fest, was sie vortragen und was nicht. Die richterliche Unabhängigkeit läßt eine gefestigte und einheitliche Rechtsprechung nur langsam entstehen, da jeder Richter nur an Recht und Gesetz, nicht an die Rechtsprechung anderer Gerichte gebunden ist (Art. 20 Abs. 3 GG und Art. 97 Abs. 1 GG).

Da die Richter Mitglieder einer Gesellschaft sind, unterliegen auch sie der Unsicherheit, die Verträge und alle anderen menschlichen Tätigkeiten beherrscht[309]. Richter sind keine idealtypischen Beobachter; sie besitzen kein weitergehendes Wissen über die Zukunft oder die Wirkung physikalischer oder ökonomischer Gesetze als die Individuen, über deren Belange sie zu entscheiden haben[310]. Die Rechtsprechung weist daher nicht zwangsläufig auch für zukünftig zu entscheidende Fälle Rechte und Haftungsverpflichtungen effizient zu[311]. Vielmehr kann die ökonomische Theorie den Gerichten helfen, die Folgen ihrer Entscheidungen zu verstehen und die relevanten Folgen zu berücksichtigen[312].

Voraussetzung für eine Entwicklung hin zu effizienten Regeln sind Normen, die keine völlige Rechtssicherheit geben, sondern den Richtern einen gewissen Entscheidungsspielraum zugestehen, sowie ein Interesse der betroffenen Parteien an einer Fortentwicklung bestimmter Regeln[313].

Im Rahmen der ökonomischen Analyse des Rechts sind Aussagen darüber zu treffen, ob ein „Zustand besser oder schlechter als ein Ausgangszustand ist"[314]. Es

[308] Vgl. Hovenkamp, Herbert (Movement), a.a.O., S. 1019.
[309] Vgl. O'Driscoll, Gerald P. (Justice), a.a.O., S. 357.
[310] Vgl. O'Driscoll, Gerald P. (Justice), a.a.O., S. 357.
[311] Vgl. O'Driscoll, Gerald P. (Justice), a.a.O., S. 357.
[312] Vgl. O'Driscoll, Gerald P. (Justice), a.a.O., S. 358.
[313] Vgl. Schäfer, Hans-Bernd (Allokationseffizienz), a.a.O., S. 21 - 22.
[314] Schäfer, Hans-Bernd (Allokationseffizienz), a.a.O., S. 1.

geht um die Bewertung zweier Situationen im Vergleich zueinander unter dem Ziel der ökonomischen Effizienz. Für das Problem der Haftung des Wirtschaftsprüfers heißt das, nicht nur aus seiner Sicht zu urteilen, sondern alle von der Tätigkeit des Wirtschaftsprüfers Betroffenen in die Überlegungen miteinzubeziehen. Das verkompliziert die Möglichkeit, normative Aussagen zu treffen, könnte aber aus gesamtwirtschaftlicher Sicht eher zu einer sozial verträglicheren Sachlage führen. Eine soziale Verbesserung im Einzelfall ist dadurch nicht zwingend gewährleistet.

Trotz Verwendung der angesprochenen Instrumentarien kann eine genaue Effizienzbeurteilung einer Haftungsregel nur für den Einzelfall erreicht werden, da das Problem der Quantifizierung der Einflußgrößen nicht gelöst werden kann. Meist ist nur eine tendenzielle Aussage über die Effizienz und den Zielerreichungsgrad möglich, die jedoch durch direkte Anwendungsbeispiele, vor allem aus der höchstrichterlichen Rechtsprechung gestützt werden soll.

Das vorgestellte Grundmodell (vgl. B II 1.2) basiert auf Vertragsbeziehungen zwischen zwei Parteien. Es soll auch für die Analyse der Haftung des Wirtschaftsprüfers angewendet werden, obwohl hier Besonderheiten bei den vertraglichen Beziehungen zu verzeichnen sind. So hat der Wirtschaftsprüfer seine Tätigkeit als Jahresabschlußpflichtprüfer einerseits gemäß Auftrag des prüfungspflichtigen Unternehmens und andererseits gemäß „öffentlichem" Auftrag auszuführen. Es handelt sich dabei von seiten des prüfungspflichtigen Unternehmens nicht um freiwillige vertragliche Beziehungen, sondern um gesetzlich festgelegte. Diese Besonderheiten können jedoch bei der Diskussion der Transaktionskosten dieser vertraglichen Beziehungen berücksichtigt werden, so daß es hierfür keines anderen als des dargestellten Grundmodells bedarf. Sie werden explizit bei der Frage nach Schäden prüfungsvertragsfremder Dritter sowie nach den Kosten der Auftragserlangung Eingang in die Diskussion finden. So ist z.B. die Schädigung prüfungsvertragsfremder Dritter ein externer Effekt, der bei der handelsrechtlichen Jahresabschlußprüfung verursacht werden kann. Es ist als Folge zu untersuchen, inwieweit andere nicht handelsrechtliche Haftungsregeln diesen externen Effekt zu internalisieren vermögen.

4.2 Möglichkeit der Folgenanalyse

Nach der Property-Rights-Theorie werden Handlungsrechte nur geändert, wenn ein modifiziertes Wissen über mögliche Handlungsfolgen besteht oder neue Handlungsmöglichkeiten entdeckt werden[315]. Einer Änderung der Rechtsordnung folgen Anpassungen des Verhaltens der in dieser Rechtsordnung agierenden Individuen[316]. Nach dem Kaldor-Hicks-Kriterium sind Änderungen des geltenden Rechts vertretbar, wenn „die Gewinner dieser Veränderung ihre Gewinne höher bewerten als die Verlierer ihre Verluste“[317].

Es ist möglich, "ex ante, d.h. vor der Einführung einer neuen rechtlichen Regel, deren Folgen abzuschätzen und die Einführung der neuen Regel von der Abschätzung dieser Folgen abhängig zu machen"[318]. Auch Juristen fordern eine Vorabkontrolle wichtiger Rechtsvorschriften auf deren Effekte im späteren Wirkungsfeld hin und damit eine Antizipation der zu erwartenden Reaktionen der Adressaten der neuen Norm[319]. Man verspricht sich die Entdeckung von Inkonsistenzen, Lücken, sprachlichen Ungereimtheiten, Bewertungskonflikten oder sonstigen Mängeln[320]. Eine Funktionsprüfung und Folgenabschätzung kann Vertrauensverluste bei Normadressaten und eventuelle Novellierungskosten, die durch Mängel einer neuen oder veränderten Rechtsnorm ausgelöst werden, mindern oder vermeiden[321]. Kritisch betrachtet wird jedoch die folgenorientierte Gesetzesausle-

[315] Vgl. Hesse, Günter (Property Rights), a.a.O., S. 488.
[316] Vgl. Utzig, Siegfried (Rolle), a.a.O., S. 165.
[317] Eger, Thomas/ Nagel, Bernhard/ Weise, Peter (Effizienz), a.a.O., S. 22.
[318] Schäfer, Hans-Bernd (Allokationseffizienz), a.a.O., S. 1.
[319] Vgl. Böhret, Carl: Wenn wir nur wüßten, wie Gesetze wirken...! Anmerkungen zur ex-ante-Prüfung von Rechtsvorschriften, in: Letzgus, Klaus, u.a. (Hrsg.): Für Recht und Staat. Festschrift für Herbert Helmrich zum 60. Geburtstag, München 1994, S. 487 - 500, Zitierweise: Gesetze, hier S. 488 - 489; Deckert, Martina R.: Zur Einführung: Die folgenorientierte Auslegung, in: JuS, 35. Jg. (1995), S. 480 - 484, Zitierweise: Einführung, hier S. 480 - 481.
[320] Vgl. Böhret, Carl (Gesetze), a.a.O., S. 489.
[321] Vgl. Böhret, Carl (Gesetze), a.a.O., S. 490.

gung durch Richter wegen Legitimations- und Prognoseproblemen, fehlender Kontrolle und Komplexität der Folgen, die zu Konsequenzen führen, die nicht den erhofften Rationalitätsgewinn bringen[322].

Sinnvoll ist es, die bei der Effizienzbeurteilung als nicht effizient erkannten Regeln der Haftung des Wirtschaftsprüfers einer Folgenanalyse zu unterziehen. Das bedeutet, daß zunächst Änderungsmöglichkeiten einer Regelung gesucht werden. Zur anschließenden Abschätzung der Folgen einer Gesetzesänderung auf das Handeln der betroffenen Menschen kann z.B. das Nachfragegesetz verwendet werden. Es besagt, daß bei Erhöhung des relativen Preises für ein Gut oder eine Aktivität das entsprechende Gut weniger nachgefragt oder die entsprechende Aktivität reduziert wird[323]. Legt man in diesem Sinne den Schadensersatz als Preis für Fahrlässigkeit fest, folgt daraus, daß sich der Wirtschaftsprüfer um so mehr Fahrlässigkeit zu Schulden kommen lassen wird und um so mehr Schadensersatzfälle auftreten werden, je geringer die Schadensersatzverpflichtung[324] und die Goodwill-Verluste ausfallen. Entsprechend wäre die umgekehrte Reaktion bei einer Verschärfung des Haftungsrechts zu erwarten: bei einer Erweiterung der Schadensersatzpflicht und erhöhter Gefahr der Rufschädigung eine Reduzierung des Umfangs schädigender Handlungen[325]. "Die Höhe des Schadensersatzes ist aus dieser Sicht ein Mittel, um die Höhe der Schäden gesamtgesellschaftlich auf ein gewünschtes Niveau zu steuern"[326]. Die Reaktion der Schadenshäufigkeit auf Veränderungen des Haftungsrechts hängt von den Substitutionsmöglichkeiten des Schädigers ab[327].

---

[322] Vgl. Deckert, Martina R. (Einführung), a.a.O., S. 483 - 484.

[323] Vgl. Frey, Bruno S.: Ökonomie ist Sozialwissenschaft. Die Anwendung der Ökonomie auf neue Gebiete, München 1990, Zitierweise: Ökonomie, hier S. 7; Schäfer, Hans-Bernd/ Ott, Claus (Lehrbuch), a.a.O., S. 64 - 69.

[324] Vgl. Schäfer, Hans-Bernd/ Ott, Claus (Lehrbuch), a.a.O., S. 68; Rahmsdorf, Detlev W./ Schäfer, Hans-Bernd (Analyse), a.a.O., S. 102.

[325] Vgl. Schäfer, Hans-Bernd/ Ott, Claus (Lehrbuch), a.a.O., S. 68.

[326] Schäfer, Hans-Bernd/ Ott, Claus (Lehrbuch), a.a.O., S. 68.

[327] Vgl. Schäfer, Hans-Bernd/ Ott, Claus (Lehrbuch), a.a.O., S. 68.

Eine Folgenanalyse von Regelungsänderungen kann auch durch Rechtsvergleichung mit anderen Ländern durchgeführt werden. Vorteil dabei ist, daß rechtspolitische Änderungen, die eine bestimmte Normänderung hervorrufen kann, vorweggenommen werden können[328]. Das soll in verkürzter Form für die Analyse der Haftung des Wirtschaftsprüfers in Deutschland versucht werden. Es wird ein Überblick über die Haftungssituation der US-amerikanischen CPAs gegeben und die Wirkungen dortiger Rechtsprechung werden bei der Beurteilung der unter Punkt E zu erläuternden Änderungsvorschläge verwendet.

III Kritik an der ökonomischen Analyse des Rechts

1. Mangelnde Berücksichtigung des zeitlichen Aspektes

Grundlage der ökonomischen Analyse einer rechtlichen Regel ist die Untersuchung, ob eine effiziente Ressourcenallokation mit Hilfe dieser Regelung erreicht wird. Es wird ein bestimmter Zustand analysiert im Vergleich zu einem als effizient erkannten Gleichgewichtszustand. Da die Prozesse der Anpassung an ein ökonomisches Gleichgewicht keine Berücksichtigung finden, wird eine dynamische Analyse rechtlicher Regelungen gefordert[329].

Hat man beispielsweise die Ineffizienz einer geltenden Haftungsregel festgestellt und gleichzeitig eine zweite Haftungsregel, die effizient ist, gefunden, darf man nicht zwingend schließen, daß von der ineffizienten auf die effiziente Regelung (vorausgesetzt man verfolgt das Ziel der Allokationseffizienz) überzugehen ist[330]. In der ökonomischen Analyse werden häufig nur einzelne Regeln untersucht, wo-

---

[328] Vgl. Kirchner, Christian: „Ökonomische Analyse des Rechts" und Recht der Wettbewerbsbeschränkungen (antitrust law and economics), in: ZHR, 144. Bd. (1980), S. 563 - 588, hier S. 563 - 564.

[329] Vgl. Schmidtchen, Dieter: Jenseits von Maximierung, Gleichgewicht und Effizienz: Neuland für die ökonomische Analyse des Rechts?, in: Ott, Claus/ Schäfer, Hans-Bernd (Hrsg.): Ökonomische Probleme des Zivilrechts. Beiträge zur ökonomischen Analyse des Rechts, Berlin u.a. 1991, S. 316 - 343, Zitierweise: Maximierung, hier S. 319.

[330] Vgl. Schmidtchen, Dieter (Maximierung), a.a.O., S. 329.

bei übersehen wird, daß diese Regeln Teil eines ganzen Rechtssystems sind und die Auswirkungen auf das Rechtssystem nicht vernachlässigt werden dürfen[331].

2. Unsicherheit und Subjektivismus

Die im Grundmodell getroffene Annahme der vollkommenen Information der Individuen ist nicht wirklichkeitsnah. Vielmehr existiert Unsicherheit über die zukünftigen Pläne und Handlungen der Individuen. In einer ökonomischen Analyse von Rechtsregeln sind daher Transaktionskosten und unterschiedliche Risikostrukturen zu berücksichtigen[332].

Grundsätzlich soll ein Recht bei Vorhandensein von Transaktionskosten demjenigen zugeteilt werden, der es am höchsten bewertet, um eine effiziente Allokation im Sinne von Coase zu erreichen[333]. Um das verwirklichen zu können, muß der, der die Rechte zuteilt (z.B. ein Richter), subjektive Werte und Kosten (einschließlich der Transaktionskosten), die die Individuen einem bestimmten Recht zurechnen, erkennen können[334]. Dieser subjektive Wert eines Rechts ist für Dritte nicht erkennbar, da der Marktpreis nicht mit dem subjektiven Wert gleichgesetzt werden darf und allenfalls bei einem freiwilligen Tausch von Rechten die subjektiven Werte bekannt werden, nicht jedoch bei einem unfreiwilligen Tausch (wie bei Coase und Posner) und bei unerlaubten Handlungen[335]. Des weiteren wird die Objektivität der Kosten und Gewinne als Beurteilungsgrößen in Frage gestellt, da sie von Interessen, die sich in Gesetzgebung, Rechtsprechung und Verwaltung durchgesetzt haben, abhängig sind[336]. Der Zweck der Durchführung einer ökonomischen Analyse des Rechts besteht folglich darin, Hilfestellung bei

---

[331] Vgl. Schmidtchen, Dieter (Maximierung), a.a.O., S. 329.

[332] Vgl. Schmidtchen, Dieter (Maximierung), a.a.O., S. 332 - 334.

[333] Vgl. Schmidtchen, Dieter (Maximierung), a.a.O., S. 335.

[334] Vgl. Schmidtchen, Dieter (Maximierung), a.a.O., S. 335 - 336.

[335] Vgl. Schmidtchen, Dieter (Maximierung), a.a.O., S.336; Posner, Richard A. (Analysis), a.a.O., S. 522.

[336] Vgl. Hutter, Michael: Über eine Alternative zur neoklassischen ökonomischen Analyse des Rechts, in: ZHR, 144. Band (1980), S. 642 - 651, Zitierweise: Alternative, hier S. 648.

der Formulierung alternativer Rechtsstrukturen und der Vorhersage möglicher Folgen zu leisten, nicht aber die beste Lösung für die untersuchten Probleme zu geben[337]. Hängt die tatsächliche Effizienz von den subjektiven Werten der Individuen ab, ist für die Gerichte die Identifizierung einer Partei als cheapest cost avoider ein zusätzliches Problem[338].

Eine Vergleichbarkeit der individuellen Nutzen ist jedoch wegen deren lediglich ordinaler, nicht aber kardinaler Meßbarkeit nicht möglich[339]. Jedes Individuum kennt seinen eigenen Nutzen. Ein außenstehender Beobachter kann aber nur das kennen, was ihm ein Individuum über seinen Nutzen sagt[340]. Auch die Interpretation einer Rechtsregel erfolgt subjektiv durch die Betroffenen. Die Annahme der ökonomischen Analyse, die Regeln würden von allen übereinstimmend interpretiert, ist daher in Zweifel zu ziehen[341].

3. Unvereinbarkeit von Effizienz mit Gerechtigkeit und Ethik?

Gegen die Anwendung ökonomischer Instrumentarien zur Analyse rechtlicher Regelungen wird der Vorwurf erhoben, das Ziel der Allokationseffizienz ließe sich nicht mit der Verteilungsgerechtigkeit vereinbaren[342]. Eine Entscheidung dieses Konfliktes zugunsten eines der beiden Ziele muß nicht unbedingt optimal sein. Vielmehr ist im Einzelfall ein Ausgleich zwischen beiden Zielen anzustreben, wobei das Ziel der Verteilungsgerechtigkeit vorzuziehen ist, wenn die allokativen Auswirkungen der effizienzfördernden Lösung nicht absehbar sind[343].

---

[337] Vgl. Hutter, Michael (Alternative), a.a.O., S.649; ähnlich Malloy, Robin Paul (Law), a.a.O., S. 19.

[338] Vgl. Schmidtchen, Dieter (Maximierung), a.a.O., S. 338.

[339] Vgl. Engelke, Heinrich J. (Interpretation), a.a.O., S. 96.

[340] Vgl. Hovenkamp, Herbert (Movement), a.a.O., S. 1034 - 1035, 1043.

[341] Vgl. Schmidtchen, Dieter (Maximierung), a.a.O., S. 340.

[342] Vgl. Kübler, Friedrich (Effizienz), a.a.O., S. 698 - 699; Fezer, Karl-Heinz: Aspekte einer Rechtskritik an der economic analysis of law und am property rights approach, in: JZ, 41. Jg. (1986), S. 817 - 824, Zitierweise: Aspekte, hier S. 823; Gotthold, Jürgen (Theorie), a.a.O., S. 558; Kohl, Reinhard (Rechtsanwendung), a.a.O., S. 34 - 35.

[343] Vgl. Kübler, Friedrich (Effizienz), a.a.O., S. 700.

Viele Neuerungen im Bereich des Vertragsrechts (z.B. Vertrauens- oder Prospekthaftung) haben jedoch als Ziel eine effiziente Ressourcenallokation[344]. Dies gilt vor allem da, „wo einer Seite Aufklärungs-, Hinweis- und Warnpflichten auferlegt werden, weil sie für die Transaktion wesentliche Informationen kostengünstiger zu erbringen vermag“[345]. Diese Situation trifft auf den Wirtschaftsprüfer zu, da ihm im Rahmen seiner Pflichtprüfungstätigkeit derartige Pflichten durch das Gesetz auferlegt sind. Eine ökonomische Analyse der Haftung des Wirtschaftsprüfers kann nicht mit dem Hinweis auf den Zielkonflikt zwischen Effizienz und Gerechtigkeit kritisiert werden, da die Regelungen zur Pflichtprüfung auch der Vermeidung von Fehlallokationen dienen sollen. Das gilt für alle Tätigkeiten des Wirtschaftsprüfers.

Ein weiterer Einwand gegen das Effizienzprinzip ist die Reduzierung des Menschen auf einen reinen Nutzenmaximierer im Sinne der REM-Hypothese[346]. Es wird die mangelnde Berücksichtigung ethischer Vorstellungen und Werte des Menschen kritisiert[347]. In der ökonomischen Theorie wird daher ein Bereich sog. unverfügbarer Persönlichkeitsrechte (wie Würde, Selbstbestimmung und Selbstverantwortung) abgegrenzt, die nicht dem Effizienzprinzip unterliegen[348]. Im modernen Menschenbild des homo oeconomicus, das auch in der ökonomischen Analyse des Rechts Anwendung findet, sind jedoch nicht-materielle Werte eines Individuums berücksichtigt[349]. Das Bild vom nutzenkalkulierenden Menschen ist aber notwendig, um der Steuerungsfunktion rechtlicher Regelungen gerecht zu werden[350].

---

[344] Vgl. Kübler, Friedrich (Effizienz), a.a.O., S. 700 - 701.
[345] Kübler, Friedrich (Effizienz), a.a.O., S. 701.
[346] Vgl. Fezer, Karl-Heinz: Nochmals: Kritik an der ökonomischen Analyse des Rechts, in: JZ, 43. Jg. (1988), S. 223 - 228, hier S. 224, 227 - 228; Kohl, Reinhard (Rechtsanwendung), a.a.O., S. 35.
[347] Vgl. Kübler, Friedrich (Effizienz), a.a.O., S. 701; Kohl, Reinhard (Rechtsanwendung), a.a.O., S. 35.
[348] Vgl. Kübler, Friedrich (Effizienz), a.a.O., S. 702.
[349] Vgl. Kirchgässner, Gebhard (homo), a.a.O., S. 107.
[350] Vgl. Behrens, Peter (Verhältnis), a.a.O., S. 219 - 220; Kirchgässner, Gebhard (homo), a.a.O., S. 108.

Bei Durchführung einer ökonomischen Analyse rechtlicher Regelungen ist zu beachten, daß die Funktion des Rechts nicht allein in der Effizienzsteigerung und ausgleichenden Verteilung liegt, sondern das Recht auch selbstverantwortliches Handeln der Individuen ermöglichen soll[351]. Die Effizienzanalyse kann auf abstrakter Ebene versuchen, Sozialkonflikte zu erfassen und zu lösen, sofern die persönlichen Grundrechte des Einzelnen nicht beeinträchtigt werden[352]. Die ökonomische Analyse soll daher auf ihren Universalitätsanspruch verzichten und sich als Teil einer Gesamtbetrachtung verstehen[353].

---

[351] Vgl. Kübler, Friedrich (Effizienz), a.a.O., S. 702.
[352] Vgl. Kübler, Friedrich (Effizienz), a.a.O., S. 703.
[353] Vgl. Taupitz, Jochen (Analyse), a.a.O., S. 126.

C Darstellung der rechtlichen Regelungen der Haftung des Wirtschaftsprüfers und deren Intentionen

I Abgrenzung der in die Analyse einbezogenen Regelungen

Für den Wirtschaftsprüfer relevant sind die Bestimmungen zur vertraglichen und außervertraglichen Haftung. Diese finden sich in verschiedenen Gesetzen wieder. Dabei kann unterschieden werden nach Schadensersatzansprüchen nach HGB, BGB, Berufsrecht[354] und strafrechtlicher Verantwortlichkeit. Die Relevanz der jeweiligen Gesetze ergibt sich aus den verschiedenen Aufträgen an einen Wirtschaftsprüfer und dem Auftragsumfang.

Der Wirkungskreis des Wirtschaftsprüfers läßt sich in Vorbehaltsaufgaben und sonstige mit dem Berufsbild vereinbare Tätigkeiten einteilen. Einen großen Bereich nimmt das Prüfungswesen ein, das man in gesetzlich vorgeschriebene und vorgesehene Prüfungen (hier sind die wesentlichen Vorbehaltsaufgaben des Wirtschaftsprüfers verankert) sowie in vertraglich ausbedungene und freie Prüfungen[355] gliedern kann. Aufgrund der hohen fachlichen Kompetenz hat sich der berufliche Wirkungsbereich der Wirtschaftsprüfer von Prüfungs- und Treuhandaufgaben auch auf Beratung in steuerlichen und wirtschaftlichen Angelegenheiten, Gutachtertätigkeiten und Unternehmensbewertungen ausgeweitet[356]. Anhand der Vielfalt der Aufgaben der Wirtschaftsprüfer ergibt sich ein großes Spektrum von in Frage kommenden Haftungsvorschriften. Es ist daher eine Eingrenzung der in vorliegender Arbeit zu behandelnden Vorschriften vorzunehmen. Der Kernbereich liegt in der Analyse der Haftungsvorschriften zur Prüfungstätigkeit des Wirtschaftsprüfers bei gesetzlich vorgeschriebenen und (aufgrund analoger Anwendung) gesetzlich vorgesehenen Prüfungen. Des weiteren wird auf andere Tä-

[354] Vgl. Streck, Michael: Haftungsfall Testat, in: Stbg, 34. Jg. (1991), S. 98 - 105, hier S. 98.

[355] Vgl. v. Wysocki, Klaus: Grundlagen des betriebswirtschaftlichen Prüfungswesens, 3. Aufl., München 1988, Zitierweise: Grundlagen, S. 27 - 54.

[356] Vgl. Kaminski, Horst: Der Beruf des Wirtschaftsprüfers, in: Institut der Wirtschaftsprüfer in Deutschland e.V. (Hrsg.): Wirtschaftsprüfer-Handbuch 1996. Handbuch für Rechnungslegung, Prüfung und Beratung, Bd.I, 11. Auflage, Düsseldorf 1996, S. 1 - 99, Zitierweise: WPH 1996, Bd. I, hier S. 4 - 11.

tigkeiten einzugehen sein, wie freiwillige Prüfungen oder Gutachtertätigkeit. Nicht behandelt wird die Haftung aus der Übernahme von Treuhandaufgaben sowie die Tätigkeit als Testamentsvollstrecker, Konkurs- oder Nachlaßverwalter[357].

Das Schadensersatzrecht gliedert sich in Haftungs- und Schadensrecht[358]. Das Haftungsrecht beinhaltet die Haftungsbegründung, die „die Frage, ob ein schädigendes Ereignis zu einem Schadensersatzanspruch dem Grunde nach führt", regelt; das Schadensrecht regelt die Haftungsausfüllung und umfaßt Normen, „die den Inhalt von Schadensersatzansprüchen regeln"[359]. Effizienzziele des Schadensersatzrechts sind die Schadensprävention und -kompensation (vgl. B II 2.). Haftungsregeln bzw. Schadensersatzpflichten sollen grundsätzlich Schutzwirkungen haben. Die Effizienzbeurteilung der Haftung des Wirtschaftsprüfers erfolgt daher im Rahmen der Beantwortung der Frage, wer oder was durch die Haftung des Wirtschaftsprüfers geschützt werden soll. Diese Untersuchung zielt auf den Teil des Effizienzkriteriums, der die Schadensprävention betrifft. Für die Schadenskompensation bedarf es einer Quantifizierung der Schäden.

II Haftung nach HGB

1. Deskription der handelsrechtlichen Regelungen

Im Handelsrecht finden sich die für den Wirtschaftsprüfer bedeutendsten gesetzlichen Regelungen wieder, da dort seine Vorbehaltsaufgaben und die Haftung hierfür festgelegt sind. Das Handelsrecht enthält vertragsrechtliche Regelungen. Hier

---

[357] Die Nicht-Behandlung dieser Tätigkeitsbereiche im Rahmen dieser Arbeit bedeutet nicht, daß nicht auch hier erhebliche Haftungsgefahren für den Wirtschaftsprüfer auftreten können. Vgl. dazu z.B. Pohl, Ulf: Risikoeinschätzung und Haftung des Wirtschaftsprüfers und vereidigten Buchprüfers - national -, in WPK-Mitt., Sonderheft, 35. Jg. (April 1996), S. 2 - 16, Zitierweise: Risikoeinschätzung, hier S. 2.

[358] Vgl. Schäfer, Hans-Bernd/ Ott, Claus (Lehrbuch), a.a.O., S. 98.

[359] Schäfer, Hans-Bernd/ Ott, Claus (Lehrbuch),a.a.O., S. 98.

hat sich ein Schuldner gemäß dem Prinzip der Verschuldenshaftung für Vorsatz und Fahrlässigkeit zu verantworten[360]. Freiwillig geschlossene Verträge führen nur dann nicht zu effizienten Lösungen, wenn daraus Schädigungen Dritter entstehen, die aufgrund hoher Transaktionskosten das Zustandekommen des Vertrages nicht beeinflussen können[361]. Die Ineffizienz von Verträgen kann demnach auf ungleich verteilten Transaktionskosten beruhen, die den Eingriff des Staates in die Vertragsfreiheit erfordert[362]. Ökonomische Funktion eines solchen Eingriffs ist die Senkung der Transaktionskosten in Form von Rationalisierungseffekten durch Erleichterung von Vertragsverhandlungen sowie die Förderung des Vertrauens der beteiligten Parteien in die vertraglichen Bindungen[363]. Voraussetzungen für die Haftung aufgrund eines Vertrages sind das Bestehen eines Vertragsverhältnisses und die Verletzung vertraglicher Pflichten.

Gemäß § 316 Abs. 1 und 2 HGB sind der Jahresabschluß und der Lagebericht von mittelgroßen und großen Kapitalgesellschaften sowie der Konzernabschluß und der Konzernlagebericht von Kapitalgesellschaften zu prüfen. Es handelt sich um Vorbehaltsprüfungen durch Wirtschaftsprüfer und Wirtschaftsprüfungsgesellschaften sowie für die Prüfung der Jahresabschlüsse mittelgroßer GmbH auch durch vereidigte Buchprüfer und Buchprüfungsgesellschaften (§ 319 Abs. 1 HGB)[364]. Auftraggeber für die Jahresabschlußprüfungen sind die zu prüfenden Unternehmen. Für die Auftragserteilung an einen Wirtschaftsprüfer sind keine Formvorschriften festgelegt: eine schriftliche Bestätigung der erteilten Aufträge

---

[360] Vgl. Brox, Hans: Allgemeines Schuldrecht, 22. Auflage, München 1995, Zitierweise: Schuldrecht, hier Rdnr. 216 - 221.

[361] Vgl. v. Weizsäcker, Carl Christian: Was leistet die Property Rights Theorie für aktuelle wirtschaftspolitische Fragen?, in: Neumann, Manfred (Hrsg.): Ansprüche, Eigentums- und Verfügungsrechte: Arbeitstagung des Vereins für Socialpolitik, Ges. für Wirtschafts- und Sozialwissenschaften, Basel, 26. - 28. September 1983, Berlin 1984, S. 123 - 152, Zitierweise: Property Rights, hier S. 144.

[362] Vgl. v. Weizsäcker, Carl Christian (Property Rights), a.a.O., S. 145.

[363] Vgl. Horn, Norbert (Rationalität), a.a.O., S. 319; Posner, Richard A. (Analysis), a.a.O., S. 89 - 96 (vor allem S. 91).

[364] Im folgenden wird nicht auf die Unterscheidung zwischen vereidigtem Buchprüfer und Wirtschaftsprüfer Rücksicht genommen. Soweit es sich bei den behandelten Aufgaben um solche handelt, die auch von vereidigten Buchprüfern übernommen werden dürfen (vgl. § 319 Abs. 1 HGB), gelten die Ausführungen zum Wirtschaftsprüfer entsprechend.

wird empfohlen[365]. Die Kündigung eines Prüfungsauftrages ist gem. § 318 Abs. 6 Satz 3 HGB schriftlich zu begründen.

Gem. § 323 Abs. 1 HGB haftet der Abschlußprüfer bzw. dessen Prüfungsgehilfe gegenüber der geprüften Kapitalgesellschaft bzw. einem mit ihr verbundenen Unternehmen, wenn

a) eine vorsätzliche oder fahrlässige Pflichtverletzung vorliegt, wobei als Pflichten gem. § 323 Abs. 1 Satz 1 und 2 HGB die Pflicht zur gewissenhaften und unparteiischen Prüfung, zur Verschwiegenheit und das Verbot, unbefugt Geschäfts- und Betriebsgeheimnisse zu verwerten, anzusehen sind[366], und wenn
b) „durch die Pflichtverletzung ein Schaden entstanden ist“[367], wobei von dem geprüften oder einem mit diesem verbundenen Unternehmen der entstandene Schaden sowie dessen Verursachung durch eine Pflichtverletzung des Prüfers nachzuweisen ist[368].

Die Rechtsprechung wendet § 323 HGB nicht nur auf Jahresabschlußprüfungen, sondern auch ohne Verweis auf gesetzlich vorgesehenen Prüfungen durch Wirtschaftsprüfer, wie Gründungs-, Nachgründungs-, Sonder- und Verschmelzungsprüfungen, die Prüfung einer Kapitalerhöhung aus Gesellschaftsmitteln, und bei Umwandlungen an[369]. Das Vorgehen des Prüfers ist fahrlässig, wenn er die im Verkehr erforderliche Sorgfalt außer acht läßt, § 276 Abs. 1 Satz 2 BGB i.V.m. Art. 2 Abs. 1 EGHGB[370]. Dabei sind die Maßnahmen im Verkehr erforderlich,

---

[365] Vgl. Kaminski, Horst (WPH 1996, Bd. I), a.a.O., S. 76.

[366] Vgl. Budde, Wolfgang Dieter/ Hense, Burkhard: Kommentierung zu § 323 HGB, in: Beck´scher Bilanz-Kommentar. Handels- und Steuerrecht - §§ 238 bis 339 HGB, bearb. von Budde, Wolfgang Dieter, u.a., 3. völlig neubearb. Auflage, München 1995, Anm. 101.

[367] Budde, Wolfgang Dieter/ Hense, Burkhard, a.a.O., § 323 HGB, Anm. 105.

[368] Vgl. Budde, Wolfgang Dieter/ Hense, Burkhard, a.a.O., § 323 HGB, Anm. 107.

[369] Vgl. Quick, Reiner: Die Haftung des handelsrechtlichen Abschlußprüfers, in: BB, 42. Jg. (1992), S. 1675 - 1685, Zitierweise: Haftung, hier S. 1676.

[370] Vgl. Adler, Hans/ Düring, Walther/ Schmaltz, Kurt: Rechnungslegung und Prüfung der Unternehmen. Kommentar zum HGB, AktG, GmbHG, PublG nach den Vorschriften des Bilanzrichtlinien-Gesetzes., hrsg. v. Forster, Karl-Heinz, u.a., 5. Aufl., Stuttgart 1987 (Stand: September 1992), Kommentierung zu § 323 HGB, Zitierweise: ADS, hier Anm. 30; Hirte, Heribert (Berufshaftung), a.a.O., S. 65.

"die ein vernünftiger Mensch von durchschnittlicher Tüchtigkeit und Umsicht in der gleichen Lage aufgewandt hätte, um das in Frage stehende Schadensrisiko abzuwenden"[371]. Diese Sorgfalt ist beim Prüfer gegeben, wenn er gewissenhaft und unparteiisch vorgeht[372]. Vorsatz ist dem Prüfer vorzuwerfen, wenn er bewußt Rechtsverstöße in Kauf nimmt. In Zusammenhang mit den Begriffen Vorsatz und Fahrlässigkeit sind vier Abgrenzungen vorzunehmen:

a) Unbedingter Vorsatz
= Wissen und Wollen des rechtswidrigen Erfolges[373],

b) bedingter Vorsatz
= Pflichtverletzung, die der Handelnde für möglich hält und aus Gleichgültigkeit in Kauf nimmt[374], ("na wenn schon")

c) bewußte Fahrlässigkeit
= der Handelnde hat mit dem möglichen Eintritt des schädlichen Erfolges gerechnet, hat aber darauf vertraut, daß der Schaden nicht eintreten werde[375], ("wird schon nichts passieren")

d) unbewußte Fahrlässigkeit
= der Handelnde hat den möglichen Eintritt des schädlichen Erfolges nicht erkannt, hätte ihn aber bei gehöriger Sorgfalt voraussehen und verhindern können[376].

Der Begriff der Fahrlässigkeit wird nicht nur nach der Art (s.o. c) und d)), sondern auch nach dem Grad differenziert. Diese Grade sind grobe Fahrlässigkeit, die vorliegt, wenn die im Verkehr erforderliche Sorgfalt in besonders schwerem Maße verletzt worden ist, und leichte Fahrlässigkeit, die gegeben ist, wenn die besonderen Merkmale der groben Fahrlässigkeit nicht erfüllt sind[377].

---

[371] Kötz, Hein (Haftung), a.a.O., S. 154.
[372] Vgl. ADS, a.a.O., § 323 HGB, Anm. 30; Hirte, Heribert (Berufshaftung), a.a.O., S. 65 - 66.
[373] Vgl. Heinrichs, Helmut: Kommentierung zu § 276 BGB, in: Palandt. Bürgerliches Gesetzbuch, bearb. von Bassenge, Peter, u.a., 55. Auflage, München 1996, Anm. 10.
[374] Vgl. ADS, a.a.O, § 323 HGB, Anm. 29.
[375] Vgl. Heinrichs, Helmut, a.a.O., § 276 BGB, Anm. 13.
[376] Vgl. Heinrichs, Helmut, a.a.O., § 276 BGB, Anm. 13.
[377] Vgl. Heinrichs, Helmut, a.a.O., § 276 BGB, Anm. 14.

Der Wirtschaftsprüfer haftet nach § 323 HGB für Vermögensminderungen aufgrund seiner Pflichtverletzung[378]. Zusätzlich besteht die Haftungsverschärfung, daß der Schuldner nicht bloß für eigenes Verschulden, sondern nach § 278 Satz 1 BGB auch für das Verschulden seines gesetzlichen Vertreters und der Personen, deren er sich zur Erfüllung seiner Verbindlichkeit bedient, einzustehen hat. Der Wirtschaftsprüfer hat für ein Verschulden seiner Prüfungsassistenten bei der Durchführung eines Prüfungsauftrages zu haften[379]. Die Prüfungsgehilfen haften gem. § 323 Abs. 1 Satz 1 HGB auch selbst für ihre Pflichtverstöße, obwohl sie nicht direkt Vertragspartner des zu prüfenden Unternehmens sind[380].

Die Haftungshöhe ist bei Fahrlässigkeit des Prüfers auf DM 500.000 begrenzt (§ 323 Abs. 2 HGB); daraus folgt eine unbeschränkte Haftung bei vorsätzlicher Pflichtverletzung. Ein vertraglicher Ausschluß oder eine weitere Einschränkung dieser Haftungsvorschriften ist nicht möglich (§ 323 Abs. 4 HGB). Gleichzeitig entspricht diese Haftungsobergrenze der Versicherungspflicht für Abschlußprüfer gemäß der Verordnung über die Berufshaftpflichtversicherung der Wirtschaftsprüfer und vereidigten Buchprüfer vom 8.12.1967 in der Fassung vom 19.6.1986.

Entgegen der 6-monatigen Verjährungsfrist bei Werkverträgen gem. § 638 BGB und der 30-jährigen Verjährungsfrist gem. § 195 BGB schreibt § 323 Abs. 5 HGB eine Frist von 5 Jahren vor, die mit Entstehung des Schadensersatzanspruches, d.h. mit Eintritt des schädigenden Ereignisses, beginnt[381].

Eine Haftung des Abschlußprüfers gegenüber Dritten aus § 323 HGB, die nicht verbundene Unternehmen sind, ist zu verneinen[382]. Als Begründung für diese Einschränkung des anspruchsberechtigten Personenkreises wird angeführt, daß „die Haftung des Abschlußprüfers namentlich gegenüber Aktionären/Gesellschaftern oder Gläubigern der Kapitalgesellschaft bewußt nicht ausgedehnt wer-

---

[378] Vgl. ADS, a.a.O., § 323 HGB, Anm. 33.
[379] Vgl. ADS, a.a.O., § 323 HGB, Anm. 40.
[380] Vgl. ADS, a.a.O., § 323 HGB, Anm. 44, 45.
[381] Vgl. ADS, a.a.O., § 323 HGB, Anm. 72, 73; Hirte, Heribert (Berufshaftung), a.a.O., S. 69.
[382] Vgl. Hirte, Heribert (Berufshaftung), a.a.O., S. 61 - 62.

den (sollte), einerseits um das Haftungsrisiko des Abschlußprüfers ... nicht zu sehr zu erhöhen und andererseits die geprüfte Gesellschaft nicht der Gefahr auszusetzen, ihre nach § 323 Abs. 2 ohnehin beschränkten Ansprüche mit fremden Geschädigten teilen zu müssen“[383]. Das schließt eine Dritthaftung über das Rechtsinstitut des Vertrages mit Schutzwirkung zugunsten Dritter oder über die Verletzung von Schutzgesetzen gem. § 823 Abs. 2 BGB nicht aus[384]. § 323 HGB stellt jedoch kein Schutzgesetz in diesem Sinne dar[385].

In den §§ 332 und 333 HGB sind strafrechtliche Sanktionen gegen den Abschlußprüfer oder dessen Gehilfen festgelegt. Voraussetzungen für die strafrechtliche Belangung des Wirtschaftsprüfers sind gem. § 332 Abs. 1 HGB unrichtige Berichterstattung, Verschweigen erheblicher Umstände im Prüfungsbericht oder die Erteilung eines inhaltlich unrichtigen Bestätigungsvermerks. Die Verletzung der Pflicht zur Geheimhaltung von Betriebs- oder Geschäftsgeheimnissen ist durch § 333 HGB unter Strafe gestellt. Diese Pflichtverletzung wird nur auf Antrag der betroffenen Kapitalgesellschaft (§ 333 Abs. 3 HGB) verfolgt. § 334 Abs. 2 HGB sieht Geldbußen vor, falls der Prüfer im Sinne von § 319 Abs. 2 oder 3 HGB gegen das Unabhängigkeitsgebot bei der Annahme des Prüfungsauftrags verstößt.

2. Zweck der handelsrechtlichen Regelungen

Aufgrund von Unternehmenszusammenbrüchen, denen unrichtige Jahresabschlüsse vorausgingen und die das Unvermögen der Aufsichtsräte zur Kontrolle in diesen Unternehmen deutlich werden ließen, wurde 1931 die Pflichtprüfung für Aktiengesellschaften durch Wirtschaftsprüfer in Deutschland gesetzlich eingeführt[386]. Man verspricht sich von der Pflichtprüfung den Erhalt eines freien Wirt-

[383] Budde, Wolfgang Dieter/ Hense, Burkhard, a.a.O., § 323 HGB, Anm. 171.
[384] Vgl. Hirte, Heribert (Berufshaftung), a.a.O., S. 63.
[385] Vgl. ADS, a.a.O., § 323 HGB, Anm. 83; Hirte, Heribert (Berufshaftung), a.a.O., S. 64.
[386] Vgl. Mai, Thomas R.: Rechtsverhältnis zwischen Abschlußprüfer und prüfungspflichtiger Kapitalgesellschaft, Düsseldorf 1993, Zitierweise: Rechtsverhältnis, S. 5 f..

schaftssystems und eine Steigerung von dessen Effizienz[387]. Den Geschäftspartnern prüfungspflichtiger Unternehmen soll durch die Informationen des Abschlußprüfers „rechtzeitig, effizient und effektiv ein erhöhtes Maß an Sicherheit geboten“ werden[388]. Aus der ratio legis läßt sich die Absicht erkennen, mit der Einführung der Pflichtprüfung eine Verantwortlichkeit und damit verbundene Haftung des Wirtschaftsprüfers festzuschreiben. Der Wirtschaftsprüfer soll den Aufsichtsrat bei seiner Kontroll- und Überwachungsfunktion unterstützen. Dadurch sollte zunächst nur der Gläubigerschutz gewährleistet werden, später trat durch die Aktienrechtsreform 1965 der Aktionärsschutz hinzu[389]. Inzwischen hat sich der Adressatenkreis der zu veröffentlichenden Jahres- und Konzernabschlüsse und damit der Interessenten am Prüfungsergebnis (Bestätigungsvermerk) des Wirtschaftsprüfers erweitert auf „Kapitaleigner, potentielle Aktienerwerber, Gesellschafter, Gläubiger, andere Marktpartner, Arbeitnehmer sowie die sonstige interessierte Öffentlichkeit“[390]. Durch § 323 Abs. 1 Satz 3 HGB wird jedoch der Kreis der Schutzwürdigen auf die Kapitalgesellschaft und geschädigte verbundene Unternehmen reduziert.

Bei der Tätigkeit des Wirtschaftsprüfers steht der Schutz vor Vermögensschäden, nicht vor Personen- oder Sachschäden im Vordergrund. An erster Stelle steht der Schutz des Vermögens des zu prüfenden Unternehmens. Das Ziel der Schadensprävention beinhaltet auch Vermögensschäden der Gläubiger oder Aktionäre, die sich aufgrund des Prüfungsergebnisses des unabhängigen Wirtschaftsprüfers auf die Ordnungsmäßigkeit der Rechnungslegung des geprüften Unternehmens verlassen können müssen. § 323 Abs. 2 Satz 1 HGB legt eine Haftungsbeschränkung

---

[387] Vgl. Pougin, Erwin: Die Sozialverpflichtung des Wirtschaftsprüfers, in: BFuP, 28. Jg. (1976), S. 93 - 113, Zitierweise: Sozialverpflichtung, hier S. 94.

[388] Nordemann, Hermann H. J.: Der Europäische Wirtschaftsprüfer - Mythos oder Realität?, in: WPg, 42. Jg. (1989), S. 671 - 679, hier S. 672.

[389] Vgl. Mai, Thomas R. (Rechtsverhältnis), a.a.O., S. 7; Pougin, Erwin (Sozialverpflichtung), a.a.O., S. 94 - 95; Zemke, Corinna: Inkompatibilität von Prüfung und Beratung, in: StB, 45. Jg. (1994), S. 87 - 98, Zitierweise: Inkompatibilität, hier S. 89.

[390] Grewe, Wolfgang: Das Prüfungsergebnis, in: Institut der Wirtschaftsprüfer in Deutschland e.V. (Hrsg.): Wirtschaftsprüfer-Handbuch 1996, Handbuch für Rechnungslegung, Prüfung und Beratung, Bd. I, 11. Auflage, Düsseldorf 1996, S. 1075 - 1299, hier S. 1144.

auf DM 500.000,00 fest. Diese Begrenzung war in gleicher Höhe bereits in § 168 AktG 1965 enthalten und ist seither nicht angepaßt worden. Es ist zu fragen, ob tatsächlich das Ziel der Schadensvorsorge durch eine solche Höchstgrenze erreicht werden kann. Dazu bedarf es einer Ermittlung der Höhe möglicher Schäden, die im Rahmen einer Jahresabschlußprüfung auftreten können; dies ist nur für den Einzelfall möglich. Das Effizienzkriterium kann nicht auf eine bestimmte Schadenshöhe, die zu vermeiden ist, festgelegt werden. Man muß sich auf allgemeine Formulierungen einigen.

III Haftung nach BGB

1. Deskription der bürgerlich-rechtlichen Regelungen

Neben der vertraglichen gibt es die außervertragliche Haftung. Im Deliktsrecht tritt die Haftung unabhängig von der Verletzung einer vertraglichen Pflicht ein. Die Ersatzpflicht gründet auf der Verletzung eines geschützten Rechtsgutes[391]. Der Schädiger muß durch sein Verhalten ein Rechtsverbot oder -gebot mißachten[392]. Ein allgemeines Rechtsverbot liegt auch vor, wenn es sich an eine bestimmte Berufsgruppe richtet und damit für jeden gilt, der diese Tätigkeit ausübt.

In diesem Zusammenhang ist für den Wirtschaftsprüfer die Vorschrift des § 823 Abs. 2 BGB (nicht § 823 Abs. 1 BGB, da dort nicht das Vermögen geschützt wird)[393] bedeutsam, der die Verletzung von Schutzgesetzen betrifft[394]. Schutzgesetze, die für die Haftung des Wirtschaftsprüfers von Bedeutung sein können, sind "z.B. §§ 332, 333 HGB über Verletzung der Berichts- und der Geheimhal-

---

[391] Vgl. Brox, Hans (Schuldrecht), a.a.O., Rdnr. 316.
[392] Vgl. Brox, Hans (Schuldrecht), a.a.O., Rdnr. 317.
[393] Vgl. Hopt, Klaus J. (Prüfer), a.a.O., Sp. 798; Ebke, Werner F. (Verantwortlichkeit), a.a.O., S. 19.
[394] Vgl. Picker, Eduard: Vertragliche und deliktische Schadenshaftung, in: JZ, 42. Jg. (1987), S. 1041 - 1058, Zitierweise: Schadenshaftung, hier S. 1041; Kaminski, Horst (WPH 1996, Bd. I), a.a.O., S. 83; Hirte, Heribert (Berufshaftung), a.a.O., S. 63 - 64.

tungspflicht" oder "strafrechtliche Vermögensschutztatbestände"[395]. Maßgebliches Kriterium für die Schutzzweckermittlung einer gesetzlichen Vorschrift ist die Beantwortung der Frage, ob „die verletzte Norm gerade den Geschädigten und sein Vermögen schützen soll und nicht nur dem Schutz anderer Personen, einer Behörde, der Allgemeinheit und dgl. zu dienen bestimmt ist“[396]. Eine Verletzung von Schutzpflichten zieht eine vertragsrechtliche Haftung nach sich im Gegensatz zu einer Verkehrspflichtverletzung[397]. Für die Verletzung eines Schutzgesetzes im Sinne von § 823 Abs. 2 BGB ist Vorsatz Voraussetzung[398]. Auch eine deliktische Haftung des Wirtschaftsprüfers gem. § 823 Abs. 2, § 824 und § 826 BGB kann nur infolge vorsätzlichen Handelns in Frage kommen[399].

Weiterhin relevant sind für den Wirtschaftsprüfer:

- § 824 BGB über die Kreditgefährdung durch Verbreitung von Unwahrheiten. Dieser Fall kann z.B. auftreten, wenn unter Bezug auf § 18 KWG von einem Kreditinstitut der testierte Jahresabschluß eines Unternehmens zur Beurteilung der Kreditwürdigkeit verlangt wird und sich herausstellt, daß der Wirtschaftsprüfer fälschlicherweise ein uneingeschränktes Testat erteilt hat, obwohl der Jahresabschluß kein den tatsächlichen Verhältnissen entsprechendes Bild der Vermögens-, Finanz- und Ertragslage des Unternehmens vermittelt. Auch ein zu Unrecht eingeschränkter oder versagter Bestätigungsvermerk kann haftungsrechtliche Folgen haben, wenn dadurch z.B. einem Unternehmen ein Kredit von dem Kreditinstitut aufgekündigt wird[400]. Für die Erfüllung des Tatbestandes des § 824 BGB ist grundsätzlich Fahrlässigkeit ausreichend[401]. Eine Haftung nach § 824 BGB we-

---

[395] Hopt, Klaus J. (Prüfer), a.a.O., Sp. 798.
[396] Canaris, Claus-Wilhelm: Schutzgesetze - Verkehrspflichten - Schutzpflichten, in: Canaris, Claus-Wilhelm/ Diederichsen, Uwe (Hrsg.): Festschrift für Karl Larenz zum 80. Geburtstag, München 1983, S. 27 - 110, Zitierweise: Schutzgesetze, hier S. 76 - 77.
[397] Vgl. Canaris, Claus-Wilhelm (Schutzgesetze), a.a.O., S. 85.
[398] Vgl. Lang, Arno: Zur Dritthaftung der Wirtschaftsprüfer, in: WPg, 42. Jg. (1989), S. 57 -64, Zitierweise: Dritthaftung, hier S. 58; Pohl, Ulf (Risikoeinschätzung), a.a.O., S. 2.
[399] Vgl. Budde, Wolfgang Dieter/ Hense, Burkhard, a.a.O., §. 323 HGB, Anm. 172 - 173.
[400] Vgl. Hirte, Heribert (Berufshaftung), a.a.O., S. 61.
[401] Vgl. Budde, Wolfgang Dieter/ Hense, Burkhard, a.a.O., § 323 HGB, Anm. 182.

gen fahrlässiger Pflichtverletzung würde jedoch § 323 HGB, der nur eine Haftung gegenüber dem Auftraggeber oder einem mit diesem verbundenen Unternehmen bis höchstens TDM 500 zuläßt, widersprechen. Demnach kann sich eine Haftung nach § 824 BGB für den Wirtschaftsprüfer nur bei vorsätzlicher Pflichtverletzung im Rahmen einer Pflichtprüfung oder bei Tätigkeiten außerhalb der Pflichtprüfung ergeben[402].

- § 826 BGB über die vorsätzliche sittenwidrige Schädigung. Sittenwidrig handelt ein Wirtschaftsprüfer, wenn er "leichtfertig und gewissenlos ein unrichtiges Bilanztestat erteilt und mit (mindestens bedingtem) Vorsatz handelt, also eine Schädigung als Folge seines Tuns als möglich erkennt und in Kauf nimmt"[403]. Die vorsätzliche Schädigung kann beim Wirtschaftsprüfer als Ausnahmefall angesehen werden[404]. Trotz allem gewinnt diese Vorschrift in der Rechtsprechung zur Dritthaftung des Wirtschaftsprüfers an Bedeutung[405].

Gem. § 831 BGB haftet der Wirtschaftsprüfer für seinen Gehilfen, wenn er ihn nicht mit der erforderlichen Sorgfalt ausgewählt und beobachtet hat und insoweit ein ursächlicher Zusammenhang zwischen Verschulden und Schaden besteht. Für den Wirtschaftsprüfer besteht eine Exkulpationsmöglichkeit, sofern er den Nachweis für die sorgfältige Auswahl des Gehilfen erbringen kann[406]. § 831 BGB begründet eine Haftung für vermutetes eigenes Verschulden bei der Auswahl oder Leitung einer Hilfsperson. Diese Vorschrift stellt eine eigene Anspruchsgrundlage dar[407]. Im Gegensatz dazu ist die o.g. Haftung nach § 278 BGB für das Verschulden des Erfüllungsgehilfen eine Haftung für fremdes Verschulden[408]. Sie stellt keine eigenständige Anspruchsgrundlage dar, sondern erfordert die Prüfung der Verletzung einer Verbindlichkeit aus einem bestehenden Schuldverhältnis[409].

---

[402] Vgl. Budde, Wolfgang Dieter/ Hense, Burkhard, a.a.O., § 323 HGB, Anm. 182.
[403] Hopt, Klaus J. (Prüfer), a.a.O., Sp. 798.
[404] Vgl. ADS, a.a.O., § 323 HGB, Anm. 29.
[405] Vgl. Hopt, Klaus J. (Prüfer), a.a.O., Sp. 798.
[406] Vgl. Brox, Hans (Schuldrecht), a.a.O., Rdnr. 228.
[407] Vgl. Brox, Hans (Schuldrecht), a.a.O., Rdnr. 223.
[408] Vgl. Picker, Eduard (Schadenshaftung), a.a.O., S. 1041.
[409] Vgl. Brox, Hans (Schuldrecht), a.a.O., Rdnr. 223, 228.

Die Vorschriften des BGB werden durch § 323 HGB nicht verdrängt, sondern sind ergänzend zu beachten, vor allem bei der Dritthaftung.

Die Haftungshöhe ist grundsätzlich unbeschränkt und beläuft sich auf den vom Prüfer verursachten Schaden. Eine Beschränkung ist nach § 276 Abs. 2 BGB bei Vorsatz ausgeschlossen. Bei der Haftung für den Erfüllungsgehilfen ist ein Haftungsausschluß für den Fall des Vorsatzes des Gehilfen nach § 278 Satz 2 BGB möglich.

Deliktsansprüche, d.h. Verstöße gegen §§ 823 ff. BGB, verjähren gem. § 852 BGB nach 3 Jahren[410] oder gem. § 638 BGB nach sechs Monaten ab Kenntnis.

Neben der deliktischen gehört die Gefährdungshaftung zur außervertraglichen Haftung. Bei der Gefährdungshaftung kommt es nicht auf das Verschulden oder rechtswidrige Handeln eines Schädigers an, sondern es ist für Schäden, die sich aus der Gefahr der Ausübung einer an sich erlaubten, aber gefährdenden Tätigkeit ergeben, einzustehen[411]. Diese Haftung war für Wirtschaftsprüfer bisher unerheblich, da die Gefährdungshaftung z.B. aus dem Betrieb eines Kraftfahrzeuges oder einer Eisenbahn oder ähnlichen Unternehmungen entsteht[412]. Gleichwohl gibt es Überlegungen, die eine Umstellung des Berufshaftungsrechts von der Verschuldens- zur Gefährdungshaftung in Betracht ziehen[413]. Eine Art Gefährdungshaftung entwickelte die Rechtsprechung zu Prospektprüfungen. Es steigt die Tendenz, den Wirtschaftsprüfer unabhängig von einer Verletzung seiner Pflichten

---

[410] Vgl. Hirte, Heribert (Berufshaftung), a.a.O., S. 70.
[411] Vgl. Brox, Hans (Schuldrecht), a.a.O., Rdnr. 318.
[412] Vgl. Brox, Hans (Schuldrecht), a.a.O., Rdnr. 318.
[413] Vgl. Mertens, Hans-Joachim: Berufshaftung. Haftungsprobleme alter Professionen, in: VersR, 25. Jg. (1974), S. 509 - 520, hier S. 519.

haften zu lassen[414] (vgl. BGH-Urteile vom 31. Mai 1990 und 26. September 1991[415]).

2. Zweck der bürgerlich-rechtlichen Regelungen

Die schuldrechtlichen Regelungen des bürgerlichen Rechts dienen dem Ausgleich ungerechtfertigter Vermögensverschiebungen sowie dem Ersatz von Personen- und Güterschäden[416]. Unter den Effizienzgesichtspunkten ist der Zweck der bürgerlich-rechtlichen Regelungen zum Schadensersatz vor allem die Schadenskompensation und Wiedergutmachung des durch das schädigende Ereignis eingetretenen Erfolges[417]. Bereits eingetretene Schäden sollen ganz oder teilweise auf einen anderen überwälzt werden[418]. Es kann insoweit auf die Erläuterungen zum Zweck der handelsrechtlichen Regelungen verwiesen werden. Nicht nur die Verletzung einer vertraglichen Pflicht, sondern auch eines durch die bürgerlich-rechtlichen Regeln geschützten Rechtsgutes begründet Schadensersatzansprüche Geschädigter[419]. Die Ausgleichsfunktion ist allgemeiner formuliert und somit weiter gefaßt als die handelsrechtliche Schadenskompensation.

3. Exkurs: Prospekthaftung

Obwohl die gesetzlich vorgeschriebenen und vorgesehenen Prüfungen den Schwerpunkt der Prüfungstätigkeit des Wirtschaftsprüfers bilden, verbleibt eine

[414] Vgl. Hartmann, Erich/ Schwope, Stefan: Prospekthaftung - ein typisches Berufsrisiko des Wirtschaftsprüfers?, in: WPK-Mitt., 32. Jg. (1993), S. 46 - 51, Zitierweise: Prospekthaftung, hier S. 47.

[415] Vgl. BGH, Urt. v. 31.05.1990 - VII ZR 340/88, in: NJW, 43. Jg. (1990), S. 2461 - 2464; BGH, Urt. v. 26.09.1991 - VII ZR 376/89, in: NJW, 45. Jg. (1992), S. 228 - 232.

[416] Vgl. Brox, Hans (Schuldrecht), a.a.O., Rdnr. 8.

[417] Vgl. Brox, Hans (Schuldrecht), a.a.O., Rdnr. 315.

[418] Vgl. Leser, Hans G.: Zu den Instrumenten des Rechtsgüterschutzes im Delikts- und Gefährdungshaftungsrecht, in: AcP, 183. Band (1983), S. 568 - 602, Zitierweise: Instrumente, hier S. 569.

[419] Vgl. Brox, Hans (Schuldrecht), a.a.O., Rdnr. 316.

Reihe freiwilliger Prüfungen, mit denen der Wirtschaftsprüfer beauftragt wird. Ziel solcher Prüfungen ist der Vermögensschutz. Der Kreis der am Prüfungsergebnis Interessierten ist im Vergleich zu gesetzlichen Prüfungen ein anderer. Das soll anhand der Prospektprüfung erläutert werden.

Bei der Prospekthaftung ist zwischen gesetzlich normierten Haftungsgrundlagen (nach §§ 45, 46 BörsG, §§ 19, 20 KAGG, § 12 Auslands-InvestmentG über die Prüfung von Emissionsprospekten u.ä.) und von der Rechtsprechung entwickelten bürgerlich-rechtlichen Anspruchsgrundlagen (aus c.i.c. mit der Begründung des Anlegerschutzes z.B. bei Prospekten über Immobilienfonds) zu unterscheiden[420]. Die Diskussion unter ökonomischen Gesichtspunkten betrifft nur die bürgerlich-rechtliche Prospekthaftung.

Aufgabe der freiwilligen Prospektprüfung ist es, „festzustellen, ob der Prospekt die für eine Entscheidung des Kapitalanlegers wesentlichen Angaben vollständig und richtig enthält“[421]. In Auftrag gegeben werden Prospektprüfungen, um durch den Hinweis auf die Prüfung einen zusätzlichen Werbeeffekt zu bewirken. Dieser Effekt kann erzielt werden, weil angenommen wird, durch die Prüfung und Testierung von Prospektangaben durch einen unabhängigen Wirtschaftsprüfer werde das Vertrauen der Kapitalanleger in die Prognosen und Berechnungen im Prospekt erhöht[422].

Auch bei Prospektprüfungen ist der Vermögensschutz als übergeordnetes Ziel anzusehen. Adressaten der Prospekte und damit der Prüfungsergebnisse sind po-

---

[420] Vgl. von Heymann, Ekkehardt: Haftung für unrichtige Prospektangaben, in: DStR, 31. Jg. (1993), S. 840 - 843, Zitierweise: Prospektangaben, hier S. 840; Assmann, Heinz Dieter: § 7 Prospekthaftung, in: Assmann, Heinz Dieter/ Schütze, Rolf A.: Handbuch des Kapitalanlagerechts, München 1990, S. 177 - 222, Zitierweise: Prospekthaftung, hier Rdnr. 1 - 2.

[421] IDW (Wohnungsfachausschuß): Stellungnahme 1/1987: Grundsätze ordnungsmäßiger Durchführung von Prospektprüfungen, in: WPg, 40. Jg. (1987), S. 325 - 328.

[422] In ähnlicher Weise wird angenommen, daß v.a. am Kapitalmarkt noch nicht etablierte Unternehmen den guten Ruf eines Prüfers im Rahmen ihrer Abschlußprüfung nachfragen, um sich selbst einen Ruf zu verschaffen; vgl. Wilson, Robert: Auditing: Perspectives from Multi-Person Decision Theory, in: The Accounting Review, Vol. 58 (1983), S. 305 - 318, Zitierweise: Auditing, hier S. 309.

tentielle Kapitalanleger. Die Prüfungsauftraggeber sind ebenfalls am Ergebnis interessiert, insofern als sie durch die Bestätigung ihrer Prospektangaben leichter Interessenten finden, die ihnen Vermögen anvertrauen. Der Vermögensschutz der Prospektherausgeber liegt in der Vorsorge gegen Anlegeransprüche, da grundsätzlich die Prüfungskosten des Wirtschaftsprüfers geringer sein dürften als mögliche Ersatzansprüche geschädigter Kapitalanleger. Läßt es der Wirtschaftsprüfer zu, daß das Ergebnis seiner Prospektprüfung dem Kapitalanleger mitgeteilt wird und dieser sich daraufhin zur Anlage seines Vermögens gerade in dieses geprüfte Objekt entscheidet, so ist die Bestätigung der Richtigkeit und Vollständigkeit der Prospektangaben durch den Wirtschaftsprüfer kausal für die Entscheidung des Kapitalanlegers[423]. Daraus ist eine Verantwortung des Wirtschaftsprüfers für das angelegte Vermögen ableitbar. Die Prospekthaftung ist "eine nicht kodifizierte, von der Rechtsprechung entwickelte Vertrauens- und Berufshaftung, die scharf durchgreift"[424]. Voraussetzung für die Prospekthaftung des Wirtschaftsprüfers ist grundsätzlich ein "nur leicht fahrlässiger Verstoß gegen die Berufspflichten bei der Prospektprüfung"[425]. Der Umfang dieser Berufspflichten wurde in der Stellungnahme des Wohnungsfachausschusses WFA 1/87: Grundsätze ordnungsmäßiger Durchführung von Prospektprüfungen festgelegt.

Eine (analoge) Anwendung der Haftungsbeschränkung des § 323 Abs. 2 HGB auf die Prospekthaftung ist nicht möglich[426]. Ebenso ausgeschlossen ist ein sich Berufen des Wirtschaftsprüfers auf ein Mitverschulden des Prospektherausgebers, da es sich um eine gesamtschuldnerische Haftung handelt, so daß der Wirtschaftsprüfer erst im Innenverhältnis Ansprüche gegen mitverantwortliche Prospektherausgeber geltend machen kann. Zudem haftet der Wirtschaftsprüfer für seine Prüfungsgehilfen gem. § 278 BGB[427]. Die Prospekthaftung dürfte die für den Wirt-

---

[423] Vgl. Machunsky, Jürgen: Steuerbegünstigte Kapitalanlagen: Haftung von Wirtschaftsprüfern und Steuerberatern bei Prospekterstellung, Prospektprüfung, Treuhandschaft und Anlageberatung, in: DB, 41. Jg. (1988), S. 1306 - 1310, Zitierweise: Kapitalanlagen, hier S. 1307.
[424] Hopt, Klaus J. (Prüfer), a.a.O., Sp. 796.
[425] Hopt, Klaus J. (Haftung), a.a.O., S. 498.
[426] Vgl. Hopt, Klaus J. (Haftung), a.a.O., S. 499.
[427] Vgl. Hopt, Klaus J. (Haftung), a.a.O., S. 499.

schaftsprüfer härteste Form der Haftung sein, da jegliche Möglichkeiten einer Haftungsmilderung ausgeschlossen sind. Umstritten ist bei der Prospekthaftung die Frage der Haftungsverjährung. Nach einem BGH-Urteil ist § 51a WPO nicht anwendbar, so daß die allgemeine Frist des § 195 BGB mit 30 Jahren gültig ist[428].

Für die Prospektprüfung läßt sich als Effizienzkriterium der Schutz des Vermögens des (potentiellen) Kapitalanlegers[429] festlegen. Eine Quantifizierung der zu vermeidenden Schäden ist vom jeweiligen Einzelfall abhängig.

4. Exkurs: Haftung aufgrund von der Rechtsprechung konstruierter Rechtsinstitute

4.1 Vertrag mit Schutzwirkung zugunsten Dritter

Die Dritthaftung des Wirtschaftsprüfers (gegenüber Aktionären, Gläubigern einer Gesellschaft und sonstigen Dritten) im Rahmen von Jahresabschlußpflichtprüfungen ist durch § 323 HGB ausgeschlossen[430]. Ausnahme ist die Haftung gegenüber einem mit dem zu prüfenden Unternehmen verbundenen Unternehmen gem. § 323 Abs. 1 Satz 3 HGB.

Von der deutschen Rechtsprechung wird bei Haftungsfällen gegenüber Dritten häufig das Rechtsinstitut des Vertrages mit Schutzwirkung für Dritte[431] verwendet, dessen Grundlage eine ergänzende Vertragsauslegung bildet[432]. Beim Vertrag mit Schutzwirkung zugunsten Dritter wird "Nichtvertragspartnern unter bestimmten Voraussetzungen ein eigener vertraglicher Anspruch wegen Verletzung ihnen

---

428 Vgl. BGH, Urt. v. 01.06.1994 - VIII ZR 36/93, in: BB, 49. Jg. (1994), S. 1453 - 1454, hier S. 1453.

429 Vgl. Assmann, Heinz Dieter (Prospekthaftung), a.a.O., Rdnr. 13.

430 Vgl. Kaminski, Horst (WPH 1992, Bd. I), a.a.O., S. 71.

431 Vgl. Hopt, Klaus J. (Prüfer), a.a.O., Sp. 797; Quick, Reiner (Haftung), a.a.O., S. 1681; Pikker, Eduard (Schadenshaftung), a.a.O., S. 1042.

432 Vgl. Heinrichs, Helmut: Kommentierung zu § 328 BGB, in: Palandt. Bürgerliches Gesetzbuch, bearb. von Bassenge, Peter, u.a., 55. Auflage, München 1996, Rz. 14.

gegenüber angenommener vertraglicher Schutzpflichten"[433] zugestanden. Diese Voraussetzungen sind:

- Leistungsnähe des Dritten
- Interesse des Gläubigers am Schutz des Dritten
- Erkennbarkeit der ersten zwei Bedingungen bei Vertragsschluß für den Schuldner[434].

Näher erläutert bedeuten diese Voraussetzungen, daß eine Fürsorgepflicht des Auftraggebers gegenüber Dritten besteht[435] und die Interessen nicht gegenläufig sind[436]. Der BGH geht davon aus, daß sowohl der Auftraggeber als auch ein Dritter das gleiche Interesse an der Richtigkeit eines Testats, Gutachtens oder einer Auskunft haben [437]. Andererseits wird auch bei Gegenläufigkeit der Interessen aufgrund der besonderen vom Staat anerkannten Sachkunde des Wirtschaftsprüfers eine Sorgfaltspflicht des Wirtschaftsprüfers bejaht[438]. In der Realität wird grundsätzlich von Interessengegensätzen auszugehen sein[439]. Es muß erkennbare Relevanz für den Dritten vorliegen, Haftung ist nur gegenüber dem ersten Dritten zu übernehmen und der Dritte hat eine abgeleitete Rechtsposition (d.h. der Dritte darf nicht besser gestellt werden als der Auftraggeber selbst)[440]. Grundsätzlich wirken gesetzliche Haftungsbeschränkungen und zulässige vertragliche Freizeichnungsklauseln auch zulasten eines Dritten[441].

---

[433] Quick, Reiner (Haftung), a.a.O., S. 1681, 1682.
[434] Vgl. Medicus, Dieter: Bürgerliches Recht, 17. neubearb. Auflage, Köln u.a. 1996, Zitierweise: Recht, Rz. 845 - 846.
[435] Vgl. Medicus, Dieter (Recht), a.a.O., Rz. 845.
[436] Vgl. Medicus, Dieter (Recht), a.a.O., Rz. 845a.
[437] Vgl. BGH, Urt. v. 26.11.1986 - IVa ZR 86/85, in: DB, 40. Jg. (1987), S. 828 - 829.
[438] Vgl. BGH, Urt. v. 23.01.1985 - IVa ZR 66/83, in: WM, 39. Jg. (1985), S. 450 - 453; BGH, Urt. v. 18.10.1988 - XI ZR 12/88, in: WM, 43. Jg. (1989), S. 375 - 377; Medicus, Dieter (Recht), a.a.O., Rz. 846.
[439] Vgl. Ebke, Werner/ Scheel, Hansjörg: Die Haftung des Wirtschaftsprüfers für fahrlässig verursachte Vermögensschäden Dritter, in: WM, 45. Jg. (1991), S. 389 - 398, Zitierweise: Haftung, hier S. 392.
[440] Vgl. Ebke, Werner/ Scheel, Hansjörg (Haftung), a.a.O., S. 392, 393.
[441] Vgl. Heinrichs, Helmut, a.a.O., § 328 BGB, Anm. 20.

Diese Voraussetzungen sind umstritten. Darauf gründet die Empfehlung, vor Auftragsannahme den Empfängerkreis klar abzugrenzen und die Weitergabe der Auskunft an sonstige Dritte zu untersagen[442].

Grund für die Ausweitung der vertraglichen Schadenshaftung durch Konstruktionen der Rechtsprechung ist „die Erfahrung einer zunehmenden Gefährdung von Vermögensinteressen, die ihrerseits durch eine zunehmende Spezialisierung und Arbeitsteilung bedingt ist“[443]. Im Rahmen dieser Arbeitsteilung werden Leistungen von Dritten erbracht, die nicht Vertragspartner sind, jedoch durch Fehlverhalten die ordnungsgemäße Erfüllung eines Vertrages beeinträchtigen und so Schäden verursachen können[444].

4.2 Auskunftsvertrag

Eine Haftung für falsche Auskunft setzt das Bestehen vertraglicher Beziehungen mit einer vertraglichen Nebenpflicht zur Erteilung einer richtigen Auskunft oder eine für den Auskunftgebenden erkennbare wesentliche Bedeutung der Auskunft für den Auskunftsempfänger als Basis wichtiger Handlungen voraus[445]. Die ebenfalls über Rechtsprechung entstandene Konstruktion der Haftung aus Auskunftsvertrag setzt im Gegensatz zum Vertrag mit Schutzwirkung zugunsten Dritter voraus, daß zwischen Wirtschaftsprüfer und Drittem unmittelbare Kontakte bestehen[446]. Für Vorliegen eines Auskunftsvertrages genügt es allerdings auch, wenn zwischen Wirtschaftsprüfer und Drittem kein direkter Kontakt zustande gekommen ist, dem Wirtschaftsprüfer jedoch der Dritte bekannt ist und er die Zustimmung zur Weitergabe seines Urteils an den Dritten erteilt hat, also auch, wenn

---

[442] Vgl. Hopt, Klaus J. (Prüfer), a.a.O., Sp. 799.
[443] Picker, Eduard (Schadenshaftung), a.a.O., S. 1043.
[444] Vgl. Picker, Eduard (Schadenshaftung), a.a.O., S. 1043.
[445] Vgl. Hohenlohe-Oehringen, Peter Prinz zu: Die Rechtsprechung zur Auskunftshaftung, in: BB, 41. Jg. (1986), S. 894 - 895, hier S. 895.
[446] Vgl. Budde, Wolfgang Dieter/ Hense, Burkhard, a.a.O., § 323 HGB, Anm. 213; Hirte, Heribert (Berufshaftung), a.a.O., S. 62.

er sein Urteil nicht persönlich an den Dritten weitergegeben hat[447]. Es kommt letztendlich für das Vorliegen eines Auskunftsvertrages nicht auf den Willen an, einen solchen Vertrag abzuschließen, sondern auf die „Interessenlage“, die wegen der „besonderen beruflichen Sachkunde“ des Wirtschaftsprüfers immer auf einen Auskunftsvertrag schließen läßt[448].

Zusammengefaßt bedeutet das, daß der Wirtschaftsprüfer als Auskunftgeber nicht da haftet, wo er will, sondern wo er nach Meinung der Rechtsprechung soll[449]. Die Voraussetzung der direkten Kontaktaufnahme wurde durch die Rechtsprechung selbst wieder umgestoßen, indem das Angebot auf Abschluß eines Auskunftsvertrages mit dem, den es angeht, von dem Dritten als angenommen gilt, sobald die Auskunft entgegengenommen und verwendet wird[450]. Da diese Rechtskonstruktion vom Abschluß eines eigenen Vertrages zwischen Wirtschaftsprüfer und Drittem ausgeht, können zwischen Wirtschaftsprüfer und Auftraggeber vereinbarte Haftungsbeschränkungen nicht ohne Einschränkungen für die Beziehungen zwischen Wirtschaftsprüfer und Dritten gelten[451]. Daraus entstehen für den Wirtschaftsprüfer unberechenbare Haftungsrisiken vor allem der Höhe nach.

---

[447] Vgl. Czech, Hartmut W.: Die Haftung des Wirtschaftsprüfers gegenüber Dritten, in: BB, 30. Jg. (1975), S. 723 - 726, Zitierweise: Haftung, hier S. 725.

[448] Vgl. Ebke, Werner/ Scheel, Hansjörg (Haftung), a.a.O., S. 391.

[449] Vgl. Ebke, Werner/ Scheel, Hansjörg (Haftung), a.a.O., S. 391; vgl. Hopt, Klaus J.: Nichtvertragliche Haftung außerhalb von Schadens- und Bereicherungsausgleich - Zur Theorie und Dogmatik des Berufsrechts und der Berufshaftung, in: AcP, 183. Bd. (1983), S. 608 - 720, Zitierweise: Berufshaftung, hier S. 618.

[450] Vgl. OLG Hamm, Urt. v. 29.04.1986 - O U 290/85, in: NJW-RR, 2. Jg. (1987), S. 209 - 210 und OLG Köln, Urt. v. 20.10.1987 - 15 U 55/87, in: NJW-RR, 3.Jg. (1988), S. 335 - 336, hier S. 335.

[451] Vgl. Budde, Wolfgang Dieter/ Hense, Burkhard, a.a.O., § 323 HGB, Anm. 216.

IV Haftung nach Berufsrecht

1. Deskription der berufsrechtlichen Regelungen

Mit Wirkung ab 1. Januar 1995 trat eine neue Fassung der Wirtschaftsprüferordnung in Kraft. Die wesentlichen Änderungen betreffen die Allgemeinen Berufspflichten und die Berufsausübung, die nun gesetzlich verankerte Führung von Handakten, das Verbot von Erfolgshonoraren und erstmals auch vertragliche Haftungsbeschränkungen[452]. Im einzelnen sind folgende Normen für die Haftung des Wirtschaftsprüfers relevant:

§ 51 WPO bestimmt eine Verpflichtung zum Schadensersatz, wenn der Wirtschaftsprüfer die Ablehnung eines Auftrags nicht unverzüglich erklärt hat und aus dieser schuldhaften Verzögerung ein Schaden resultiert[453].

Der neu eingefügte § 54a WPO zur vertraglichen Begrenzung von Ersatzansprüchen legt in Abs. 1 fest, daß im Rahmen von Einzelvereinbarungen eine Beschränkung bis zur Mindesthöhe der Deckungssumme der Haftpflichtversicherung nach § 54 WPO (= TDM 500) und im Rahmen vorformulierter Vertragsbedingungen eine Beschränkung auf den vierfachen Betrag der Mindesthöhe der Deckungssumme nach § 54 WPO (= 2 Mio. DM), bei Bestehen entsprechenden Versicherungsschutzes, zulässig ist. Daher waren die AAB zu ändern, und in Nr. 9 Abs. 1 AAB 1990 mußte der Betrag von TDM 500 auf 2 Mio. DM erhöht werden[454] (vgl. D III 5.). § 54 WPO gilt nur für Tätigkeiten des Wirtschaftsprüfers außerhalb der Pflichtprüfung.

---

[452] Vgl. o.V.: Berufsständische Mitteilungen: Änderungen der Wirtschaftsprüferordnung, in: FN-IDW, Nr. 8/1994, S. 386 - 387.

[453] Vgl. Kaminski, Horst (WPH 1996, Bd. I), a.a.O., S. 83.

[454] Vgl. Lichtner, Rolf/ Korfmacher, Hans Wilhelm: Berufsrechte im Umbruch? Zum Entwurf eines Dritten Gesetzes zur Änderung der Wirtschaftsprüferordnung, in: WPK-Mitt., 32. Jg. (1993), S. 93 - 103, Zitierweise: Berufsrechte, hier S. 99.

§ 67 WPO legt die Verhängung einer berufsgerichtlichen Maßnahme gegen einen Wirtschaftsprüfer, der seine Pflichten schuldhaft verletzt, fest. Diese Maßnahme kann gem. § 67 Abs. 2 WPO auch verhängt werden, wenn sich der Wirtschaftsprüfer außerhalb seiner berufstypischen Tätigkeit nicht berufswürdig verhält.

Ein berufsgerichtliches Verfahren gem. § 85 WPO kann nur durch die Staatsanwaltschaft eingeleitet werden. Das geschieht auf Antrag des Vorstandes der Wirtschaftsprüferkammer gem. § 86 Abs. 1 WPO oder auf Antrag eines Wirtschaftsprüfers selbst, gegen ihn ein Verfahren gem. § 87 Abs. 1 WPO einzuleiten. Sanktionen gegen einen Pflichtverstoß im Sinne der WPO reichen von einer Rüge durch den Vorstand der WPK nach § 63 Abs. 1 WPO, wenn die Verletzung der Pflichten gering ist und die Einleitung eines berufsgerichtlichen Verfahrens nicht erforderlich erscheint, bis hin zu berufsgerichtlichen Maßnahmen nach § 68 WPO, die Warnung, Verweis und/oder Geldbuße bis TDM 100 oder Berufsausschluß beinhalten.

Die Ansprüche eines Auftraggebers gegen den Wirtschaftsprüfer verjähren gem. § 51a WPO 5 Jahre nach ihrer Entstehung. Besondere gesetzliche Bestimmungen bleiben von dieser Regelung unberührt (§ 51a Satz 2 WPO).

Die berufsrechtlichen Regelungen gelten neben den Vorschriften des HGB und BGB. Für die Auswahl der gegen Wirtschaftsprüfer zu verhängenden Maßnahmen kommt es auf die Schwere der Pflichtverletzung an, wobei für einen Berufsausschluß zu berücksichtigen ist, ob künftig die Erfüllung der Berufspflichten durch den Wirtschaftsprüfer garantiert werden kann[455].

[455] Vgl. ADS, a.a.O., § 323 HGB, Anm. 114.

2. Zweck der berufsrechtlichen Regelungen

Nach § 67 Abs. 2 WPO sollen Achtung und Vertrauen in die Ausübung der Berufstätigkeit und das Ansehen des Berufsstandes gestärkt und sichergestellt werden. Das bedeutet, daß es im Rahmen der WPO nicht um Fragen der Verschuldens- oder Gefährdungshaftung geht, die Schadenskompensationen regeln. Die berufsrechtliche Ahndung von Pflichtverstößen ist als abschreckende Maßnahme zu sehen, um bereits im Vorfeld Pflichtverletzungen zu verhindern. Sie ist ein Versuch der Schadensprävention, wobei weniger Vermögensschäden von Auftraggebern oder Dritten im Vordergrund stehen, sondern mehr der Vertrauensverlust in den Berufsstand aufgrund von Verstößen gegen die Berufspflichten[456]. Gerade das Vertrauen der Öffentlichkeit wird im Berufsstand als wichtige Voraussetzung verstanden, um der Verpflichtung, die der Wirtschaftsprüfer der Gesellschaft gegenüber hat, gerecht zu werden[457]. Ziel berufsspezifischer Vorschriften ist die Beaufsichtigung der Tätigkeiten der Angehörigen des Berufsstandes.

V Strafrechtliche Belangung

Spezielle strafrechtliche Vorschriften sehen Freiheits- oder Geldstrafen vor; sie dienen somit nicht als Grundlagen eines Ersatzanspruches für einen Geschädigten, sondern der Maßregelung des Prüfers. Andererseits können Strafvorschriften wie § 263 StGB Betrug, § 264 StGB Subventionsbetrug, § 264a StGB Kapitalanlagebetrug, § 265b Kreditbetrug oder § 266 StGB Untreue als Schutzgesetze gem. § 823 Abs. 2 BGB angesehen werden[458]. Ihre Verletzung kann daher ebenfalls Schadensersatzansprüche begründen.

---

[456] Vgl. Emmerich, Volker: Die Kontrolle der Kontrolleure, in: Busse von Colbe, Walther/ Lutter, Marcus: Wirtschaftsprüfung heute: Entwicklung oder Reform? Ein Bochumer Symposion, Wiesbaden 1977, S. 215 - 232, Zitierweise: Kontrolle, hier S. 217.
[457] Vgl. Pougin, Erwin (Sozialverpflichtung), a.a.O., S. 96 - 97.
[458] Vgl. Hopt, Klaus J. (Prüfer), a.a.O., Sp. 798.

Die Verjährungsfrist liegt gem. § 78 Abs. 3 StGB zwischen 3 und 5 Jahren bei oben genannten Vorschriften. Sie beginnt, sobald der zum Tatbestand gehörende Erfolg eingetreten ist (§ 78a StGB).

Insgesamt ist die strafrechtliche Belangung des Wirtschaftsprüfers von untergeordneter Bedeutung, da es sich um Fälle von Wirtschaftskriminalität handelt. Bei der Durchführung der ökonomischen Analyse der Haftung des Wirtschaftsprüfers werden daher die strafrechtlichen Vorschriften nur am Rande einbezogen. Der abschreckende Charakter aufgrund der Härte dieser Vorschriften wirkt jedoch auch auf die Wirtschaftsprüfer.

VI Exkurs: Haftung der US-amerikanischen Wirtschaftsprüfer

1. Haftung nach Common Law

Gegen die amerikanischen CPA kommen als Grundlagen für Schadensersatzanspruchsklagen das allgemeine Zivilrecht (common law), das Wertpapierrecht (securities laws) und das Gesetz gegen das organisierte Verbrechen (Racketeer Influenced and Corrupt Organizations Act - RICO) in Betracht[459]. Nicht zuletzt durch die unbeschränkte Haftung hat sich eine wahre Prozeßflut über die amerikanischen Wirtschaftsprüfer vor allem aus Ansprüchen Dritter ergossen, die mit der Situation in Deutschland bei weitem nicht vergleichbar ist[460]. In den USA ergeben sich daraus viele Schwierigkeiten, die bis zur Frage der Existenzbedrohung für den Berufsstand reichen: 1990 erfolgte die Konkursanmeldung der siebtgrößten US-amerikanischen Wirtschaftsprüfungsgesellschaft[461]. Da grundsätzlich keine gesetzliche Verpflichtung für US-amerikanische Unternehmen zur Erstellung und Prüfung des Jahresabschlusses besteht, fehlt in den USA eine unserem § 323

[459] Vgl. Lück, Wolfgang/ Knetsch, Katja: Zur Haftung des wirtschaftsprüfenden Berufsstandes in den USA, in: DB, 45. Jg. (1992), S. 901 - 906, Zitierweise: Haftung, hier S. 903.
[460] Vgl. Quick, Reiner/ Baker, C. Richard: Die zivilrechtliche Haftung des Abschlußprüfers in den USA, in: RIW, 41. Jg. (1995), S. 474 - 485, Zitierweise: Haftung USA, hier S. 475.
[461] Vgl. Lück, Wolfgang/ Holzer, Peter (Krise), a.a.O., S. 241.

HGB vergleichbare gesetzliche Regelung zur Haftung des CPA[462]. Die Erstellung eines den GAAP entsprechenden Jahresabschlusses und dessen Prüfung durch einen CPA erfolgt nur auf Verlangen eines Gläubigers, durch Verankerung in der Unternehmenssatzung oder wenn das Unternehmen der staatlichen Wertpapier- oder Börsenaufsicht unterliegt, die testierte Jahresabschlüsse fordern[463]. Das common law mit seinen Ausprägungen des contract law (Vertragsrecht) und tort law (Deliktsrecht) basiert auf einem zunächst nicht kodifizierten Fallrecht, d.h. auf Ergebnissen der Rechtsprechung[464]. Daher seien Gerichtsurteile in den USA stärker an der allokativen Effizienz als Maßstab orientiert als in Deutschland, wo eine im Vergleich wesentlich engere Bindung der Rechtsfindung an die in Gesetzen kodifizierten Normen besteht[465]. Dieser Schluß entspricht der erläuterten Evolutionstheorie, wonach über die Rechtsprechung tendenziell effizientere Regelungen als durch Gesetzgebung erreicht werden können[466].

Eine Schadensersatzpflicht gegenüber dem Mandanten entsteht aus einer Verletzung des Prüfungsvertrages oder aus unerlaubter Handlung[467]. Unerlaubte Handlungen können im Sinne des tort law sowohl vorsätzlich als auch fahrlässig begangen werden. Eine Klage wegen unerlaubter Handlung läßt einen höheren Schadensersatzanspruch als eine Klage wegen Vertragsverletzung zu[468]. Der CPA kann die fehlende Pflicht, eine Dienstleistung zu erbringen, fehlendes Verschulden, Mitverschulden des Mandanten sowie fehlende Kausalität zu seinen Gunsten geltend machen[469]. Für das Mitverschulden des Mandanten gibt es unterschiedliche Regelungen in den einzelnen Bundesstaaten, die von völliger Befreiung des

---

[462] Vgl. Ebke, Werner: Geht die Rechtsprechung zur Dritthaftung des Abschlußprüfers in den USA neue Wege?, in: WPK-Mitt., 34. Jg. (1995), S. 11 - 17, Zitierweise: Rechtsprechung, hier S. 12; ders. (Risikoeinschätzung), a.a.O., S. 21; Haller, Axel: Wesentliche Ziele und Merkmale US-amerikanischer Rechnungslegung, in: Ballwieser, Wolfgang (Hrsg.): US-amerikanische Rechnungslegung, 2. überarb. und erw. Aufl., Stuttgart 1996, S. 1 - 27, Zitierweise: Ziele, hier S. 20.
[463] Vgl. Haller, Axel (Ziele), a.a.O., S. 20.
[464] Vgl. Quick, Reiner/ Baker, C. Richard (Haftung USA), a.a.O., S. 478.
[465] Vgl. Weigel, Wolfgang (Ökonomie), a.a.O., S. 30.
[466] Vgl. Punkt B II 4.1 und die Kritik dazu; Posner, Richard A. (Analysis), a.a.O., S. 523 - 524.
[467] Vgl. Quick, Reiner/ Baker, C. Richard (Haftung USA), a.a.O., S. 477.
[468] Vgl. Quick, Reiner/ Baker, C. Richard (Haftung USA), a.a.O., S. 477.
[469] Vgl. Quick, Reiner/ Baker, C. Richard (Haftung USA), a.a.O., S. 477.

CPA von Schadensersatzpflichten über anteilige Schadensersatzpflicht entsprechend dem Verhältnis der Verursachung bis hin zur 100 %-igen Schadensersatzpflicht des Prüfers gehen, auch wenn er nur zum Teil den Schaden verursacht hat[470]. Die Beweislast liegt beim Kläger, d.h. der Mandant muß ein Abweichen des Prüfers von der erforderlichen Sorgfalt nachweisen[471]. Die Beurteilung, ob der Prüfer die Abschlußprüfung ordnungsgemäß durchgeführt hat, erfolgt anhand der Übereinstimmung mit den Generally Accepted Accounting Principles (GAAP) und den Generally Accepted Auditing Standards (GAAS), die FASB und AICPA veröffentlichen, sowie anhand der von der SEC und den Gerichten entwickelten verbindlichen Rechnungslegungs- und Prüfungsgrundsätze[472]. Allein das Einhalten dieser Berufsgrundsätze und -richtlinien reicht jedoch zur Haftungsbefreiung nicht aus[473].

Für die Dritthaftung des CPA ist vor allem das Deliktsrecht maßgeblich. Dabei spielt die Rechtsprechung eine wesentliche Rolle und trägt zur Verschärfung der Haftungssituation bei. Als relevanter Fall für viele weitere Entscheidungen der Gerichte erwies sich das Urteil Ultramares Corp. v. Touche aus dem Jahr 1931[474]. Dabei wurde der Schadensersatzklage eines Dritten nicht statt gegeben, der vertrauend auf das Testat des Jahresabschlusses einem Unternehmen Kredite gewährt hat, das später in Konkurs gegangen ist[475]. Begründet wurde die Abweisung der Klage damit, daß der Wirtschaftsprüfer nur fahrlässig geprüft habe und daraus

[470] Vgl. Quick, Reiner/ Baker, C. Richard (Haftung USA), a.a.O., S. 477.
[471] Vgl. Carmichael, Douglas R./ Willingham, John J./ Schaller, Carol A.: Auditing Concepts and Methods. A Guide to Current Theory and Practice, 6th ed., New York u.a. 1996, Zitierweise: Auditing, S. 72.
[472] Vgl. Epstein, Marc J./ Spalding, Albert D.: The Accountant's Guide to Legal Liability and Ethics, Homewood 1993, Zitierweise: Guide, S. 23, 28; Carmichael, Douglas R./ Willingham, John J./Schaller, Carol A. (Auditing), a.a.O., S. 72.
[473] Vgl. Epstein, Marc J./ Spalding, Albert D. (Guide), a.a.O., S. 23; Miller, Richard L./ Brady, Gerald P.: CPA Liability Meeting the Challenge, New York u.a. 1986, Zitierweise: CPA, S. 36 - 37; Schoenfeld, Hanns Martin W.: Wirtschaftsprüfung USA, in: Coenenberg, Adolf/ v. Wysocki, Klaus: Handwörterbuch der Revision, 2. Aufl., Stuttgart 1992, Sp. 2330 - 2342, hier Sp. 2340.
[474] Vgl. Ultramares Corp. v. Touche, (255 N.Y. 170, 174 N.E. 441, 1931); Miller, Richard L./ Brady, Gerald P. (CPA), a.a.O., S. 3 - 8.
[475] Vgl. Goldberg, Victor P. (Accountants), a.a.O., S. 297.

nicht auf das Bestehen eines Vertrages zwischen Wirtschaftsprüfer und Dritten geschlossen werden könne, der zu Ersatzansprüchen berechtige[476]. Im Ultramares-Fall wurde erstmals die Sorgfaltspflicht des Prüfers gegenüber Dritten ausgeweitet, sofern er die Identität des Dritten und dessen Absicht, seinen Prüfungsbericht zu verwenden, kannte[477]. Es wurde der Begriff des „primary beneficiary" geprägt; das ist der Dritte, für dessen ausdrücklichen Zweck eine Prüfung durch den CPA vorgenommen wurde[478]. Entscheidend für die Haftung des CPA war die Unmittelbarkeit des Kontaktes zwischen Prüfer und Dritten[479]. Obwohl die Prüfer aufgrund ihres Dienstleistungsangebots gegenüber jedem in der Öffentlichkeit stehen, dürfe daraus nicht abgeleitet werden, daß Nichtnachfragern die gleiche Rechtsposition wie Nachfragern der Dienstleistungen (nämlich Auftraggebern) zuzugestehen ist[480]. An diesen Haftungsansatz halten sich heute noch einige Bundesstaaten[481].

Anläßlich eines späteren Falles aus dem Jahre 1968 (Rusch Factors Inc. v. Levin[482]) hatte der Wirtschaftsprüfer auch aufgrund von Fahrlässigkeit einem Dritten gegenüber zu haften. Begründet wurde das Urteil damit, daß das Schadensrisiko gerechter verteilt wird, wenn es dem auferlegt wird, der es am einfachsten versichern und über Preise an Konsumenten weitergeben kann[483]. Durch diese Schadensverteilung wurde das bis dahin vorherrschende Prinzip der Haftung entsprechend dem Grad des Verschuldens (doctrine of privity of contract) zugunsten des duty-Konzepts, das einen möglichst lückenlosen Schutz Geschädigter zum

---

[476] Vgl. Lück, Wolfgang/ Knetsch, Katja (Haftung), a.a.O., S. 904; Siliciano, John A. (Law), a.a.O., S. 1935.

[477] Vgl. Schultz, Joseph J./ Pany, Kurt: The Independant Auditor´s Civil Liability - An Overview, in: The Accounting Review, Vol. 55 (1980), S. 319 - 326, Zitierweise: Overview, hier S. 323; Ebke, Werner F. (Risikoeinschätzung), a.a.O., S. 23.

[478] Vgl. Schultz, Joseph J./ Pany, Kurt (Overview), a.a.O., S. 323.

[479] Vgl. Ebke, Werner F.: Wirtschaftsprüfer und Dritthaftung, Bielefeld 1983, Zitierweise: Dritthaftung, S. 159.

[480] Vgl. Schwericke, F. Jürgen: Die Haftung der accountants und bookkeeper nach dem Recht der USA, Diss. Köln 1957, S. 53.

[481] Vgl. Lück, Wolfgang/ Knetsch, Katja (Haftung), a.a.O., S. 904.

[482] Vgl. Ebke, Werner F. (Dritthaftung), a.a.O., S. 170-171; Rusch Factors Inc. v. Levin (284 F. Supp. 85, D.R.I. 1968).

[483] Vgl. Ebke, Werner F. (Dritthaftung), a.a.O., S. 171.

Ziel hat, abgelöst[484]. Durch Einschränkung auf eine Haftung gegenüber vorhergesehenen Dritten (foreseen third parties)[485] sollte eine unbegrenzte Haftung gegenüber unbegrenzt vielen Dritten vermieden werden[486]. Hauptmerkmale zur Einstufung eines Dritten als vorhergesehenen Dritten sind das Wissen des Prüfers um diese Gruppe, aber nicht die Kenntnis der Identität eines speziellen Dritten aus dieser Gruppe, und das Wissen des Prüfers um die Absicht des Dritten, sich auf das Urteil des Prüfers zu verlassen[487]. Das bedeutete eine Erweiterung des Kreises der Dritten, denen gegenüber der CPA verantwortlich ist, im Vergleich zur Ultramares-Entscheidung.

Durch das Urteil H. Rosenblum Inc. v. Adler wurde 1983 die Haftung des Prüfers gegenüber Dritten noch weiter ausgedehnt[488]; danach ist es möglich, daß der Wirtschaftsprüfer von einem ihm unbekannten Dritten verklagt wird[489]. Es genügt, daß dieser Dritte für den Wirtschaftsprüfer vorhersehbar ist (foreseeable user[490]). Dieses Urteil erlaubt es den Gerichten, zu beschließen, daß ein Prüfer hätte fähig sein müssen, eine Transaktion vorherzusehen, auch wenn er nicht dazu fähig war[491]. Diese Dritthaftung wurde nur in wenigen Bundesstaaten von der Rechtsprechung übernommen[492]. Gleichzeitig wurde die Beweispflicht zu Lasten des CPA umgekehrt[493]. Begründet wurde die erweiterte Dritthaftung damit, daß ansonsten auf den testierten Jahresabschluß vertrauende Dritte nicht ausreichend

---

484 Vgl. Ebke, Werner F. (Dritthaftung), a.a.O., S. 171.
485 Vgl. Lück, Wolfgang/ Knetsch, Katja (Haftung), a.a.O., S. 904.
486 Vgl. Ebke, Werner F. (Dritthaftung), a.a.O., S. 172.
487 Vgl. Schultz, Joseph J./ Pany, Kurt (Overview), a.a.O., S. 323.
488 Vgl. Carmichael, Douglas R./ Willingham, John J./Schaller, Carol A. (Auditing), a.a.O., S. 77; H. Rosenblum Inc. v. Adler (93 N.J. 324, 461 A. 2d, 1983).
489 Vgl. Lück, Wolfgang/ Knetsch, Katja (Haftung), a.a.O., S. 904.
490 Vgl. Mednick, Robert: Accountants´ Liability: Coping with the Stampede to the Courtroom. What will it take to push the pendulum back toward fairness? Time, money .... and your commitment, in: JoA, Vol. 164 (September 1987), S. 118 - 122, hier S. 121; Schultz, Joseph J./ Pany, Kurt (Overview), a.a.O., S. 324; Ebke, Werner F. (Risikoeinschätzung), a.a.O., S. 25; Siliciano, John A. (Accounting), a.a.O., S. 1930, 1938.
491 Vgl. Carmichael, Douglas R./ Willingham, John J./Schaller, Carol A. (Auditing), a.a.O., S. 77.
492 Vgl. Lück, Wolfgang/ Knetsch, Katja (Haftung), a.a.O., S. 904; Ebke, Werner F. (Risikoeinschätzung), a.a.O., S. 25.
493 Vgl. Lück, Wolfgang/ Knetsch, Katja (Haftung), a.a.O., S. 904.

geschützt seien, daß die Prüfer zur gewissenhaften Prüfung angehalten und die Kosten einer Kreditgewährung für die Allgemeinheit niedrig gehalten werden sollen[494].

1985 wurde im Fall Credit Alliance Corp. v. Arthur Andersen & Co. die Ultramares-Entscheidung wieder aufgenommen: eine Dritthaftung trifft den Prüfer nur, wenn er zu dem Dritten eine so enge Beziehung hat, daß diese einer vertraglichen Beziehung gleichgestellt werden kann[495]. Nach diesem Judikat liegt eine solche Beziehung vor, wenn der Prüfer den einzelnen Verwendungszweck kennt, wenn er weiß, daß ein bestimmter Dritter sich auf sein Urteil verläßt, und wenn ihn einige Handlungen mit dem Dritten verbinden[496]. Durch welche Handlung eine dem dritten Kriterium entsprechende Verbindung ausgelöst wird, wurde von den Gerichten unterschiedlich entschieden[497]. In der Entscheidung Iselin v. Mann Judd Landau aus 1988[498] wurde ein Zeichen zugunsten des Prüfers gesetzt: danach ist ein direkter Kontakt zwischen Prüfer und Drittem erforderlich, aus dem klar ersichtlich ist, daß der Dritte beabsichtigt, sich speziell auf das Urteil des Prüfers bei Durchführung einer bestimmten Transaktion zu verlassen[499].

Die Rechtsprechung in den USA bezüglich der Dritthaftung des CPA aus fahrlässiger Pflichtverletzung während der Abschlußprüfung ist nicht in allen Bundesstaaten einheitlich[500]. Die Mehrheit der Bundesstaaten geht von der Haftung ge-

---

494 Vgl. Ebke, Werner F. (Risikoeinschätzung), a.a.O., S. 25; Siliciano, John A. (Law), a.a.O., S. 1972.

495 Vgl. Carmichael, Douglas R./ Willingham, John J./ Schaller, Carol A. (Auditing), a.a.O., S. 75 und 86; Credit Alliance Corp. v. Arthur Andersen & Co. (65 N.Y. 2d 536, 551, 1985).

496 Vgl. Carmichael, Douglas R./ Willingham, John J./ Schaller, Carol A. (Auditing), a.a.O., S. 75.

497 Vgl. Carmichael, Douglas R./ Willingham, John J./ Schaller, Carol A. (Auditing), a.a.O., S. 75.

498 Vgl. Willingham Iselin & Company Inc. v. Mann Judd Landau (71 N.Y. 2d 420, 1988).

499 Vgl. Carmichael, Douglas R./ Willingham, John J./ Schaller, Carol A. (Auditing), a.a.O., S. 75 - 76, 86 - 87.

500 Vgl. Carmichael, Douglas R./ Willingham, John J./ Schaller, Carol A. (Auditing), a.a.O., S. 73.

genüber den vorhergesehenen Dritten aus[501]. So entschied der Montana Supreme Court, daß den Abschlußprüfer eine Verantwortlichkeit bei fahrlässiger Pflichtverletzung gegenüber Dritten trifft, wenn er weiß, daß eine bestimmte dritte Partei beabsichtigt, sich auf das Testat des Prüfers zu verlassen, und wenn dieses Vertrauen in Zusammenhang mit Transaktionen steht, die dem Prüfer bekannt sind (in diesem Fall ein Unternehmenskauf)[502]. Auch nach einer Entscheidung des California Supreme Court aus 1992 (Bily v. Arthur Young & Company) haftet der Prüfer Dritten gegenüber, wenn er wußte, daß die Prüfung speziell im Interesse dieses Dritten durchgeführt wurde oder im Falle von Vorsatz des Prüfers[503]. Hier wurde eine weitergehende Haftung des Prüfers gegenüber allen vorhersehbaren Dritten vor allem abgelehnt, weil die Komplexität einer Jahresabschlußprüfung und die schwer nachweisbare Kausalität zu eingetretenen Schäden zu einem Mißverhältnis zwischen Haftung und tatsächlicher Schuld des Prüfers führt, die wirtschaftliche Sachkunde Geschädigter zu berücksichtigen und der Eintritt der Präventionswirkung durch Haftungsverschärfung in Frage zu stellen ist[504].

2. Haftung nach den Securities Laws

2.1 Securities Act von 1933

Neben dem common law sind für die Haftung des CPA gegenüber Dritten die Bestimmungen des Kapitalmarkt- und Anlegerschutzrechtes maßgeblich, die, im Gegensatz zum common law, durch den Bundesgesetzgeber einheitlich festgesetzt

---

501 Vgl. Lück, Wolfgang/ Knetsch, Katja (Haftung), a.a.O., S. 904; Schultz, Joseph J./ Pany, Kurt (Overview), a.a.O., S. 322 - 323.

502 Vgl. Baliga, Wayne J.: Montana Supreme Court Rules on Privity, in: JoA, Vol. 171 (January 1991), S. 31 (Urteil Thayer v. Hicks aus 1990).

503 Vgl. Baliga, Wayne J.: California Limits Accountants' Duty to Third Parties, in: JoA, Vol. 174 (November 1992), S. 37; Bily v. Arthur Young & Co. (11 Cal. Rptr. 2d 51, 834, P. 2d 745, 1992); Carmichael, Douglas R. /Willingham, John J./ Schaller, Carol A. (Auditing), a.a.O., S. 78, 87 - 88.

504 Vgl. Ebke, Werner F. (Risikoeinschätzung), a.a.O., S. 26.

wurden[505]. Der Securities Act regelt die Börseneinführung von Wertpapieren. Demnach sind als Emissionsunterlagen die jüngste Bilanz, Erfolgsrechnungen der vorangegangenen drei Jahre und eine Kapitalflußrechnung einzureichen[506]. Diese Unterlagen müssen durch einen CPA geprüft und testiert sein. Nach Sec. 11 des Securities Act haftet der CPA für Schäden, die aus irreführenden oder falschen eingereichten und von ihm testierten Emissionsunterlagen herrühren, sofern es sich um wesentliche Tatsachen handelt[507] und Kausalität zwischen Prüfungsfehler und Schaden besteht[508]. Obwohl der Kläger den Schaden und die Unrichtigkeit von Angaben zu beweisen hat, obliegt dem Prüfer die Last, zu beweisen, daß er sorgfältig gehandelt hat[509], oder sein Fehler für den Schaden des Klägers nicht ursächlich war[510].

Die Sec. 12(2) des Securities Act kann als Anspruchsgrundlage in der Praxis vernachlässigt werden, da ein Anspruch gegen den CPA aufgrund fehlerhafter oder irreführender Aussagen des Prospekts nur geltend gemacht werden kann, wenn der Prüfer am Vertrieb der Wertpapiere mitgewirkt hat[511]. Haftungseinschränkungen sind gesetzlich nicht vorgesehen.

2.2 Securities Exchange Act von 1934

Den deutschen Verpflichtungen zur Rechnungslegung und Prüfung des HGB vergleichbar ist der Securities Exchange Act, in dem zwei Sections für die Haftung des CPA gegenüber Dritten aus Pflichtprüfungen von Bedeutung sind. Zunächst ist zu nennen die Sec. 18(a) des Securities Exchange Act, die eine Haftung

---

505 Vgl. Ebke, Werner F. (Dritthaftung), a.a.O., S. 179 - 180.
506 Vgl. Ebke, Werner F. (Dritthaftung), a.a.O., S. 105.
507 Vgl. Assmann, Heinz-Dieter: Prospekthaftung als Haftung für die Verletzung kapitalmarktbezogener Informationsverkehrspflichten nach deutschem und US-amerikanischem Recht, Köln u.a. 1985, Zitierweise: Haftung, S. 150 - 151.
508 Vgl. Ebke, Werner F. (Dritthaftung), a.a.O., S. 182.
509 Vgl. Escott v. Bar Chris Construction Corp. (283 F. Supp. 643, S.D.N.Y. 1968), in: Causey, Denzil Y.: Duties and Liabilities of Public Accountants, Homewood 1979, S. 137 - 138; Carmichael, Douglas R./ Willingham, John J./ Schaller, Carol A. (Auditing), a.a.O., S. 82.
510 Vgl. Schultz, Joseph J./ Pany, Kurt (Overview), a.a.O., S. 325.
511 Vgl. Epstein, Marc J./ Spalding, Albert D. (Guide), a.a.O., S. 66.

begründet, falls die regelmäßig bei der SEC einzureichenden Unterlagen fehlerhaft sind[512]. Problematisch ist, und daraus ergibt sich die fehlende Relevanz dieser Vorschrift in der Praxis, daß die sog. „annual reports", die jährlich an die Aktionäre verschickt werden, nicht als bei der SEC eingereicht anzusehen sind[513]. Bei Klagen nach der Sec. 18(a) hat der Kläger nachzuweisen, daß er sich auf die Informationen des Prüfers verlassen hat[514] und tatsächlich aufgrund der fehlerhaften Informationen des CPA der Schaden entstanden ist[515]. Der Einwand des Prüfers, er habe in gutem Glauben gehandelt und vom fehlerhaften Zustand der Unterlagen keine Kenntnis gehabt, kann haftungsbefreiend wirken[516]. Der Prüfer muß nicht nachweisen, daß er nicht fahrlässig gehandelt hat[517].

Wesentlich erfolgreicher sind Klagen auf der Anspruchsgrundlage der Sec. 10(b) des Securities Exchange Act und der darauf gründenden Rule 10b-5 der SEC[518]. Die Rule 10b-5 ist eine Verordnung der SEC, die sich gegen jeden richtet, der in Zusammenhang mit Kauf oder Verkauf von Wertpapieren fehlerhafte Informationen verbreitet[519]. Der Prüfer haftet hiernach für Schäden, die durch von ihm verschwiegene Tatsachen[520] oder von ihm abgegebene fehlerhafte oder irreführende Aussagen verursacht wurden, sofern er erwarten mußte, daß diese Aussagen an Investoren weitergegeben würden[521]. Eine Schadensersatzklage kann auch drohen, wenn der Prüfer die fehlerhaften Aussagen nicht selbst getätigt hat, sondern

---

512 Vgl. Assmann, Heinz-Dieter (Haftung), a.a.O., S. 163-164; Schultz, Joseph J./ Pany, Kurt (Overview), a.a.O., S. 326.
513 Vgl. Ebke, Werner F. (Dritthaftung), a.a.O., S. 186.
514 Vgl. Carmichael, Douglas R./ Willingham, John J./ Schaller, Carol A. (Auditing), a.a.O., S. 79; Hirte, Heribert (Berufshaftung), a.a.O., S. 296.
515 Vgl. Lück, Wolfgang/ Knetsch, Katja (Haftung), a.a.O., S. 904.
516 Vgl. Assmann, Heinz-Dieter (Haftung), a.a.O., S. 164; Schultz, Joseph J./ Pany, Kurt (Overview), a.a.O., S. 326.
517 Vgl. Carmichael, Douglas R./ Willingham, John J./ Schaller, Carol A. (Auditing), a.a.O., S. 80.
518 Vgl. Assmann, Heinz-Dieter (Haftung), a.a.O., S. 164-165; Schultz, Joseph J./ Pany, Kurt (Overview), a.a.O., S. 325.
519 Vgl. Assmann, Heinz-Dieter (Haftung), a.a.O., S. 175-176.
520 Vgl. Ebke, Werner F. (Dritthaftung), a.a.O., S. 196-197.
521 Vgl. Epstein, Marc J./ Spalding, Albert D. (Guide), a.a.O., S. 73.

ihm lediglich bekannt waren und er sie unterstützt hat[522]. Da die Haftung nach Rule 10b-5 nicht bei leichter Fahrlässigkeit des Wirtschaftsprüfers greift, ist zuerst zu entscheiden, ob der CPA leicht oder schon grob fahrlässig gehandelt hat, wodurch die Haftung gegenüber Dritten weitgehend unbestimmt bleibt[523].

3. Haftung nach RICO

Eine Besonderheit des US-amerikanischen Rechts zur Haftung des Wirtschaftsprüfers ist der Racketeer Influenced and Corrupt Organizations Act (RICO). Dieser wurde zur Bekämpfung des organisierten Verbrechens verabschiedet, wird aber auch gegen CPA[524] als Anspruchsgrundlage verwendet, da vom Gesetzgeber keine Definition des Begriffes „organized crime“ gegeben wurde[525]. Diese fehlende Definition ließ bereits bei Verabschiedung von RICO die Befürchtung entstehen, daß Fälle, die nicht in der Regelungsabsicht des Gesetzgebers lagen, über RICO entschieden werden[526]. Aufgrund der Möglichkeit, nach RICO Schadenersatzansprüche zu erheben, die Forderungen bis zur dreifachen Schadenshöhe zuzüglich Anwaltskosten zulassen[527], kann dem CPA größter Schaden zugefügt werden, da zu den hohen Ersatzleistungen die Rufschädigung wegen Verwicklung in kriminelle Handlungen hinzutritt[528]. Die Ausweitung der Anwendung von

---

[522] Vgl. Epstein, Marc J./ Spalding, Albert D. (Guide), a.a.O., S. 73.Gemäß einer neueren Entscheidung des US Supreme Court aus 1994 ist eine Haftung nach Rule 10b-5 wegen Beihilfe nicht mehr gegeben. Die Auswirkung auf die Haftung von Wirtschaftsprüfern ist jedoch noch unklar; vgl. Ebke, Werner F.: Neuere Entwicklungen im US-amerikanischen Handels- und Wirtschaftsrecht, in: RIW, 41. Jg. (1995), S. 64 - 70, Zitierweise: Entwicklungen, hier S. 64 - 65.

[523] Vgl. Assmann, Heinz-Dieter (Haftung), a.a.O., S. 176 f.

[524] Vgl. Baliga, Wayne J.: Disclosure Duties for Limited Partnerships, in: JoA, Vol. 170 (December 1990), S. 23; Ebke, Werner F. (Risikoeinschätzung), a.a.O., S. 22; Hirte, Heribert (Berufshaftung), a.a.O., S. 296.

[525] Vgl. Boucher, Rick: Why Civil RICO Must Be Reformed. RICO hits hard: treble damages and destroyed reputations, in: JoA, Vol. 160 (December 1985), S. 102 - 108, hier S. 102; Miller, Richard L./ Brady, Gerald P. (CPA), a.a.O., S. 410.

[526] Vgl. Minow, Newton N. (Accountants), a.a.O., S. 78.

[527] Vgl. Miller, Richard L./ Brady, Gerald P. (CPA), a.a.O., S. 304.

[528] Vgl. Lück, Wolfgang/ Knetsch, Katja (Haftung), a.a.O., S. 904 - 905.

RICO auf die CPA kann nicht im Sinne des Gesetzgebers liegen[529], außer er würde den Berufsstand der CPA dem organisierten Verbrechen zuordnen.

Die Anwendung von RICO als Haftungsgrundlage gegen Abschlußprüfer wurde in einem Urteil aus 1993 durch den US Supreme Court abgelehnt, da der Prüfer nicht die Voraussetzung der Teilnahme an der Führung der Geschäfte des zu prüfenden Unternehmens im Sinne von RICO erfüllt[530].

4. Besonderheiten des prozessualen Haftungsrechts

Gründe für die schwierige Situation der CPA liegen auch in den dem US-amerikanischen Recht eigenen Besonderheiten. Durch amerikanische Gerichte werden die Prinzipien der Produkthaftung auf den CPA angewendet[531], wodurch die Lücke zwischen den Erwartungen der Öffentlichkeit in seine Arbeit und seinen tatsächlichen Aufgaben vergrößert wird[532]. Die Haftung des CPA ist gesamtschuldnerisch (joint and several liability), d.h. es werden Schadensersatzansprüche geschädigter Dritter meist an den CPA gerichtet, auch wenn nur ein geringes Maß des Gesamtschadens durch sein Verschulden verursacht ist[533]. Vermutlich werden viele Klagen gegen Prüfer deswegen angestrengt, weil der Prüfer als einzig Solventer übrigbleibt, da er keinen finanziellen Schaden genommen hat (außer vielleicht sein nicht bezahltes Honorar) im Gegensatz zu den übrigen z.B. von einem Unternehmenszusammenbruch betroffenen Parteien[534]. Man kann bei einem gegen einen Prüfer gewonnenen Schadensersatzprozeß ziemlich sicher von

---

[529] Vgl. Lück, Wolfgang/ Knetsch, Katja (Haftung), a.a.O., S. 904.

[530] Vgl. Reves v. Ernst & Young, (113 S.Ct. 1163, 1993); Hirte, Heribert (Berufshaftung), a.a.O., S. 296; Ebke, Werner F. (Rechtsprechung), a.a.O., S. 11 - 12.

[531] Vgl. Minow, Newton N. (Accountants), a.a.O., S. 77.

[532] Vgl. Lück, Wolfgang/ Knetsch, Katja (Haftung), a.a.O., S. 903.

[533] Vgl. Quick, Reiner/ Baker, C. Richard (Haftung USA), a.a.O., S. 476.

[534] Vgl. Kaplan, Richard L.: Accountants' Liability and Audit Failures: When the Umpire Strikes Out, in: Journal of Accounting and Public Policy, Vol. 6 (1987), S. 1 - 8, Zitierweise: Accountants, hier S. 2; Ebke, Werner F. (Risikoeinschätzung), a.a.O., S. 20; Siliciano, John A. (Accounting), a.a.O., S. 1932 - 1933.

einer tatsächlichen Zahlung ausgehen[535]. Dem CPA bleibt das Recht, einen Teil des gegen ihn geltend gemachten Schadens beim geprüften Unternehmen einzufordern. Dieses Recht ist jedoch im Falle des Konkurses des Unternehmens nichts wert, so daß der CPA den ganzen Schaden tragen muß, obwohl er nur einen Teil zu verantworten hat[536]. Es gibt inzwischen die richterliche Meinung, daß eine gesamtschuldnerische Haftung des CPA nicht gerecht und nur eine anteilige Ersatzpflicht entsprechend dem tatsächlich vom CPA verursachten Schaden angemessen sei[537].

Eine weitere Besonderheit des US-amerikanischen Rechts ist die Möglichkeit von Gruppenklagen (class actions), bei denen ein Geschädigter stellvertretend für viele, dem CPA nicht bekannte, andere Geschädigte klagen kann, was Schadensersatzforderungen schnell in Millionenhöhe treibt[538]. In den USA ist es üblich, daß Rechtsanwälte Erfolgshonorare (contingent fees) vereinbaren, die meist einen Teil des Streitwerts darstellen und nur bei Erfolg zu bezahlen sind[539]. Das gibt einen Anreiz für die Anwälte, möglichst hohe Streitwerte zu erreichen[540]. Hinzu kommt, daß Klagen gegen CPA vor Geschworenengerichten (juries) verhandelt werden können, wobei von einer Beeinflußbarkeit der Geschworenen zugunsten des Verbrauchers auszugehen ist, und daß nach der American Rule der Kläger bei erfolgloser Klage nicht die Kosten des Beklagten zu übernehmen hat[541].

Probleme, die sich aus dieser unbeschränkten und im Lauf der Zeit stark ausgeweiteten Haftung der CPA ergeben, sind die Existenzsicherung des Berufsstandes, die zunehmende Konzentration auf große Wirtschaftsprüfungsgesellschaften, die

---

[535] Vgl. Kaplan, Richard L. (Accountants), a.a.O., S. 2.
[536] Vgl. Minow, Newton N. (Accountants), a.a.O., S. 76, 84.
[537] Vgl. Quick, Reiner/ Baker, C. Richard (Haftung USA), a.a.O., S. 476.
[538] Vgl. Lück, Wolfgang/ Knetsch, Katja (Haftung), a.a.O., S. 903; Hirte, Heribert (Berufshaftung), a.a.O., S. 304.
[539] Vgl. Hirte, Heribert (Berufshaftung), a.a.O., S. 303; Lück, Wolfgang/ Knetsch, Katja (Haftung), a.a.O., S. 903.
[540] Vgl. Lück, Wolfgang/ Knetsch, Katja (Haftung), a.a.O., S. 903-904; Hirte, Heribert (Berufshaftung), a.a.O., S. 304.
[541] Vgl. Quick, Reiner/ Baker, C. Richard (Haftung USA), a.a.O., S. 476 und 485; Hirte, Heribert (Berufshaftung), a.a.O., S. 304 - 305.

schwieriger werdende Versicherbarkeit der Tätigkeiten der CPA einschließlich der steigenden Haftpflichtprämien und zuletzt Schwierigkeiten, Nachwuchs zu finden, der bereit ist, die hohe Verantwortung und damit das Haftungsrisiko zu übernehmen[542].

Als Reaktion war der amerikanische Berufsstand vor allem bestrebt, die Erwartungslücke bezüglich der Aufgaben des CPA zwischen Prüfer und Öffentlichkeit zu schließen[543]. Diese Erwartungslücke konnte entstehen, weil die GAAS vom Berufsstand der Prüfer selbst festgesetzt werden[544], aber auch weil die Prinzipien der Produkthaftung von Herstellern durch die Gerichte auf die CPA angewendet werden[545]. Versuche zur Schließung der Erwartungslücke waren eine Änderung der Formulierung des Bestätigungsvermerks, die Neuformulierung von Prüfungsgrundsätzen (den Expectation Gap-Standards), eine Umorganisierung des AICPA, der Erlaß des sog. Code of Professional Ethics und eine damit einhergehende disziplinarische Verschärfung von Verhaltensregeln, einige Bestimmungen, die die Unabhängigkeit des Prüfers stärken sollen, und Verpflichtungen bezüglich Aus- und Fortbildung der Prüfer[546]. Trotz dieser Maßnahmen konnte die Erwartungslücke nicht vermindert werden[547].

In jüngster Zeit wird versucht, den hohen Schadensersatzklagen aufgrund unbeschränkter Haftung durch Rechtsformänderungen der großen Prüfungsgesellschaften in Gesellschaften, die die persönliche Haftung der Gesellschafter ausschlie-

---

[542] Vgl. Lück, Wolfgang/ Holzer, Peter (Krise), a.a.O., S. 241.

[543] Vgl. Zünd, André: Amerikanische Wirtschaftsprüfung in der Krise - Lehren für den schweizerischen Berufsstand?, in: Der Schweizer Treuhänder, 60. Jg. (1986), S. 386 - 391, hier S. 389; Zünd, André: „Expectation Gap" - Die Revision im Clinch von Erwartung und Auftrag, in: Der Schweizer Treuhänder, 66. Jg. (1992), S. 371 - 379, Zitierweise: Expectation Gap, hier S. 371.

[544] Vgl. Kaplan, Richard L. (Accountants), a.a.O., S. 3.

[545] Vgl. Minow, Newton N. (Accountants), a.a.O., S. 77.

[546] Vgl. Lück, Wolfgang/ Holzer, Peter (Krise), a.a.O., S. 237-239; Miller, Richard L./ Brady, Gerald P. (CPA), a.a.O., S. 379, 391 - 402; Siliciano, John A. (Law), a.a.O., S. 1954.

[547] Vgl. Lück, Wolfgang/ Holzer, Peter (Krise), a.a.O., S. 241.

ßen, zu entgehen[548]. Die Führung von Prüfungsgesellschaften in Form von Gesellschaften mit beschränkter Haftung ist erst seit Januar 1992 durch das AICPA erlaubt[549]. Ein weiterer Versuch der Eindämmung der Prozeßflut gegen CPA ist in der anstehenden Reformierung der Wertpapiergesetzgebung zu erkennen. Durch Anlegen strengerer Kriterien für Schadensersatzklagen, Reduzierung der rechtlichen Verfänglichkeit von Firmenprognosen, Verringerung der finanziellen Haftbarkeit der CPA sowie Minderung der Verjährungsfrist von 5 auf 3 Jahre und Erhöhung der Bußgelder für Anwälte bei Mißbrauch des Klagerechts[550] wird deutlich, daß nicht nur aus Sicht der Prüfer die Haftungssituation mit unbeschränkter Haftung gegenüber fast jedem, sondern auch in ökonomischer und juristischer Hinsicht nicht mehr tragbar scheint.

---

[548] Vgl. dazu die Kurznotiz in der SZ, Nr. 188 v. 17. 8.1994, S. 24, in der berichtet wird, daß nach Ernst & Young und Price Waterhouse nun auch KPMG Peat Marwick ihre Rechtsform geändert hat und als Unternehmen mit beschränkter Haftung arbeiten will.

[549] Vgl. Quick, Reiner/ Baker, C. Richard (Haftung USA), a.a.O., S. 477.

[550] Vgl. o. V.: Riegel gegen die Prozessflut im US-Börsengeschäft. Gesetzesreform zur Ausmerzung missbräuchlicher Klagen, in: NZZ (internationale Ausgabe), Nr. 149 vom 30. Juni 1995, S. 24.

D Beurteilung der ökonomischen Effizienz der derzeitigen Haftungssituation des Wirtschaftsprüfers in Deutschland

I Beurteilung der ökonomischen Effizienz der handelsrechtlichen Haftung

1. Ziel des § 323 Abs. 1 HGB

Im Rahmen des § 323 HGB soll das Ziel des Vermögensschutzes des geprüften Unternehmens durch Schadensprävention bzw. -kompensation durch Einhaltung bestimmter Pflichten erreicht werden. Es stellt sich die Frage, ob tatsächlich und wenn ja, inwieweit das Vermögen der geprüften Gesellschaft durch diese Regelung geschützt wird. In Deutschland sind Haftungsfälle von Wirtschaftsprüfern aufgrund von Verstößen gegen die Pflichten des § 323 Abs. 1 HGB bisher nicht in größerem Umfang bekannt geworden[551]. Gleichzeitig mehren sich Zusammenbrüche geprüfter Unternehmen, deren Jahresabschlüsse mit uneingeschränktem Bestätigungsvermerk versehen wurden. Dadurch sind die Wirtschaftsprüfer in die öffentliche Kritik geraten[552]. Es bestehen Zweifel an der Einhaltung der Pflicht zur gewissenhaften und unparteiischen Prüfung, wozu die Wirtschaftsprüfer durch § 323 Abs. 1 HGB, aber auch durch § 43 Abs. 1 WPO verpflichtet sind. Diese lauter werdende Kritik läßt den Schluß zu, daß die Ziele des § 323 HGB gar nicht oder nur teilweise erreicht werden und somit keine effiziente Gesetzesregelung vorliegt. Es gilt daher im folgenden (D I 2.) zu untersuchen, ob dieser Schluß zu Recht gezogen wird.

---

[551] Vgl. Pohl, Ulf (Risikoeinschätzung), a.a.O., S. 6.

[552] Vgl. Henry, Andreas u.a.: Wirtschaftsprüfer. Leichen im Keller, in: Wirtschaftswoche, 48. Jg. (1994), Heft 19, S. 38 - 43; Nölting, Andreas/ Wilhelm, Winfried: Wes Brot ich ess´...,in: Manager Magazin, 24. Jg. (1994), Heft 6, S. 34 - 46; Jaspert, Werner: Klöckner - Humboldt - Deutz zieht erste Konsequenzen aus den Manipulationen, in: SZ, 52. Jg., Nr. 123 vom 30. Mai 1996, S. 22; Zemke, Corinna (Inkompatibilität), a.a.O., S. 87, 92; so ähnlich lautete bereits vor rund 20 Jahren die Kritik an den Wirtschaftsprüfern, Pougin, Erwin (Sozialverpflichtung), a.a.O., S.201.

2. Der Wirtschaftsprüfer als cheapest cost avoider

2.1 Verstoß gegen Verschwiegenheitspflicht und Verwertungsverbot

Ist der Wirtschaftsprüfer der cheapest cost avoider, wird durch seine Pflicht zur Haftung für Vermögensschäden bei einer Prüfung aufgrund eines von ihm (fahrlässig) begangenen Fehlers auch ein pareto-superiorer Zustand erreicht. Folge könnte sein, daß der Wirtschaftsprüfer die Kostensteigerung, die ihm durch die Schadensersatzpflicht entsteht, auf den Preis für die Prüfung überwälzt. Die zu prüfenden Unternehmen zahlen diesen Preis, wenn dadurch die Vertrauenswürdigkeit des Prüfungsberichts gesteigert wird[553].

Nachdem in § 323 HGB die Haftung dem Wirtschaftsprüfer zugeordnet wird, kann diese Regelung nur effizient im Sinn der ökonomischen Analyse sein, wenn der Wirtschaftsprüfer tatsächlich der cheapest cost avoider ist.

Bei Verstoß gegen die Verschwiegenheitspflicht und bei unzulässiger Verwertung von Geschäfts- und Betriebsgeheimnissen trägt der Wirtschaftsprüfer das Haftungsrisiko. Durch § 320 HGB werden dem Prüfer umfangreiche Auskunftsrechte bezüglich aller Tatbestände, die für eine sorgfältige, d.h. gewissenhafte Prüfung erforderlich sind, zugestanden. Daraus kann für das geprüfte Unternehmen die Gefahr entstehen, daß ein Konkurrenz-unternehmen von Geschäfts- oder Betriebsgeheimnissen erfährt und diese zuungunsten des geprüften Unternehmens verwertet, was durch Verlust von Marktanteilen zu Vermögensschäden führen kann. Es sind auch andere Verstöße gegen Verschwiegenheitspflicht und Verwertungsverbot denkbar, wie die Verwertung unternehmensinterner Informationen durch den Prüfer im Rahmen von Börsenspekulationen[554]. Es ist nicht gestattet, dem Prüfer Informationen zu Geschäftsgeheimnissen mit der Begründung vorzuenthalten, daß deren Bekanntwerden schädigende Folgen für das Unternehmen

---

[553] Vgl. Schäfer, Hans-Bernd/ Ott, Claus (Lehrbuch), a.a.O., S. 23 (analoge Anwendung des dort beschriebenen Beispiels).

[554] Vgl. Budde, Wolfgang Dieter/ Hense, Burkhard, a.a.O., § 323 HGB, Anm. 54.

haben könnte. Nachweis und Quantifizierung solcher Vermögensschäden liegen beim geprüften Unternehmen und können sich schwierig gestalten.

Da das geprüfte Unternehmen kaum Möglichkeiten hat, das Risiko eines Vermögensschadens aufgrund eines Verstoßes des Abschlußprüfers gegen die Verschwiegenheitspflicht oder das Verwertungsverbot zu beherrschen, ergibt sich zwangsläufig, daß in diesem Fall der Wirtschaftsprüfer der cheapest cost avoider sein muß. Für ihn ist von vornherein eine Schadensvermeidung möglich.

Grenzen und Umfang von Verschwiegenheitspflicht und Verwertungsverbot sind in den einschlägigen Kommentaren festgelegt[555], die Empfehlungen geben, wie der Wirtschaftsprüfer eventuellen Verstößen und daraus resultierenden Haftungsfällen vorbeugen kann. Die Unterzeichnung der vom IDW herausgegebenen Verschwiegenheitsverpflichtung (in der erheblich erweiterten Fassung von 1996) durch alle Mitarbeiter eines Wirtschaftsprüfers oder einer Wirtschaftsprüfungsgesellschaft sowie die schriftliche Anerkennung der Insiderhandels-Richtlinien[556] bieten zwar keinen absoluten Schutz, treffen jedoch vorbeugend.

Betriebs- und Geschäftsgeheimnisse oder sonstige Informationen über ein Unternehmen können auch auf anderen Wegen öffentlich bekannt und in das Unternehmen schädigender Weise verwendet werden. Diese Wege dürften für das Unternehmen leichter nachvollziehbar sein als für den Wirtschaftsprüfer. Daher scheint es richtig, den Nachweis über einen Pflichtverstoß dem geprüften Unternehmen zu überlassen und nicht über eine Beweislastumkehr den Wirtschaftsprüfer zum Nachweis seiner ordnungsgemäßen Pflichterfüllung zu verpflichten.

---

[555] Vgl. stellvertretend für andere: Budde, Wolfgang Dieter/ Hense, Burkhard, a.a.O., § 323 HGB, Anm. 30 - 55.

[556] Mit Wirkung vom 1. Januar 1995 wurde das Verbot von Insidergeschäften, das bis dahin in den Insiderhandels-Richtlinien enthalten war, in die §§ 12 bis 14 des Wertpapierhandelsgesetzes aufgenommen. Wirtschaftsprüfer gelten als Insider im Sinne von § 13 Abs. 1 Nr. 3 WpHG und unterliegen damit diesen gesetzlichen Bestimmungen.

Die Verletzung der Geheimhaltungspflicht ist durch § 333 HGB unter Strafe gestellt. Daraus folgt zusätzlich eine abschreckende Wirkung für den Prüfer, weil nicht nur Geldstrafen, sondern auch Freiheitsstrafen, bei Bereicherungsabsicht sogar bis zu zwei Jahren, verhängt werden können. Jedoch wird diese Wirkung durch § 333 Abs. 3 HGB eingeschränkt, weil eine strafrechtliche Verfolgung nur auf Antrag der Kapitalgesellschaft vorgesehen ist. Damit bestimmt das geprüfte Unternehmen sowohl die Verfolgung von Schadensersatzansprüchen als auch den strafrechtlichen Tatbestand. Der Wirtschaftsprüfer könnte einer strafrechtlichen Belangung entgehen, wenn es ihm gelingt, die geprüfte Gesellschaft von einem entsprechenden Antrag abzubringen. Das dürfte über Verhandlungen mit dem Unternehmen möglich sein, indem der Wirtschaftsprüfer Zugeständnisse bei der Höhe der Schadensersatzzahlung an das Unternehmen macht, eventuell bereits im Vorfeld einer gerichtlichen Verhandlung. Daraus entsteht einerseits der Vorteil für den Prüfer, einer strafrechtlichen Belangung zu entgehen, die für ihn im schlimmsten Fall gem. § 20 Abs. 2 Nr. 2 WPO den Widerruf seiner Bestellung zum Wirtschaftsprüfer und damit das Berufsverbot zur Folge haben kann. Andererseits könnte die Kapitalgesellschaft einen höheren Schadensersatz vergütet bekommen als ohne Verhandlungen. Die Geld- oder Freiheitsstrafe nach § 333 HGB hat für die Unternehmen keine vermögenswerten Vorteile zu bieten.

2.2 *Verstoß gegen Pflicht zur gewissenhaften und unparteiischen Prüfung*

Inwieweit ist für den Wirtschaftsprüfer das Risiko, wegen einer nicht gewissenhaft und unparteiisch durchgeführten Prüfung haftbar gemacht zu werden, beherrschbar? Die Beurteilung der Rolle des Wirtschaftsprüfers als cheapest cost avoider ist summarisch nicht möglich. Einerseits kann die Quantifizierung eines Vermögensschadens durch den Pflichtverstoß des Wirtschaftsprüfers nur für den Einzelfall vorgenommen werden. Andererseits sind die Möglichkeiten, gegen das Gebot der Gewissenhaftigkeit und Unparteilichkeit zu verstoßen, äußerst vielfältig.

Die Haftung des § 323 HGB ist an das Vorliegen von Pflichtverletzungen des Wirtschaftsprüfers geknüpft. Der Wirtschaftsprüfer muß nicht mit Schadensersatzzahlungen rechnen, wenn er seine Pflichten eingehalten hat. Die Erfüllung der Berufspflichten liegt allein im Einflußbereich des Wirtschaftsprüfers bzw. dessen Gehilfen, sofern man zunächst das Problem der Uneinigkeit über die Pflichten unbeachtet läßt. Das bedeutet, daß von vornherein nur der Wirtschaftsprüfer selbst Pflichtverstöße und daraus resultierende Schäden vermeiden kann. Aus dieser Sicht kann unabhängig davon, ob man Verschuldens- oder Gefährdungshaftung für effizienter hält, nur dem Wirtschaftsprüfer das Haftungsrisiko aufgebürdet werden.

Diese Risikoverteilung ist nicht nachvollziehbar, wenn das Risiko der Schadensverursachung nicht mehr nur im Einflußbereich des Wirtschaftsprüfers liegt. Diese Situation kann ausgelöst werden durch Rechtsunsicherheit bezüglich der Pflichterfüllung aufgrund der Uneinigkeit zwischen allen an der Prüfung Beteiligten (dem Wirtschaftsprüfer, seinen Gehilfen, den Auftraggebern, übrigen Interessenten), was unter gewissenhafter und unparteiischer Prüfung zu verstehen ist. Gerade hierin liegt die Ursache, warum die Prüfer in die öffentliche Kritik geraten sind, nämlich die sog. Erwartungslücke: je nachdem von welcher Seite aus die Prüfung betrachtet wird, werden unterschiedliche Erwartungen an das Testat und dessen Aussage zur Vermögens-, Finanz- und Ertragslage eines Unternehmens gestellt[557].

Weitgehende Übereinstimmung dürfte über die Prüfungstätigkeit an sich bestehen, da sie gesetzlich festgelegt ist. § 317 HGB bestimmt, was zu prüfen ist, § 320 HGB weist dem Prüfer die erforderlichen Auskunftsrechte zu, § 321 Abs. 1 HGB verlangt einen schriftlichen Bericht über die Prüfung, § 321 Abs. 2 HGB legt eine

[557] Vgl. Hunger, Joe: Die Jahresabschlußprüfung im Meinungsbild der Wirtschaftsprüfer, ihrer Mandanten und der Öffentlichkeit, in: BFuP, 32. Jg. (1980), S. 21 - 33, Zitierweise: Meinungsbild; Zünd, André (Expectation Gap), a.a.O.; Biener, Herbert: Die Erwartungslücke - eine endlose Geschichte, in: Lanfermann, Josef (Hrsg.): Internationale Wirtschaftsprüfung. Festschrift zum 65. Geburtstag von Prof. Dr. Dr. h.c. Hans Havermann, Düsseldorf 1995, S. 37 - 63, Zitierweise: Erwartungslücke, hier S. 39 - 41.

zusätzliche Redepflicht des Abschlußprüfers zu bestands- und entwicklungsgefährdenden Tatsachen fest, und § 322 HGB fordert die abschließende Zusammenfassung des Prüfungsergebnisses im Bestätigungsvermerk.

Schwierig ist es, eine Übereinstimmung hinsichtlich der Anforderungen an die Gewissenhaftigkeit und Unparteilichkeit zu erzielen. Da im Gesetz nichts Näheres zur Erklärung steht, wurde empfohlen, sich zur Interpretation auch an die von der Wirtschaftsprüferkammer herausgegebenen Berufsrichtlinien zu halten. Hier wurde ausdrücklich im 2. Grundsatz zur Gewissenhaftigkeit und im 5. Grundsatz zur Unparteilichkeit Stellung genommen. Über die rechtliche Verbindlichkeit der Berufsgrundsätze wird noch zu sprechen sein (s. D III 2. und 3.). Als Orientierungshilfe zur Auslegung der Begriffe gewissenhafte und unparteiische Prüfung waren sie anerkannt[558]. Im übrigen dürfte diese Funktion jetzt von der Berufssatzung übernommen werden. Das gleiche gilt für Fachgutachten und Stellungnahmen des IDW (z.B. die Verlautbarungen 1 - 3/88 des Hauptfachausschusses[559]) und Verlautbarungen internationaler Berufsorganisationen[560] (wie der vom IFAC herausgegebenen Guideline on Ethics for Professional Accountants[561]), die meist mehr ins Detail gehende Empfehlungen enthalten, wie bei konkreten Problemen im Sinne einer gewissenhaften Prüfung vorzugehen ist. Im Juni 1996 wurde der Entwurf einer Verlautbarung des HFA vorgelegt, der die Erläuterungen des Fachgutachtens 1/1988 vertieft, „wie der Abschlußprüfer das Risiko von falschen An-

---

[558] Vgl. Budde, Wolfgang Dieter/ Hense, Burkhard, a.a.O., § 323 HGB, Anm. 12.

[559] Vgl. IDW (Hauptfachausschuß): Grundsätze ordnungsmäßiger Durchführung von Abschlußprüfungen. Fachgutachten 1/1988, in: WPg, 42. Jg. (1989), S. 9 - 19; IDW (Hauptfachausschuß): Grundsätze ordnungsmäßiger Berichterstattung bei Abschlußprüfungen. Fachgutachten 2/1988, in: WPg, 42. Jg. (1989), S. 20 - 27; IDW (Hauptfachausschuß): Grundsätze für die Erteilung von Bestätigungsvermerken bei Abschlußprüfungen. Fachgutachten 3/1988, in: WPg, 42. Jg. (1989), S. 27 - 36.

[560] Vgl. Budde, Wolfgang Dieter/ Hense, Burkhard, a.a.O., § 323 HGB, Anm. 16 - 19; OLG Braunschweig, Urt. v. 11.02.1993 - 11 U 27/92, in WPK-Mitt. 34. Jg. (1995), S. 209 - 211, hier S. 210.

[561] Vgl. WPK (Hrsg.): Handbuch des Berufsrechts. WPK-HBR für Wirtschaftsprüfer und vereidigte Buchprüfer einschließlich des Berufsrechts der Steuerberater und Rechtsanwälte. Bearb. von Rolf Lichtner und Hans Wilhelm Korfmacher, Stand Oktober 1995, Zitierweise: HBR, hier A 6/1.

gaben im Jahres- und Konzernabschluß, in der Buchführung und in deren Grundlagen zu berücksichtigen hat“[562].

Gelöst wird die Unsicherheit, ob die im Verkehr erforderliche Sorgfalt angewendet wurde, erst durch richterliche Entscheidung im Falle eines Vermögensschadens[563]. Unter Umständen kommt dadurch eine weitere Auslegung der Pflichterfüllung des Wirtschaftsprüfers hinzu, die weder vom Wirtschaftsprüfer noch vom geprüften Unternehmen vorher berücksichtigt werden konnte. Die Richter haben das tatsächliche Ist-Verhalten des Schädigers „mit dem idealtypischen Soll-Verhalten eines durchschnittlich besonnenen Menschen in gleicher Lage“[564] zu vergleichen. Die Richter unterliegen jedoch einer offensichtlichen Unsicherheit, die sie die tatsächlich von den beteiligten Parteien gewählten Sorgfaltsniveaus nicht erkennen läßt[565]. Die Wahl des Sorgfaltsniveaus des Schädigers hängt dann auch von der Wahrscheinlichkeit eines Irrtums seitens der Rechtsprechung ab[566]. Je sicherer gesetzliche Regelungen ausgelegt werden können, umso mehr Sorgfalt wenden die Schädiger auf, und umgekehrt[567]. In einer Situation, in der nur der Schädiger Schadensvermeidungsmöglichkeiten besitzt, wird dieser bei Unsicherheit über das optimale Sorgfaltsniveau (aufgrund fehlender Informationen) ein niedrigeres als das optimale Sorgfaltsniveau realisieren, da so Schadensvermei-

[562] IDW (Hauptfachausschuß): Entwurf einer Verlautbarung: Zur Aufdeckung von Fehlern, Täuschungen, Vermögensschädigungen und sonstigen Gesetzesverstößen im Rahmen der Abschlußprüfung, in: FN-IDW, Nr. 6/1996, S. 269 - 275, Zitierweise: Entwurf, hier S. 270.

[563] Vgl. Kötz, Hein (Ziele), a.a.O., S. 649; Biener, Herbert (Erwartungslücke), a.a.O., S. 56; Schäfer, Hans-Bernd: Probleme bei der Festlegung von Sorgfaltsstandards durch Zivilgerichte aus ökonomischer Sicht, in: KritV, 75. Jg. (1992), S. 374 - 389, Zitierweise: Probleme, hier S. 374.

[564] Kötz, Hein (Ziele), a.a.O., S. 649.

[565] Vgl. Edlin, Aaron S.: Efficient Standards of Due Care: Should Courts Find More Parties Negligent under Comparative Negligence?, in: International Review of Law and Economics, Vol. 14 (1994), S. 21 - 34, Zitierweise: Standards, hier S. 25; Kahan, Marcel (Causation), a.a.O., S. 437.

[566] Vgl. Beckner, Clinton F./ Katz, Avery: The Incentive Effects of Litigation Fee Shifting When Legal Standards Are Uncertain, in: International Review of Law and Economics, Vol. 15 (1995), S. 205 - 224, Zitierweise: Effects, hier S. 211.

[567] Vgl. Beckner, Clinton F./ Katz, Avery (Effects), a.a.O., S. 211.

dungskosten vermindert werden können[568]. Unterstellt wird hierbei (wie grundsätzlich in Modellen der ökonomischen Analyse von Haftungsregeln), daß die beteiligten Individuen sich risikoneutral verhalten[569]. Würde man risikoscheues Verhalten des (potentiellen) Schädigers annehmen, wäre in gleicher Situation auch der Schluß möglich, daß aus Angst vor besonders großen Schäden mehr als das optimale Maß an Schadensvermeidungskosten aufgewendet wird.

Beispiel für eine Rechtsunsicherheit über die in § 323 HGB festgelegte Pflicht zur Unparteilichkeit des Abschlußprüfers, die Bestandteil einer sorgfältig und gewissenhaft durchgeführten Prüfung ist, ist ein Urteil des OLG Karlsruhe[570]: Eine Aktionärin hat gegen eine mittelgroße AG geklagt und beantragt, festzustellen, daß der Beschluß der Hauptversammlung, eine Wirtschaftsprüfungsgesellschaft zum fünftenmal zum Abschlußprüfer zu bestellen, gegen die in § 43 WPO und § 323 Abs. 1 HGB normierte Verpflichtung zur Unparteilichkeit verstoße. Begründet wurde die Klage damit, daß die Wirtschaftsprüfungsgesellschaft gleichzeitig das Steuerberatungsmandat innehatte. Zunächst wurde die Klage vom Landgericht abgewiesen, da kein Verstoß gegen § 319 Abs. 2 Nr. 5 HGB vorliege. Vielmehr seien Beratung und Prüfung durch denselben Wirtschaftsprüfer gemäß den Berufsrichtlinien (Nr. VII Unvereinbare Tätigkeiten) vereinbar. In der Berufung wurde der Klage statt gegeben. Der Abschlußprüfer verstoße gegen § 319 Abs. 2 Nr. 5 HGB. Die Steuerberatung alleine reiche als Anfechtungsgrund dafür nicht aus. Dieser liege aber vor, wenn weitere Umstände hinzutreten, die aus der Art der Beratung einen Verstoß gegen § 319 Abs. 2 Nr. 5 HGB (= Mitwirkung des Abschlußprüfers bei der Erstellung des zu prüfenden Jahresabschlusses) begründen. In der Beratung hinsichtlich der steuerlichen Zulässigkeit und ausreichenden Bemessung von Rückstellungen sieht das Gericht eine erhebliche Einflußnahme auf die Gestaltung von Rückstellungen und damit auf die Erstellung des Jahresab-

---

[568] Vgl. Kahan, Marcel (Causation), a.a.O., S. 437 - 439; Annahme in diesem Modell ist, daß der Schädiger grundsätzlich nur für den Schaden aufzukommen hat, der durch seine Fahrlässigkeit verursacht wurde und nicht für Gesamtschäden (s. S. 439).

[569] Vgl. Kahan, Marcel (Causation), a.a.O., S. 430, der auf andere verweist; so z.B. Landes, William M./ Posner, Richard A. (Structure), a.a.O., S. 55 - 57.

[570] Vgl. OLG Karlsruhe, Urt. v. 23.11.1995 - 9 U 24/95, in: BB, 50. Jg. (1995), S. 2644 - 2645.

schlusses. Die abschlußprüfende Abteilung muß die steuerlichen Ansätze der steuerberatenden Abteilung der gleichen Wirtschaftsprüfungsgesellschaft beurteilen, was dem Unparteilichkeitsgrundsatz widerspreche.

Die beim BGH beantragte Revision gegen dieses Urteil bleibt abzuwarten. Auch wenn in diesem Fall nicht die Wirtschaftsprüfungsgesellschaft die Beklagte war, so wurde im Urteil doch auf § 323 HGB Bezug genommen. Sollte der BGH das Urteil bestätigen, könnte daraus eine Klage der geprüften AG gegen die Prüfungsgesellschaft resultieren. Klägerin in diesem Fall war eine Wirtschaftsprüfungsgesellschaft, die festgestellt hat, daß als Folge des Urteils Strukturveränderungen des Berufsstandes zu erwarten seien und ein berufsrechtliches Verbot von gleichzeitiger Prüfung und Beratung eines Mandanten viele Probleme des Berufsstandes lösen könne[571].

Anhand dieses Urteils zeigt sich eine Auslegung der Berufspflichten durch die Rechtsprechung, die weder der Rechtsauffassung des Berufsangehörigen, noch dessen Auftraggeber entsprach. Die Wirtschaftsprüfungsgesellschaft war sich keines Verstoßes gegen Berufspflichten bewußt, da ausdrücklich Prüfung und Steuerberatung als miteinander vereinbare Tätigkeiten in den Berufsrichtlinien festgelegt waren. Der Verstoß wird erst durch Auslegung des Berufsgrundsatzes durch die Rechtsprechung konkretisiert. Kann es effizient sein, dem Wirtschaftsprüfer in dieser Situation das Haftungsrisiko zuzuordnen? Diese Frage wäre nur zu bejahen, wenn der Wirtschaftsprüfer auch für die Schadenskompensation der cheapest cost avoider wäre. Berücksichtigt man in diesem Zusammenhang die Förderung der Wirtschaftlichkeit der Führung der Bücher einer prüfungspflichtigen Gesellschaft als Aufgabe der Abschlußprüfung, so wird die Erfüllung dieser Aufgabe durch eine zu enge Abgrenzung zwischen unzulässiger Mitwirkung und

---

[571] Vgl. o.V.: Dürfen Steuerberater auch Abschlußprüfer sein?, in: Handelsblatt Nr. 241 vom 13.12.1995, S. 21.

gebotener Einwirkung auf die Abschlußerstellung durch den Prüfer stark eingeschränkt[572].

Grundsätzlich können Unsicherheiten darüber, was ordnungsgemäße Prüfung ist und was nicht, dazu führen, daß normgerecht handelnde Prüfer zu Unrecht sanktioniert werden und dadurch eine normgerechte Prüfungsstrategie immer weniger attraktiv wird[573].

Ein anderes Beispiel könnte wie folgt gestaltet sein: Der Wirtschaftsprüfer bezweifelt die Richtigkeit der Bewertung von Auslandsbeteiligungen der zu prüfenden AG. Auf Hinweise des Prüfers wird diesem vom Vorstand entgegengehalten, er solle nicht durch übertriebene Vorsicht die AG in die Lage bringen, daß ihre Geschäftspartner, vor allem kreditgebende Banken[574], sie in einer Krisensituation wähnen. Man will von seiten der AG keine Krise herbeireden. Außerdem bestünden Bewertungsspielräume, die nicht überschritten worden seien. Zwei Jahre später befindet sich die AG tatsächlich in einer schweren Krise. Dem Wirtschaftsprüfer wird vorgeworfen, er habe zu spät auf mögliche Probleme hingewiesen und so eine rechtzeitige Stillegung, Sanierung oder Veräußerung der Beteiligungen verhindert.

Beim o.a. Sachverhalt ist schwer zu entscheiden, ob der Prüfer gewissenhaft und unparteiisch gehandelt hat. Zu fragen ist, ob seine Hinweise an den Vorstand ausreichend waren oder ob er auf einer Abwertung der Beteiligungen hätte bestehen oder zumindest durch einen Hinweis im Prüfungsbericht seiner Redepflicht hätte nachkommen müssen. Andererseits ist die Krise der AG nicht aus einem offensichtlichen Fehler des Prüfers entstanden, sondern aus dem unvorsichtigen Verhalten der Vorstände. Letztendlich stand der Prüfer vor der Entscheidung, durch einen Zusatz oder eine Einschränkung des Bestätigungsvermerks darlehensge-

[572] Vgl. Moxter, Adolf: Zur Abgrenzung von unzulässiger Mitwirkung und gebotener Einwirkung des Abschlußprüfers bei der Abschlußerstellung, in: BB, 51. Jg. (1996), S. 683 - 686, Zitierweise, Abgrenzung, hier S. 684.
[573] Vgl. Schildbach, Thomas (Intensität), a.a.O., S. 17.
[574] Vgl. Zemke, Corinna (Inkompatibilität), a.a.O., S. 89.

währende Kreditinstitute zu warnen und damit möglicherweise der AG zu schaden, oder ein Haftungsrisiko durch das Weglassen eines Hinweises in Kauf zu nehmen und dadurch regreßpflichtig zu werden[575].

Ziel der Haftung nach § 323 HGB ist der Schutz des Vermögens des geprüften Unternehmens, so daß nur die Risikozuteilung zum Wirtschaftsprüfer verbleibt. Das bedeutet, er hätte mehr als nur warnende Hinweise geben müssen. Es bleibt festzustellen, daß die Effizienz des § 323 HGB nur für den Einzelfall nach den besonderen Umständen beurteilt werden kann. Es gibt Situationen, in denen der Wirtschaftsprüfer als cheapest cost avoider das Haftungsrisiko zurecht übernimmt; und es gibt gegenteilige Fälle.

Diese Schlußfolgerung darf nicht zu einer allgemeinen Zustimmung oder Ablehnung des § 323 HGB führen, denn § 323 HGB ist, wie erörtert, nicht die einzige gesetzliche Regel für die Zuordnung von Schadensrisiken aus Abschlußprüfungen. Ziel der Durchführung der ökonomischen Analyse der Haftung des Wirtschaftsprüfers ist nicht, die Ineffizienz einer einzelnen Regelung festzustellen, sondern aufgrund der einzelnen Analysebestandteile ein Gesamturteil über die Haftungssituation des Wirtschaftsprüfers in Deutschland zu fällen und Verbesserungsvorschläge abzuleiten, die eventuelle Ineffizienzen im Gesamtbild der Haftung ausgleichen können.

---

[575] Es konnte aufgrund eigener Angaben der Prüfer festgestellt werden, daß ökonomische Faktoren (z.B. Verlust des Mandanten, Reputationsaspekte am Prüfungsmarkt bei Fehlwarnung, Gefahr gerichtlicher Klagen) für das Verhalten der Prüfer bedeutend sind. Vgl. Ewert, Ralf (Rechnungslegung), a.a.O., S. 719.

3. Die Haftungsbeschränkung des § 323 Abs. 2 HGB

3.1 Ziel der Haftungsbeschränkung aus ökonomischer Sicht

Die Haftungsbeschränkung auf DM 500.000 gem. § 323 Abs. 2 HGB bei fahrlässiger Pflichtverletzung durch den Wirtschaftsprüfer ist ihrer Höhe nach sowohl in der Öffentlichkeit[576] als auch im Berufsstand[577] umstritten. Zum einen wird bemängelt, daß die fortschreitende Inflation in dieser Obergrenze nicht berücksichtigt wurde, obwohl mit Einführung des Bilanzrichtlinien-Gesetzes 1985 eine Anpassung durch den Gesetzgeber möglich gewesen wäre[578]. Außerdem wird angeführt, daß diese Obergrenze „rechtspolitisch ... überholt (ist) und für den Berufsstand insgesamt nachgeradezu gefährlich, weil dies eine richterliche Analogie hierzu bei anderen haftungsrelevanten Berufstätigkeiten als nach § 323 HGB, wie z.B. Prospektprüfung, von vornherein als problematisch erscheinen läßt“[579]. Ein effizientes Niveau von Schadensfällen wird in einem System der Verschuldenshaftung erreicht, wenn die Schadensvermeidungskosten den aus fahrlässigem Verhalten resultierenden Schadenskosten angemessen sind[580]. Die Präventionswirkung des Haftungsrechts kann sich nur voll entfalten, wenn durch den Schadensersatz der gesamte entstandene Schaden ausgeglichen wird[581]. Die Haftungsbeschränkung ist eine Schadensdiskontierung; d.h. der erwartete Schaden weicht von der erwarteten Schadensersatzzahlung ab[582].

Im Sinne der ökonomischen Analyse ist das Ziel von Haftungsbeschränkungen, einen Haftungsumfang und damit eine Risikoverteilung festzulegen, die aufgrund hoher Transaktionskosten sonst nicht zustande kämen. Die handelsrechtliche

[576] Vgl. Schwarz, Harald: Prüfer auf dem Prüfstand. Der Ruf der Revisoren ist wegen ihrer Testate unter den Bilanzen von Pleitekandidaten ramponiert, in: SZ vom 13./14./15. August 1994, S. 19, Zitierweise: Prüfstand, der von „schlappen 500.000 DM“ spricht.
[577] Vgl. Biener, Herbert (Erwartungslücke), a.a.O., S. 62.
[578] Vgl. Budde, Wolfgang Dieter/ Hense, Burkhard, a.a.O., § 323 HGB, Anm. 3 und 130.
[579] Hopt, Klaus J. (Haftung), a.a.O., S. 466.
[580] Vgl. Posner, Richard A. (Theory), a.a.O., S. 92.
[581] Vgl. Kötz, Hein (Ziele), a.a.O., S. 655.
[582] Vgl. Endres, Alfred (Grundlagen), a.a.O., S. 51, 56 - 57.

Haftungsbeschränkung würde zu einer effizienten Schadensverteilung führen, wenn ohne diese Beschränkung dem Wirtschaftsprüfer eine Belastung auferlegt würde, die nicht dem Kaldor-Hicks-Effizienzkriterium entspräche. Um die Effizienz der handelsrechtlichen Haftungsbeschränkung beurteilen zu können, muß man sich mehrere Fragen stellen: Die Zweifel an der Angemessenheit der Höhe wurden bereits angesprochen. Ist überhaupt eine gesetzliche Haftungsbeschränkung notwendig? Es ist zu fragen, wann die Belastung des Wirtschaftsprüfers zu hoch ist bzw. nicht mehr einer ökonomisch effizienten Schadensverteilung entspricht. Dazu ist zu untersuchen, worin die Transaktionskosten bei Durchführung einer Pflichtprüfung bestehen.

3.2 Verminderung/Vermeidung von Transaktionskosten?

3.2.1 Kosten der Auftragserlangung

Mit Einbezug der Transaktionskosten in die ökonomische Analyse von Haftungsregeln, v.a. im Sinne von Informationskosten, wird die Restriktion der transparenten Welt aus dem Grundmodell (B II 1.2.2) aufgegeben[583]. Kosten der Informationssuche und -verarbeitung beinhalten Kosten der fachlich notwendigen Weiterbildung des Wirtschaftsprüfers, ohne die eine gewissenhafte Prüfung nicht möglich ist. Dazu kommen Kosten des Ausfindigmachens eines potentiellen Mandanten, also der Akquisition, die im Fall der Wirtschaftsprüfer schwer quantifizierbar sind, da Werbefeldzüge o.ä. nicht als Mittel zur Auftragserlangung verwendet werden. Ist ein potentieller Auftraggeber gefunden, fallen Kosten für Verhandlungen bis hin zur Spezifizierung von Vereinbarungen an. Obwohl die vertraglichen Beziehungen zwischen Wirtschaftsprüfer und Unternehmen zum großen Teil gesetzlich bestimmt sind, können bei Erstprüfungsaufträgen hohe Transaktionskosten für die Auftragserlangung anfallen, die aus dem vermuteten Low Balling-Effekt resultieren. Demnach sind die Gebühren für eine Erstprüfung niedriger als

[583] Vgl. Hesse, Günter (Erklärung), a.a.O., S. 90.

die dem Prüfer tatsächlich im Rahmen dieser Erstprüfung entstandenen Kosten[584]. Dieser Effekt wird vor allem dem Preiswettbewerb auf dem Prüfermarkt zugerechnet[585]. In einer Studie des Australischen Prüfermarktes konnte nicht nachgewiesen werden, daß die Preise einer Erstprüfung tatsächlich niedriger waren als die von Folgeprüfungen[586]. Trotzdem wird die Existenz eines Low Balling-Effektes für möglich gehalten, unabhängig von der Größe einer Prüfungsgesellschaft, wenn man davon ausgeht, daß Erstprüfungen einen höheren Aufwand des Prüfers erfordern als Folgeprüfungen, gleichzeitig aber die Gebühren einer Erstprüfung nicht höher sind als die einer Folgeprüfung[587].

Die Vereinbarung von Erfolgs- und Pauschalhonoraren bei Pflichtprüfungen ist berufsrechtlich nicht zulässig[588]. Im Rahmen des Prüfungsvertrags können (offiziell) lediglich Stundensätze für die einzelnen Mitarbeiter je nach deren Qualifikation vereinbart werden[589]. Transaktionskosten für eine eventuelle Einigung darauf, die Prüfung nicht durchzuführen, können nicht anfallen, da es nicht zu entsprechenden Verhandlungen kommen wird. Demnach hätte das zu prüfende

---

584 Vgl. DeAngelo, Linda Elizabeth: Auditor Independence, „Low Balling“, and Disclosure Regulation, in: Journal of Accounting and Economics, Vol. 3 (1981), S. 113 - 127, Zitierweise: Independence, hier S. 113; Ewert, Ralf (Wirtschaftsprüfung), a.a.O., S. 182.

585 Vgl. Ewert, Ralf (Wirtschaftsprüfung), a.a.O., S. 183; Ewert, Ralf (Rechnungslegung), a.a.O., S. 732.

586 Vgl. Francis, Jere R.: The Effect of Audit Firm Size on Audit Prices. A Study of the Australian Market, in: Journal of Accounting and Economics, Vol. 6 (April 1984), S. 133 - 151, Zitierweise: Effect, hier S. 146 - 147.

587 Vgl. Francis, Jere R. (Effect), a.a.O., S. 149 - 150. In einer späteren Studie des US-amerikanischen Prüfermarktes konnten signifikant niedrigere Preise für Erstprüfungen kleiner Unternehmen als für Folgeprüfungen festgestellt werden; vgl. Francis, Jere R./ Simon, Daniel T.: A Test of Audit Pricing in the Small-Client Segment of the U.S. Audit Market, in: The Accounting Review, Vol. 62 (1987), S. 145 - 157, Zitierweise: Test, hier S. 155.

588 Vgl. Budde, Wolfgang Dieter/Steuber, Elgin: Kommentierung zu § 318 HGB, in: Beck´scher Bilanz-Kommentar. Handels- und Steuerrecht - §§ 238 bis 339 HGB, bearb. von Budde, Wolfgang Dieter, u.a., 3. völlig neubearb. Auflage, München 1995, Anm. 16.

589 Vgl. Budde, Wolfgang Dieter/Steuber, Elgin, a.a.O., § 318 HGB, Anm. 16. Das wird gem. § 27 der neuen Berufssatzung beibehalten. Demnach ist die Vereinbarung von Pauschalhonoraren für Prüfungsaufträge nur zulässig, wenn festgelegt wird, daß bei Eintritt für den Prüfer nicht vorhersehbarer Umstände im Bereich des Auftraggebers, die zu einer erheblichen Erhöhung des Prüfungsaufwandes führen, das Honorar entsprechend zu erhöhen ist.

Unternehmen Kosten, die höher als ein geschätztes vertragliches Zeitbudget liegen, zu tragen.

Trotzdem ist der Prüfer aus Konkurrenzgründen zwischen Wirtschaftsprüfern und Wirtschaftsprüfungsgesellschaften gezwungen, gewisse Kosten, die ihm entstanden sind, selbst zu tragen, anstatt an das zu prüfende Unternehmen weiterzugeben[590]. Dabei ist zu überlegen, inwieweit das mit der Unabhängigkeit des Wirtschaftsprüfers vereinbar ist[591]. Außerdem könnten Sorgfalt und Gewissenhaftigkeit bei der Prüfungsdurchführung berührt werden, indem versucht wird, durch zeitsparende Prüfung, die die Gefahr in sich birgt, daß weniger genau gearbeitet wird, die Kosten der Prüfung insgesamt im Rahmen eines geschätzten Zeitbudgets zu halten[592]. Die Entscheidung, welches Sorgfaltsniveau gewählt wird, hängt ab von einem Vergleich der Kosten für Vorsichtsmaßnahmen mit Risikokosten. Hier greift die Haftungsbeschränkung des § 323 Abs. 2 HGB, außer dem Prüfer wird Vorsatz zur Last gelegt. Er haftet höchstens bis zu TDM 500, auch wenn ein höherer Vermögensschaden beim Unternehmen angefallen ist. Dadurch wird ein Teil des Schadens dem Unternehmen zugerechnet. Unabhängig von vorsätzlicher oder fahrlässiger Pflichtverletzung liegt jedoch der Umfang öffentlich bekannt gewordener Schäden deutlich über TDM 500[593].

---

590 So wird vermutet, daß ein Abweichen von ursprünglichen Kostenvoranschlägen zum Zeitpunkt der Vergabe des Prüfungsauftrags nicht beliebig und nur in besonderen Ausnahmefällen möglich ist. Vgl. Ewert, Ralf (Rechnungslegung), a.a.O., S. 729 - 730.

591 Vgl. DeAngelo, Linda Elizabeth (Independence), a.a.O., S. 113 - 115.

592 Vgl. DeAngelo, Linda Elizabeth (Independence), a.a.O., S. 113 - 115, die den Low Balling-Effekt für neutral gegenüber der Prüfungsqualität hält; ebenso Palmrose, Z.: Fixed Fee versus Cost-Reimbursement Contracting: The Effect on Audit Fees and the Acquisition of Audit Evidence, Working Paper, University of California-Berkeley 1985, zitiert nach: Francis, Jere R./ Simon, Daniel T. (Test), a.a.O., S. 155, 157.

593 Vgl. Bender, Karl: Kann die handelsrechtliche Abschlußprüfung nach §§ 316 ff. HGB effektiver gestaltet werden?, in: ZRP, 28. Jg. (1995), S. 365 - 367, Zitierweise: Abschlußprüfung, hier S. 367.

3.2.2 Kosten der Verhandlungen über Haftungsbeschränkungen

Die Kosten der Überwachung und Sanktionierung der Durchführung einer Pflichtprüfung werden durch die derzeitige Haftungsbeschränkung gemindert. Diese Kosten bestehen einerseits in der möglichen Schadensersatzverpflichtung selbst. Andererseits treten sie auf in Form von Kosten für Verhandlungen zwischen Wirtschaftsprüfer und prüfungspflichtigem Unternehmen zur Festlegung einer Haftungsobergrenze für den Wirtschaftsprüfer, wenn es keine gesetzliche Haftungsbeschränkung gäbe. Da nicht immer Einigkeit über die Auslegung der Gesetzestexte besteht, wie zu den Begriffen Gewissenhaftigkeit und Sorgfalt ausgeführt, und die Qualifizierung und Quantifizierung eines Vermögensschadens im voraus nur begrenzt möglich ist, könnte sich für den Wirtschaftsprüfer eine ungeahnt hohe Haftung ohne die Haftungsbeschränkung ergeben. Er wird daher bestrebt sein, diese Haftung in einem für ihn tragbaren Rahmen, gemessen an Größe und Bedeutung des Prüfungsauftrages, zu halten.

Das zu prüfende Unternehmen hat ein entgegengerichtetes Interesse nach unbeschränktem Schadensersatzanspruch gegenüber dem Wirtschaftsprüfer auch bei fahrlässig verursachten Schäden, da es für das Unternehmen keinen Unterschied macht, ob ein Schaden durch vorsätzliche oder fahrlässige Pflichtverletzung des Wirtschaftsprüfers verursacht wurde. Zu Verhandlungen über eine Haftungsbeschränkung wird es trotzdem kommen: Einerseits liegt das im Interesse des Prüfers, und andererseits hat das Unternehmen zwar nicht die Wahl zwischen Prüfung oder Nicht-Prüfung, da es sich um eine gesetzliche Pflicht handelt, aber zwischen verschiedenen Prüfern. Die Prüfer werden alle an einer Haftungsbeschränkung interessiert sein, so daß sich die Verhandlungen „nur" noch um die Höhe der Haftungsobergrenze drehen würden. Dabei sind verschiedene Aspekte zu berücksichtigen. Zum einen ist die Höhe abhängig von der Größe des zu prüfenden Unternehmens (das beinhaltet z.B. die Stellung im Markt, die Beschäftigtenzahlen, das Eigenkapital des Unternehmens). Je größer das Unternehmen ist, um so höhere und weitreichendere Schäden sind denkbar. Zum anderen spielt die Zahlungsfähigkeit des Prüfers eine Rolle. Große Wirtschaftsprüfungsgesellschaften sind aufgrund ihrer Eigenkapital-Ausstattung in der Lage, eine höhere Haftungsobergrenze anzubieten als kleine Wirtschaftsprüfungsgesellschaften oder Einzelprüfer. Folglich würden bei Vergabe der Prüfungsaufträge die von Wirtschaftsprüfern gebotenen Haftungsobergrenzen miteinander verglichen und c.p. bekäme derjenige mit dem höchsten Angebot den Auftrag. Dadurch würden Einzelprüfer und kleine Prüfungsgesellschaften aus dem Markt gedrängt, weil sie mit den Haftsummengeboten der „Großen" nicht mithalten können.

Es soll nicht ausführlich über die Vor- und Nachteile von Einzelprüfern und Wirtschaftsprüfungsgesellschaften diskutiert werden, daher hier nur einige Anmerkungen: Für die Prüfung großer börsennotierter Kapitalgesellschaften mit Tochterunternehmen im In- und Ausland sind große Wirtschaftsprüfungsgesellschaften unerläßlich aufgrund ihrer personellen Ausstattung und internationalen Beziehungen. Ein Einzelprüfer wäre überfordert und dürfte einen solchen Auftrag wegen der Bestimmung des § 319 Abs. 2 Nr. 8 HGB (Mandantenhonorar darf nicht mehr als 50 % der Gesamteinnahmen des Wirtschaftsprüfers ausmachen) nicht annehmen. Andererseits entspricht der Einzelwirtschaftsprüfer dem in den Berufsrichtlinien festgelegten Grundsatz der Eigenverantwortlichkeit (vielleicht mehr als die in einer Prüfungsgesellschaft angestellten Wirtschaftsprüfer). Außerdem sollte einem Wirtschaftsprüfer die Möglichkeit offenstehen, zu wählen, ob er seinen Beruf als selbständiger Freiberufler oder als Angestellter ausüben will.

Es sollte nicht Ziel einer Haftungsregelung sein, einzelnen Anbietern Wettbewerbsvorteile zu verschaffen. Das scheint auch nicht nötig, wenn man von einem Zusammenhang zwischen Prüfungsqualität und Größe einer Prüfungsgesellschaft ausgeht[594]. Der Wettbewerb zwischen den Wirtschaftsprüfern würde durch die unterschiedliche Nachfrage der Mandanten nach unterschiedlicher Prüfungsqualität geleitet[595]. Dabei wird eine um so höhere Prüfungsqualität angenommen, je größer eine Prüfungsgesellschaft, gemessen an der Zahl ihrer Mandate, und je

[594] Vgl. DeAngelo, Linda Elizabeth: Auditor Size and Audit Quality, in: Journal of Accounting and Economics, Vol. 3 (1981), S. 183 - 199, Zitierweise: Auditor, hier S. 185 - 192.
[595] Vgl. DeAngelo, Linda Elizabeth (Auditor), a.a.O., S. 187.

niedriger der Anteil eines Prüfungshonorars am Gesamtumsatz der Prüfungsgesellschaft ist[596]. Die Auswahl des richtigen Prüfers anhand des vom Mandanten benötigten Qualitätsniveaus scheint zu ökonomisch effizienteren Lösungen zu führen als über Haftungsregeln.

Zusammenfassend kann festgehalten werden, daß die Haftungsbeschränkung des § 323 Abs. 2 HGB zunächst positive Effekte auf die Effizienz der handelsrechtlichen Haftung des Wirtschaftsprüfers hat: Die Transaktionskosten im Sinne von Kosten der Auftragserlangung können vermindert werden, da durch die Haftungsobergrenze die Risikokosten objektiviert werden, die im Rahmen der Kosten-Nutzen-Analyse einer Prüfung mit den individuellen Sorgfaltskosten des jeweiligen Wirtschaftsprüfers zu vergleichen sind. Außerdem kann eine Konzentration des Berufsstandes, die über die derzeitige Situation in Deutschland[597] hinausgeht - neben den Big Six gibt es zahlreiche kleinere Prüfungsgesellschaften und Einzelprüfer -, vermieden werden. Verhandlungen zwischen Prüfer und prüfungspflichtigem Unternehmen über vertraglich festzulegende Haftungsobergrenzen finden aufgrund der gesetzlichen Regelung nicht statt. Eventuelle Verhandlungsvorteile der großen Prüfungsgesellschaften gegenüber Einzelprüfern wegen unterschiedlicher Eigenkapital-Ausstattung kommen nicht zum Tragen.

3.3 Gefahr eines zu niedrigen Sorgfaltsniveaus

Die durch eine niedrige Haftungsobergrenze ausgelöste Gefahr, der Wirtschaftsprüfer könnte um so weniger sorgfältig und gewissenhaft prüfen, je geringer die ihn treffende Schadensersatzpflicht ausfällt, läßt sich anhand von Modellen zur

[596] Vgl. DeAngelo, Linda Elizabeth (Auditor), a.a.O., S. 197; ähnlich Francis, Jere R./Wilson, Earl R.: Auditor Changes: A Joint Test of Theories Relating to Agency Costs and Auditor Differentiation, in: The Accounting Review, Vol. 63 (1988), S. 663 - 682, Zitierweise: Auditor, hier S. 665; Ewert, Ralf (Rechnungslegung), a.a.O., S. 741 - 742.

[597] Vgl. dazu die Tabellen auf S. 38 und S. 51 im Manager Magazin, 24. Jg. (1994), Heft 6, die einen Überblick über die dominierenden Prüfer am deutschen Markt und über die welt-weiten Umsatzzahlen 1993 der Big Six geben; vgl. auch: Lenz, Hansrudi: Die Struktur des Marktes für Abschlußprüfungsmandate bei deutschen Aktiengesellschaften, in: WPg, 49. Jg. (1996), S. 269 - 279, S. 313 - 318, Zitierweise: Struktur, hier S. 275 - 277.

Verschuldenshaftung erläutern. In diesen Modellen wird grundsätzlich das optimale Sorgfaltsniveau als Minimierungsproblem von Sorgfaltsaufwendungen, erwarteter Schadenseintrittswahrscheinlichkeit und Schadenshöhe dargestellt[598]. Im System der Verschuldenshaftung führt bei unilateralen Schäden die Haftungsbegrenzung zu einer Absenkung des Sorgfaltsniveaus des Schädigers, wenn die unter Berücksichtigung der maximalen Schadensersatzzahlungen erwarteten Kosten niedriger sind als die Kosten bei Realisierung des optimalen Sorgfaltsniveaus x^*[599]:

$$K_A^{G'} < K_a(x^*)$$

wobei $K_A^{G'} = K_a(x) + w(x)SZ_{max}$;

SZ_{max} = durch die Haftungsbegrenzung definierte maximale Schadensersatzzahlung

Die Haftungsbegrenzung über TDM 500 hat Einfluß auf die Wahl des Sorgfaltsniveaus, da (auf den ersten Blick) nicht der tatsächliche, sondern nur ein erwarteter Schaden bis zur Höhe von TDM 500 berücksichtigt zu werden braucht. Ist es für einen Geschädigten nicht profitabel, gegen den Wirtschaftsprüfer zu klagen, so besteht ein Anreiz für den Prüfer, sein Sorgfaltsniveau bis an die Grenze zu vermindern, die ausreicht, einen Geschädigten von einer Klage abzuhalten[600]. Festzustellen, ob diese Verminderung des Sorgfaltsniveaus tatsächlich eintritt, dürfte unmöglich sein, sie ist aber nicht auszuschließen. Es könnten dadurch sogar höhere Schäden verursacht werden, die nicht oder nur zum Teil kompensiert werden, weil sie über der Obergrenze liegen. Die Effizienz des § 323 Abs. 1 HGB wird zunächst durch § 323 Abs. 2 HGB zunichte gemacht.

Eine Haftungsbegrenzung muß nicht zwingend negative Auswirkungen auf das Sorgfaltsniveau haben, vielmehr ist die Höhe der Begrenzung entscheidend. Zu-

[598] Vgl. Beckner, Clinton F./ Katz, Avery (Effects), a.a.O., S. 209; Edlin, Aaron S. (Standards), a.a.O., S. 24 - 27; Haddock, David/ Curran, Christopher (Theory), a.a.O., S. 55; Endres, Alfred (Grundlagen), a.a.O., S. 69 - 70.

[599] Vgl. Endres, Alfred (Grundlagen), a.a.O., S. 71 - 72.

[600] Vgl. Beckner, Clinton F./ Katz, Avery (Effects), a.a.O., S. 211.

dem greift die Haftungsbegrenzung nur bei fahrlässiger Pflichtverletzung, aber nicht bei vorsätzlicher. Es wird der Neigung zu nicht normgerechtem Verhalten entgegengewirkt, die dadurch entsteht, daß ein Prüfer Nachteile erleiden muß, weil er einen Fehler, der auch bei pflichtgemäßer Prüfung nicht auffindbar gewesen wäre, nicht aufgedeckt hat und gleichzeitig einen anderen Prüfer keine zusätzlichen Nachteile treffen, obwohl dieser nicht pflichtgemäß geprüft hat[601].

Der Gefahr der abnehmenden Sorgfalt steht zudem die Gefahr einer Rufschädigung, die für den Wirtschaftsprüfer negative Folgen außerhalb der Schadensersatzverpflichtung mit sich bringen kann (vgl. D I 7.), gegenüber.

3.4 Ökonomische Auswirkungen der Schäden oberhalb der gesetzlichen Haftungsobergrenze

Kann dem schadenverursachenden Wirtschaftsprüfer nur Fahrlässigkeit vorgeworfen werden, bleibt die Frage nach dem Schaden, der über TDM 500 liegt und nicht vom Prüfer übernommen wird. Dieser Schaden ist vom geschädigten Unternehmen zu tragen. Je nach Schadenshöhe sind verschiedene Auswirkungen vorstellbar:

Das geschädigte Unternehmen erhöht seine Preise, um über Umsatzerlöse den Schaden zu kompensieren[602]. Damit wird die Belastung auf die Kunden am Markt überwälzt, die aufgrund ihrer Stellung zum Unternehmen keine Möglichkeit haben, auf den Schadenseintritt einzuwirken.

---

[601] Vgl. Schildbach, Thomas (Intensität), a.a.O., S. 22 - 23; allerdings sieht Schildbach trotzdem in der handelsrechtlichen Haftungsbegrenzung eine Anregung zu nicht normentsprechender Prüfung.

[602] Vgl. Kötz, Hein (Ziele), a.a.O., S. 659. Kötz ordnet diese Reaktion einem Beklagten zu, der einen Schaden zu ersetzen hat. Es handelt sich dabei jedoch allgemein um zu erwartende Maßnahmen desjenigen, der einen Schaden zu tragen hat, unabhängig davon ob er das als Beklagter oder als Geschädigter ohne Ersatzanspruch tun muß. D.h., für die Schäden bis TDM 500, die der Wirtschaftsprüfer zu tragen hat, sind ähnliche Auswirkungen, wie im Text beschrieben, denkbar. Hinzu kommt noch die Möglichkeit der Übernahme des Schadens durch die Berufshaftpflichtversicherung des Prüfers.

Sind Preiserhöhungen wegen der Marktgegebenheiten (z.B. starke Konkurrenz und nur kleine Preisspanne) nicht möglich, bleibt alternativ die Kostensenkung im Unternehmen, um ein Gesamtergebnis, wie es ohne den zu übernehmenden Schaden erreicht worden wäre, zu erzielen. Maßnahmen der Kostensenkung können von personellen Maßnahmen (wie Entlassungen, Lohnkürzungen) über Änderungen im Lieferantenbereich, z.B. auf billigere Materialien, bis hin zu Teilbetriebsstillegungen reichen.

Möglicherweise übernimmt das Unternehmen den Schaden ohne sofortige Maßnahmen. Das wirkt sich direkt auf das Jahresergebnis aus und ist von den Anteilseignern im Rahmen einer Kürzung der Ausschüttung oder eines völligen Verzichts auf Ausschüttungen, schlimmstenfalls über Jahre, zu tragen[603]. Gleichzeitig mit der Minderung bzw. dem Wegfall der Ausschüttung erfolgt eine Sozialisierung des Schadens über die Steuer. Je geringer der Jahresüberschuß, um so geringer ist die abzuführende Steuer sowohl des Unternehmens als auch der Anteilseigner. Der Schaden ist dann infolge des verminderten Steueraufkommens von der Allgemeinheit mit zu tragen.

Auf die Durchführung der Prüfung nehmen in erster Linie der Wirtschaftsprüfer und seine Gehilfen, aber auch Geschäftsführer und Mitarbeiter des zu prüfenden Unternehmens, die mit der Erstellung des Jahresabschlusses betraut sind bzw. dem Prüfer als auskunftgebende Personen benannt sind, Einfluß. Die Belastung von Kunden, Lieferanten, Mitarbeitern oder Anteilseignern des geprüften Unternehmens mit dem Risiko eines durch Pflichtverletzung des Wirtschaftsprüfers herbeigeführten Vermögensschadens ist nicht mit dem Prinzip des cheapest cost avoider vereinbar und läßt die Effizienz der entsprechenden Haftungsregelung in Zweifel geraten.

Das Ziel der Schadensprävention durch Abschreckung wird so nicht erreicht. Außerdem kann es zu ineffizienten Schadenskompensationen kommen, da die Risi-

[603] Vgl. Kötz, Hein (Ziele), a.a.O., S. 659 (s. Anmerkung in der vorhergehenden Fußnote).

koverteilung nicht nach dem Prinzip des cheapest cost avoider erfolgt und damit einzel- und gesamtwirtschaftlich unerwünschte Folgen nach sich ziehen kann, bis hin zum Unternehmenszusammenbruch (= einzelwirtschaftliche Seite), der aufgrund der freigesetzten Arbeitskräfte den Arbeitsmarkt - zumindest regional - negativ beeinflussen kann (= gesamtwirtschaftliche Seite).

4. Berufshaftpflichtversicherung des Wirtschaftsprüfers

Gem. § 54 Abs. 1 WPO sind Wirtschaftsprüfer und Wirtschaftsprüfungsgesellschaften verpflichtet, eine Berufshaftpflichtversicherung „gegen die aus ihrer Berufstätigkeit (sich) ergebenden Haftpflichtgefahren" abzuschließen. Der Aspekt der Haftpflichtversicherung soll an dieser Stelle in die Diskussion einbezogen werden, da in § 2 Abs. 2 BHV die Mindestversicherungssumme TDM 500 für jeden Versicherungsfall betragen muß und damit der Haftungsobergrenze des § 323 Abs. 2 HGB entspricht.

Der Versicherung können zwei Hauptfunktionen zugeordnet werden: die Produktion von Sicherheit einerseits und die Erhöhung der Wagnisbereitschaft andererseits, wodurch Anreize geschaffen werden, auch risikobehaftete Tätigkeiten auszuführen und somit das Einkommen zu erhöhen[604].

Schäfer/Ott unterscheiden zwischen vollkommener und unvollkommener Versicherung, wobei nur bei vollkommener Versicherung Effizienz erreicht werden kann[605]. Bei der vollkommenen Versicherung wird "die Versicherungsprämie durch Prämienstaffelungen genau entsprechend dem Sorgfaltsniveau des Schädigers festgelegt"[606]; bei der unvollkommenen Versicherung wird ein "Einheitstarif für alle Versicherungsnehmer, unabhängig von der Schadenshäufigkeit und dem

[604] Vgl. Sinn, Hans-Werner: Gedanken zur volkswirtschaftlichen Bedeutung des Versicherungswesens, in: Zeitschrift für die gesamte Versicherungswissenschaft, Vol. 77 (1988), S. 1 - 27, hier S. 12 - 20.
[605] Vgl. Schäfer, Hans-Bernd/ Ott, Claus (Lehrbuch), a.a.O., S. 178 - 181.
[606] Schäfer, Hans-Bernd/ Ott, Claus (Lehrbuch), a.a.O., S. 178.

Vorsorgeaufwand des Versicherungsnehmers"[607], angeboten. Die Ineffizienz der unvollkommenen Versicherung liegt darin, daß keine Anreize gegeben werden, durch entsprechenden Vorsorgeaufwand das eigene Sorgfaltsniveau möglichst hoch zu halten und dadurch zu einer geringeren Versicherungsprämie zu gelangen[608]. Es ist davon auszugehen, daß nicht nur die Versicherungsprämien zu Lasten aller, sondern auch die versicherten Schäden über das ökonomisch optimale Maß hinaus ansteigen[609]. Es tritt das moral hazard-Problem auf, wonach aufgrund der Versicherung die Wahrscheinlichkeit eines Schadenseintritts oder die Schadenshöhe steigen kann, weil die versicherte Person weniger Anreiz zu vorsichtigem Verhalten hat[610]. Moral hazard ist ein Ergebnis rationalen ökonomischen Verhaltens, da die Kosten eines versicherten Individuums für übermäßige Nutzung auf alle anderen Versicherungsnehmer verteilt werden, so daß das Individuum nicht dazu veranlaßt wird, seine übermäßige Nutzung zurückzuschrauben[611]. Ein moral hazard-Verhalten tritt nur auf, wenn dieses Verhalten für andere nicht beobachtbar ist[612]. Da die Versicherungen das tatsächliche Sorgfaltsniveau der Prüfer nicht erkennen können, läßt sich ein solches Verhalten der Prüfer vermuten. Vergleichsweise näheren Einblick in das Verhalten der Prüfer dürften die prüfungspflichtigen Mandanten haben, da grundsätzlich Prüfungen vor Ort stattfinden und Gestaltung und Inhalt des Prüfungsberichts, der den Versicherungen nicht vorliegt, Hinweise auf das Sorgfaltsniveau geben.

Eine Haftpflichtversicherung ist eine gesetzliche Risikoverteilungsmaßnahme, die einen Schaden auf Dritte (Versicherungsnehmer) verlagert. Grundintention der

---

[607] Schäfer, Hans-Bernd/ Ott, Claus (Lehrbuch), a.a.O., S. 180.

[608] Vgl. Nagel, Bernhard: Wirtschaftsrecht II. Eigentum, Delikt, Vertrag, mit einer Einführung in die ökonomische Analyse des Rechts von Thomas Eger, München/ Wien 1989, Zitierweise: Wirtschaftsrecht, hier S. 58.

[609] Vgl. Schäfer, Hans-Bernd/ Ott, Claus (Lehrbuch), a.a.O., S. 180.

[610] Vgl. Polinsky, A. Mitchell (Introduction), a.a.O., S. 56; Taupitz, Jochen (Analyse), a.a.O., S. 143.

[611] Vgl. Pauly, Mark V.: The Economics of Moral Hazard: Comment, in: The American Economic Review, Vol. 58 (1968), S. 531 - 537, Zitierweise: Economics, hier S. 535.

[612] Vgl. Darrough, Masako N./ Stoughton, Neal M.: Moral Hazard and Adverse Selection: The Question of Financial Structure, in: Journal of Finance, Vol. 41 (1986), S. 501 - 513, hier S. 501; Finsinger, Jörg (Wettbewerb), a.a.O., S. 235.

Haftpflichtversicherung ist die Schadenskompensation beim Geschädigten und der Schutz des Schädigers vor einer nicht mehr tragbaren Schadensersatzverpflichtung[613]. Sie übernimmt eine soziale Schutzfunktion[614]. Durch die Versicherbarkeit wird das Schadensrisiko kalkulierbar[615] und stellt in der Kosten-Nutzen-Analyse des (potentiellen) Schädigers in Form der Versicherungsprämien eine bekannte Größe dar.

Nicht alle Tätigkeiten des Wirtschaftsprüfers sind in der Berufshaftpflicht versicherbar (z.B. bestimmte Aufgaben im Rahmen von Treuhandtätigkeiten[616]). Zu fragen ist, ob die Ziele der Berufshaftpflichtversicherung erreicht werden: Die Existenz des Wirtschaftsprüfers soll gesichert werden, indem durch die Versicherungssumme alle existenzbedrohenden Haftungsrisiken abgedeckt werden. Des weiteren soll einem durch einen Pflichtverstoß des Wirtschaftsprüfers Geschädigten ein solventer Schuldner gegenüberstehen und zuletzt soll eine Sozialisierung des Schadensrisikos erreicht werden, indem die Schadenskompensation über Versicherungsprämien und Prüferhonorare der Allgemeinheit aufgebürdet wird[617].

Die Prämien für die Berufshaftpflichtversicherung werden bei der Versicherungsstelle Wiesbaden und auch beim Gerling-Konzern, den beiden bedeutendsten Versicherern[618] für die Berufshaftpflicht der deutschen Wirtschaftsprüfer, anhand der bei einem Wirtschaftsprüfer oder in einer Wirtschaftsprüfungsgesellschaft angestellten Zahl von Mitarbeitern bemessen.

---

[613] Vgl. Adams, Michael: Ökonomische Analyse der Gefährdungs- und Verschuldenshaftung, Heidelberg 1985, Zitierweise: Analyse, S. 207.

[614] Vgl. Leser, Hans G. (Instrumente), a.a.O., S. 574.

[615] Vgl. Koller, Ingo (Wirksamkeit), a.a.O., S. 1094.

[616] Vgl. Fliess, Wolfgang: Die Haftung des Wirtschaftsprüfers unter Berücksichtigung internationaler Entwicklungen, in: Baetge, Jörg (Hrsg.): Rechnungslegung und Prüfung 1994. Vorträge der Jahre 1991 - 1993 vor dem Münsteraner Gesprächskreis Rechnungslegung und Prüfung e.V., Düsseldorf 1994, S. 161 - 198, Zitierweise: Haftung, hier S. 194.

[617] Vgl. Ebke, Werner/ Scheel, Hansjörg (Haftung), a.a.O., S. 397 - 398.

[618] Insgesamt gibt es in Deutschland drei Anbieter von Wirtschaftsprüferhaftpflichtversicherungen. Vgl. Geuer, Caroline: Das Management des Haftungsrisikos der Wirtschaftsprüfer, Düsseldorf 1994, Zitierweise: Management, hier S. 283 - 284.

Die Größe einer Wirtschaftsprüfungsgesellschaft kann unter anderem an der Zahl der beschäftigten Wirtschaftsprüfer gemessen werden. Daraus kann geschlossen werden, daß eine größere Prüfungsgesellschaft anfälliger für Schadensfälle ist als eine kleine, da sie von mehr Mitarbeitern diesem Schadensrisiko ausgesetzt wird[619]. Aus dieser Prämienermittlung muß kein positiver Anreiz zur Erhöhung des Sorgfaltsniveaus entstehen. Man kann sich sogar den Versuch vorstellen, um Prämien zu sparen, mit möglichst wenigen Mitarbeitern auszukommen, wobei die Qualität der Facharbeit aufgrund von Zeitdruck oder mangelnder Expertenqualifizierung Schaden nehmen kann und dadurch die Wahrscheinlichkeit von Vermögensschäden durch eine Pflichtverletzung des Prüfers steigen dürfte. Es liegt zwar ein gestaffeltes Prämiensystem für die Berufshaftpflichtversicherung der Wirtschaftsprüfer vor, trotzdem kann nicht von einer vollkommenen Versicherung gesprochen werden.

Die gem. § 2 Abs. 3 BHV zulässige Vereinbarung eines Selbstbehaltes durch den Versicherungsnehmer dürfte auf die Effizienz kaum Einfluß haben, da es sich mit DM 5.000 um eine im Verhältnis zu möglichen Vermögensschäden unerhebliche Summe handelt. Grundsätzlich wird jedoch ein Selbstbehalt als Mittel zur Verminderung des moral hazard angesehen[620].

Das moral hazard-Verhalten kann auch durch die Preise für Versicherungsleistungen beeinflußt werden[621]. Optimal ist ein Versicherungsschutz in Höhe des Prozentsatzes der Kosten jeder Einheit der zu versichernden Tätigkeit, bei dem der Nutzengewinn des Versicherungsnehmers durch die Versicherung den Nutzenverlust aus einer Schadensersatzverpflichtung ausgleicht[622]. Das optimale

---

[619] Vgl. Schultz, Joseph J./ Gustavson, Sandra G.: Actuaries´ Perceptions of Variables Affecting the Independent Auditor's Legal Liability, in: The Accounting Review, Vol. 53 (1978), S. 626 - 641, Zitierweise: Actuaries, hier S. 631.

[620] Vgl. Pauly, Mark V. (Economics), a.a.O., S. 535, 536.

[621] Vgl. Pauly, Mark V. (Economics), a.a.O., S. 536.

[622] Vgl. Pauly, Mark V. (Economics), a.a.O., S. 536.

Ausmaß an Versicherung ist für verschiedene Individuen nicht gleich, wenn deren Nachfragen unterschiedlich sind[623].

Die Berufshaftpflichtversicherung wird nicht für jeden einzelnen Prüfungsauftrag gesondert abgeschlossen. Insgesamt liegt es beim Wirtschaftsprüfer, die Versicherung in einer ihm angemessen erscheinenden Höhe abzuschließen. Dadurch ergibt sich eine Staffelung der Versicherungssummen und Prämien durch die Anzahl der Mandate eines Wirtschaftsprüfers oder einer Wirtschaftsprüfungsgesellschaft und den damit verbundenen unterschiedlichen Risiken. Es kann sich ergeben, daß z.B. eine als völlig unproblematisch eingeschätzte Pflichtprüfung in die Festsetzung der Gesamtversicherungssumme gar nicht miteinbezogen wird, daß hingegen ein als besonders risikoreich angesehener Prüfungsauftrag mit der Haftungshöchstsumme des § 323 Abs. 2 HGB berücksichtigt wird. Die Risikoeinschätzung jedes Prüfungsauftrages wird vom voraussichtlich erreichbaren Sorgfaltsniveau abhängen, das bestimmt wird von situationsbedingten Umständen wie Termindruck, Unterstützung durch Mitarbeiter des Unternehmens, Wahrscheinlichkeit unvorhersehbarer Geschäftsvorfälle, die die Prüfungsintensität beeinflussen. Je höher das voraussichtlich erreichbare Sorgfaltsniveau, um so geringer wird die Risikoeinschätzung und um so niedriger die Berücksichtigung in der Höhe der Versicherungssumme. Damit käme man der vollkommenen Versicherung im Sinne von Schäfer/ Ott recht nahe.

Die Versicherung wird nicht nur für Pflichtprüfungen gem. § 316 HGB abgeschlossen, sondern beinhaltet auch eventuelle Schadensersatzverpflichtungen aus sonstigen Prüfungen. Problematisch ist, daß die Haftungsbeschränkung des § 323 Abs. 2 HGB wegen ihrer relativ geringen Höhe nicht analog für andere als Pflichtprüfungen gilt (vgl. D I 3.). Daher müßten diese Prüfungen sich stärker auf die Höhe der festzusetzenden Versicherungssumme auswirken als Pflichtprüfungen. Die abgeschlossenen Versicherungssummen dürften in Deutschland zwischen TDM 500 und 5 Mio. DM liegen, da gemäß dem Prämientarif-W-

[623] Vgl. Pauly, Mark V. (Economics), a.a.O., S. 536.

Übersichtsblatt der Versicherungsstelle Wiesbaden Prämiensätze für Versicherungen über 5 Mio. DM erst auf Anfrage mitgeteilt werden. Damit ist nicht die Abdeckung aller möglichen Schäden gewährleistet, vor allem aus Tätigkeiten, für die keine Haftungsbeschränkungen im Sinn des § 323 Abs.2 HGB gelten[624]. Die Unterscheidung des § 323 HGB in vorsätzliche und fahrlässige Pflichtverletzung ist erheblich, da für vorsätzliche Schädigungen kein Versicherungsschutz besteht.

Zusammenfassend läßt sich feststellen, daß von der Berufshaftpflichtversicherung sowohl positive als auch negative Auswirkungen auf die Effizienz der Haftungssituation der Wirtschaftsprüfer ausgehen können. Negativ zu verzeichnen ist das vermutete moral hazard-Verhalten, das aus der für die Versicherung schweren Beobachtbarkeit des von den Prüfern tatsächlich realisierten Sorgfaltsniveaus resultiert. Daher kann die Prämienfestlegung auch nicht direkt entsprechend den individuellen Sorgfaltsniveaus festgelegt werden. Positiv wirkt sich aus, daß trotzdem eine gewisse Tarifstaffelung nach Mitarbeiterzahl und individueller Selbsteinschätzung der Wirtschaftsprüfer vorgenommen wird, wodurch sich eine Annäherung an eine vollkommene Versicherung ergibt.

5. Mitverschulden des Auftraggebers

Bei der vertraglichen Haftung sind die Möglichkeiten beider Vertragsparteien zur Anwendung entsprechender Sorgfaltsmaßnahmen durch eine Kombination der Maßnahmen beider Parteien zu einer ökonomisch optimalen Lösung zu berücksichtigen[625]. Eine effiziente Lösung im Rahmen einer Mitverschuldenshaftung wird erreicht, wenn die Summe der Kosten der Sorgfaltsniveaus des Schädigers

[624] Vgl. Havermann, Hans: Das Risiko des Abschlußprüfers, in: Institut der Wirtschaftsprüfer in Deutschland e.V. (Hrsg.): Bericht über die Fachtagung 1988 des Instituts der Wirtschaftsprüfer in Deutschland e.V., Düsseldorf 1989, S. 57 - 70, Zitierweise: Risiko, hier S. 63 - 64.

[625] Vgl. Trimarchi, Pietro (Regelung), a.a.O., S. 119 - 120; Emons, Winand/ Sobel, Joel: On the Effectiveness of Liability Rules when Agents are not identical, in: Review of Economic Studies, Vol. 58 (1991), S. 375 - 390, Zitierweise: Effectiveness, hier S. 377 - 378.

und des Geschädigten und der erwarteten Schadenskosten in Abhängigkeit der von Schädiger und Geschädigtem gewählten Sorgfaltsniveaus minimiert wird[626].

Es gibt unterschiedliche Situationen, in denen eine Mitverschuldenshaftung effizient sein kann. Dabei kommt es darauf an, inwieweit die Risiken der Schadensverursachung durch einen Schädiger dem (potentiell) Geschädigten bekannt sind und inwieweit der Geschädigte sein Sorgfaltsniveau auf diese Risiken einstellen kann[627]. Eine Lösung ist dann effizient, wenn beide Parteien je ihr effizientes Sorgfaltsniveau erreichen; sobald nur eine der Parteien fahrlässig handelt, haftet sie für den gesamten Schaden[628].

§ 254 BGB, der das Mitverschulden des Geschädigten bei der Entstehung des Schadens bzw. dessen Anrechnung auf den Umfang des zu leistenden Schadensersatzes regelt, kann auch bei einer Haftung nach § 323 HGB zur Anwendung kommen. Dies gilt mit Einschränkungen, da „es gerade die Aufgabe des Abschlußprüfers sei, Fehler in der Rechnungslegung der Kapitalgesellschaft aufzudecken und daraus drohende Schäden von dieser abzuwenden“[629]. Für die Anwendbarkeit kommt es auf Vorsatz oder Fahrlässigkeit von Auftraggeber oder Wirtschaftsprüfer an. In der Literatur wird die Meinung vertreten, ein Mitverschulden sei nur von Bedeutung, wenn die Geschäftsführung des geprüften Unternehmens vorsätzlich gehandelt und der Abschlußprüfer dies fahrlässig nicht festgestellt hat[630] oder wenn beide vorsätzlich gehandelt haben[631]. Ein Mitver-

---

[626] Vgl. Haddock, David/ Curran, Christopher (Theory), a.a.O., S. 54 - 55; Brown, John Prather (Theory), a.a.O., S. 334; auch Posner hat sich inzwischen der Meinung angeschlossen, daß eine Mitverschuldenshaftung zu effizienten Lösungen im Bereich fahrlässiger Pflichtverletzung sowohl von Schädiger als auch Geschädigten führen kann (vgl. Posner, Richard A. (Analysis), a.a.O., S. 171 - 173). Diese Effizienz hat er in der 2. Auflage seines Buches von 1977 noch verneint (vgl. Haddock, David/ Curran, Christopher (Theory), a.a.O., S. 52 - 53).

[627] Vgl. Shavell, Steven: Strict Liability versus Negligence, in: The Journal of Legal Studies, Vol. 9 (1980), S. 1 - 25, hier S. 6 - 9.

[628] Vgl. Posner, Richard A. (Analysis), a.a.O., S. 171; Haddock, David/ Curran, Christopher (Theory), a.a.O., S. 60.

[629] Budde, Wolfgang Dieter/ Hense, Burkhard, a.a.O., § 323 HGB, Anm. 121.

[630] Vgl. Nann, Werner: Wirtschaftsprüferhaftung - Geltendes Recht und Reformüberlegungen, Frankfurt am Main 1985, Zitierweise: Wirtschaftsprüferhaftung, S. 78; Budde, Wolfgang Dieter/ Hense, Burkhard, a.a.O., § 323 HGB, Anm. 122.

schulden kommt nicht in Betracht, wenn Prüfer und Mandant fahrlässig gehandelt haben.

Hat der Wirtschaftsprüfer fahrlässig gehandelt, tritt bei Jahresabschlußpflichtprüfungen die Haftungsbeschränkung auf TDM 500 in Kraft, die bereits eine Schadensteilung zwischen Auftraggeber und Prüfer darstellt. Trotzdem scheint eine weitere Minderung oder ein Wegfallen der Schadensersatzpflicht des Wirtschaftsprüfers gerechtfertigt, da die Jahresabschlußprüfung nicht auf die Aufdekkung von Unterschlagungen oder anderen Gesetzwidrigkeiten im strafrechtlichen Sinn ausgelegt ist und davon auszugehen ist, daß der Mandant viele Möglichkeiten einer geschickten Verschleierung solcher Tatbestände hat, wenn er vorsätzlich handelt. Es wäre nicht angemessen, den Wirtschaftsprüfer haften zu lassen, wenn er bewußt getäuscht werden sollte, da der entstandene Vermögensschaden durch vorsätzliches Handeln des Mandanten verschuldet wurde und auch ohne Pflichtverletzung des Wirtschaftsprüfers nicht hätte verhindert werden können. Eine Haftung des Wirtschaftsprüfers entspräche weder dem Prinzip der Gefährdungs- noch der Verschuldenshaftung, da der Schaden nicht aufgrund der Tätigkeit des Wirtschaftsprüfers, sondern der eines Organs oder Mitarbeiters des geprüften Unternehmens entstanden ist. Da der tatsächliche Schädiger durch eine falsche Risikoverteilung nicht veranlaßt wird, den Schaden zu verhindern oder auszugleichen, würde eine Haftung des Wirtschaftsprüfers in dieser Situation den Zielen der Schadensprävention und -kompensation entgegenstehen. Der Schädiger hätte durch diese Risikoverteilung die Vorteile des Vermögensschadens für sich, müßte aber gleichzeitig für die Nachteile nicht vollständig einstehen. So lautet auch die Begründung für ein Urteil, in dem die Haftung einer Wirtschaftsprüfungsgesellschaft verneint wurde, die vorsätzliche Bilanzmanipulationen des Geschäftsfüh-

---

[631] Vgl. Nann, Werner (Wirtschaftsprüferhaftung), a.a.O., S. 79; vgl. dazu die Rechtsprechungsübersicht zur Frage des Mitverschuldens in: Müller, Hans-Peter: Grenzen und Begrenzbarkeit der vertragsrechtlichen Dritthaftung für Prüfungsergebnisse des Abschlußprüfers, in: Moxter, Adolf, u.a. (Hrsg.): Rechnungslegung. Entwicklungen bei der Bilanzierung und Prüfung von Kapitalgesellschaften; Festschrift zum 65. Geburtstag von Professor Dr. Dr. h.c. Karl-Heinz Forster, Düsseldorf 1992, S. 451 - 469, Zitierweise: Grenzen, hier S. 465.

rers einer in Konkurs gegangenen GmbH nicht erkannt hatte[632]. Gemäß dem Wortlaut der Bescheinigung und des Auftrags im Prüfungsbericht hatte die Wirtschaftsprüfungsgesellschaft nur in eingeschränktem Umfang geprüft[633]. Es ist effizient, bei vorsätzlicher Pflichtverletzung des Mandanten und gleichzeitig fahrlässiger Pflichtverletzung des Prüfers § 254 BGB mit dem Ziel einer angemesseneren Risikoverteilung bei der Bemessung des Haftungsumfangs für den Wirtschaftsprüfer zu berücksichtigen.

Verursachen sowohl Auftraggeber als auch Wirtschaftsprüfer durch vorsätzliche Pflichtverletzung einen Vermögensschaden, muß man zu einer anderen Schadensverteilung kommen, um auf effiziente Weise die Kompensation des Schadens zu erreichen oder die vorsätzliche Schädigung durch eine abschreckende Haftungsbestimmung „unrentabel" zu machen. Die Bemessung des Schadensersatzes bedarf einer Abwägung des Maßes der beiderseitigen Verursachung und des beiderseitigen Verschuldens[634]. Eine der Mitverantwortung für den entstandenen Schaden angemessene Risikoverteilung gibt Anreize zur Schadensvermeidung, soweit es die eigenen Möglichkeiten (des Wirtschaftsprüfers oder des Auftraggebers) betrifft.

Insgesamt ist die Mitverschuldensregelung im Rahmen der Haftung des Wirtschaftsprüfers bei gesetzlichen Abschlußprüfungen von untergeordneter Bedeutung, da Aufgabe der Prüfung ist, Fehler in der Buchführung und Bilanzierung aufzudecken und die richtige und wahrheitsgemäße Darstellung der Vermögens-,

---

[632] Vgl. OLG Hamm, Urt. v. 17.02.1993 - 25 U 77/92, in: WPK-Mitt., 34. Jg. (1995), S. 219 - 222.

[633] Vgl. ebenda, S. 222.

[634] Vgl. Heinrichs, Helmut: Kommentierung zu § 254 BGB, in: Palandt. Bürgerliches Gesetzbuch, bearb. von Bassenge, Peter, u.a., 55. Auflage, München 1996, Anm. 45 - 47.

Finanz- und Ertragslage des Unternehmens zu bestätigen[635]. Die Prüfung ist auf Fehlersuche angelegt, wenn auch nicht auf die Suche nach Unterschlagungen. Um dieses Ziel zu unterstützen, muß der Prüfer haften, wenn er wegen vorsätzlicher oder fahrlässiger Verletzung seiner Sorgfaltspflicht Fehler nicht gefunden oder nicht beachtet und damit eine Schädigung in Kauf genommen hat[636]. Diese Unterstützung darf nicht untergraben werden durch Mithaften dessen, der den Fehler begangen hat, außer dieser hat vorsätzlich gehandelt.

6. Verjährung

§ 323 Abs. 5 HGB legt die Verjährung von Ersatzansprüchen aus § 323 Abs. 1 HGB auf 5 Jahre fest. Gem. § 198 BGB beginnt die Verjährungsfrist mit der Entstehung des Anspruchs. Ein Vermögensschaden infolge einer Pflichtverletzung des Wirtschaftsprüfers muß bereits eingetreten sein, die geprüfte Gesellschaft muß diese Pflichtverletzung, die Person des Schädigers, den Schaden oder die Schadenshöhe noch nicht kennen[637]. Ein Vermögensschaden entsteht nicht mit Abgabe des Prüfungsberichts durch den Abschlußprüfer, sondern erst mit dem auf dem testierten Ergebnis basierenden Gewinnverwendungsbeschluß der Hauptversammlung der geprüften AG[638].

Diese Verjährungsregelung dient der Rechtssicherheit und hat in gewissem Sinn haftungsbeschränkende Wirkung. Die Arbeit des Wirtschaftsprüfers wird bestä-

---

[635] Vgl. IDW (Hauptfachausschuß) (Entwurf), a.a.O., S. 270 - 272, wo Definitionen der in einem Abschluß denkbaren Fehler, Täuschungen, Vermögensschädigungen und sonstigen Gesetzesverstöße gegeben werden. Auch in den USA ist ein Ziel der Abschlußprüfung die Berichterstattung entsprechend den GAAP, wodurch die Diskrepanz zwischen der für den Manager eines Unternehmens und der für die Unternehmenseigentümer vorteilhaften Berichterstattung auf effiziente Weise vermindert werden kann; vgl. Ng, David S.: An Information Economics Analysis of Financial Reporting and External Auditing, in: The Accounting Review, Vol. 53 (1978), S. 910 - 920, hier S. 917 - 919.

[636] Vgl. Schildbach, Thomas: Die Jahresabschlußprüfung im Spannungsfeld möglicher Prüfungsgegenstände und Adressaten, in: BFuP, 40. Jg. (1988), S. 341 - 355, hier S. 355.

[637] Vgl. Budde, Wolfgang Dieter/ Hense, Burkhard, a.a.O., § 323 HGB, Anm. 140.

[638] Vgl. BGH, Urt. v. 28.10.1993 - IX ZR 21/93, in: NJW, 47. Jg. (1994), S. 323 - 327.

tigt, wenn nach Ablauf der fünf Jahre keine feststellbaren Vermögensschäden eingetreten sind, für die er haftbar gemacht werden könnte. Insoweit könnte eine Wirkung auf das Sorgfaltsniveau des Prüfers bestehen. Treten keine Schäden innerhalb dieser Frist auf, müßte das bedeuten, daß sein Sorgfaltsniveau richtig gewählt war. Eine Frist von fünf Jahren dürfte angemessen sein, da während dieser Zeit weitere fünf Abschlüsse geprüft wurden und Veränderungen in einem Unternehmen schnell vor sich gehen. Eventuelle Vermögensschäden (sofern sie von größerem Ausmaß sind) müßten also innerhalb der fünf Jahre zu Tage treten, wenn Kausalität zur Prüfungstätigkeit des Wirtschaftsprüfers besteht.

7. Rufschädigung als Folgeerscheinung eines Haftungsfalles

Die Fremdbewertung von Handlungen kann Verhaltensanreize geben, indem nicht erwartungsgerechtes Verhalten über eine verminderte Wertschätzung sanktioniert wird[639]. Daher sind neben den finanziellen Schäden durch Schadensersatzverpflichtungen die negativen Folgen einer Rufschädigung des Wirtschaftsprüfers oder der Wirtschaftsprüfungsgesellschaft nicht zu übersehen[640]. Die Reputationsverluste sind Erfolgseinbußen, die sich außerhalb eines konkreten Mandats ergeben, wenn ein Prüfer „lax geprüft hat und erwischt wird“[641].

Das Ansehen eines Prüfers basiert auf den Wahrnehmungen der Mandanten über die Kompetenz eines Prüfers und auf dessen Unabhängigkeit vom Mandanten[642]. Um sich einen Ruf zu erwerben, müssen die Prüfungsfirmen zuerst die Kosten für qualitativ hochwertige Facharbeit aufwenden, ohne sie an die Mandanten weiter

---

639 Vgl. Michaelis, Elke (Organisation), a.a.O., S. 125 - 126.

640 Vgl. Goldberg, Victor P. (Accountants), a.a.O., S. 310; Wilson, Robert (Auditing), a.a.O., S. 310; Ewert, Ralf (Rechnungslegung), a.a.O., S. 731.

641 Schildbach, Thomas (Intensität), a.a.O., S. 11.

642 Vgl. Francis, Jere R. (Effect), a.a.O., S. 134; Antle, Rick: Auditor Independence, in: Journal of Accounting Research, Vol. 22 (1984), S. 1 - 20, Zitierweise: Independence, hier S. 17.

geben zu können[643]. Erst wenn ein Ruf aufgebaut ist, können die Prüfer diese Kosten über die Honorare auf die Mandanten abwälzen[644].

Rufschädigung durch das Bekanntwerden eines Haftungsfalles kann negative finanzielle Folgen für den Wirtschaftsprüfer mit sich bringen, insofern als die für hohe fachliche Qualität investierten Kosten zum Aufbau eines guten Rufes verloren sind oder erneut nicht auf die Mandanten abwälzbare Aufwendungen zu tätigen sind, um den Ruf wiederherzustellen. Das Vertrauen der Öffentlichkeit und damit potentieller Mandanten wird durch ein negatives Image gestört. Die Rekrutierung neuer und das Erhalten alter Aufträge oder, wie bei vielen Jahresabschlußprüfungen üblich, von Folgeaufträgen wird erschwert[645]. Indiz für die Sorge der Wirtschaftsprüfer vor einer Rufschädigung durch öffentlich bekannt gewordene (angebliche oder tatsächliche) berufliche Verfehlungen ist, daß in Deutschland verhältnismäßig wenig (spektakuläre) gerichtliche Urteile zur Haftung von Wirtschaftsprüfern bekannt geworden sind. Gleichzeitig ist auch in Deutschland die Zahl der gegen Wirtschaftsprüfer geltend gemachten Schadensersatzansprüche in den letzten Jahren erheblich angestiegen, wobei ein Großteil der Streitigkeiten über außergerichtliche Vergleiche beigelegt wird[646].

Die außergerichtliche Beilegung von Streitigkeiten, die zur Einsparung von Prozeßkosten (= Transaktionskosten) führt[647], kann durch möglichst einfache Haftungsregeln, die die Entscheidungen der Gerichte leichter vorhersehbar machen, gefördert werden. Je mehr Ausnahmeregelungen zur Haftungsübernahme bestehen, umso komplizierter wird die Situation und umso schwieriger die Vorhersehbarkeit gerichtlicher Entscheidungen[648]. Das könnte zu einer Erhöhung der Zahl

---

643 Vgl. Wilson, Robert (Auditing), a.a.O., S. 311 - 312.
644 Vgl. Wilson, Robert (Auditing), a.a.O., S. 312.
645 Vgl. Antle, Rick (Independence), a.a.O., S. 17 - 18. In amerikanischen Studien konnten empfindliche Einbußen an Marktanteilen durch Reputationsverluste festgestellt werden; vgl. Ewert, Ralf (Rechnungslegung), a.a.O., S. 731.
646 Vgl. Pohl, Ulf (Risikoeinschätzung), a.a.O., S. 6 - 7; Hirte, Heribert (Berufshaftung), a.a.O., S. 58.
647 Vgl. Trimarchi, Pietro (Regelung), a.a.O., S. 123.
648 Vgl. Trimarchi, Pietro (Regelung), a.a.O., S. 124.

der Streitigkeiten und der durch Gerichtsverfahren entstehenden Kosten führen[649]. Der Vorteil der Vergleiche ist nicht nur finanzieller Art, sondern auch, daß ein Bekanntwerden der Fälle vermieden wird. In Abhängigkeit vom Risikoverhalten der Kläger wäre jedoch auch der umgekehrte Schluß zu ziehen, daß aufgrund der komplizierten Situation die Klagehäufigkeit sinkt, da das Risiko bezüglich der Entscheidung eines Streits gestiegen ist.

Zusätzlich wird aufgrund modelltheoretischer Überlegungen vermutet, daß eine große Prüfungsgesellschaft tendenziell höhere Reputationsverluste erwartet als eine kleine, da sie mehr Mandate habe und daher auch mehr Mandate durch Reputationsverlust verlieren könne[650]. Daraus folgt eine erhöhte Wahrscheinlichkeit, daß eine ordnungsgemäße Prüfung (d.h. entsprechend den GoA) durchgeführt wird, woraus wiederum der Schluß gezogen wird, daß große Prüfungsunternehmen tendenziell besser prüfen als kleine (soweit die Prüfungsmandate und -fähigkeiten gleich sind)[651].

Der Ansehensschädigung durch einen bekanntgewordenen Haftungsfall ist abschreckende Wirkung zuzuschreiben[652]. Da der Wirtschaftsprüfer neben seiner hohen fachlichen Qualifikation vor allem von dem ihm in der Öffentlichkeit entgegengebrachten Vertrauen lebt, sind Pflege und Erhalt dieser Vertrauensstellung genauso wichtig wie berufliche und fachliche Weiterbildung, zu der der Wirtschaftsprüfer gem. § 43 Abs. 2 Satz 4 WPO verpflichtet ist. Durch Vorbehaltsaufgaben und eigene rechtliche Regelungen hat sich die besondere Vertrauensstellung herausgebildet, die entscheidend durch eine Rufschädigung gestört werden kann. Ein möglicher in Zukunft durch den Wirtschaftsprüfer Geschädigter hat die Chance, aufgrund der schadensvermeidenden Wirkung des Ansehensverlustes einer eigenen Schädigung zu entgehen.

---

[649] Vgl. ebenda; Posner, Richard A. (Theory), a.a.O., S. 91.
[650] Vgl. Ewert, Ralf (Rechnungslegung), a.a.O., S. 741.
[651] Vgl. Ewert, Ralf (Rechnungslegung), a.a.O., S. 741.
[652] Vgl. Goldberg, Victor P. (Accountants), a.a.O., S. 303.

Diese Präventivwirkung einer möglichen Rufschädigung durch bekannt gewordene berufliche Fehlleistungen ist nicht nur im Rahmen der handelsrechtlichen Haftung vorhanden, sondern gilt für alle denkbaren Haftungsverpflichtungen des Wirtschaftsprüfers aus seiner beruflichen Tätigkeit.

8. Zwischenergebnisse zur handelsrechtlichen Haftung

Insgesamt konnten im vorhergehenden Abschnitt D I sowohl effiziente als auch ineffiziente Aspekte der handelsrechtlichen Haftung des Wirtschaftsprüfers festgestellt werden:

- Der Wirtschaftsprüfer ist bei einem Verstoß gegen die Verschwiegenheitspflicht und das Verwertungsverbot eindeutig als cheapest cost avoider zu identifizieren, so daß ihm zurecht die Haftung auferlegt wird.

- Eine ebenso eindeutige Identifizierung ist bei Verstößen gegen die Gewissenhaftigkeit und Unparteilichkeit nicht möglich, da nicht immer Einigkeit zwischen Wirtschaftsprüfer, Auftraggeber und eventuell Gericht über die Auslegung der Berufspflichten des Wirtschaftsprüfers besteht.

- Durch die Haftungsbeschränkung des § 323 Abs. 2 HGB können Transaktionskosten im Sinne von Kosten der Auftragserlangung und Kosten der Verhandlungen über Haftungsbeschränkungen minimiert werden. Dieser grundsätzlich effizienzfördernden Wirkung steht jedoch die im Verhältnis zu möglichen Schäden zu niedrige Festlegung der Haftungsobergrenze auf TDM 500 gegenüber, die sich negativ auf das Sorgfaltsniveau der Wirtschaftsprüfer auswirken kann.

- Auch von der Berufshaftpflichtversicherung gehen im Sinne der Effizienz gegenläufige Wirkungen aus. Das vermutete moral hazard-Verhalten resultiert aus der nicht am tatsächlich realisierten Sorgfaltsniveau der Versicherten ausgerichteten Prämienfestlegung. Positiv beeinflußt wird die Effizienz jedoch durch Tarifstaffelung nach Mitarbeiterzahl und durch die Berücksichtigung der Selbsteinschätzung der Wirtschaftsprüfer.

- Ineffizient ist grundsätzlich der Tatbestand, daß Dritte, obwohl sie auch Geschädigte sein können, keine Ersatzansprüche gegen den Wirtschaftsprüfer haben.

- Obwohl es sich häufig um bilateral verursachte Vermögensschäden handelt, die aus dem Vertrauen auf testierte Jahresabschlüsse resultieren, ist eine Mitverschuldenshaftung nur in Ausnahmefällen durch die Rechtsprechung anerkannt.

- Positive Auswirkungen auf das Sorgfaltsniveau der Wirtschaftsprüfer (nicht nur bei ihrer Tätigkeit als Jahresabschlußpflichtprüfer) hat die Gefahr der Rufschädigung als Folge eines bekannt gewordenen Haftungsfalles.

II Beurteilung der ökonomischen Effizienz der Haftung des Wirtschaftsprüfers nach BGB

1. Deliktische Haftung

1.1 Haftung nach § 823 und § 824 BGB

Im Rahmen der Haftung nach BGB gibt es keine zentrale Norm, die § 323 HGB entspricht. Vielmehr bestehen verschiedene Anspruchsgrundlagen nebeneinander, deren gleichzeitige Wirkung auf die Effizienz der Haftung insgesamt zu berücksichtigen ist. § 323 HGB geht den Vorschriften des BGB als lex specialis vor. Er ist nicht anwendbar und als Spezialvorschrift nicht analogiefähig bei Tätigkeiten als freiwilliger Prüfer oder Berater. Es kommen daher die allgemeinen Vorschriften des BGB zur Anwendung.

Über § 823 Abs. 2 BGB können sich Dritte auf Verstöße gegen Schutzgesetze berufen. Bei der Pflichtprüfung kommen als Schutzgesetze Strafvorschriften in

Betracht, vor allem aus dem HGB, PublG, VAG, GenG und StGB[653]. Die Vorschriften zur Erteilung eines inhaltlich richtigen Bestätigungsvermerks und Prüfungsberichts (die Verletzung der Berichtspflicht gem. § 332 HGB[654], § 150 GenG, § 18 PublG, § 137 VAG) oder zur Verletzung der Geheimhaltungspflicht und des Verwertungsverbots (gem. § 333 HGB, § 19 PublG, § 151 GenG, § 138 VAG, § 404 AktG) können nur von prüfungspflichtigen Unternehmen, die durch diese Regelungen geschützt werden sollen, als Anspruchsgrundlagen verwendet werden. Nicht geschützt sind Anteilseigner, Gläubiger oder sonstige Geschädigte[655].

Anteilseignern oder Gläubigern bleibt mit der Anspruchsgrundlage des § 823 Abs. 2 BGB nur Hoffnung auf Schadensersatz, wenn Vorschriften des StGB, die Schutzgesetze im Sinn des § 823 Abs. 2 BGB sind, wie §§ 263 (Betrug) bis 267 (Urkundenfälschung) oder §§ 283 - 283d StGB zu den Konkursstraftaten, verletzt wurden[656]. Weder KWG noch WPO[657] enthalten Vorschriften, die das Vermögen Dritter schützen, das ein Wirtschaftsprüfer bei der Abschlußprüfung schädigen könnte. Daher ist ein Schadensersatzanspruch über § 823 Abs. 2 BGB in Verbindung mit Normen des KWG oder der WPO für Dritte nicht gegeben[658].

§ 824 BGB schützt vor Vermögensschäden, die durch Kreditgefährdung wegen Behauptung von Unwahrheiten verursacht werden. Dieser Tatbestand könnte durch eine entsprechende Begründung für einen uneingeschränkten oder versagten Bestätigungsvermerk erfüllt sein[659]. Für die Annahme eines Schadensersatzanspruches aus § 824 BGB ist Vorsatz, d.h. das Wissen, daß unrichtige Tatsachen

---

[653] Vgl. Budde, Wolfgang Dieter/ Hense, Burkhard, a.a.O., § 323 HGB, Anm. 174.
[654] Vgl. OLG Karlsruhe, Urt. v. 07.02.1985 - 12 U 132/82, in: ZIP, 6. Jg. (1985), S. 404 - 415.
[655] Vgl. Budde, Wolfgang Dieter/ Hense, Burkhard, a.a.O., § 323 HGB, Anm. 175.
[656] Vgl. Budde, Wolfgang Dieter/ Hense, Burkhard, a.a.O., § 323 HGB, Anm. 179.
[657] Vgl. BGH, Urt. v. 05.12.1972 - VI ZR 74/71, in: NJW, 26. Jg. (1973), S. 321 - 322; OLG Saarbrücken, Urt. v. 12.07.1978 - 1 U 174/76, in: BB, 33. Jg. (1978), S. 1434 - 1436, hier S. 1434, 1436.
[658] Vgl. Budde, Wolfgang Dieter/ Hense, Burkhard, a.a.O., § 323 HGB, Anm. 178, 180.
[659] Vgl. Hirte, Heribert (Berufshaftung), a.a.O., S. 65; Budde, Wolfgang Dieter/ Hense, Burkhard, a.a.O., § 323 HGB, Anm. 181.

behauptet werden, bzw. die Duldung der Unrichtigkeit Voraussetzung. Andernfalls entstünde ein Widerspruch zu § 323 HGB, der den Wirtschaftsprüfer auch bei fahrlässiger Pflichtverletzung haften läßt[660].

Wie schon für die handelsrechtliche Haftung gilt auch hier, daß der Wirtschaftsprüfer als cheapest cost avoider identifiziert werden kann, wenn er vorsätzlich gehandelt hat, und ihm daher zurecht die Haftung auferlegt wird. Allerdings dürfte die Anwendung der beiden Regeln des BGB als Haftungsgrundlage gegen den Wirtschaftsprüfer selten und damit von untergeordneter Bedeutung für die ökonomische Analyse sein.

1.2 Haftung nach § 826 BGB

§ 826 BGB gesteht Dritten Schadensersatzansprüche gegen den Wirtschaftsprüfer zu, wenn dieser vorsätzlich sittenwidrig seine Pflichten verletzt hat. Das ist z.B. anzunehmen, wenn der Wirtschaftsprüfer einen Bestätigungsvermerk erteilt, ohne geprüft zu haben, oder die Prüfung einem anderen überläßt und dessen Urteil ungeprüft übernimmt[661].

Eine vorsätzliche Schädigung durch Wirtschaftsprüfer ist der Ausnahmefall, so daß Vermögensschäden Dritter im Rahmen von Pflichtprüfungen weitgehend aus fahrlässiger Pflichtverletzung resultieren dürften[662]. Trotzdem ist die Dritthaftung zum Thema für den Abschlußprüfer in Deutschland geworden, da in der Rechtsprechung die Haftung aus § 826 BGB aufgrund sittenwidriger Schädigung nicht mehr explizit Vorsatz zur Bedingung hat. Sittenwidrigkeit bedeutet bereits, leichtfertig und gewissenlos die Berufspflichten verletzt zu haben[663]. Das trifft für den

[660] Vgl. Budde, Wolfgang Dieter/ Hense, Burkhard, a.a.O., § 323 HGB, Anm. 182.

[661] Vgl. BGH, Urt. v. 05.12.1972, a.a.O., S. 322; Hirte, Heribert (Berufshaftung), a.a.O., S. 65; Budde, Wolfgang Dieter/ Hense, Burkhard, a.a.O., § 323 HGB, Anm. 183.

[662] Vgl. Emmerich, Volker (Kontrolle), a.a.O., S. 225.

[663] Vgl. Hirte, Heribert (Berufshaftung), a.a.O., S. 65; Land, Volker: Wirtschaftsprüferhaftung gegenüber Dritten in Deutschland, England und Frankreich, Frankfurt am Main u.a. 1996, Zitierweise: Wirtschaftsprüferhaftung, S. 64 - 65.

Wirtschaftsprüfer dann zu, wenn er bei pflichtgemäßer Sorgfalt die Sittenwidrigkeit der Umstände hätte erkennen müssen[664]; ein Bewußtsein der Leichtfertigkeit oder Gewissenlosigkeit ist nicht erforderlich[665]. Gemäß einem Urteil des OLG Frankfurt[666] hat der testaterteilende Wirtschaftsprüfer den Beweis zu erbringen, „daß er aufgrund der Umstände annehmen durfte, der Empfänger der Bilanz werde diese nur für eigene Zwecke verwenden“[667]. Diese Beweislastumkehr zulasten des Wirtschaftsprüfers bedeutet eine Gefahrerhöhung und tatsächliche Änderung der materiellen Haftung[668]. In Verbindung mit § 826 BGB als Anspruchsgrundlage wurde durch die Rechtsprechung eine Haftung für eine eigentlich grob fahrlässige Pflichtverletzung mit der Begründung des vorsätzlichen Handelns eingeführt[669]. Für den Wirtschaftsprüfer nimmt dadurch die Gefahr möglicher Haftungsfälle zu.

Als Beispiel sei der der BGH-Entscheidung vom 13.7.1956[670] zugrundeliegende Fall dargestellt: Der Prüfungsbericht eines Wirtschaftsprüfers, der die Finanzlage der Gesellschaft zu positiv darstellte, war ohne Wissen des Prüfers als Nachweis einem Dritten vorgelegt worden, der daraufhin der Gesellschaft ein Darlehen gewährte; dieses konnte im folgenden Konkursverfahren nicht befriedigt werden, so daß den Dritten als Darlehensgeber ein Vermögensschaden in Höhe des ausgefallenen Kredits traf. Sowohl vom OLG Frankfurt als auch vom BGH wurde der Klage des Darlehensgebers gegen den Wirtschaftsprüfer statt gegeben. Die Begründung wurde auf grobe Fahrlässigkeit des Wirtschaftsprüfers bei Erfüllung seiner Pflichten, vorliegende Adäquanz des Ursachenzusammenhangs sowie Vorsatz wegen Billigung des Schadenseintritts, auch wenn der Wirtschaftsprüfer den

---

[664] Vgl. Ebke, Werner/ Scheel, Hansjörg (Haftung), a.a.O., S. 390.

[665] Vgl. BGH, Urt. V. 17.09.1985 - VI ZR 73/84, in: NJW, 39. Jg. (1986), S. 180 - 182; Ebke, Werner F./ Scheel, Hansjörg (Haftung), a.a.O., S. 390, Budde, Wolfgang Dieter/ Hense, Burkhard, a.a.O., § 323 HGB, Anm. 185.

[666] Vgl. OLG Frankfurt, Urt. v. 20.09.1988 - 11 U 15/88, in: WM, 43. Jg. (1989), S. 1618 - 1620.

[667] Ebke, Werner F./ Scheel, Hansjörg (Haftung), a.a.O., S. 390.

[668] Stoll, Hans: Haftungsverlagerung durch beweisrechtliche Mittel, in: AcP, 176. Bd. (1976), S. 145 - 196, Zitierweise: Haftungsverlagerung, hier S. 176 - 177.

[669] Vgl. Ebke, Werner F./ Scheel, Hansjörg (Haftung), a.a.O., S. 390.

[670] Vgl. BGH, Urt. v. 13.07.1956 - VI ZR 132/55, in: BB, 11. Jg. (1956), S. 865 - 866.

Dritten und dessen Absicht, dem Unternehmen ein Darlehen zu gewähren, nicht gekannt hat, gestützt[671].

Im Rahmen der deliktischen Haftung nach BGB steht der Vermögensschutz Dritter im Vordergrund. Dieser Schutz ist sowohl bei vorsätzlicher als auch bei fahrlässiger Pflichtverletzung des Wirtschaftsprüfers gewährleistet, indem die Rechtsprechung das Haftungsrisiko dem Wirtschaftsprüfer zuordnet. Die Rechtsprechung hat den Mangel der handelsrechtlichen Haftung, daß nur ein Teil der Geschädigten Schadensausgleich verlangen kann, erkannt und versucht, eine effizientere Schadensverteilung durch entsprechende Auslegung des § 826 BGB herbeizuführen. Dabei treten Probleme auf, die die Effizienz der entstandenen Risikozuordnung in Frage stellen.

Da fahrlässige Pflichtverletzung des Wirtschaftsprüfers wie eine vorsätzliche behandelt wird, versagt der Schutz der Berufshaftpflichtversicherung[672].

Eine Haftungsbeschränkung über analoge Anwendung von § 323 Abs. 2 HGB ist nicht möglich, weil Vorsatz Voraussetzung für die deliktische Haftung ist. Dadurch wird ein geschädigter Dritter möglicherweise besser gestellt im Schadensausgleich als das geschädigte Unternehmen, das sich bei Fahrlässigkeit die Haftungsbeschränkung anrechnen lassen muß.

Der Wirtschaftsprüfer muß nicht wissen, wer als Dritter geschädigt werden könnte[673]. Vielmehr muß er mit der Weitergabe seines Prüfungsergebnisses rechnen, da es praxisüblich sei, sich auf Wirtschaftsprüfer-Testate wie im Beispielsfall bei Kreditverhandlungen oder in ähnlichen Situationen (z.B. Anteilsverkäufen) zu verlassen. Effizienz dieser durch Rechtsprechung entstandenen Haftungsregelung

---

[671] Vgl. Czech, Hartmut (Haftung), a.a.O., S. 726. Der BGH hat ähnliche Grundsätze bei Klagen gegen öffentlich bestellte Sachverständige (nicht nur Wirtschaftsprüfer) in der Folgezeit statuiert, die auf die Dritthaftung der Wirtschaftsprüfer übertragbar sind; vgl. Land, Volker (Wirtschaftsprüferhaftung), a.a.O., S. 45 - 51.
[672] Vgl. Land, Volker (Wirtschaftsprüferhaftung), a.a.O., S. 66.
[673] Vgl. BGH, Urt. v. 13.07.1956, a.a.O., S. 865 - 866.

liegt vor, wenn der Wirtschaftsprüfer in dieser Situation der cheapest cost avoider ist. Bei vorsätzlicher Pflichtverletzung übernimmt mit Sicherheit der Wirtschaftsprüfer diese Rolle. Bei fahrlässiger Pflichtverletzung kann diese Zuordnung nicht mehr eindeutig vorgenommen werden. Das liegt an der Problematik der Auslegung der Pflichten sowie der Adäquanz der Verursachung des Schadens als Voraussetzung. Ein Individuum kann nur dann seine Kosten und seinen Nutzen zutreffend bewerten, wenn es alle positiven und negativen Konsequenzen seiner Tätigkeit bei der Bewertung berücksichtigt[674]. Andernfalls würden die individuellen Entscheidungen nicht dem Effizienzziel entsprechen[675]. Es ist nicht möglich, den Wirtschaftsprüfer als cheapest cost avoider zu bezeichnen, wenn er nicht weiß, wen er in welcher Höhe schädigen könnte.

In der Betonung der beruflichen Erfahrung des Wirtschaftsprüfers, die die Annahme der Weiterleitung und Verwendung seines Prüfungsergebnisses an und durch Dritte begründet[676], ist als weiteres Ziel der Rechtsprechung durch die Haftung nach § 826 BGB auch bei fahrlässigem Verschulden der Schutz des Vertrauens in die Tätigkeit des Wirtschaftsprüfers zu sehen.

In der Literatur wird die Meinung vertreten, der Wirtschaftsprüfer habe ein Interesse daran, auch Dritten gegenüber zu haften, um am Markt ernstgenommen zu werden und somit neue Aufträge zu erlangen, wobei dieses Interesse nur gegenüber einem genau festgelegten und für den Wirtschaftsprüfer erkennbaren Adressatenkreis gilt[677]. Andererseits schaden Haftungsprozesse, die immer häufiger aus Dritthaftungen den Wirtschaftsprüfer treffen, seinem Ansehen und verringern somit seine Marktchancen[678]. Die Haftung hat dann nur den Zweck der Aussonderung der Wirtschaftsprüfer, die sich nicht berufswürdig verhalten, was aber we-

[674] Vgl. Behrens, Peter (Aspekte), a.a.O., S. 477.
[675] Vgl. Behrens, Peter (Aspekte), a.a.O., S. 477.
[676] Vgl. BGH, Urt. v. 13.07.1956, a.a.O., S. 865; Czech, Hartmut (Haftung), a.a.O., S. 726; Land, Volker (Wirtschaftsprüferhaftung), a.a.O., S. 66.
[677] Vgl. Lang, Arno: Die Rechtsprechung des Bundesgerichtshofes zur Dritthaftung der Wirtschaftsprüfer und anderer Sachverständiger, in: WM, 42. Jg. (1988), S. 1001 - 1008, Zitierweise: Rechtsprechung, hier S. 1008.
[678] Vgl. Ebke, Werner/ Scheel, Hansjörg (Haftung), a.a.O., S. 396.

gen des Schutzes durch die Berufshaftpflichtversicherung, sofern nicht deren Eintrittspflicht wegen Vorsatz ausgeschlossen ist, nicht erreicht werden kann[679].

Der derzeitige Vertrauensverlust in die beruflichen Äußerungen der Wirtschaftsprüfer ist weniger wegen öffentlich bekannt gewordener Haftungsfälle eingetreten. Negative Äußerungen in der Wirtschaftspresse aufgrund von Unternehmenszusammenbrüchen trotz uneingeschränkt testierter Jahresabschlüsse und Lageberichte begünstigen eher diesen Trend.

Das Vertrauen wird gestützt durch den Berufsgrundsatz der Unabhängigkeit und Unbefangenheit, der es ermöglicht, daß Prüfungsergebnisse des Wirtschaftsprüfers auch für Dritte einen Informationsgehalt bekommen. Trotz der Unabhängigkeit des Wirtschaftsprüfers ist es schwierig, eine Prüfung so durchzuführen, daß die Interessen sämtlicher Jahresabschlußadressaten gleichermaßen befriedigt werden. Diesen „Interessenkonflikt" berücksichtigt die Rechtsprechung zu § 826 BGB nicht. In dem genannten Beispielsfall kann dieser Widerstreit der Interessenlagen dargelegt werden: Einerseits ist eine vorsichtigere Darstellung der Finanzlage des Unternehmens zur Information der Geschäftsführung wesentlich, um entsprechendes Handeln zur Verbesserung der Lage der Gesellschaft zu bewirken. Andererseits besteht bei allzu negativer Berichterstattung die Gefahr, daß ein Kreditgeber einen Kredit nicht gewährt oder sogar kündigt, weil er einen Rückzahlungsausfall befürchtet. Es besteht durchaus die Möglichkeit, durch den Kredit die Zahlungsfähigkeit des Unternehmens wiederherzustellen und dessen Fortbestand zu sichern. Der Wirtschaftsprüfer befindet sich bei einer zu negativen Darstellung schnell im Bereich einer sich selbst erfüllenden Prophezeiung. Die Forderung, im Bestätigungsvermerk durch den Wirtschaftsprüfer auf Gefährdungen des Bestands und der Fortentwicklung eines Unternehmens hinzuweisen, ist sowohl wegen dieser Gefahr als auch wegen der Angriffe gegen Wirtschaftsprüfer bei zu unvorsichtiger Einschätzung einer schlechten Situation nicht empfehlenswert[680].

---

[679] Vgl. Ebke, Werner/ Scheel, Hansjörg (Haftung), a.a.O., S. 396.

[680] Vgl. Forster, Karl-Heinz: Zur „Erwartungslücke" bei der Abschlußprüfung, in: Letzgus, Klaus/ Hill, Hermann/ Klein, Hans Hugo/ Kleinert, Detlef/ Oschatz, Georg-Berndt/ DeWith,

Diesen Interessenkonflikt durch eine Darstellung im Sinne des Auftraggebers zu lösen, wäre zwar die gemäß der REM-Hypothese zu erwartende Reaktion (der Wirtschaftsprüfer würde rational, egoistisch und nutzenmaximierend auf seinen Vorteil bedacht handeln, was heißt, daß er alles Mögliche tun wird, auch zugunsten des Auftraggebers Bericht erstatten, um einen Folgeauftrag zu erlangen), würde aber dem Unabhängigkeitsgrundsatz widersprechen. Wenn der Wirtschaftsprüfer nicht gegen diesen Grundsatz verstoßen will, hat er gegen den Willen seines Auftraggebers einen ergänzten oder eingeschränkten Bestätigungsvermerk zu erteilen, was ihn meist als Folge das Mandat kosten wird[681]. Grundsätzlich hat der Wirtschaftsprüfer bei der Jahresabschlußprüfung objektiv und unabhängig zu urteilen. Das heißt, er darf kein Vertreter einzelner Interessen sein[682]. Wirtschaftsprüfer sind jedoch auch selbst unternehmerisch tätig und haben Gewinnerzielungsabsicht, so daß sie durch ihre Tätigkeit auch ihr Eigeninteresse fördern[683]. Langfristig gesehen kann jedoch eine Sanktionierung von Verstößen gegen Berufsgrundsätze, an der sich der Wirtschaftsprüfer im Vergleich zu den erzielbaren Überschüssen orientieren sollte, zu einer Übereinstimmung von unparteilichem und eigennützigem Verhalten führen, das gleichzeitig das Eigeninteresse des Wirtschaftsprüfers und das Kollektivinteresse der am Prüfungsergebnis Interessierten fördert[684]. Die erläuterte Reaktion des Wirtschaftsprüfers zugunsten des Auftraggebers ist nur solange von Vorteil, als daraus kein Haftungsfall mit Schadensersatzverpflichtungen und Rufschädigung resultiert.

Gleichzeitig ist zu beachten, daß durch die Rechtsprechung hier die einzige Möglichkeit für Dritte geschaffen wurde, im Rahmen von Pflichtverstößen bei der Jah-

---

Hans: Für Recht und Staat. Festschrift für Herbert Helmrich zum 60. Geburtstag, München 1994, S. 613 - 626.

681 Vgl. Friedemann, Jens: Das Wirtschaftsprüfertestat: Ein Qualitätssiegel mit beschränkter Haftung?, in: WPK-Mitt., 28. Jg. (1989), S. 18 - 19, Zitierweise: Qualitätssiegel, hier S. 19; Land, Volker (Wirtschaftsprüferhaftung), a.a.O., S. 191 - 192.

682 Vgl. Pougin, Erwin (Sozialverpflichtung), a.a.O., S. 100.

683 Vgl. Kühnberger, Manfred: Anmerkungen zum Argument vom „hohen Grad an Professionalisierung der deutschen Wirtschaftsprüfer als Garantie für vertrauenswürdige Jahresabschlußinformationen“ - Eine kritische Bestandsaufnahme, in: ZfbF, 39. Jg. (1987), S. 455 - 478, Zitierweise: Anmerkungen, hier S. 467; Antle, Rick (Independence), a.a.O., S. 6 - 7.

684 Vgl. Kühnberger, Manfred (Anmerkungen), a.a.O., S. 467.

resabschlußprüfung Schadensersatzansprüche geltend zu machen. Aus dieser Sicht ist ökonomische Effizienz insoweit zu bejahen, als überhaupt ein Schadensausgleich ermöglicht wird.

2. Vertragliche Ansprüche Dritter

2.1 Vertrag mit Schutzwirkung zugunsten Dritter

Die bisher dargestellten Regelungen haben sich nur mit der Haftung aus Pflichtverstößen bei einer Jahresabschlußpflichtprüfung beschäftigt. Die Ausführungen können analog angewendet werden auf andere gesetzlich vorgeschriebene und vorgesehene Prüfungen durch Wirtschaftsprüfer. Das gilt vor allem für Prüfungen, in deren gesetzlichen Bestimmungen auf die Anwendung von § 323 HGB verwiesen wird, wie aktienrechtliche Gründungs-, Sonder-, Verschmelzungs-, Nachgründungs- oder Umwandlungsprüfungen[685]. Soweit bei anderen gesetzlichen Prüfungen kein Verweis auf § 323 HGB verankert ist, ist dessen analoge Anwendung wegen der Haftungsbeschränkung umstritten[686]. Dadurch besteht eine Rechtsunsicherheit für den Wirtschaftsprüfer. Ansonsten sind die Bestimmungen des BGB zur Haftung anzuwenden; die Erläuterungen dazu sind übertragbar.

Die Voraussetzungen des Vertrages mit Schutzwirkung zugunsten Dritter bestehen in der zwangsläufigen Leistungsberührung, der Fürsorgeverpflichtung des Gläubigers oder der Drittbezogenheit der Leistung sowie der subjektiven Erkennbarkeit des geschützten Personenkreises für den Schuldner[687]. Das Vorliegen einer Schutzpflicht gegenüber Aktionären, Gläubigern und Arbeitnehmern wurde

---

[685] Vgl. Fliess, Wolfgang (Haftung), a.a.O., S. 168.
[686] Vgl. Fliess, Wolfgang (Haftung), a.a.O., S. 168.
[687] Vgl. Esser, Karl-Peter: Die zivilrechtliche Haftung des Wirtschaftsprüfers gegenüber Dritten aus dem Bestätigungsvermerk nach dem Aktiengesetz und nach dem Entwurf eines Gesetzes über den Vertrieb von Anteilen an Vermögensanlagen, Diss. Münster 1981, Zitierweise: Haftung, S. 47 - 67.

bereits für die Jahresabschlußpflichtprüfung nach Aktiengesetz 1965 verneint[688]. Bei anderen Prüfungen könnte der Vertrag mit Schutzwirkung zugunsten Dritter als Anspruchsgrundlage in Frage kommen, wenn durch die entsprechende Prüfung ein ganz bestimmter Personenkreis, wie die Aktionäre bei der Sonderprüfung wegen unzulässiger Unterbewertung gem. §§ 258 ff. AktG, geschützt werden soll[689].

Die Haftung gegenüber dem Auftraggeber bei anderen als Pflichtprüfungsaufträgen bestimmt sich meist aufgrund der AAB, die der Wirtschaftsprüfer gewöhnlich seinen Aufträgen zugrunde legt. Dieser Teilbereich der Haftung ist später, bei der Diskussion der Effizienz der AAB, zu behandeln.

Eine Haftung aus Vertrag mit Schutzwirkung zugunsten Dritter ist möglich, „wenn eine Person, die über eine besondere, vom Staat anerkannte Sachkunde verfügt, auftragsgemäß ein Gutachten oder ein Testat abgibt, das erkennbar zum Gebrauch gegenüber einem Dritten bestimmt ist und deshalb in der Regel nach dem Willen des Bestellers mit einer entsprechenden Beweiskraft ausgestattet sein soll“[690]. Die staatlich anerkannte Sachkunde ist beim Wirtschaftsprüfer durch seine öffentliche Bestellung gegeben. Problematisch ist die Abgrenzung des erkennbaren Gebrauchs gegenüber Dritten.

Obwohl der BGH darauf hinweist, daß die Einstandspflicht gegenüber Dritten überschaubar bleiben solle und nicht uferlos ausgeweitet werden dürfe[691], ist aufgrund der fehlenden Rechtssystematik der Urteilsbegründungen eine klare Abgrenzung des Personenkreises derer, die als anspruchsberechtigte Dritte in Frage kommen, nicht möglich[692]. Bisher wurde in die Schutzpflicht nur der „erste Drit-

---

[688] Vgl. Esser, Karl Peter (Haftung), a.a.O., S. 65 - 67.
[689] Vgl. Esser, Karl Peter (Haftung), a.a.O., S. 64.
[690] BGH, Urt. v. 11.10.1988 - XI ZR 1/88, in: DB, 42. Jg. (1989), S. 101- 102, hier S. 102.
[691] Vgl. BGH, Urt. v. 26.11.1986, a.a.O., S. 829.
[692] Vgl. Schmitz, Bernhard: Die Vertragshaftung des Wirtschaftsprüfers und Steuerberaters gegenüber Dritten, in: DB, 42. Jg. (1989), S. 1909 - 1915, Zitierweise: Vertragshaftung, hier S. 1913.

te“ einbezogen[693]. Die Urteilsbegründungen stellen jedoch keineswegs sicher, daß nicht auch mögliche Geldgeber eines Unternehmenskäufers und nicht nur der Käufer selbst für schutzwürdig befunden werden[694]. Im zitierten BGH-Urteil vom 26.11.1986 wurde eine von einem Steuerberater erstellte Zwischenbilanz an seinen Auftraggeber, einen Unternehmensverkäufer, sowie im Auftrag des Verkäufers auch an den Unternehmenskäufer geschickt, nicht jedoch an die kreditgebende klagende Bank des Käufers. Erster Dritter in diesem Fall ist nur der Unternehmenskäufer selbst. Die Schwierigkeit der Abgrenzung wird noch deutlicher durch die Uneinigkeit, wer als „erster Dritter“ in die Schadensersatzanspruchsberechtigung miteinbezogen werden soll[695].

Vom LG Hamburg wurde im Oktober 1994 der Anspruch eines Dritten gegen einen Wirtschaftsprüfer aus einer vom BAK in Auftrag gegebenen Sonderprüfung nach § 44 KWG abgelehnt[696]. Kläger war das geprüfte Kreditinstitut, das infolge des Prüfungsberichtes des Wirtschaftsprüfers vom BAK geschlossen wurde. Wegen der fehlenden Rechtsbeziehung zwischen Kreditinstitut und Wirtschaftsprüfer, die für ein Einbeziehen des Kreditinstitutes in den Schutzbereich des Vertrages zwischen Wirtschaftsprüfer und BAK erforderlich wäre, wurden dem Kreditinstitut keine Schadensersatzansprüche zugestanden. Zudem lag keine besondere Beziehung zwischen dem BAK als Vertragspartner des Wirtschaftsprüfers und dem Kreditinstitut als Drittem vor, die eine Schutzpflicht begründen könnte, und das BAK hatte kein eigenes Gläubigerinteresse, sondern hat die Sonderprüfung und die Schließung des Kreditinstitutes im Interesse der Allgemeinheit und zum Schutz der Gläubiger des Kreditinstitutes angeordnet[697].

---

[693] Vgl. Hopt, Klaus J.: Dritthaftung für Testate, in: NJW, 40. Jg. (1987), S. 1745 - 1746, Zitierweise: Dritthaftung, hier S. 1746.
[694] Vgl. Hopt, Klaus J. (Dritthaftung), a.a.O., S. 1746.
[695] Vgl. Schmitz, Bernhard (Vertragshaftung), a.a.O., S. 1913.
[696] Vgl. Versicherergemeinschaft für das wirtschaftliche Prüfungs- und Treuhandwesen: Grenzen der Dritthaftung oder Schutzzweck einer Sonderprüfung, in: WPK-Mitt., 34. Jg. (1995), S. 136 - 138, Zitierweise: Grenzen; das Urteil wurde bislang nicht veröffentlicht.
[697] Vgl. Versicherergemeinschaft für das wirtschaftliche Prüfungs- und Treuhandwesen (Grenzen), a.a.O., S. 137.

In einem Urteil des OLG Köln wurde jedoch eine Schadensersatzpflicht einer Steuerberatungsgesellschaft, die einen Jahresabschluß erstellt hat, gegenüber der Bank ihrer Mandantin anerkannt mit der Begründung der besonderen vom Staat anerkannten Sachkunde des Steuerberaters und der Einbeziehung der Bank in den Schutzbereich des Vertrags betreffend die Erstellung des Jahresabschlusses[698]. Wird diese Schutzpflicht des Erstellers eines Jahresabschlusses in der Rechtsprechung anerkannt (das Urteil ist noch nicht rechtskräftig), könnte sich eine Präzedenzwirkung für die Haftung des Wirtschaftsprüfers aus Jahresabschlußprüfungen ergeben.

Die Möglichkeit der Vereinbarung einer Haftungsbeschränkung oder eines Haftungsausschlusses gegenüber Dritten ist nicht eindeutig geklärt[699]. Grundsätzlich sollen vertraglich vereinbarte Freizeichnungen zwischen Auftraggeber und Wirtschaftsprüfer auch gegenüber Dritten wirksam sein[700]. Einem geschützten Dritten sollen nicht weitergehende Rechte zustehen als dem unmittelbaren Vertragspartner des Schädigers[701]. Dieser Grundsatz stellt kein unverrückbares Prinzip dar, so daß auch anderslautende Überlegungen angestellt werden[702].

Aufgrund der fehlenden Analogiefähigkeit von § 323 Abs. 2 HGB auf andere als Pflichtprüfungstätigkeiten kann der Fall eintreten, daß der Wirtschaftsprüfer einem Dritten einen Schaden zu ersetzen hat, den er von vornherein nicht absehen konnte, weil ihm nicht die Möglichkeit gegeben war, zu überlegen, ob er diesem Dritten gegenüber Verantwortung übernehmen wollte. Dieser Wille zur Verantwortungsübernahme fehlt, wenn der Wirtschaftsprüfer die Weitergabe seiner Prüfungsergebnisse von seiner Zustimmung abhängig macht, wie in den AAB in Nr. 7 (vgl. D III 5.) vorgesehen[703]. Der fehlende Wille wird in der Rechtsprechung

[698] Vgl. OLG Köln, Urt. v. 29.11.1995 - 11 U 96/95, n. rkr., in: BB, 51. Jg. (1996), S. 898 - 900.
[699] Vgl. Schmitz, Bernhard (Vertragshaftung), a.a.O., S. 1914.
[700] Vgl. Budde, Wolfgang Dieter/ Hense, Burkhard, a.a.O., § 323 HGB, Anm. 202.
[701] Vgl. BGH, Urt. v. 10.11.1994 - III ZR 50/94, in: DB, 48. Jg. (1995), S. 209 - 212, hier S. 211.
[702] Vgl. ebenda; Ebke, Werner/ Scheel, Hansjörg (Haftung), a.a.O., S. 393; Hopt, Klaus J. (Dritthaftung), a.a.O., S. 1746.
[703] Vgl. Müller, Hans-Peter (Grenzen), a.a.O., S. 462.

nicht anerkannt: Der Wirtschaftsprüfer genieße aufgrund seiner besonderen Sachkunde und der öffentlichen Bestellung ein besonderes Vertrauen, das die Bereitschaft zur Übernahme der Verantwortung auch gegenüber diesen Dritten impliziere. Trotz dieser Ansicht bleibt wegen der unsystematischen Rechtsprechung die Unsicherheit, wem gegenüber der Wirtschaftsprüfer zu haften hat, bestehen. Dadurch liegt eine Situation für den Wirtschaftsprüfer vor, die durch hohe Transaktionskosten im Falle einer Klärung bestimmt ist. Grundsätzlich hätte der Wirtschaftsprüfer vor Auftragsannahme alle in Frage kommenden Dritten, die auf sein Urteil gestützt Vermögensdispositionen vornehmen, ausfindig zu machen. Abgesehen davon, daß das mit einem erheblichen Zeit- und Geldaufwand verbunden wäre, ist eine abschließende Ermittlung kaum möglich. Nach dem Ausfindigmachen müßte der Wirtschaftsprüfer in Verhandlungen mit diesen Dritten eintreten, um eine für ihn tragbare Schadensverteilung zu vereinbaren, was mit weiteren Kosten verbunden wäre. In dieser Situation dürften die Risikovermeidungsaufwendungen den Wert des Risikos übersteigen. Bereits die Transaktionskosten, die anfallen würden, um Verhandlungen stattfinden zu lassen, sind mit großer Wahrscheinlichkeit höher als die durch eine entsprechende Haftungsregelung verursachten Transaktionskosten. Das steht der Annäherung an eine effiziente Haftungsregel im Sinne der Minimierung der Transaktionskosten entgegen.

Eine Beschränkung der Dritthaftung des Wirtschaftsprüfers für die Unrichtigkeit eines von ihm abgegebenen Gutachtens durch Berücksichtigung eines Mitverschuldens des Auftraggebers ist nicht möglich. Vielmehr hat der Berufsangehörige auch dann voll für Schäden einzustehen, wenn sein Auftraggeber die Unrichtigkeit des Gutachtens bewußt herbeigeführt hat[704].

Die geschädigten Dritten sind meist selbst „fachkundige Kaufleute mit eigenem Berater oder Beratungsabteilungen, nämlich Kreditinstitute, Unternehmenskäufer und Erwerber von Unternehmensbeteiligungen“[705]. Deren Entscheidungen über

---

[704] Vgl. BGH, Urt. v. 10.11.1994, a.a.O.; Pohl, Ulf (Risikoeinschätzung), a.a.O., S. 9.

[705] Schmitz, Bernhard (Vertragshaftung), a.a.O., S. 1914; so auch die Meinung in den USA, vgl. Siliciano, John A. (Law), a.a.O., S. 1955 - 1956.

Vermögensdispositionen hängen nie allein von den Gutachten oder Testaten des Wirtschaftsprüfers ab, sondern sie lassen sich auch von eigenen Erfahrungen und von Urteilen ihrer Berater leiten. Die Rechtsprechung des BGH erweckt den Eindruck, die geschädigten Dritten seien selbst völlig unkundig und auf das Urteil des Wirtschaftsprüfers angewiesen. Wenn der Erfahrungsschatz und die eigene Urteilsfähigkeit der betroffenen Dritten jedoch bei Festlegung der Risikozuordnung und Schadensverteilung unberücksichtigt bleiben, ist davon auszugehen, daß die Risikofreude der Dritten steigt. Sobald die Möglichkeit besteht, sich auf das Urteil eines Wirtschaftsprüfer zu berufen, werden höhere Risiken eingegangen, da der Wirtschaftsprüfer ja haftet (deep-pocket-Mentalität[706]). Es kann zu höheren Vermögensschäden kommen als bei einer adäquateren Schadens- und Risikoverteilung. Die Risikoverteilung beeinflußt das Sorgfaltsniveau des Geschädigten und des Schädigers.

Die Dritthaftung aus Vertrag mit Schutzwirkung zugunsten Dritter bei gesetzlichen Jahresabschlußprüfungen ist grundsätzlich ausgeschlossen, obwohl hier „der entscheidende Ausgangspunkt für die Überlegung einer Haftungsausdehnung gegenüber Dritten sein müßte“[707]. Die Ineffizienz der Haftung bei Pflichtprüfungen aus der fehlenden Möglichkeit für Dritte, Schadensersatzansprüche geltend zu machen, bleibt neben der erläuterten Ineffizienz des Vertrags mit Schutzwirkung zugunsten Dritter im Rahmen der übrigen Tätigkeiten des Wirtschaftsprüfers bestehen. Zwischenzeitlich wurde in einem Urteil des OLG Stuttgart eine Schadensersatzpflicht des Abschlußprüfers einer GmbH aus einer Jahresabschlußpflichtprüfung gegenüber den Gesellschaftern dieser GmbH anerkannt[708]. In dem noch nicht rechtskräftigen Urteil wird von vertraglich erweiterten Schutzpflichten des Prüfers aus dem Jahresabschlußpflichtprüfungsvertrag auf die GmbH-Gesellschafter ausgegangen, die aus der gleichzeitigen Beratungstätigkeit des Prüfers für die Gesellschafter abgeleitet werden[709].

[706] Vgl. Goldberg, Victor P. (Accountants), a.a.O., S. 299.
[707] Schmitz, Bernhard (Vertragshaftung), a.a.O., S. 1914.
[708] Vgl. OLG Stuttgart, Urt. v. 25.07.1995 - 12 U 57/94, n.rkr., in: WPK-Mitt., 34. Jg. (1995), S. 222 - 224.
[709] Vgl. OLG Stuttgart, Urt. v. 25.07.1995, a.a.O., S. 223.

2.2 Auskunftsvertrag

Der Auskunftsvertrag kann nicht als Anspruchsgrundlage von Aktionären, Gläubigern oder Arbeitnehmern gegen den Wirtschaftsprüfer im Rahmen der Jahresabschlußpflichtprüfung verwendet werden, da die Voraussetzung des engen Leistungskontaktes nicht gegeben ist[710].

Auch für den Auskunftsvertrag ist wegen der Unberechenbarkeit des Haftungsrisikos eine ineffiziente Risikoverteilung wie schon beim Schutzvertrag festzustellen. Die Übertragbarkeit von Haftungsbeschränkungsvereinbarungen zwischen Wirtschaftsprüfer und Auftraggeber auf das Verhältnis des Wirtschaftsprüfers zu Dritten wird verneint[711]. Der mögliche Haftungsbetrag könnte den Wirtschaftsprüfer in unverhältnismäßiger Weise treffen. Der Wirtschaftsprüfer dürfte nicht bereit sein, jedem gegenüber, den es angeht, haften zu wollen. Das wird aus Nr. 7 der AAB ersichtlich, die die Weitergabe beruflicher Äußerungen des Wirtschaftsprüfers an Dritte von dessen schriftlicher Zustimmung abhängig macht und ausdrücklich darauf hinweist, daß eine Haftung im Sinne der AAB auf diese Dritten beschränkt bleibt[712]. Auf die Wirksamkeit dieser Vereinbarung ist an anderer Stelle zurückzukommen (vgl. D III 5.). Die besondere berufliche Sachkunde des Wirtschaftsprüfers dürfte nicht ausreichen für die Annahme, daß ein Auskunftsvertrag zwischen Wirtschaftsprüfer und Dritten geschlossen werden sollte[713]. Bezüglich der Effizienz dieser Regelungen gilt somit das gleiche wie für den Vertrag mit Schutzwirkung zugunsten Dritter.

Ein Schadensausgleich, der mit dem deep-pocket-Argument erklärt werden kann, dient nicht der Schadensprävention durch Anreiz zu sorgfältigem Verhalten, sondern ist dem verteilungspolitischen Ziel des Haftungsrechts zuzuordnen[714]. Diese Problematik ist in der Rechtsprechung nicht unerkannt geblieben, wie sich aus

[710] Vgl. Esser, Karl Peter (Haftung), a.a.O., S. 71 - 86.
[711] Vgl. Budde, Wolfgang Dieter/ Hense, Burkhard, a.a.O., § 323 HGB, Anm. 216.
[712] Vgl. Ebke, Werner/ Scheel, Hansjörg (Haftung), a.a.O., S. 391.
[713] Vgl. Ebke, Werner/ Scheel, Hansjörg (Haftung), a.a.O., S. 391.
[714] Vgl. Kötz, Hein (Ziele), a.a.O., S. 659.

einem BGH-Urteil ableiten läßt, wonach die Schadensersatzpflicht eines Wirtschaftsprüfers gegenüber Dritten aufgrund einer unzutreffenden Auskunft im Rahmen eines Unternehmensverkaufs verneint wurde[715]. Demnach reichen Sachkunde und Bedeutung der Auskunft für den Empfänger alleine nicht aus, um den Abschluß eines Auskunftsvertrages anzunehmen. Vielmehr war in dem vorliegenden Fall berücksichtigt worden, daß der Auskunftsempfänger seinen eigenen Berater zu den Verhandlungen zugezogen hatte und der auskunftgebende Wirtschaftsprüfer im Interesse seines Auftraggebers und damit den Interessen des Auskunftsempfängers entgegengesetzt gehandelt hat[716].

Als weitere Schwierigkeit bei Tätigkeiten des Wirtschaftsprüfers außerhalb von Pflichtprüfungen wird dessen wirtschaftliche Abhängigkeit vom Auftraggeber gesehen. Diese wird bei der Jahresabschlußprüfung gesetzlich zu vermeiden versucht, indem durch § 319 Abs. 2 Nr. 8 bzw. Abs. 3 Nr. 2 HGB wirtschaftlich abhängige Wirtschaftsprüfer bzw. Wirtschaftsprüfungsgesellschaften von der Jahresabschlußprüfung ausgeschlossen werden. Das gilt nicht für die anderen Tätigkeiten des Wirtschaftsprüfers, so daß es zu „auf Druck der Mandanten bewußt falsch erteilten Auskünften und Gutachten“[717] kommen kann. Der Wirtschaftsprüfer muß sich entscheiden, ob er das Risiko einer möglichen Dritthaftung eingeht oder unter Umständen das Mandat verliert, weil er sich dem Druck des Mandanten nicht unterordnen will[718]. Bei einer Ausdehnung der Dritthaftung sind auch die Regelungen zur Unabhängigkeit der Wirtschaftsprüfer von ihren Mandanten entsprechend anzupassen, um nicht die Konzentration des Berufsstandes auf einige große Prüfungsgesellschaften zu unterstützen, da nur diese sich dem Druck eines Mandanten widersetzen können[719].

---

[715] Vgl. BGH, Urt. v. 13.02.1992 - III ZR 28/90, in: NJW, 45. Jg. (1992), S. 2080 - 2084; Pohl, Ulf (Risikoeinschätzung), a.a.O., S. 11.
[716] Vgl. BGH, Urt. v. 13.02.1992, a.a.O..
[717] Ebke, Werner/ Scheel, Hansjörg (Haftung), a.a.O., S. 397.
[718] Vgl. Ebke, Werner/ Scheel, Hansjörg (Haftung), a.a.O., S. 397.
[719] Vgl. Ebke, Werner/ Scheel, Hansjörg (Haftung), a.a.O., S. 397.

Ziel der Rechtsprechung durch die weitgehende Dritthaftung ist die Schadenskompensation durch eine entsprechende Schadensverteilung zwischen dem Wirtschaftsprüfer und den durch verfehlte Vermögensdisposition geschädigten Dritten[720]. Durch Verwendung des Auskunftsvertrages und des Vertrags mit Schutzwirkung für Dritte als Anspruchsgrundlagen besteht die Gefahr der Ausuferung der Haftung und der Unterstützung der „Voll-kaskomentalität" möglicher Geschädigter[721]. Da dem Wirtschaftsprüfer meist der komplette Schaden durch die Rechtsprechung aufgebürdet wird, ist die Verteilung nicht interessengerecht und die Funktionsfähigkeit der Berufshaftpflichtversicherung gefährdet[722]. Aufgrund des unvorhersehbaren Haftungsrisikos reicht möglicherweise die Versicherungssumme nicht aus, um den Schaden zu decken, und der Wirtschaftsprüfer hat aus seinem persönlichen Vermögen den Schadensausgleich zu bestreiten, was dem Ziel der Existenzsicherung des Wirtschaftsprüfers durch die Berufshaftpflicht widerspricht[723]. Unter Umständen steht damit dem Geschädigten kein solventer Schuldner mehr gegenüber, da die Versicherbarkeit des Haftungsrisikos gegenüber Dritten der Höhe nach und wegen der Unüberschaubarkeit des Personenkreises immer schwieriger und teurer wird[724]. Damit können durch die Rechtsinstitute des Vertrages mit Schutzwirkung zugunsten Dritter und des Auskunftsvertrages Schäden nicht effizient kompensiert bzw. vermieden werden.

Insgesamt ist bei diesen auf besonderem Vertrauen gründenden Haftungsarten die Gefahr zu berücksichtigen, daß durch eine Überbetonung des Vertrauenstatbestandes zu Lasten eines Schädigers ein Verhalten sog. blinden Vertrauens hervorgerufen werden kann, das grundsätzlich eine Haftung ausschließen oder beschränken müßte[725].

---

[720] Vgl. Ebke, Werner/ Scheel, Hansjörg (Haftung), a.a.O., S. 397.
[721] Vgl. Späth, Wolfgang: Zur zivilrechtlichen Haftung des Steuerberaters gegenüber Dritten, in: DStR, 34. Jg. (1996), S. 400 - 404, Zitierweise: Haftung, hier S. 400.
[722] Vgl. Ebke, Werner/ Scheel, Hansjörg (Haftung), a.a.O., S. 397.
[723] Vgl. Ebke, Werner/ Scheel, Hansjörg (Haftung), a.a.O., S. 397.
[724] Vgl. Ebke, Werner/ Scheel, Hansjörg (Haftung), a.a.O., S. 398.
[725] Vgl. Picker, Eduard (Schadenshaftung), a.a.O., S. 1046.

3. Prospekthaftung

Die Voraussetzungen für die Prospekthaftung stellen ebenfalls auf die besondere Sachkunde des Wirtschaftsprüfers ab, weswegen er eine Garantenstellung gegenüber potentiellen und tatsächlichen Anlegern übernimmt[726]. Des weiteren muß die Prüfung des Prospektes durch den Wirtschaftsprüfer nach außen bekannt geworden sein[727], z.B. durch einen Hinweis im Prospekt, daß dieser geprüft wurde und der Prüfungsbericht des Wirtschaftsprüfers auf Verlangen jedem Interessierten zur Verfügung gestellt wird. Für die Haftung des Wirtschaftsprüfers ist es nicht notwendig, daß ein Pflichtverstoß seinerseits bei der Prüfung des Prospekts vorliegt[728]. Da der Wirtschaftsprüfer aufgrund seiner besonderen Vertrauensstellung gegenüber den Anlegern wie ein Mitinitiator zu behandeln ist[729], haftet er auch für Verstöße der Prospektherausgeber aufgrund gesamtschuldnerischer Haftung[730]. Damit hat sich die Rechtsprechung dem Prinzip der Gefährdungshaftung bei Vermögensschäden aufgrund geprüfter Prospekte verschrieben. Aus ökonomischer Sicht dient diese dazu, die soziale Nützlichkeit einer bestimmten Aktivität ständig zu überprüfen und durch Schadensverlagerung auf den die Aktivität Durchführenden zu gewährleisten[731]. Es werden der Gefährdungshaftung verteilungspolitische Ziele unterstellt[732]. Aus juristischer Sicht ist sie eine verschuldensunabhängige Haftung für besonders gefährliche Aktivitäten, wobei die Schadenszurechnung unabhängig von der Verletzung einer Schadensvermeidungspflicht erfolgt[733]. Grundsätzlich führt eine strikte Haftung (ohne Mitverschulden) nur zu effizienten Lösungen, wenn nur der Schädiger oder weder der Schädiger noch der Geschädigte den Schaden vermeiden kann[734].

---

[726] Vgl. Hartmann, Erich/ Schwope, Stefan (Prospekthaftung), a.a.O., S. 46; Assmann, Heinz Dieter (Prospekthaftung), a.a.O., Rdnr. 9.
[727] Vgl. Hartmann, Erich/ Schwope, Stefan (Prospekthaftung), a.a.O., S. 46.
[728] Vgl. Hartmann, Erich/ Schwope, Stefan (Prospekthaftung), a.a.O., S. 47.
[729] Vgl. BGH, Urt. v. 26.09.1991, a.a.O., S. 232.
[730] Vgl. Hartmann, Erich/ Schwope, Stefan (Prospekthaftung), a.a.O., S. 47.
[731] Vgl. Schäfer, Hans-Bernd/ Ott, Claus (Lehrbuch), a.a.O., S. 169.
[732] Vgl. Kötz, Hein (Ziele), a.a.O., S. 660.
[733] Vgl. Schäfer, Hans-Bernd/ Ott, Claus (Lehrbuch), a.a.O., S. 166; Kötz, Hein (Ziele), a.a.O., S. 660.
[734] Vgl. Posner, Richard A. (Liability), a.a.O., S. 207.

Die Rechtsprechung hat die Tätigkeit des Wirtschaftsprüfers bei der Prospektprüfung offensichtlich für besonders gefährlich gehalten, indem sie diese bezüglich der Verantwortlichkeit für Schäden gleich gestellt hat mit Schäden aus dem Betreiben eines Atomkraftwerkes, eines Kraftfahrzeugs oder einer Seilbahn. Kann denn eine Prospektprüfung (noch dazu, wenn keine Pflichtverletzung des Wirtschaftsprüfers während der Prüfung vorliegt) mit der Gefährlichkeit des Betriebes eines Atomkraftwerkes gleichgesetzt werden, obwohl es beim Wirtschaftsprüfer auch im schlimmsten Fall immer „nur" um Vermögensschäden geht, während die anderen genannten Gefahren grundsätzlich gesundheits- oder lebensbedrohend sind? Diese Schäden auf eine Stufe zu stellen, indem gleichermaßen dafür zu haften ist, scheint schon aus ethischen Gründen nicht tragbar. Die Gefährdungshaftung ist begründet, wenn der Haftende aus dem eingegangenen Risiko Vorteile ziehen kann oder zumindest mit der Gefahr in Zusammenhang steht und diese beeinflussen kann[735]. Das trifft auf den Wirtschaftsprüfer im Rahmen der Prospektprüfung kaum zu. Er zieht außer seinem Honorar keinen Vorteil aus dem Risiko und sein Einfluß ist beschränkt, da er nur prüft. Er kann Risiken und ihre Ursachen nur beschreiben, aber nicht beeinflussen. Er genießt keinerlei Sonderrechte, die als Zurechnungsgrund für eine Gefährdungshaftung gelten könnten; auch liegt keine Situation vor, in der „sich das Publikum der Gefahr nicht entziehen"[736] könnte.

Die Prospektprüfung enthält eine Prognoseprüfung. Dadurch kommt für den Prüfer als weiteres Risiko hinzu, daß im Haftungsprozeß das Gericht vielleicht erst zehn Jahre nach der Prüfung urteilt und sich somit an einem Zeitpunkt besserer Erkenntnis befindet. Die Beurteilung, inwieweit der Wirtschaftsprüfer bei seiner Prüfung Tatsachen, die erst zum Zeitpunkt der Gerichtsverhandlung als solche feststehen, hätte vorhersehen müssen, ist eine schwierige Aufgabe für Gerichte, die, je länger der Zeitabstand zwischen Prüfung und Gerichtsverhandlung ist, um

---

[735] Vgl. Schulz, Andreas: Überlegungen zur ökonomischen Analyse des Haftungsrechts, in: VersR, 35. Jg. (1984), S. 608 - 618, Zitierweise: Überlegungen, hier S. 615; Cosack, Tilman (Gefährdungshaftung), a.a.O., S. 1439.

[736] Cosack, Tilman (Gefährdungshaftung), a.a.O., S. 1440.

so unlösbarer wird. Bei einer Verjährungsfrist von dreißig Jahren und in Anbetracht der Langfristigkeit von Kapitalanlageprojekten tritt dieses Problem in Prospekthaftungsfällen häufig auf.

Den Wirtschaftsprüfer kann, auch wenn ihm keine Fehler bei seiner Prospektprüfungstätigkeit unterlaufen sind, aufgrund seiner Funktion als Vertrauensträger für die Vollständigkeit und Richtigkeit des Prospektinhalts eine Haftung treffen[737]. Er kann diese Haftung nur vermeiden, wenn er einen solchen Prüfungsauftrag nicht annimmt oder seine Zustimmung zu einem Hinweis auf seine Prüfungstätigkeit im Prospekt verweigert[738]. Als Folge wird sich kaum noch jemand bereit finden, Prospektprüfungen zu übernehmen, was dazu führen könnte, daß selbst nachprüfbare Tatsachen in derartigen Prospekten ungeprüft bleiben und somit der Zweck des Kapitalanlegerschutzes nicht erreicht wird[739]. Die Möglichkeit des „overdeter-rence" ist in Betracht zu ziehen, wonach das Präventions- oder Abschreckungsziel mehr als erreicht wird und die Angst vor einer möglichen Haftung eine Tätigkeit vollständig unterbinden kann[740]. Außerdem würde das Ziel der Auftraggeber, einen zusätzlichen Werbeeffekt beim Kapitalanleger zu bewirken, nicht erreicht[741], so daß keine Prospektprüfungsaufträge mehr vergeben würden. Intention der Rechtsprechung war sicher nicht, die freiwillige Prospektprüfung zu unterbinden und dem Präventionsziel des Haftungsrechts durch Minderung des Aktivitätsniveaus zu dienen[742], sondern im Gegenteil die Betonung der Bedeutung der Prospektprüfung für den Anlegerschutz durch die strenge Haftungssituation.

Vergleichbar mit der Situation des deutschen Wirtschaftsprüfers bei Prospektprüfungen ist die im Modell von Narayanan abgebildete Situation des US-

---

737 Vgl. BGH, Urt. v. 31.05.1990, a.a.O., S. 2462.

738 Vgl. Hartmann, Erich/ Schwope, Stefan (Prospekthaftung), a.a.O., S. 48.

739 Empirische Untersuchungen hierzu sind bislang nicht bekannt.

740 Vgl. Shapiro, Carl (Symposium), a.a.O., S. 5.

741 Vgl. Hartmann, Erich/ Schwope, Stefan (Prospekthaftung), a.a.O., S. 48; vgl. Hopt, Klaus J. (Haftung), a.a.O., S. 498.

742 Vgl. Kötz, Hein (Ziele), a.a.O., S. 661 (v.a. Fußnote 31); Cosack, Tilman (Gefährdungshaftung), a.a.O., S. 1441.

amerikanischen CPA bei Haftungsfällen unter der Sec. 10(b) des Securities Exchange Act 1934 zusammen mit der Rule 10b-5[743]. Demnach ist der Übergang von einer gesamtschuldnerischen Haftung von Prüfer und geprüftem Unternehmen gegenüber Kapitalanlegern auf eine proportionale Haftung von Vorteil, da das Niveau der Prüfungsqualität erhöht wird[744]. Dieser Unterschied macht sich nur bemerkbar, wenn die anderen gesamtschuldnerisch Haftenden zahlungsunfähig sind, da der Prüfer dann sowohl die von ihm verursachten Schäden als auch die der Mithaftenden zu bezahlen hat, aber keinen Ausgleich im Innenverhältnis erhält[745]. Da bei einer proportionalen Haftungsregelung der Prüfer nur seinen Teil der Schäden aufzubringen hat, sind seine Kosten für einen Schadensfall enger mit seiner Leistung verbunden, d.h. er hat einen größeren Anreiz sorgfältiger zu arbeiten, da er so direkt seine Schadenskosten minimieren kann[746]. Aus dem gleichen Grund ist der Übergang von einer Gefährdungs- auf eine Verschuldenshaftung zu befürworten, da ein zusätzlicher Sorgfaltsaufwand den Prüfer bei der Verschuldenshaftung völlig von der Haftung befreien kann[747]. Die in diesem Modell untersuchten Schäden ergeben sich aus Verlusten, die Kapitalanleger durch Vertrauen auf falsche Aussagen in geprüften Zahlenwerken erleiden[748].

In der Stellungnahme des Wohnungsfachausschusses 1/87 über die Grundsätze ordnungsmäßiger Durchführung von Prospektprüfungen werden dem Wirtschaftsprüfer Empfehlungen gegeben, deren Einhaltung er zur Voraussetzung für die Auftragsannahme machen soll. Als wesentlich wird erachtet, daß die Hinweise auf die Prüfung im Prospekt oder in anderen Veröffentlichungen in unauffälliger Form gegeben werden, und es wird ein entsprechender Text für solche Hin-

---

[743] Vgl. Narayanan, V.G. (Analysis), a.a.O., S. 39.
[744] Vgl. Narayanan, V.G. (Analysis), a.a.O., S. 52.
[745] Vgl. Narayanan, V.G. (Analysis), a.a.O., S. 52.
[746] Vgl. Narayanan, V.G. (Analysis), a.a.O., S. 52.
[747] Vgl. Narayanan, V.G. (Analysis), a.a.O., S. 52.
[748] Vgl. Narayanan, V.G. (Analysis), a.a.O., S. 41.

weise vorformuliert[749]. Die Nichtbeachtung dieser Grundsätze ist als sittenwidriges Verhalten im Sinne von § 826 BGB haftungsbegründend[750].

Bei der Prospektprüfung ist eine Haftungsbeschränkung über § 323 Abs. 2 HGB nicht möglich. Auch die Beschränkung über AAB glückt nicht, da diese wegen des fehlenden „rechtsgeschäftlichen Kontakts" mit dem Kapitalanleger nicht als vereinbart gelten können[751]. Die unbeschränkte Haftung würde den Wirtschaftsprüfer nicht so hart treffen, wenn der Schutz der Berufshaftpflichtversicherung in Anspruch genommen werden kann. Voraussetzung ist, daß die Prospektprüfung die Ausübung einer beruflichen Tätigkeit nach § 1 Abs. 1 Nr. 1 AVB-WB darstellt[752]. Das ist nicht der Fall, weil sich die Haftung des Wirtschaftsprüfers aus seiner Garantenstellung auch bei fehlerfreier Arbeit ergibt und somit kein „Verstoß bei Ausübung beruflicher Tätigkeit" vorliegt; selbst bei einem Verstoß des Wirtschaftsprüfers begründet nicht dieser, sondern der Schritt des Prüfers an die Öffentlichkeit, der nicht mehr im Rahmen seiner beruflichen Tätigkeit steht, die Prospekthaftung[753]. Der Prüfer haftet mit seinem persönlichen Vermögen.

Die Argumentationen zur Prospekthaftung widersprechen sich. Einerseits ist die Prospektprüfung eindeutig eine berufliche Tätigkeit des Wirtschaftsprüfers gem. § 2 WPO. Gleichzeitig gründet die Haftung aber nicht auf dieser Tätigkeit, sondern auf der Veröffentlichung des Prüfungsergebnisses. Diese Veröffentlichung stellt keine berufstypische Tätigkeit mehr dar.

---

[749] Vgl. IDW (Wohnungsfachausschuß), Stellungnahme 1/1987, a.a.O., S. 327: F. Hinweis auf die Prüfung im Prospekt oder in sonstigen Veröffentlichungen. Es wird folgender Wortlaut empfohlen: Ein von uns beauftragter Wirtschaftsprüfer hat über seine nach Maßgabe der Stellungnahme WFA 1/1987 des Instituts der Wirtschaftsprüfer durchgeführte Prospektprüfung und deren Ergebnis einen Bericht erstattet, der wesentliche Feststellungen zu diesem Prospekt enthält. Diesen Bericht werden wir jedem ernsthaften Interessenten auf Anfrage zur Verfügung stellen.

[750] Vgl. OLG Düsseldorf, Urt. v. 06.05.1982 - 2 U 108/81, in: ZIP, 3. Jg. (1982), S. 852 - 854; Machunsky, Jürgen (Kapitalanlagen), a.a.O., S. 1308.

[751] Vgl. Hopt, Klaus J. (Haftung), a.a.O., S. 505.

[752] Vgl. Hartmann, Erich/ Schwope, Stefan (Prospekthaftung), a.a.O., S. 48.

[753] Vgl. Hartmann, Erich/ Schwope, Stefan (Prospekthaftung), a.a.O., S. 50.

Es ist nicht begründet, eine Prüfungstätigkeit des Wirtschaftsprüfers, nur weil sie keine gesetzlich vorgesehene Prüfung darstellt, völlig anders zu behandeln als die Pflichtprüfung des Jahresabschlusses nach § 316 HGB, dessen Veröffentlichung einschließlich Testat in § 325 HGB sogar gesetzlich erforderlich ist. Der Versicherungsschutz der Berufshaftpflicht sollte in jedem Fall bestehen, gerade weil aufgrund der unbeschränkten Haftung die Existenzsicherung des Wirtschaftsprüfers besonders wichtig erscheint. Es stellt sich die Frage, ob tatsächlich aus Gründen des Anlegerschutzes neben den Rechtskonstruktionen des Vertrages mit Schutzwirkung für Dritte und des Auskunftsvertrages noch die Einführung der Prospekthaftung als "Krönung" der Haftungsverschärfungen für den Wirtschaftsprüfer gegenüber Dritten durch die Rechtsprechung notwendig war. Die Ansprüche von Kapitalanlegern könnten auch über die ersten beiden Anspruchsgrundlagen befriedigt werden und das Problem des fehlenden Versicherungsschutzes für den Wirtschaftsprüfer würde sich nicht stellen.

Die Einführung der Prospekthaftung durch die Rechtsprechung könnte darauf hinweisen, daß im Rahmen anderer Tätigkeiten des Wirtschaftsprüfers der Vermögensschutz Dritter künftig über eine Gefährdungshaftung geregelt werden soll. Das scheint hinsichtlich der Ziele einer ökonomisch effizienten Schadensverteilung nicht sinnvoll, da die Risikobereitschaft von Kapitalanlegern und anderen Dritten gefördert wird, was sich negativ auf deren Sorgfaltsniveaus auswirken kann. Im allgemeinen führt die reine Gefährdungshaftung im Falle bilateraler Schäden zu ineffizienten Sorgfaltsgleichgewichten, weil ein Anreiz für den Geschädigten besteht, durch Verzicht auf Sorgfaltsmaßnahmen sein persönliches Kostenminimum $K_b(y)$ zu erreichen[754]. Die Prospekthaftung in ihrer derzeitigen Ausgestaltung durch die Rechtsprechung trägt nicht zwingend zur Einhaltung beruflicher Sorgfalt bei, da diese nicht in der Zuordnung und Bemessung der Haftung berücksichtigt wird. Letztendlich haftet der Wirtschaftsprüfer nur, weil er Wirtschaftsprüfer ist. Durch die Haftung des Wirtschaftsprüfers wird somit eine Situation geschaffen, in der Investoren und Kreditgeber im Falle einer erfolgrei-

[754] Vgl. Endres, Alfred (Grundlagen), a.a.O., S. 25 - 26.

chen Investition alle Erträge vereinnahmen und gleichzeitig über die Haftung des Wirtschaftsprüfers gegen mögliche Schäden auch aufgrund eigener Fehler versichert werden[755]. Die Effizienz könnte durch eine Mitverschuldensklausel zur Gefährdungshaftung gesteigert werden, wonach dem Geschädigten kein Haftungsanspruch zusteht, wenn er die im Verkehr erforderliche Sorgfalt, die von höherer Instanz festzulegen ist und idealerweise dem pareto-optimalen Sorgfaltsniveau entspricht, nicht einhält[756].

Die Verjährung von Prospekthaftungsansprüchen gegen Wirtschaftsprüfer ist unterschiedlich. Sie liegt bei Beteiligungen an Publikumsgesellschaften zwischen 6 Monaten ab Kenntnis der Unrichtigkeit des Prospektes und 3 Jahren seit Beitritt zur Gesellschaft[757]. Bei Beteiligungen an Bauherrenmodellen liegen die Fristen zwischen 5 Jahren in Anlehnung an § 628 BGB oder 30 Jahren gem. § 195 BGB[758]. Die Anwendung der berufsspezifischen Verjährungsfristen gem. §§ 51a, 56 WPO von 5 Jahren ist von der Rechtsprechung verneint worden[759]. Das hat bei Prospektprüfungen von Bauherrenmodellen eine Verjährung der Ansprüche erst nach 30 Jahren zur Folge. Diese lange Frist trägt nicht dazu bei, dem Wirtschaftsprüfer Rechtssicherheit bezüglich seiner Tätigkeit zu geben.

Offensichtlich hält die Rechtsprechung den Schutz von Kapitalanlegern für besonders wichtig, indem sie nicht nur die eigentlichen Herausgeber und Verantwortungsträger eines Prospektes haften läßt, sondern auch dem Wirtschaftsprüfer eine ebenso große bzw. sogar strengere Haftung aufbürdet. Hintergrund könnte die Annahme sein, daß nach dem Scheitern eines Kapitalanlageprojekts von den Prospektherausgebern mit großer Wahrscheinlichkeit nicht mehr viel zu holen sein wird, um den Schaden der Anleger zu kompensieren. Der Wirtschaftsprüfer ist daher sehr willkommen im Kreis der gesamtschuldnerisch Haftenden, da hinter diesem, insbesondere wenn er für eine größere Wirtschaftsprüfungsgesellschaft

---

[755] Vgl. Minow, Newton N. (Accountants), a.a.O., S. 82.
[756] Vgl. Endres, Alfred (Grundlagen), a.a.O., S. 26 - 27.
[757] Vgl. von Heymann, Ekkehardt (Prospektangaben), a.a.O., S. 840.
[758] Vgl. BGH, Urt. v. 26.09.1991, a.a.O., S. 231.
[759] Vgl. ebenda, S. 232.

tätig ist, Kapital zum Schadensausgleich zu vermuten ist. Das könnte ökonomischer Effizienz entsprechen, wenn der Wirtschaftsprüfer tatsächlich einen solchen Schaden ausgleichen könnte. Das trifft nicht zu, wenn der Schaden so hoch ist, daß die berufliche Existenz des Wirtschaftsprüfers gefährdet ist, unter anderem, weil die Berufshaftpflichtversicherung nicht eintritt. Der Schaden würde nicht kompensiert, sondern nur vom Kapitalanleger zum Wirtschaftsprüfer verlagert werden, der keine Möglichkeiten mehr hat, im Innenverhältnis einen Ausgleich bei anderen Gesamtschuldnern zu holen.

4. Haftung aus culpa in contrahendo (c.i.c.)

Eine vorvertragliche Haftung aus Verschulden bei Vertragsverhandlungen (culpa in contrahendo)[760] ist auch beim Wirtschaftsprüfer möglich[761]. Aufgrund seiner öffentlichen Bestellung und der Verpflichtung gem. § 51 WPO, die Ablehnung eines Prüfungsauftrages unverzüglich zu erklären, trifft den Wirtschaftsprüfer eine Schadensersatzverpflichtung im Sinne von § 663 BGB[762]: Er hat den Schaden, "der dem Auftraggeber dadurch entsteht, daß er im Vertrauen auf die Annahme des Auftrags davon absieht, das vorgesehene Geschäft anderweitig zu erledigen"[763], zu ersetzen. Diese Vorschrift soll die Einhaltung der Offenlegungsfristen geprüfter Jahresabschlüsse unterstützen, um den Unternehmen rechtzeitig die Bestellung eines anderen Prüfers zu ermöglichen. Hierbei wird keine Zeitspanne genannt, die als fristgerecht für die Annahme oder Ablehnung eines Auftrags gilt. Ebenso trifft den Wirtschaftsprüfer eine Ersatzpflicht für den Vertrauensschaden gem. § 276 BGB aus Verschulden bei Vertragsschluß, wenn er entgegen den Bestimmungen des § 319 HGB einen Prüfungsauftrag angenommen hat. Die aus

---

[760] Vgl. Hopt, Klaus J. (Prüfer), a.a.O., Sp. 791, 796; Picker, Eduard (Schadenshaftung), a.a.O., S. 1042.

[761] Vgl. Heinrichs, Helmut, a.a.O., § 276 BGB, Anm. 65; Pohl, Ulf (Risikoeinschätzung), a.a.O., S. 3.

[762] Vgl. Hopt, Klaus J. (Prüfer), a.a.O., Sp. 796.

[763] Thomas, Heinz: Kommentierung zu § 663 BGB, in: Palandt. Bürgerliches Gesetzbuch, bearb. von Bassenge, Peter, u.a., 55. Auflage, München 1996, Anm. 1.

Verstößen gegen § 319 Abs. 2 und 3 HGB folgende Nichtigkeit des Prüfungsauftrags gem. § 134 BGB[764] ist ein Wirksamkeitshindernis. Die Partei, in deren Machtbereich das Wirksamkeitshindernis liegt, wird wegen Verursachung der Unwirksamkeit aus c.i.c. schadensersatzpflichtig[765].

Die Haftung des Wirtschaftsprüfers für Schäden aufgrund oben genannter Verstöße scheint ökonomisch gerechtfertigt. Der Wirtschaftsprüfer ist eindeutig als cheapest risk avoider zu identifizieren. Er weiß sicher besser, wann er einen Prüfungsauftrag abzulehnen hat, als ein potentieller Auftraggeber. Vor allem die Einhaltung der Regelung des § 319 Abs. 2 Nr. 8 HGB betreffend das Verhältnis der Gesamteinnahmen zum Prüfungshonorar ist ausschließlich durch den Wirtschaftsprüfer selbst möglich. Die Schäden, die durch Verstöße gegen § 319 HGB auftreten können, liegen im Rahmen der Prüfungshonorare. Das zu prüfende Unternehmen hat im Falle der Nichtigkeit des Prüfungsauftrages keine Verpflichtung, dem zu Unrecht tätig gewordenen Wirtschaftsprüfer das Honorar zu bezahlen[766]. Anspruch auf Ersatz des Prüfungshonorars des neuen Abschlußprüfers besteht wohl nicht, da die Gesellschaft gesetzlich zur Prüfung verpflichtet ist und diese Kosten daher keine Schädigung darstellen. Mehraufwendungen durch die Suche und Bestellung eines neuen Abschlußprüfers kommen für den Schadensersatz in Betracht.

Durch gewissenhafte Prüfung im vorhinein, ob er einen Prüfungsauftrag annehmen darf oder nicht, kann der Wirtschaftsprüfer jegliches Haftungsrisiko aus c.i.c. ausschließen, ohne daß ihn unverhältnismäßige Schadensvermeidungskosten treffen. Da von Schadensvermeidungskosten mit einer Tendenz gegen Null auszuge-

---

[764] Vgl. BGH, Urt. v. 30.04.1992 - III ZR 151/91, in: DB, 45. Jg. (1992), S. 1466 - 1468; Münch, Bernd: Legt der BGH strengere Maßstäbe hinsichtlich der Befangenheit des Wirtschaftsprüfers an?, in: DB, 46. Jg. (1993), S. 851; anderer Ansicht ist Weiland, Heiner: Zur Vereinbarkeit von Abschlußprüfung und Beratung, in: BB, 51. Jg. (1996), S. 1211 - 1216, Zitierweise: Vereinbarkeit, hier S. 1215 - 1216, der nur die Wahl des Prüfers für nichtig hält, nicht jedoch den Prüfungsauftrag.

[765] Vgl. Heinrichs, Helmut, a.a.O., § 276 BGB, Anm. 77; Weiland, Heinrich (Vereinbarkeit), a.a.O., S. 1216.

[766] Vgl. BGH, Urt. v. 30.04.1992, a.a.O..

hen ist, stellt die Haftung des Wirtschaftsprüfers eine ökonomisch effiziente Risikozuordnung dar.

III Beurteilung der ökonomischen Effizienz berufsrechtlicher Normen der deutschen Wirtschaftsprüfer

1. Drittes Gesetz zur Änderung der Wirtschaftsprüferordnung[767]

Obwohl nun zumindest eine Haftungsbeschränkung für leicht fahrlässige Pflichtverstöße zulässig ist, im Gegensatz zum bisher geltenden Recht[768], stellt sich die Frage, inwieweit der neue § 54a WPO die Gefahr der unbegrenzten Haftung bei leicht fahrlässigen Pflichtverstößen für den Wirtschaftsprüfer mindert. Die Antwort hängt von der Anwendung der neuen Regelungen in der Rechtsprechung ab, z.B. ob die Haftungsbeschränkung von 2 Mio. DM in den AAB auch auf die Haftung gegenüber Dritten übertragen wird und inwieweit Vereinbarkeit mit dem AGBG besteht. Auswirkungen auf die Rechtsprechung sind nur zu freiwilligen Prüfungs- und Beratungstätigkeiten zu erwarten, aber nicht zur Prospekthaftung, da in § 54a WPO nur das Verhältnis zwischen Auftraggeber und Wirtschaftsprüfer geregelt, jedoch nicht auf die Haftung gegenüber Dritten eingegangen wird.

Die Unterschiede in der Mindesthöhe der Haftungsbeschränkung zwischen Individualvereinbarungen und Allgemeinen Auftragsbedingungen scheinen ökonomisch begründet. Finden Auftragsverhandlungen zwischen Wirtschaftsprüfer und Mandant statt, kann in diese Verhandlungen die Haftungsfrage einbezogen werden. Kommen beide Seiten zu der Übereinkunft, daß TDM 500 ausreichend sind, so schlägt sich darin das Ergebnis von Verhandlungen nieder, das nicht durch gesetzliche Vorschriften beeinflußt werden muß. Wird jedoch die Gültigkeit der Allgemeinen Auftragsbedingungen vereinbart, so wird durch § 54a WPO dem Wirtschaftsprüfer ein höheres Schadensrisiko zugewiesen. Der Wirtschaftsprüfer

[767] Vgl. BGBl. Teil I 1994, S. 1569 - 1580.
[768] Vgl. Hirte, Heribert (Berufshaftung), a.a.O., S. 68.

hat einen Teil der Transaktionskosten der nicht stattgefundenen Vertragsverhandlungen in Form des erhöhten Haftungsrisikos zu tragen, die er sich vorher gespart hat. Diese Haftungsgrenze in Höhe von 2 Mio. DM greift nur, wenn Versicherungsschutz in gleicher Höhe besteht[769]. Gemäß dem geänderten § 54 WPO ist die Mindestversicherungssumme pro Versicherungsfall nach wie vor an die in § 323 Abs. 2 HGB festgelegte Haftungsbeschränkung angeknüpft. Das heißt eine nach § 54a Abs. 1 Nr. 2 WPO zulässige Haftungsbegrenzung ist nur möglich, wenn sich der Wirtschaftsprüfer freiwillig höher versichert. Dies scheint ratsam, um die sonst vorliegende unbeschränkte Haftung bei anderen als Pflichtprüfungsmandaten wirksam einzugrenzen. Voraussetzung ist, daß insgesamt die bei einer höheren Deckungssumme zu leistenden höheren Versicherungsprämien für den Wirtschaftsprüfer günstiger sind als die unbegrenzte Ersatzverpflichtung im Schadensfall.

In § 54a WPO wird bei Vereinbarung der Gültigkeit von allgemeinen Vertragsbedingungen zugelassen, die persönliche Haftung auf einzelne Sozietätspartner, die eine bestimmte vertragliche Leistung erbringen, zu beschränken. Durch eine entsprechende Änderung der AAB kann die gesamtschuldnerische Haftung aller Sozietätspartner auf die für den jeweiligen Auftrag verantwortlichen Wirtschaftsprüfer eingegrenzt werden. Diese Einschränkung ist für die Sozietäten von Bedeutung, in denen sich Angehörige verschiedener Berufe (wie Wirtschaftsprüfer, Steuerberater und Rechtsanwälte) zusammengeschlossen haben und Aufträge im Namen der Sozietät ausgeführt werden, die einer bestimmten Berufsgruppe vorbehalten sind, wie die Pflichtprüfung den Wirtschaftsprüfern[770]. Es kann durch eine entsprechende Haftungsvereinbarung vermieden werden, daß von Sozietätspartnern Verantwortung übernommen werden muß für etwas, was sie persönlich nicht beeinflussen können. Ein Rechtsanwalt darf keine Pflichtprüfung ausführen und wegen der Eigenverantwortlichkeit des Wirtschaftsprüfers keinen Einfluß auf die Auftragsdurchführung nehmen. § 54a WPO unterstützt das Prin-

---

[769] Vgl. Pohl, Ulf (Risikoeinschätzung), a.a.O., S. 15.
[770] Vgl. Lichtner, Rolf/ Korfmacher, Hans Wilhelm (Berufsrechte), a.a.O., S. 100.

zip des cheapest cost avoider, weil die Haftung auf denjenigen beschränkt werden kann, der über sein Sorgfaltsniveau zur Schadensprävention beitragen kann.

2. Berufspflichten und Berufsgrundsätze der Wirtschaftsprüfer

Gemäß dem Prinzip der Verschuldenshaftung hat derjenige das Haftungsrisiko zu tragen, der „die mit seiner Aktivität verbundenen Risiken entsprechend den Verkehrsanforderungen zu beherrschen vermag“[771]. Es bleibt die Frage, woraus sich diese Verkehrsanforderungen für den Wirtschaftsprüfer ableiten und ob ein Richter in der Lage sein kann, im Falle von Streitigkeiten zu beurteilen, ob der Wirtschaftsprüfer diesen berufsspezifischen Verhaltensstandards entsprochen hat oder nicht[772]. Im Sinne der ökonomischen Analyse ist die Festlegung objektivierter Sorgfaltspflichten und Verkehrsstandards am Ziel der Allokationseffizienz zu orientieren[773].

Grundlage dieser Verhaltensstandards sind für die deutschen Wirtschaftsprüfer die in der WPO normierten Berufspflichten bzw. waren die von der WPK herausgegebenen Richtlinien für die Berufsausübung der Wirtschaftsprüfer und vereidigten Buchprüfer - Berufsrichtlinien[774]. Obwohl die Berufsrichtlinien mit Inkrafttreten der Berufssatzung außer Kraft treten[775], sind sie noch in die Analyse der Haftung des Wirtschaftsprüfers mit einbezogen. Die Regelungen der Berufsrichtlinien sind weitgehend in der Berufssatzung wiederzufinden (vgl. dazu Übersicht im Anhang). Die Ergebnisse der Effizienzanalyse der Berufsrichtlinien

---

[771] Schäfer, Hans-Bernd/ Ott, Claus (Lehrbuch), a.a.O., S. 131.

[772] Es wird als typische Erscheinung eine Überforderung der Justizjuristen bei der Beurteilung von Wirtschaftsfragen und damit ein weiterer Faktor der Ineffektivität wirtschaftsrechtlicher Regelungen festgestellt. Vgl. Ott, Claus (Effektivität), a.a.O., S. 366.

[773] Vgl. Schäfer, Hans-Bernd/ Ott, Claus (Lehrbuch), a.a.O., S. 137 - 139.

[774] Vgl. WPK (Hrsg.): Richtlinien für die Berufsausübung der Wirtschaftsprüfer und vereidigten Buchprüfer. Berufsrichtlinien. Stand 12. März 1987, Düsseldorf 1987, Zitierweise: Richtlinien.

[775] Vgl. o.V.: Satzung über die Rechte und Pflichten bei der Ausübung der Berufe des Wirtschaftsprüfers und des vereidigten Buchprüfers, in: WPK-Mitt., 35. Jg. (1996), S. 176 - 195, hier S. 176.

dürften daher den zu erwartenden ökonomischen Wirkungen der Satzung vergleichbar sein.

Die Pflichten, gegen die ein Wirtschaftsprüfer verstoßen kann, sind im Dritten Teil der WPO über Rechte und Pflichten der Wirtschaftsprüfer festgelegt: § 43 WPO enthält die Allgemeinen Berufspflichten, § 43a WPO die Regeln der Berufsausübung, § 44 WPO die Voraussetzung der eigenverantwortlichen Tätigkeit. Da die Formulierung der allgemeinen Berufspflichten in § 43 Abs. 1 und 2 WPO keine näheren Erläuterungen zu deren Auslegung enthält, wurden die Richtlinien für die Berufsausübung der Wirtschaftsprüfer und vereidigten Buchprüfer durch die WPK gemäß deren Berechtigung in § 57 Abs. 2 Nr. 5 WPO erlassen. Die Wirtschaftsprüfer waren zur Einhaltung der Berufsrichtlinien verpflichtet. Die Berufsrichtlinien enthielten Äußerungen zu den Pflichten bei der Jahresabschlußprüfung nach § 323 HGB, nämlich der Unparteilichkeit, Gewissenhaftigkeit und Verschwiegenheit. Dazu kommen die Unabhängigkeit und Unbefangenheit und die unvereinbaren Tätigkeiten, die in § 319 HGB über die Auswahl des Abschlußprüfers gesetzlich geregelt sind. Die Berufsgrundsätze und die dazu gehörenden "Richtungweisenden Feststellungen" konnten bzw. mußten als Hilfsmittel zur Auslegung der Begriffe Gewissenhaftigkeit und Unparteilichkeit herangezogen werden. Es heißt nicht, daß die Haftung für Pflichtverstöße bereits durch die Beachtung der Berufsgrundsätze vom Wirtschaftsprüfer vermieden werden konnte[776]. Daraus folgte nur die Absicherung hinsichtlich Rüge oder berufsgerichtlicher Maßnahme. Die Berufsgrundsätze waren Minimalanforderungen, die der Wirtschaftsprüfer im Rahmen berufstypischer Tätigkeiten und auch außerhalb dieser im Sinne eines berufswürdigen Verhaltens beachten sollte.

Die Berufsrichtlinien konnten aufgrund ihrer verpflichtenden Gültigkeit für alle Wirtschaftsprüfer als Formulierung von Verkehrspflichten verstanden werden. Es waren zwar keine Regelungen bis in alle Einzelheiten; trotzdem enthielten die

---

[776] Vgl. Poll, Jens: Die Verantwortlichkeit des Abschlußprüfers nach § 323 HGB, in: DZWir, 5. Jg. (1995), S. 95 - 101, hier S. 96.

Richtungweisenden Feststellungen viele Empfehlungen, die die Einhaltung der entsprechenden Berufspflichten erleichtern konnten.

Gerade der Grundsatz der Gewissenhaftigkeit wurde ausführlich erläutert. Die Richtungweisenden Feststellungen in Nr. II 2. wiesen ausdrücklich auf die Beachtung der Fachgutachten und Stellungnahmen des IDW im Rahmen der Berufsausübung hin. Die Nichtbeachtung dieser Verlautbarungen des IDW ist im Haftungsfall vom Wirtschaftsprüfer gut zu begründen, um sich vom Vorwurf der nicht gewissenhaften Berufsausübung zu befreien. Die Bedeutung des Berufsrechts in der WPO für die Haftung des Wirtschaftsprüfers liegt demnach in der Festlegung der Verkehrsstandards über die in der WPO verankerten Aufgaben der WPK.

Unter den Grundsatz der Gewissenhaftigkeit fällt die sorgfältige Führung von Akten und Arbeitspapieren (vgl. Richtungweisende Feststellungen Nr. II 6; seit 1.1.1995 in § 51b WPO gesetzlich verankert). Für die US-amerikanischen CPA hat sich herausgestellt, daß eine saubere Dokumentation der Tätigkeiten nicht nur die Durchsetzung von Honorarforderungen erleichtert, sondern auch vor einer Haftung schützen kann[777]. Aufgrund der Beweispflicht der CPA haben gut geführte Arbeitspapiere ein größeres Gewicht in Haftungssituationen als bei deutschen Wirtschaftsprüfern. Trotzdem wird im deutschen Berufsstand immer mehr Wert auf beweiskräftige Arbeitspapiere gelegt. Das zeigt sich z.B. in der Verwendung standardisierter Prüfprogramme zur Prüfung einzelner Bilanz- und GuV-Positionen oder Checklisten für die Prüfung der Anhangsangaben. Diese Maßnahmen dienen nicht nur der Sicherung der Qualität, sondern auch der Vertrauensstellung der Wirtschaftsprüfer in der Öffentlichkeit. Sie sind als Ausfluß der Haftungsverschärfungen zu sehen und bestätigen die These, daß eine scharfe Haftung zur Innovationssuche nach Haftungs- und Schadensvermeidungsmöglichkeiten anspornt. Die Dokumentation der Tätigkeit vermeidet nicht nur Haftung, sondern stellt, vor allem wenn es um Beratungstätigkeiten z.B. in steuerli-

[777] Vgl. Rosario, Ric: Making Documentation Pay off. Documenting client interaction not only provides good practice protection, it´s a good client service, in: JoA, Vol. 179 (February 1995), S. 70 - 74, Zitierweise: Documentation, hier S. 70.

chen Angelegenheiten geht, einen zusätzlichen Service für den Mandanten dar[778]. Möglicherweise können sich die Dokumentationen in Form von Briefen, Vormerkungen oder Protokollen gegen den Wirtschaftsprüfer vor Gericht auswirken[779]. Das dürfte aber nur der Fall sein, wenn sich dort offensichtlich falsche Aussagen wiederfinden oder die Dokumentation unzureichend ist. Die Gefahr einer negativen Auswirkung hält die Wirtschaftsprüfer zur sorgfältigeren Arbeit an. Denn eine mündliche Auskunft ist schneller erteilt als eine schriftliche. Für schriftlich niederzulegende Aussagen wird der Wirtschaftsprüfer versuchen, sich z.B. durch entsprechende Fundstellennachweise aus Kommentaren oder Fachzeitschriften abzusichern.

3. Berufssatzung für Wirtschaftsprüfer

Durch § 57 Abs. 3 WPO ist die Wirtschaftsprüferkammer ermächtigt, durch Beschluß des Beirats eine Berufssatzung für Wirtschaftsprüfer zu erlassen, die allgemeine und besondere Berufspflichten im Sinne von § 57 Abs. 4 Nr. 1 - 5 WPO näher regelt. Mit Datum vom 10. Juli 1995 wurde ein Sonderrundschreiben an die Mitglieder der WPK versandt. Es enthielt den Entwurf einer Satzung über die Rechte und Pflichten bei der Ausübung der Berufe des Wirtschaftsprüfers und des vereidigten Buchprüfers (Berufssatzung), die Allgemeine Begründung zum Entwurf sowie den Vortrag zur Einführung in den Entwurf der Berufssatzung anläßlich der Beiratssitzung am 21. Juni 1995, der von Mitgliedern des gemeinsamen Arbeitskreises "Berufsrecht" des Vorstandes und des Beirats gehalten wurde[780].

[778] Vgl. Rosario, Ric (Documentation), a.a.O., S. 72.
[779] Vgl. Rosario, Ric (Documentation), a.a.O., S. 70.
[780] Vgl. WPK (Hrsg.): Sonderrundschreiben zum Entwurf der Berufssatzung, Düsseldorf 10. Juli 1995, Zitierweise: Sonderrundschreiben, hier S. 1 - 31; vgl. auch o.V.: Entwurf der Berufssatzung. Entwurf des Vorstandes der Wirtschaftsprüferkammer, Stand: 23. Mai 1995, in: WPK-Mitt., 34. Jg. (1995), S. 141 - 159, Zitierweise: Entwurf, wo der Entwurf sowie die allgemeine Begründung zum Entwurf abgedruckt sind.

Die Berufssatzung wurde am 11. Juni 1996 durch den Beirat der Wirtschaftsprüferkammer beschlossen[781]. Gem. § 57 Abs. 3 Satz 3 WPO ist sie am 19. September 1996, drei Monate nach Übermittlung an das Bundesministerium für Wirtschaft, in Kraft getreten[782].

Grund für die Inanspruchnahme der gesetzlichen Ermächtigung zum Erlaß einer Berufssatzung waren die Entscheidungen des Bundesverfassungsgerichts vom 14. Juli 1987[783] zu den Standesrichtlinien der Rechtsanwälte, die den Berufsrichtlinien der Wirtschaftsprüfer vergleichbar sind[784]. Danach stellen derartige Richtlinien lediglich die Auffassung der Mitglieder des Berufsstandes deklaratorisch fest, besitzen aber keine Rechtsnormqualität[785]. Es ist zwischen statusbildenden und statusausfüllenden Normen zu unterscheiden, da die statusbildenden allein dem Gesetzgeber vorbehalten sind, was durch die neue WPO geregelt wird, und die statusausfüllenden nur auf der Grundlage einer gesetzlichen Ermächtigung in einer Satzung gebildet werden dürfen, wie sie § 57 Abs. 3 WPO enthält[786]. Der Wirtschaftsprüfer hat keine Haftung zu befürchten, wenn er die in der Satzung festgelegten allgemeinen und besonderen Berufspflichten beachtet. Die Regeln einer Berufssatzung können als extern vorgegebene Sicherheitsstandards betrachtet werden, die der Orientierung der Gerichte dienen und Aufwendungen der Gerichte für Informationen über das optimale Sorgfaltsniveau im konkreten Fall mindern können[787].

In der Berufssatzung werden die allgemeinen Berufspflichten der Unabhängigkeit, Gewissenhaftigkeit, Verschwiegenheit, Eigenverantwortlichkeit, des berufs-

---

[781] Vgl. o.V.: Berufsständische Mitteilungen: Berufssatzung der Wirtschaftsprüferkammer, in: FN-IDW, Nr. 8/1996, S. 393; die endgültige Fassung der Satzung ist abgedruckt in: WPK-Mitt., 35. Jg. (1996), S. 176 - 195.

[782] Vgl. o.V.: Inkrafttreten der Berufssatzung für Wirtschaftsprüfer, in: FN-IDW, Nr. 10/1996, S. 481.

[783] Vgl. BVerfG, Beschlüsse des Ersten Senats v. 14. Juli 1987, 1 BvR 537/81, BVerfGE 76, S. 171 - 196 und 1 BvR 362/79, BVerfGE 76, S. 196 - 210.

[784] Vgl. WPK (Sonderrundschreiben), a.a.O., S. 11, 23; vgl. auch o.V. (Entwurf), a.a.O., S. 147.

[785] Vgl. BVerfGE 76, a.a.O., S. 185 - 190.

[786] Vgl. WPK (Sonderrundschreiben), a.a.O., S. 24.

[787] Vgl. Schäfer, Hans-Bernd (Probleme), a.a.O., S. 386 - 388.

würdigen Verhaltens sowie sonstige allgemeine Berufspflichten geregelt. § 16 der Berufssatzung verbietet ein Abbedingen einer gesetzlichen Haftungsbegrenzung. In § 17 Abs. 2 wird eine über die gesetzliche Mindestversicherungssumme hinausgehende Berufshaftpflichtversicherung verlangt, soweit keine gesetzliche Haftungsbegrenzung vorliegt und Art und Umfang des Haftungsrisikos entsprechendes erfordern. Damit wird der bisher bestehenden Gefahr entgegengetreten, daß durch Pflichtverletzung eines Wirtschaftsprüfers ein hoher Schaden entsteht, der zu Lasten des Geschädigten nicht kompensiert werden kann, weil die Berufshaftpflichtversicherung zu niedrig abgeschlossen und ein Ausgleich aus dem Privatvermögen des Wirtschaftsprüfers nicht möglich war. Die Festsetzung der Berufssatzung ist damit auch aus ökonomischer Sicht wünschenswert.

4. Effizienz berufsrechtlicher Maßnahmen

Innerhalb der letzten rd. 15 Jahre wurden vom Vorstand der WPK 82 Rügen an Wirtschaftsprüfer erteilt und über 15 Einsprüche entschieden, die auszugsweise je nach ihrer Bedeutung über den Einzelfall hinaus zusammen mit einigen Entscheidungen des LG und OLG Düsseldorf und des BGH veröffentlicht wurden[788]. Daß sich die Zahl der Rügen und Entscheidungen während dieser knapp 15 Jahre im Vergleich zu den vorhergehenden 17 Jahren nicht erhöht hat, wird von der WPK als Zeichen der „weitgehenden Berufstreue" gedeutet und die Aufgabenerfüllung im Rahmen der Selbstverwaltung des Berufsstandes als gelungen angesehen[789]. Das scheint nicht mit der zunehmenden Zahl von Haftungsprozessen gegen Wirtschaftsprüfer vor allem außerhalb der Pflichtprüfungen und mit den verstärkten Angriffen gegen Wirtschaftsprüfer und deren berufliche Äußerungen in der Presse vereinbar. Vielmehr tritt die Erwartungslücke auf zwischen den Vorstellungen des Berufsstandes über seine Tätigkeit und den Vorstellungen der Auftraggeber, Unternehmer und der übrigen interessierten Öffentlichkeit. Das vermuten auch die Herausgeber der Zusammenfassung berufsgerichtlicher Entscheidungen, die

[788] Vgl. WPK (Entscheidungen II), a.a.O., S. V.
[789] Vgl. WPK (Entscheidungen II), a.a.O., S. V.

die interessierte Öffentlichkeit informieren, Einblicke in die Fortentwicklung des Berufsrechts vermitteln sowie Berufspflichten wieder in Erinnerung rufen wollen[790].

Die Wirksamkeit der berufsgerichtlichen Maßnahmen scheint deshalb nicht weit zu reichen, weil die Sanktionen sehr milde sind[791]. Lediglich Geldbußen, die in den veröffentlichten Entscheidungen der WPK nie bis an die höchstmögliche Grenze von DM 20.000 (seit 1.1.1995: TDM 100) heranreichten, haben quantitativ spürbare Folgen. Ein Berufsausschluß scheint nie für notwendig erachtet worden zu sein oder betroffene Wirtschaftsprüfer kamen diesem durch Rückgabe ihrer Bestellung zuvor. Voraussetzung für den Berufsausschluß ist eine strafbare Handlung im Sinn des StGB.

Die Wirksamkeit von Gesetzen setzt die Überwachung und Gewährleistung von deren Einhaltung voraus[792]. Häufige Ursache für die Ineffektivität (rechtlicher) Regelungen ist die Art dieser Überwachung[793]. In diesem Sinne ist zu bedenken, daß die Berufsaufsicht der WPK auf Pflichtverstöße aufmerksam gemacht werden muß, um überhaupt tätig werden zu können. Durch die Entscheidungen der Berufsaufsicht bezüglich des kollegialen Verhaltens, des Berufsansehens, der Kundmachung und Werbung sowie der Berufspflichten gegenüber der WPK[794] wird letztlich vor allem das kollegiale Verhalten der Berufsangehörigen untereinander gefördert.

Die Effizienz der Berufsaufsicht liegt in der Bewahrung geordneter Verhältnisse innerhalb des Berufsstandes. Die Außenwirkung auf die Effizienz der Haftungs-

---

[790] Vgl. WPK (Entscheidungen II), a.a.O., S. V.

[791] So lautete bereits die Kritik zu den berufsgerichtlichen Entscheidungen zwischen 1961 und 1976, die ebenso von der WPK veröffentlicht wurden; vgl. dazu Emmerich, Volker (Kontrolle), a.a.O., S. 220 - 221.

[792] Vgl. Blankenburg, Erhard: Über die Unwirksamkeit von Gesetzen, in: ARSP, 63. Bd. (1977), S. 31 - 58, hier S. 39.

[793] Vgl. Veljanovski, Cento (Economics), a.a.O, S. 83; Rahmsdorf, Detlev W./Schäfer, Hans-Bernd (Analyse), a.a.O., S. 103.

[794] Vgl. WPK (Entscheidungen II), a.a.O., S. 63 - 170.

regelungen des Wirtschaftsprüfers ist gering, da wegen der Milde der Maßnahmen keine abschreckende Wirkung gegeben sein dürfte.

Als Beispiel sei eine Rüge genannt, die erteilt wurde, weil eine Wirtschaftsprüfungsgesellschaft einer AG einen uneingeschränkten Bestätigungsvermerk erteilt hatte, obwohl der Jahresabschluß nichtig war, da in die gesetzliche Rücklage anstatt der gem. § 150 AktG vorgeschriebenen 5 % ein Betrag von 25 % (wie in der Satzung unzulässigerweise verankert) des Jahresüberschusses eingestellt worden war. Obwohl die Wirtschaftsprüfungsgesellschaft von der WPK auf diesen Verstoß hingewiesen wurde, hat sie denselben Fehler im Folgejahr nochmals begangen[795]. Damit wurde zweimal ein nichtiger Jahresabschluß mit uneingeschränktem Bestätigungsvermerk versehen, was die WPK als groben Verstoß gegen den Grundsatz der Gewissenhaftigkeit ansah. Trotzdem wurde die Wirtschaftsprüfungsgesellschaft nur mit einer Rüge, zwar in der schärfsten Form, belegt, was aber keine weiteren Konsequenzen für die Prüfungsgesellschaft hat. Die Frage, „was ein Wirtschaftsprüfer eigentlich noch Schlimmeres tun kann, als vorsätzlich falsche Testate zu erteilen, m.a.W., was eigentlich noch zusätzlich passieren muß, damit es zu einer gerichtlichen Ahndung derartiger Fälle kommt“[796], wurde bereits gestellt.

Aus dieser Entscheidung kann die Begründung, daß keine gewissenhafte Prüfung durchgeführt wurde, verwendet werden. Sollten im Rahmen dieser Pflichtverletzung Schadensersatzansprüche der Aktionäre an die AG gestellt werden, die die AG ihrerseits gegen die Wirtschaftsprüfungsgesellschaft aus § 323 HGB geltend macht, ist diesen wegen Pflichtverstoßes gegen die Gewissenhaftigkeit statt zu geben. Ein Mitverschulden der AG als Auftraggeber wäre in Erwägung zu ziehen.

---

[795] Vgl. WPK (Entscheidungen II), a.a.O., S. 49 - 50.

[796] Heni, Bernhard: Berufsrechtliche Sanktionen bei Verletzung handelsrechtlicher Offenlegungspflichten durch Wirtschaftsprüfungsgesellschaften - Zugleich eine Anmerkung zum Publizitätsverhalten deutscher Wirtschaftsprüfungsgesellschaften -, in: DB, 46. Jg. (1993), S. 1629 - 1634, Zitierweise: Sanktionen, hier S. 1634 (vgl. dort Fußnote 41).

Ein anderes Beispiel für berufliches Fehlverhalten von Wirtschaftsprüfern ist die Mißachtung der handelsrechtlichen Pflichten zur Offenlegung von Jahresabschlüssen gerade durch die Wirtschaftsprüfungsgesellschaften, trotz Aufforderung und Mahnung durch die WPK[797]. Es handelt sich um Verstöße gegen den Grundsatz des berufswürdigen Verhaltens gem. § 43 Abs. 2 WPO[798]. Daraus kann die Gefahr entstehen, daß das Vertrauen der Öffentlichkeit in die Glaubwürdigkeit der Urteile der Wirtschaftsprüfer beeinträchtigt wird, da der Wirtschaftsprüfer nicht eine fehlende Offenlegung bei einem zu prüfenden Unternehmen bemängeln kann[799], wenn er gleichzeitig selbst dieser Pflicht nicht nachkommt[800].

Da die Veröffentlichungspflicht seitens der Prüfungsgesellschaften schon seit Jahren mißachtet wird, muß offensichtlich festgestellt werden, daß die Berufsaufsicht die Einhaltung der Berufsgrundsätze nicht gewährleisten kann. Grund dafür ist vor allem die Milde der berufsrechtlichen Sanktionen, wenn es überhaupt zu Sanktionen kommt. Das Vertrauen der Öffentlichkeit kann nur durch sofortige strengere Sanktionen der WPK wiederhergestellt bzw. erhalten werden[801]. Letztendlich handelt es sich bei der Berufsaufsicht um eine Kontrolle durch die zu Kontrollierenden selbst[802].

---

[797] Vgl. Heni, Bernhard (Sanktionen), a.a.O., S. 1629 - 1632.

[798] Vgl. Heni, Bernhard (Sanktionen), a.a.O., S. 1634.

[799] Der Wirtschaftsprüfer hat im Rahmen seiner Berichterstattung gem. § 321 HGB über Gesetzesverstöße des zu prüfenden Unternehmens zu berichten, worunter auch der Verstoß gegen Offenlegungspflichten fällt. (Vgl. dazu IDW (Hauptfachausschuß): Fachgutachten 2/1988, a.a.O., S. 21, C.I.2.).

[800] Vgl. Heni, Bernhard (Sanktionen), a.a.O., S. 1632 - 1633.

[801] Vgl. Heni, Bernhard (Sanktionen), a.a.O., S. 1634.

[802] Vgl. Emmerich, Volker (Kontrolle), a.a.O., S. 220.

5. Allgemeine Auftragsbedingungen für Wirtschaftsprüfer und Wirtschaftsprüfungsgesellschaften

5.1 Inhalt der Allgemeinen Auftragsbedingungen

Zum 1. Januar 1995 wurden die vom IDW-Verlag Düsseldorf herausgegebenen Allgemeinen Auftragsbedingungen für Wirtschaftsprüfer und Wirtschaftsprüfungsgesellschaften (AAB) neu gefaßt. Die Neufassung betrifft die Nr. 9, die die Haftung regelt.

Da die Haftungsbestimmungen für gesetzliche Pflichtprüfungen im HGB festgelegt sind (auf die Haftungsbeschränkung des § 323 Abs. 2 HGB wird explizit in Nr. 9 Abs. 1 AAB 1995[803] hingewiesen), sind die AAB vor allem bei den übrigen Tätigkeiten des Wirtschaftsprüfers von Bedeutung. Die AAB waren wegen § 54a WPO neu zu formulieren, der die Beschränkung von Ersatzansprüchen durch vorformulierte Vertragsbedingungen auf den vierfachen Betrag der Mindestdekkungssumme nach § 54 WPO, wenn insoweit Versicherungsschutz besteht, verlangt (vgl. D III 1.). Wesentliche Konsequenz dieser Regelung ist, daß die AAB nicht mehr verwendet werden können, wenn der Wirtschaftsprüfer nicht gleichzeitig die Deckungssumme seiner Berufshaftpflichtversicherung auf mindestens 2 Mio. DM erhöht, obwohl gem. § 54 WPO die Mindestversicherungssumme nach wie vor an § 323 Abs. 2 HGB (und damit TDM 500) gekoppelt ist.

In Nr. 9 Abs. 1 und 2 AAB 1990 wurde die Haftung nach leichter Fahrlässigkeit und grobem Verschulden unterschieden, wobei jeweils die Beschränkung auf TDM 500 gelten sollte, außer im Falle von Vorsatz. Des weiteren war es nach Nr. 9 Abs. 3 AAB 1990 für den Wirtschaftsprüfer verpflichtend, auf Verlangen des Auftraggebers eine höhere Haftsumme als TDM 500 anzubieten, wenn das vorhersehbare Vertragsrisiko diesen Betrag wesentlich übersteigen sollte[804]. War die

[803] Im folgenden werden die AAB zum Stand 1. Januar 1995 mit AAB 1995 und die AAB zum Stand 1. Januar 1990 mit AAB 1990 abgekürzt.

[804] Vgl. Quick, Reiner (Haftung), a.a.O., S. 1678.

Haftungsbeschränkung auf TDM 500 nicht anwendbar, sollte die Haftung, wenn nicht Vorsatz des Wirtschaftsprüfers oder eines leitenden Angestellten vorlag, auf den Schaden begrenzt sein, der innerhalb des voraussehbaren Vertragsrisikos lag (Nr. 9 Abs. 4 AAB 1990). Da diese Haftungsbeschränkung bei fahrlässiger Pflichtverletzung des Wirtschaftsprüfers den Auftraggebern einen nicht unerheblichen Teil des vertragstypischen vorhersehbaren Schadensrisikos auferlegte, war davon auszugehen, daß diese Vereinbarungen einer richterlichen AGB-Kontrolle nicht stand hielten[805]. Dies wurde mit der Vertrauensstellung des Wirtschaftsprüfers gegenüber dem Auftraggeber begründet[806].

Diese Sonderregelungen der Haftungsstaffelung, der Vereinbarung höherer Haftungsgrenzen und der ersatzweisen Haftungsbegrenzung auf das vorhersehbare Vertragsrisiko sind nicht mehr Bestandteil der AAB 1995. Nach Nr. 9 Abs. 2 AAB 1995 haftet der Wirtschaftsprüfer bei einem fahrlässig verursachten einzelnen Schadensfall bis maximal 2 Mio. DM, was auch für Schadensersatzansprüche von Dritten gelten soll. Die Erläuterung, was als einzelner Schadensfall zu verstehen ist, wurde aus Nr. 9 Abs. 1 AAB 1990 wörtlich in Nr. 9 Abs. 2 AAB 1995 übernommen. Damit wurde die Begrenzung der Haftung auf 2,5 Mio. DM für einen Schaden, der bei mehreren gleichartigen beruflichen Tätigkeiten durch den gleichen fachlichen Fehler entstanden ist, unabhängig von der Verursachung der Schäden in einem Jahr oder mehreren aufeinander folgenden Jahren, beibehalten.

Mit der Erhöhung der Haftungsbeschränkung wurde der herrschenden Meinung Rechnung getragen, die Haftungsgrenze des § 323 Abs. 2 HGB sei dem möglichen Schadensrisiko nicht adäquat. Des weiteren wurde die Divergenz zwischen Berufs- und Haftungsrecht, die sich aus der in Nr. 9 Abs. 3 AAB 1990 geregelten Möglichkeit der Vereinbarung einer höheren Haftungsgrenze als der gesetzlichen

---

805 Vgl. Hopt, Klaus J. (Haftung), a.a.O., S. 505; Quick, Reiner (Haftung), a.a.O., S. 1678.

806 Vgl. Brandner, Hans Erich: Berufshaftung und Vertragsgestaltung der Wirtschaftsprüfer. Zur Neufassung der Allgemeinen Auftragsbedingungen für Wirtschaftsprüfer und Wirtschaftsprüfungsgesellschaften, in: ZIP, 5. Jg. (1984), S. 1186 - 1194, Zitierweise: Berufshaftung, hier S. 1190.

ergab[807], durch Streichung dieser Regelung beseitigt. Diese Abweichung hat sich jedoch nur bei gesetzlichen Pflichtprüfungen ergeben, denn nur bei diesen gilt die gesetzliche Haftungsbeschränkung des § 323 Abs. 2 HGB. Die in Nr. 9 Abs. 4 AAB 1990 festgelegte ersatzweise Haftungsbeschränkung in Höhe des voraussehbaren Schadensrisikos, deren Gültigkeit bezüglich § 9 AGBG vordem keinen Bedenken ausgesetzt war[808], wurde gestrichen. Obwohl für den Wirtschaftsprüfer noch Unsicherheit über die Höhe dieses voraussehbaren Schadensrisikos bestand, das über die Berufshaftpflicht versicherbar war[809], war diese Formulierung des vorhersehbaren Schadensrisikos auch unter Effizienzgesichtspunkten sinnvoll, da der Wirtschaftsprüfer sein Sorgfaltsniveau nur an solche Risiken anpaßt, die er in seine Tätigkeit einkalkulieren kann.

5.2 Auswirkungen der AAB auf die Beziehungen des Wirtschaftsprüfers zum Mandanten

Aus ökonomischer Sicht dienen vorformulierte Auftragsbedingungen der Vermeidung von Transaktionskosten, die durch Verhandlungen über Vertragsbedingungen oder durch Suche nach einem anderen Anbieter einer Vertragspartei entstehen können[810]. Nur wenn die Entscheidung für AAB kostengünstiger ist als Verhandlungen oder Suche nach anderen Vertragspartnern, werden AAB akzeptiert[811]. Aus juristischer Sicht sind allgemeine Geschäftsbedingungen nicht zulässig, wenn sie dem Zweck des AGB-Gesetzes, nämlich „Schutz gegen wirtschaftliche, soziale, intellektuelle und psychologische Übermacht“[812], entgegenstehen.

---

[807] Vgl. Versicherungsstelle Wiesbaden, Versicherungsgemeinschaft für das wirtschaftliche Prüfungs- und Treuhandwesen: Haftungsbegrenzung und Allgemeine Auftragsbedingungen, in: WPK-Mitt., 28. Jg. (1989), S. 114 - 115, Zitierweise: Haftungsbegrenzung, hier S. 114.

[808] Vgl. Brandner, Hans Erich (Berufshaftung), a.a.O., S. 1192.

[809] Vgl. Brandner, Hans Erich (Berufshaftung), a.a.O., S. 1192, 1193.

[810] Vgl. Kötz, Hein: Zur Effizienz von Haftungsausschlußklauseln, in: Ott, Claus/ Schäfer, Hans-Bernd: Allokationseffizienz in der Rechtsordnung. Beiträge zum Travemünder Symposium zur ökonomischen Analyse des Zivilrechts, 23. - 26. März 1988, Berlin u.a. 1989, S. 189 - 200, Zitierweise: Effizienz, hier S. 192 - 193.

[811] Vgl. Kötz, Hein (Effizienz), a.a.O., S. 191.

[812] Kötz, Hein (Effizienz), a.a.O., S. 190.

Vorausgesetzt, die neu festgelegte Haftungsbeschränkung auf 2 Mio. DM hält einer richterlichen AGB-Kontrolle stand, würde damit das Problem der Quantifizierung eines vorhersehbaren Schadensrisikos wegfallen und der Schaden in einer Kosten-Nutzen-Analyse, die das Sorgfaltsniveau des Wirtschaftsprüfers beeinflußt, kalkulierbar werden. Eine Bestimmung in den AAB ist gem. § 9 Abs. 1 AGBG unwirksam, wenn sie entgegen den Geboten von Treu und Glauben den Vertragspartner unangemessen benachteiligen würde. Eine summenmäßige Haftungsbeschränkung ist in diesem Sinne angemessen, wenn das Verhältnis zum vertragstypischen Risiko angemessen ist[813]. Ökonomisch ist eine Haftungsausschluß- oder -beschränkungsklausel für unwirksam zu erklären, wenn die Vertragsparteien in (kostenlosen) Verhandlungen etwas anderes vereinbart hätten[814]. Es stellt sich die Frage, ob die Haftungsbeschränkung von 2 Mio. DM einer typischen Schadenshöhe aus Pflichtverstößen der Wirtschaftsprüfer entspricht. Das kann nicht tatsächlich quantifiziert werden. Es kann jedoch festgestellt werden, daß diese Grenze näher an einer vorhersehbaren Schadenshöhe liegt als die TDM 500, die allgemein für zu niedrig gehalten werden (vgl. D I 3.).

Die Ziele der Haftung werden durch die Haftungsbeschränkung beeinflußt, da sie zu einer anderen Haftungsverteilung führen. Eine Haftungsbeschränkung ist gerechtfertigt, wenn ein oder mehrere Geschädigte nur geringe Verluste hinnehmen müssen, gleichzeitig der Schädiger aber bei vollem Schadensausgleich in seiner Existenz bedroht ist[815]. Ohne die Haftungsbeschränkung im Rahmen von AAB würde die Wirtschaftsprüfer eine außerhalb der Pflichtprüfungstätigkeit unbegrenzte und unbegrenzbare Haftung treffen, die - wenn überhaupt - nur durch große Wirtschaftsprüfungsgesellschaften getragen werden könnte und diesen dadurch Wettbewerbsvorteile verschaffen würde[816]. Die Frage der Angemessenheit einer Haftungsbeschränkung durch Allgemeine Auftragsbedingungen ist nicht nur

---

[813] Vgl. Heinrichs, Helmut: Kommentierung zu § 9 AGBG, in: Palandt. Bürgerliches Gesetzbuch, bearb. von Bassenge, Peter, u.a., 55. Auflage, München 1996, Anm. 47.
[814] Vgl. Kötz, Hein (Effizienz), a.a.O., S. 193.
[815] Vgl. Koller, Ingo (Wirksamkeit), a.a.O., S. 1090.
[816] Vgl. Schlechtriem, Peter: Summenmäßige Haftungsbeschränkungen in Allgemeinen Geschäftsbedingungen, in: BB, 39. Jg. (1984), S. 1177 - 1187, hier S. 1185.

aus Sicht des Geschädigten, sondern auch des Schädigers zu beurteilen. Einseitig formulierte Vertragsbedingungen, wie sie die AAB enthalten, führen nicht zu ökonomisch effizienten Lösungen, wenn die Verhandlungsmacht ungleich verteilt ist und damit die vertraglichen Übereinkünfte der Parteien keinen richtigen Konsens darstellen[817].

Fraglich ist, ob durch Haftungsfreizeichnungsklauseln der AAB das verbleibende Haftungsrisiko kalkulierbar gemacht werden kann, indem ein Haftungsausschluß für überschaubare Haftungsrisiken nicht als zulässig erachtet wird, hingegen die Haftungsfreizeichnung für vertragsuntypische und kaum vorhersehbare Schäden zugelassen wird[818]. Die Entscheidung, ob es sich um einen vorhersehbaren Schaden handelt oder nicht, wurde in den AAB 1995 über die Festlegung der 2 Mio. DM-Grenze gelöst. Alles was an Schäden über 2 Mio. DM entsteht, gilt als nicht vorhersehbar und vertragsuntypisch. Ob damit der volle Präventionseffekt der Haftung erreicht wird (also "ohne daß wünschenswerte Aktivitäten eingedämmt werden"[819]), kann nicht allgemein beantwortet werden. Es darf davon ausgegangen werden, daß diese Vervierfachung gegenüber der Haftungsobergrenze der AAB 1990 dazu motiviert, das Sorgfaltsniveau anzuheben.

Die beruflichen Tätigkeiten des Wirtschaftsprüfers außerhalb der Pflichtprüfungen werden von den Mandanten auf "freiwilliger" Basis, das heißt ohne gesetzliche Verpflichtung, in Auftrag gegeben. Die Freiwilligkeit weist darauf hin, daß diese Aktivitäten des Wirtschaftsprüfers wünschenswert sind, da niemand im Wirtschaftsleben Geld für etwas ausgeben würde, wovon er sich nicht einen entsprechenden wirtschaftlichen Nutzen verspricht. Beispielsweise ist es wünschenswert, daß die Wirtschaftsprüfer als Gutachter für Gerichte tätig sind, da sie bei Streitigkeiten in wirtschaftlichen Fragen aufgrund ihrer besonderen Fachkunde für Sachverständigentätigkeiten besonders geeignet sind und durch ihre berufsrechtliche Verpflichtung zur Unabhängigkeit die besonderen, von den streitenden

---

[817] Vgl. Horn, Norbert (Rationalität), a.a.O., S. 321.
[818] Vgl. Koller, Ingo (Wirksamkeit), a.a.O., S. 1093.
[819] Koller, Ingo (Wirksamkeit), a.a.O., S. 1093.

Parteien sowie vom Gericht erwarteten Voraussetzungen mit sich bringen. Gleiches gilt für Unternehmensbewertungen, die keine Parteigutachten sind, oder freiwillige Prüfungen wie Unterschlagungsprüfungen. Wenn diese Tätigkeiten durch übermäßige Haftung des Wirtschaftsprüfers wegen fehlender Anwendbarkeit von Haftungsfreizeichnungsklauseln nicht mehr ausgeübt werden, kann es zu einem Anstieg von Schäden kommen, die gerade durch die Tätigkeit des Wirtschaftsprüfers vermieden werden sollten. Es würde sich ein zu niedriges Aktivitätsniveau der Wirtschaftsprüfer ergeben, das einer ökonomischen Effizienz entgegensteht.

Für eine Beurteilung der Effizienz vorformulierter Haftungsfreizeichnungsklauseln ist die Wirkung der Haftpflichtversicherung bedeutsam. Die Haftungsbeschränkung der AAB ist nicht angemessen, wenn gleichzeitig eine Versicherung des Schadensrisikos den Präventionseffekt der Haftung einschränkt[820]. Dieser Effekt kann durch eine Haftpflichtversicherung gemindert werden, da Anreize zu unsorgfältigem Handeln gegeben werden (vgl. D I 4.). Andererseits wird durch die Haftpflichtversicherung sichergestellt, daß ein Geschädigter im Haftungsfall zumindest den in den AAB 1995 festgelegten Betrag von 2 Mio. DM ersetzt bekommt.

5.3 Auswirkungen der AAB auf die Beziehungen des Wirtschaftsprüfers zu Dritten

In Nr. 1 Abs. 2 AAB wird der Geltungsbereich der Auftragsbedingungen auf Dritte ausgedehnt, sofern „im Einzelfall ausnahmsweise vertragliche Beziehungen auch zwischen dem Wirtschaftsprüfer und anderen Personen als dem Auftraggeber begründet“ werden. Die Formulierung „im Einzelfall ausnahmsweise“ zustandegekommene Beziehungen zu Dritten entspricht nicht der aktuellen Situation, da die Dritthaftung des Wirtschaftsprüfers zunehmend eine größere Rolle spielt. Zunächst gilt gem. Nr. 7 AAB, daß der Wirtschaftsprüfer nur eine Haftung Dritten gegenüber übernehmen will, wenn er vorher der Weitergabe seiner Ergebnisse

[820] Vgl. Koller, Ingo (Wirksamkeit), a.a.O., S. 1096.

zugestimmt hat. Das soll die jeweiligen Auftraggeber veranlassen, dem Wirtschaftsprüfer mitzuteilen, wozu seine beruflichen Äußerungen verwendet werden. Eine Verweigerung der Zustimmung des Wirtschaftsprüfers dürfte in Praxis ausgeschlossen sein, weil er dadurch seine eigene Arbeit bezüglich ihrer Güte und Aussagekraft in Zweifel geraten läßt. Es ist nicht möglich, durch diese Klausel die Entstehung der Voraussetzungen für eine Haftung aus Auskunftsvertrag oder Vertrag mit Schutzwirkung zugunsten Dritter abzuwehren[821]. Lediglich beim Vertrag mit Schutzwirkung für Dritte kann von der Gültigkeit der Haftungsbeschränkung aufgrund der vertraglichen Beziehungen gem. Nr. 1 Abs. 2 AAB zwischen Wirtschaftsprüfer und Dritten infolge des Auftrags vom Unternehmen für den Wirtschaftsprüfer ausgegangen werden[822]. Diese vertragliche Beziehung liegt beim Auskunftsvertrag nicht vor, da von einem Vertrag direkt zwischen Wirtschaftsprüfer und Drittem ausgegangen wird, bei dem die Gültigkeit der AAB schwer zu vereinbaren ist. Ein telefonischer Kontakt zwischen Wirtschaftsprüfer und Drittem z.B kann bereits einen Auskunftsvertrag begründen. Hier besteht keine Gelegenheit, auf die AAB zu verweisen.

Auch bei der Prospekthaftung ist eine Haftungsbeschränkung durch AAB unmöglich, da mit den Kapitalanlegern „kein rechtsgeschäftlicher Kontakt hergestellt wird"[823] und auch Anlegern Anspruch auf Schadensersatz gewährt wird, die den Prospektprüfungsbericht nicht gesehen haben und somit die AAB nicht lesen konnten[824]. Da die Haftung auf der Garantenstellung des Wirtschaftsprüfers basiert, kommen keine vertraglichen Beziehungen zu geschädigten Dritten zustande. Dadurch ist die Verwendung der AAB bei Prospektprüfungsaufträgen Dritten gegenüber ohne Bedeutung und die darin enthaltenen Regeln zur Dritthaftung sind unwirksam[825].

---

[821] Vgl. Brandner, Hans Erich (Berufshaftung), a.a.O., S. 1193.
[822] Vgl. Hopt, Klaus J. (Haftung), a.a.O., S. 505.
[823] Hopt, Klaus J. (Haftung), a.a.O., S. 505.
[824] Vgl. Hopt, Klaus J. (Haftung), a.a.O., S. 505.
[825] Vgl. Brandner, Hans Erich (Berufshaftung), a.a.O., S. 1193.

Wegen der im Zweifel weitgehenden Unwirksamkeit der Haftungsvereinbarungen in den AAB hinsichtlich der Höhe der Haftungsbeschränkung gegenüber Auftraggebern bei anderen als Pflichtprüfungstätigkeiten und in Bezug auf die Gültigkeit im Rahmen der Dritthaftung waren die AAB 1990 wenig hilfreich, die bestehenden Ineffizienzen der Schadensverteilungen in den diskutierten Fällen handels- und zivilrechtlicher Haftung zu korrigieren. Für die AAB 1995 ist keine weitergehende Wirksamkeit auf Auskunfts- und Prospekthaftung zu erwarten. Durch die in diesen Fällen trotz der AAB als Bestandteil des (Prüfungs-)Auftrages des Wirtschaftsprüfers unbeschränkte Haftung fehlt der Anreiz auf das Sorgfaltsniveau geschädigter Dritter, ihrerseits das zur Schadensvermeidung Erforderliche beizutragen.

6. Maßnahmen der Qualitätssicherung und ihre Wirkung auf die ökonomische Effizienz

In der Berufssatzung für Wirtschaftsprüfer werden gem. § 57 Abs. 4 Nr. 5 WPO besondere Berufspflichten zur Sicherung der Qualität der Berufsarbeit nach § 2 Abs. 1 WPO näher geregelt. Diese Regelungen betreffen ausschließlich die Prüfungstätigkeit des Wirtschaftsprüfers. § 39 der Berufssatzung sieht eine interne Nachschau vor. Diese soll durch die Leitung der Wirtschaftsprüferpraxis oder durch Mitarbeiter gleicher Qualifikation durchgeführt werden. Die Nachschau soll zwischen den Anforderungen an eine Prüfung und deren tatsächlicher Durchführung vergleichen und die Angemessenheit der Organisation der Wirtschaftsprüfungspraxis beurteilen[826]. Damit reagiert die WPK auf die Diskussion des Berufsstandes zur Einführung einer Qualitätskontrolle. Die Befürworter wollen so einen möglichen, durch Pflichtverstöße eines einzelnen Wirtschaftsprüfers verursachten Schaden für den Berufsstand abwehren. Man hält eine Anpassung an die ausländische Konkurrenz für erforderlich[827].

---

826 Vgl. WPK (Satzung), a.a.O., S. 195.

827 Vgl. Niehus, Rudolf J.: Der Abschlußprüfer und die Qualitätskontrolle - Ein Anliegen des deutschen Berufsstandes, Teil 1, in: WPK-Mitt., 33. Jg. (1994), S. 125 - 133, und Teil 2, in:

Der Zusammenhang zum Thema der Haftung des Wirtschaftsprüfers besteht darin, daß Maßnahmen der Qualitätssicherung, hier vor allem die vorgeschlagene Nachschau, die auch als (Peer) Review bezeichnet wird, dazu beitragen, Schäden zu vermeiden. In Ländern, in denen die Abschlußprüfer keiner gesetzlichen Haftungsbeschränkung unterliegen, wie Frankreich, Großbritannien und den USA, ist der Review wesentlicher Bestandteil der berufsständischen Regelungen, wenngleich die Ausgestaltung unterschiedlich ist[828]. Gerade die Art der Ausprägung der Kontrollinstrumente ist in Deutschland umstritten. Diskutiert werden Vor- und Nachteile einer externen gegenüber einer internen Kontrolle und die Einbeziehung nur der vorbehaltlichen Prüfungstätigkeit gegenüber einer Ausdehnung auf sonstige Tätigkeiten der Prüfer[829].

Die Frage der Haftung eines Schädigers hängt bei der Verschuldenshaftung von dessen Sorgfaltsniveau ab, das (wie bei der Learned-Hand-Formel) durch Informationen über das Risiko eines Schadenseintritts beeinflußt wird[830]. Ein hoher Sorgfaltslevel wird grundsätzlich angewendet, wenn eine Partei Informationen erhält, daß ein Schadensrisiko besteht; erhält eine Partei keine Informationen über dieses Risiko, wird sie einen gemäßigten Grad an Sorgfalt ausüben, der sowohl die Möglichkeit eines Schadensrisikos als auch die Möglichkeit, daß kein Risiko besteht, berücksichtigt[831]. Maßnahmen der Qualitätskontrolle können Informationen über das mit der Tätigkeit des Wirtschaftsprüfers verbundene Schadensrisiko liefern.

Ökonomisch sinnvoll sind Qualitätssicherungsmaßnahmen, wenn sie dazu beitragen, Schäden zu vermeiden, und gleichzeitig die Aufwendungen für diese Maßnahmen niedriger sind als die dadurch vermeidbaren Schäden. Die US-

WPK-Mitt., 34. Jg. (1995), S. 1 - 10, Zitierweise: Abschlußprüfer I bzw. Abschlußprüfer II, hier Teil I, S. 126.

[828] Vgl. Niehus, Rudolf J. (Abschlußprüfer I), a.a.O., S. 129 - 130.

[829] Vgl. Niehus, Rudolf J. (Abschlußprüfer I), a.a.O., S. 131 - 133.

[830] Vgl. Shavell, Steven: Liability and the Incentive to obtain Information about Risk, in: The Journal of Legal Studies, Vol. 21 (1992), S. 259 - 270, Zitierweise: Incentive, hier S. 259 - 261.

[831] Vgl. Shavell, Steven (Incentive), a.a.O., S. 260.

amerikanischen Abschlußprüfer haben die gegenseitige externe Qualitätskontrolle für Mitglieder der AICPA satzungsmäßig verankert, um einer staatlichen Berufsaufsicht zu entgehen und die öffentliche Vertrauensstellung, die infolge spektakulärer Haftungsfälle stark angeschlagen war, wiederherzustellen[832]. Zur näheren Ausgestaltung der in der Berufssatzung vorgeschriebenen Qualitätssicherung der beruflichen Tätigkeit wurde im Dezember 1995 die VO 1/1995: Zur Qualitätssicherung in der Wirtschaftsprüferpraxis zusammen von WPK und IDW veröffentlicht[833]. Ziel der Stellungnahme ist die Stärkung des Vertrauens der Öffentlichkeit in die Arbeit des Wirtschaftsprüfers[834]. Sie bezieht sich auf Maßnahmen zur Qualitätssicherung bei der Organisation der Wirtschaftsprüferpraxis und der Abwicklung einzelner Prüfungsaufträge und enthält die Anweisung zur Nachprüfung der Maßnahmen zur Qualitätssicherung und deren Ausgestaltung. Als Anlagen sind zwei Fragebögen für die Nachschau getrennt nach Organisation der Praxis und Abwicklung einzelner Prüfungsaufträge beigegeben.

Die Anforderungen der internen Nachschau[835] sind mit erheblichem (zeitlichem) Aufwand verbunden: Es sind Richtlinien für die Nachschau zu formulieren, die deren Umfang und Inhalt regeln; ein Plan für die einzelnen Maßnahmen der Nachschau ist aufzustellen; die Nachschau der Praxisorganisation soll mindestens alle drei Jahre stattfinden; der Umfang der in die Nachschau einzubeziehenden Prüfungsaufträge soll angemessen im Verhältnis zum Gesamtumfang aller möglichen einbeziehbaren Prüfungsaufträge stehen; mindestens alle in der Praxis tätigen Wirtschaftsprüfer sollen in die Nachschau einbezogen sein, eventuell auch andere Mitarbeiter; die Ergebnisse der Nachschau sind schriftlich festzuhalten; die Einhaltung von Empfehlungen einer Nachschau ist zu überwachen. Die aufgezählten Maßnahmen sind Mindestanforderungen.

---

[832] Vgl. Niehus, Rudolf J. (Abschlußprüfer I), a.a.O., S. 130.

[833] Vgl. WPK und IDW (Hrsg.): VO 1/1995: Zur Qualitätssicherung in der Wirtschaftsprüferpraxis, in: Beilage zu FN-IDW, Nr. 12/1995, S. 530a - 530 x, Zitierweise: Qualitätssicherung.

[834] Vgl. WPK und IDW (Qualitätssicherung), a.a.O., S. 530b; o.V.: Wirtschaftsprüfer wollen die Qualitätssicherung erhöhen, in: Handelsblatt Nr. 230 vom 28.11.1995, S.25.

[835] Vgl. WPK und IDW (Qualitätssicherung), a.a.O., S. 530i - 530j.

Die Kosten der internen Nachschau bestehen vor allem aus Personalkosten durch nicht weiterverrechenbare Stunden hochqualifizierter Mitarbeiter und Wirtschaftsprüfer. Die Frage ist, ob das Vier-Augen-Prinzip, das offensichtlich Grundlage der internen Nachschau ist, durch die sog. Berichtskritik, die in Wirtschaftsprüferpraxen üblich und in Punkt C IV der VO 1/1995 als Grundsatz enthalten ist, nicht schon ausreichend erfüllt ist. Auf dieser Basis könnte der erheblich erscheinende Umfang der Nachschau, vor allem einzelne Prüfungsaufträge betreffend, reduziert werden.

Nicht ersichtlich ist, wie die interne Nachschau bei Einzelwirtschaftsprüfern durchgeführt werden soll, die eindeutig zum Adressatenkreis der Verlautbarung zu zählen sind[836]. Bereits bei Einführung der Stellungnahme VO 1/1982, die die neue Verordnung ersetzt, wurde kritisiert, daß es bezüglich der Qualitätssicherungsmaßnahmen keine unterschiedliche Behandlung von Einzelprüfern und großen Prüfungsgesellschaften geben darf, weil sonst die Erhaltung eines einheitlichen Berufsstandes auf qualitativ gleich hohem Niveau nicht erreicht werden kann[837]. Kritik der Berufsangehörigen zu diesem Problem dürfte nicht ausbleiben. Gleichzeitig benötigen aber auch kleine Wirtschaftsprüfungsgesellschaften und Einzelprüfer ein quality review, um nicht normgerechte Ausübung der Prüfungstätigkeit zu erkennen[838]. Auch an den von Einzelprüfern geprüften Unternehmen besteht ein öffentliches Interesse z.B. von Gläubigern, die sich auf die Informationen eines unabhängigen Prüfers zur Finanzlage verlassen[839].

[836] Vgl. WPK und IDW (Qualitätssicherung), a.a.O., S. 530b. Es wird eine Zweiteilung des Berufsstandes befürchtet; vgl. o.V.: Furcht vor zwei Klassen von Prüfern. Neue Qualitätsregeln sollen den Gesetzgeber gnädig stimmen, in: SZ Nr. 274 vom 28. November 1995, S. 23.

[837] Vgl. Marks, Peter: Die Gewährleistung der Prüfungsqualität - Zur Verabschiedung der gemeinsamen Stellungnahme der Wirtschaftsprüferkammer und des Instituts der Wirtschaftsprüfer -, in: WPg, 35. Jg. (1982), S. 25 - 29, hier S. 28.

[838] Vgl. Huff, Bruce N./ Kelley, Thomas P.: Quality Review and You. Here are practical answers to practitioners´ questions about the program, in: JoA, Vol. 167 (February 1989), S. 34 - 40, Zitierweise: Review, hier S. 34.

[839] Vgl. Huff, Bruce N./ Kelley, Thomas P. (Review), a.a.O., S. 34.

Die Beachtung dieser Verlautbarung hat keine haftungsbefreiende Wirkung für den Wirtschaftsprüfer[840], da es sich, wie bei den Berufsrichtlinien und übrigen Verlautbarungen von IDW und WPK, nicht um anerkannte Rechtsnormen in statusbildendem oder statusausfüllendem Sinne handelt, sondern lediglich um Empfehlungen. Die Hoffnung auf eine Minderung der Prämien zur Berufshaftpflichtversicherung als Folge der Einhaltung der Qualitätssicherungsgrundsätze wird sich weder kurz-[841] noch längerfristig erfüllen. Nicht nur weil "menschliches Versagen auch bei den detailliertesten Anweisungen nicht ausgeschlossen werden kann"[842], sondern auch weil sich die Maßnahmen der Qualitätssicherung nur auf Vorbehaltsaufgaben der Wirtschaftsprüfer beziehen. Eine Haftungsgefahr geht aber auch von den übrigen beruflichen Tätigkeiten aus. Außerdem ist keineswegs sichergestellt, daß diese Qualitätssicherungsmaßnahmen das Risiko einer Haftung minimieren und das Ansehen des Berufsstandes wahren[843] können. Die Ergebnisse einer internen Nachschau werden nicht an die Öffenlichkeit gelangen, und es besteht keine Pflicht, die Durchführung der Nachschau z.B. der WPK nachzuweisen. Auch die zeitlichen Differenzen zwischen interner Nachschau und tatsächlicher Prüfung sind von Bedeutung. Je größer der Abstand, umso weniger wirkungsvoll ist die Nachschau, da entdeckte Fehler in abgeschlossenen Prüfungen (d.h. nach Testaterteilung) kaum korrigierbar sind und derartige Korrekturen dem Ansehen des Wirtschaftsprüfers keineswegs zum Vorteil gereichen.

IV Beurteilung der ökonomischen Effizienz sonstiger Regelungen und Empfehlungen in Deutschland

1. Strafrechtliche Sanktionen gegen den Wirtschaftsprüfer

Die Regelungen des Strafgesetzbuches werden als Schutzgesetze im Sinn von § 823 Abs. 2 BGB angesehen. Dadurch kann deren Verletzung zu einer Haftung

---

[840] Vgl. Niehus, Rudolf J. (Abschlußprüfer II), a.a.O., S. 7.
[841] Vgl. Niehus, Rudolf J. (Abschlußprüfer II), a.a.O., S. 7.
[842] Niehus, Rudolf J. (Abschlußprüfer II), a.a.O., S. 7.
[843] Vgl. Niehus, Rudolf J. (Abschlußprüfer II), a.a.O., S. 8.

des Wirtschaftsprüfers gegenüber Dritten aus § 823 Abs. 2 BGB führen. Schadensersatzansprüche auf dieser Grundlage sind schwer durchsetzbar, da sie Vorsatz voraussetzen. Die Vorschriften des StGB sollen durch Strafandrohung vor allem abschrecken, Straftaten zu begehen.

Vorsätzliche Pflichtverletzungen sind bei den Wirtschaftsprüfern eher als Ausnahme zu sehen, so daß die Abschreckungswirkung der Vorschriften des StGB als wirksam anzusehen ist; vielleicht auch in Verbindung mit der Möglichkeit des Berufsausschlusses bei einem strafrechtlichen Vergehen des Wirtschaftsprüfers.

Da durch strafrechtliche Regelungen nur das Kriterium der Schadensprävention berührt wird, weil sie keine Schadensersatzverpflichtungen gegenüber Geschädigten nach sich ziehen (es sei denn, sie sind Schutzgesetze im Sinne des § 823 Abs. 2 BGB), kann eine ökonomische Optimierung nicht durch strafrechtliche Maßnahmen alleine beeinflußt werden.

Bereits bei der Diskussion der handelsrechtlichen Haftung des Wirtschaftsprüfers wurde auf zwei Strafvorschriften des HGB (§ 332 und § 333) verwiesen. Der Gesetzgeber schützt damit besonders die ordnungsgemäße Durchführung einer Jahresabschlußprüfung durch strafrechtliche Verfolgung der Verletzung der Berichts- und der Geheimhaltungspflicht des Wirtschaftsprüfers. Aufgrund dieser Spezialvorschriften können nur Wirtschaftsprüfer und deren Prüfungsgehilfen belangt werden[844]. Voraussetzungen sind neben Vorsatz (§ 15 StGB) die Erheblichkeit der verschwiegenen oder falsch dargestellten Tatsachen und die Verwertung eines Geschäftsgeheimnisses, bei der die Erlangung eines wirtschaftlichen Vorteils das Ziel sein muß [845].

Da es sich bei §§ 332 und 333 HGB um Vergehen handelt (§ 12 Abs. 2 StGB) und die Strafbarkeit des Versuchs nicht ausdrücklich bestimmt ist (§ 23 Abs. 1

[844] Vgl. ADS, a.a.O., § 323 HGB, Anm. 95, 96, 109.
[845] Vgl. ADS, a.a.O., § 323 HGB, Anm. 101, 105, 110.

StGB), muß die Tat vollendet sein, um die Strafbarkeit zu begründen[846]. Der Zeitpunkt der Vollendung des Tatbestandes der unrichtigen Berichterstattung bzw. des inhaltlich unrichtig erteilten Bestätigungsvermerks liegt vor, sobald der Bericht bzw. der unterschriebene Bestätigungsvermerk dem zuständigen Organ der geprüften Gesellschaft zugegangen[847] und ein Entgelt für den Wirtschaftsprüfer als Täter als Gegenleistung vereinbart ist[848]. Der Tatbestand des Verstoßes gegen die Verschwiegenheitspflicht ist vollendet, sobald ein Dritter das ihm zugänglich gemachte Wissen verwertet hat, wobei der davon erhoffte Vorteil noch nicht eingetreten sein muß[849].

§ 332 und § 333 HGB kommt doppelte Bedeutung zu. Sie sind einerseits Schutzgesetze im Sinne von § 823 Abs. 2 BGB und können Schadensersatzansprüche für die geschädigte Kapitalgesellschaft begründen. Andererseits besitzen sie durch ihren strafrechtlichen Charakter abschreckende Wirkung. Trotzdem ist die Bedeutung dieser Vorschriften für die ökonomische Effizienz der Haftung des Wirtschaftsprüfers zu relativieren, da Dritten keine Schadensersatzansprüche auf dieser Grundlage zustehen, die Verschwiegenheitspflicht auch über § 323 Abs. 1 HGB geregelt ist und eine vorsätzliche Pflichtverletzung vorausgesetzt wird.

2. Haftungsbeschränkung kraft Rechtsform

2.1 Wirtschaftsprüfungsgesellschaften in Form von AG und GmbH

Der Vorteil von Zusammenschlüssen von Wirtschaftssubjekten zu einer juristischen Person besteht in der Steigerung der Effizienz durch Arbeitsteilung, Spe-

---

[846] Vgl. ADS, a.a.O., § 323 HGB, Anm. 93.
[847] Vgl. ADS, a.a.O., § 323 HGB, Anm. 103.
[848] Vgl. ADS, a.a.O., § 323 HGB, Anm. 104.
[849] Vgl. ADS, a.a.O., § 323 HGB, Anm. 110.

zialisierung und Diversifikation und damit einer Kostenminimierung[850]. Die Art der Arbeit des Wirtschaftsprüfers ist eng verknüpft mit der Größe der Wirtschaftsprüfungsgesellschaft[851]. In den USA wurde festgestellt, daß Unternehmen, die an die Börse gehen, tendenziell zu größeren Prüfungsgesellschaften wechseln[852]. Der Zusammenschluß mehrerer Wirtschaftsprüfer in einer Gemeinschaft ist notwendig, um große Kapitalgesellschaften prüfen zu können, ohne Berufsgrundsätze, wie die im Rahmen der Eigenverantwortlichkeit herausgebildete 1:5-Regel[853] oder die gesetzlichen Vorschriften über die wirtschaftliche Unabhängigkeit vom Mandanten (§ 319 HGB), zu verletzen. Für berufliche Zusammenschlüsse sind mehrere Rechtsformen möglich.

Die Personenhandelsgesellschaften (OHG, KG) machten zum Stand 1.1.1990 lediglich 5,4 % aller als Wirtschaftsprüfungsgesellschaft geführten Gesellschaften aus[854]. Diese Rechtsformen wie auch die GbR sind hinsichtlich der Haftung nicht von Bedeutung, da aus der Rechtsform keine besondere Haftungsbeschränkung möglich ist, außer bei der KG und KGaA auf die Kommanditisten bzw. Kommanditaktionäre[855]. Anders ist dies bei der GmbH und der AG, wo grundsätzlich die Haftung gem. § 13 Abs. 2 GmbHG bzw. § 1 Abs. 1 AktG auf das Gesellschaftsvermögen beschränkt ist. Zum 1.1.1990 lag in Deutschland der Anteil der GmbH an den in Form von juristischen Personen geführten Zusammenschlüssen

---

[850] Vgl. Lehmann, Michael: Das Privileg der beschränkten Haftung und der Durchgriff im Gesellschafts- und Konzernrecht. Eine juristische und ökonomische Analyse, in: ZGR, 15. Jg. (1986), S. 345 - 370, Zitierweise: Privileg, hier S. 349.

[851] Vgl. Schultz, Joseph J./ Gustavson, Sandra G. (Actuaries), a.a.O., S. 631.

[852] Vgl. Schultz, Joseph J./ Gustavson, Sandra G. (Actuaries), a.a.O., S. 631; DeAngelo, Linda Elizabeth (Auditor), a.a.O., S. 185.

[853] Gemäß dem Grundsatz der Eigenverantwortlichkeit (vgl. Berufsrichtlinien der WPK Nr. III, dazu Richtungweisende Feststellungen Nr. 5) darf die Zahl der in allen Niederlassungen ständig tätigen Prüfer einschließlich der in der Beratung tätigen Mitarbeiter und Berichtskritiker fünf für jeden in eigener Praxis oder in einer Sozietät tätigen Wirtschaftsprüfer nicht übersteigen.

[854] Vgl. Schruff, Lothar: Wirtschaftsprüfer, Formen der Berufsausübung, in: Coenenberg, Adolf/ v. Wysocki, Klaus (Hrsg.): Handwörterbuch der Revision, 2. Aufl., Stuttgart 1992, Sp. 2190 - 2199, Zitierweise: Berufsausübung, hier Sp. 2196.

[855] Vgl. Schruff, Lothar (Berufsausübung), a.a.O., Sp. 2197.

von Wirtschaftsprüfern bei 91,4 % und bei 3,2 % für AG und KGaA zusammen[856].

Das Stammkapital der GmbH kann bei DM 50.000, das Grundkapital der AG bei DM 100.000 als unterster Grenze liegen und ist damit geringer als die in § 323 Abs. 2 HGB festgelegte Haftungsobergrenze des Wirtschaftsprüfers bei Pflichtprüfungen. Damit könnte auf den ersten Blick die Haftungsbeschränkung wirtschaftlich gesehen unterschritten werden, was - wäre es zulässig - äußerst bedenklich hinsichtlich der Höhe verursachter Schäden wäre[857]. Grundsätzlich besteht das Problem der faktisch eingeschränkten Haftung aufgrund nur begrenzt vorhandenen Haftkapitals sowohl bei natürlichen als auch bei juristischen Personen[858]. Trotzdem ist den als beschränkt haftende juristische Personen (KGaA, GmbH und AG) geführten Wirtschaftsprüfungsgesellschaften ein im Vergleich zu Einzelwirtschaftsprüfern höheres Schadenspotential und damit verstärkte Externalisierung von Schadensrisiken ermöglicht, die sich aus den Vorteilen dieser Organisationsformen, wie der Annahme von Prüfungsaufträgen von Großkonzernen oder einer erhöhten Gesamtzahl von Aufträgen, ergeben[859].

Diese Kostenexternalisierung aufgrund der rechtsformabhängigen Haftungsbeschränkung zieht ökonomische Schäden nach sich, wenn entweder das der Tätigkeit der Wirtschaftsprüfungsgesellschaft inhärente Schadensrisiko von den anderen Wirtschaftssubjekten nicht richtig erkannt oder diesen das Risiko ungewollterweise auferlegt wird[860]. Informationsprobleme betreffend den Umfang der kraft Rechtsform beschränkten Haftung und das sich daraus ergebende Risiko dürften in Zusammenhang mit der Tätigkeit von Wirtschaftsprüfungsgesellschaften kaum auftreten. Auch wird dieses Risiko den Auftraggebern von Prüfungsge-

---

[856] Vgl. Schruff, Lothar (Berufsausübung), a.a.O., Sp. 2196.

[857] Vgl. Kremer, Arnold: Freie Berufe in der Rechtsform der GmbH, in: GmbH-Rdsch., 74. Jg. (1983), S. 259 - 267, Zitierweise: Rechtsform, hier S. 264.

[858] Vgl. Adams, Michael: Eigentum, Kontrolle und beschränkte Haftung, in: Ott, Claus/ Schäfer, Hans-Bernd: Ökonomische Probleme des Zivilrechts. Beiträge zur ökonomischen Analyse des Rechts, Berlin u. a. 1991, S. 193 - 225, Zitierweise: Eigentum, hier S. 200.

[859] Vgl. Adams, Michael (Eigentum), a.a.O., S. 200.

[860] Vgl. Adams, Michael (Eigentum), a.a.O., S. 202.

sellschaften nicht aufgenötigt, da diesen immer die Möglichkeit offensteht, den Auftrag an einen Einzelwirtschaftsprüfer oder eine Sozietät zu geben. Anders verhält es sich bezüglich eventuell geschädigter Dritte, die die Wahl des Wirtschaftsprüfers nicht beeinflussen können, und für Auftragsvolumina, die zufolge der Regelung des § 319 Abs. 2 Nr. 8 und Abs. 3 Nr. 2 HGB nur von einer großen Wirtschaftsprüfungsgesellschaft übernommen werden können. Dieser Gefahr für die Geschädigten, nur aus dem haftenden Gesellschaftsvermögen ihre Ansprüche befriedigen zu können, wird mit der Verpflichtung zum Abschluß der Haftpflichtversicherung mit einer Mindestdeckungssumme von TDM 500 gem. § 2 Abs. 2 BHV entgegengetreten[861]. Dadurch soll eine Kostenexternalisierung verhindert werden, da sich in Höhe der Mindestdeckungssumme eine Mindesteigenkapitalregulierung einstellt[862]. Ob diese Mindesteigenkapitalregulierung ökonomisch sinnvoll ist, hängt vom Verhältnis der Mindestdeckungssumme der Versicherung zu den zu erwartenden Schäden aus der Tätigkeit der Wirtschaftsprüfungsgesellschaft ab.

Es ist nicht möglich, als Wirtschaftsprüfer eine Ein-Mann-GmbH mit einem Stammkapital von DM 50.000 zu gründen, um die Haftung für berufliche Verfehlungen auf diese Summe zu beschränken. Abgesehen von der festgelegten Mindestdeckungssumme, die dieser Beschränkung entgegensteht, würde sich der Wirtschaftsprüfer nicht mehr berufswürdig verhalten, da sich eine derartige Haftungseinschränkung nicht mit seiner Vertrauensstellung in der Öffentlichkeit vereinbaren ließe. Aus juristischer Sicht ist einem mißbräuchlichen Gebrauch der haftungsbeschränkenden Rechtsform mit der Durchgriffshaftung ein Riegel vorgeschoben[863]. In ökonomischer Hinsicht erreicht die Durchgriffshaftung die Internalisierung externer Effekte, die das free rider-Verhalten, nämlich die Inanspruchnahme der wirtschaftlichen Vorteile beschränkter Haftung ohne die dazu

---

[861] Vgl. Kremer, Arnold (Rechtsform), a.a.O., S. 266.
[862] Vgl. Adams, Michael (Eigentum), a.a.O., S. 203.
[863] Vgl. Heinrichs, Helmut: Kommentierung Einführung zu § 21 BGB, in: Palandt. Bürgerliches Gesetzbuch, bearb. von Bassenge, Peter, u.a., 55. Auflage, München 1996, Anm. 12.

gehörigen Kosten der erforderlichen Eigenkapitalausstattung tragen zu wollen, mit sich bringt[864].

In Fällen der Haftungsbeschränkung vor allem auf derart niedrige Beträge im Vergleich zur tatsächlich möglichen Schadenshöhe bleibt die Gefahr bestehen, daß nur ein Teil des Schadens ausgeglichen werden kann, da ein Rückgriff auf das persönliche Vermögen des Wirtschaftsprüfers im Sinne der Durchgriffshaftung nur bei besonders schweren Verstößen zulässig ist[865]. Der Wirtschaftsprüfer wird somit selten persönlich für seine beruflichen Fehler verantwortlich gemacht, da entweder die Berufshaftpflichtversicherung oder die Gesellschaft mit ihrem Vermögen haftet[866]. Das ist nicht eindeutig mit den Berufsgrundsätzen, vor allem der Eigenverantwortlichkeit, vereinbar, die die Übernahme der Verantwortung des Wirtschaftsprüfers für von ihm begangene Pflichtverstöße miteinschließen, und kann zu einer ineffizienten Schadens- und Risikoverteilung führen. Das Prinzip des cheapest cost avoider wird nicht beachtet. Denn bei beruflichem Fehlverhalten durch den Wirtschaftsprüfer ist grundsätzlich dieser in der Lage, den nötigen Vorsorgeaufwand zur Vermeidung des Fehlers zu treffen und so Schadenseintritt und -höhe zu beeinflussen. Daher sollte ihm die Verantwortung für die Risikoübernahme aufgebürdet werden. Bei Wirtschaftsprüfungsgesellschaften in der Rechtsform einer GmbH oder AG wird diese Verantwortung nicht dem Wirtschaftsprüfer persönlich, sondern der GmbH oder AG an sich auferlegt, so daß für den Wirtschaftsprüfer kein direkter Anreiz mehr besteht, ein bestimmtes Sorgfaltsniveau zur Schadensvermeidung zu erreichen. Diesem Effekt steuert die Gefahr der Rufschädigung entgegen. Diese Gegensteuerung wirkt sich vor allem bei praxisinhabenden Wirtschaftsprüfern positiv aus, jedoch nicht zwingend auch bei im Angestelltenverhältnis beschäftigten Berufsangehörigen.

Diese Auswirkungen (wie auch die folgenden in D IV 2.2) sind für alle diskutierten Haftungsregeln aus dem HGB, BGB, Berufs- und Strafrecht relevant.

---

[864] Vgl. Lehmann, Michael (Privileg), a.a.O., S. 357 - 363.
[865] Vgl. Kremer, Arnold (Rechtsform), a.a.O., S. 264.
[866] Vgl. Kremer, Arnold (Rechtsform), a.a.O., S. 264.

Die Ineffizienz durch den vermuteten fehlenden materiellen Anreiz auf das Sorgfaltsniveau des einzelnen Wirtschaftsprüfers bewahrheitet sich in der Realität sicher nur in Ausnahmefällen. Vielmehr ist aufgrund der organisatorischen Vorteile des Zusammenschlusses von Wirtschaftsprüfern in Prüfungsgesellschaften gerade die Befreiung des einzelnen Wirtschaftsprüfers von berufsfremden Aufgaben als Vorteil zu sehen.

Weitere Vorteile reichen von der Stabilisierung der Kanzlei bei Gesellschafterwechsel durch die Rechts- und Namensfähigkeit[867], über Möglichkeiten der Spezialisierung innerhalb der Prüfungsgesellschaft z.B. auf Banken-, Versicherungs-, EDV-Prüfungen bis hin zur Übernahme großer Prüfungsaufträge[868]. Diese Vorteile tragen zur Festigung und Erhöhung der Qualität der Facharbeit bei, so daß das Ziel der Schadensprävention trotz vorliegender Haftungsbeschränkung kraft Rechtsform besser erreicht werden kann.

2.2 *Wirtschaftsprüfungsgesellschaften in Form von Partnerschaftsgesellschaften*

Seit 1. Juli 1995 ist das Gesetz zur Schaffung von Partnerschaftsgesellschaften in Kraft, das eine neue Rechtsform speziell für Zusammenschlüsse von Freiberuflern ermöglicht[869]. Ob diese neue Rechtsform auch unter den Wirtschaftsprüfern Verbreitung finden wird, kann noch nicht beurteilt werden. Da aber die Berufsausübung in Form von Kapitalgesellschaften zulässig ist, wird die Partnerschaftsgesellschaft eher für kleinere und mittlere Zusammenschlüsse vorteilhaft sein im Vergleich zur GmbH[870]. Man erhofft sich einen "*Image-Vorteil* gegenüber einer Kapitalgesellschaft, Erleichterungen bei der Rechnungslegung, einfachere Besteuerung (keine Körperschaft- und Gewerbesteuer), weniger Transaktionskosten

---

[867] Vgl. Schruff, Lothar (Berufsausübung), a.a.O., Sp. 2197.
[868] Vgl. Kremer, Arnold (Rechtsform), a.a.O., S. 261.
[869] Vgl. BGBl., Teil I 1994, S. 1744.
[870] Vgl. Seibert, Ulrich: Die Partnerschaft für die Freien Berufe, in: DB, 47. Jg. (1994), S. 2381 - 2384, Zitierweise: Partnerschaft, hier S. 2382.

(keine Probleme mit der Kapitalaufbringung, Kapitalerhaltung, geringer Gründungsaufwand)"[871].

In § 8 PartGG ist die Haftung geregelt. Demnach haften sowohl das Vermögen der Partnerschaft, als auch die Partner als Gesamtschuldner. Über allgemeine Geschäftsbedingungen kann die Haftung auf den Partner, der gegenüber einem bestimmten Mandanten eine entsprechende Leistung zu erbringen hat, beschränkt werden (= Haftungskonzentration)[872]. Diese Regelung entspricht der Formulierung von § 54a Abs. 2 WPO zur persönlichen Haftung von Sozietätspartnern. Eine weitergehende Haftungsbeschränkung ist nicht zulässig gem. § 8 Abs. 2 PartGG. In der Literatur ist man sich uneinig, welche Schadensersatzansprüche tatsächlich beschränkungsfähig sind. Einerseits werden alle vertraglichen und deliktischen Ansprüche eines Auftraggebers, vorvertragliche Ansprüche und Ansprüche Dritter als beschränkungsfähig angesehen, soweit sie im Rahmen beruflicher Tätigkeit entstehen[873]. An anderer Stelle sind Schadensersatzansprüche vertragsfremder Dritter nicht miteinbezogen und es müssen für Haftungsansprüche wegen c.i.c., unerlaubten Handlungen und aus Prospekthaftung alle Partner der Gesellschaft einstehen[874].

Aufgrund dieser Regelungen ergeben sich keine Vorteile (aber auch keine Nachteile) für Wirtschaftsprüfer hinsichtlich der Haftung aus beruflicher Tätigkeit, so daß für den Berufsstand kaum mit einer steigenden Anzahl von in der neuen Rechtsform geführten Gesellschaften aufgrund von Haftungsvorteilen zu rechnen ist. Was die ökonomische Effizienz der Haftungsregelungen der Partnerschaftsgesellschaft betrifft, so kann auf das bereits Gesagte zur Situation des Einzelwirtschaftsprüfers verwiesen werden.

---

[871] Seibert, Ulrich (Partnerschaft), a.a.O., S. 2382.

[872] Vgl. Carl, Dieter: Die Partnerschaftsgesellschaft - eine neue Rechtsform für die Freien Berufe, in: StB, 46. Jg. (1995), S. 173 - 179, Zitierweise: Partnerschaftsgesellschaft, hier S. 178.

[873] Vgl. Sotiropoulos, Georgios: Partnerschaftsgesellschaft: Haftung der Partner und Haftungsbeschränkungswege, in: ZIP, 16. Jg. (1995), S. 1879 - 1886, hier S. 1880.

[874] Vgl. Carl, Dieter (Partnerschaftsgesellschaft), a.a.O., S. 178.

V Gefahr der Haftung des deutschen Wirtschaftsprüfers nach ausländischen Rechtsordnungen

Der Internationalisierungsprozeß im Berufsstand der Wirtschaftsprüfer hat zu weltweiten Zusammenschlüssen der Berufsangehörigen geführt[875]. Für große international tätige Wirtschaftsprüfungsgesellschaften und zunehmend für Einzelwirtschaftsprüfer besteht daher die Gefahr, nach ausländischen Rechtsordnungen für Schadensersatzansprüche einstehen zu müs-sen[876].

Geschädigte strengen nur einen Prozeß gegen den Wirtschaftsprüfer an, wenn sie sich positive Rückflüsse erwarten[877]. Dadurch ergibt sich ein Anreiz für den Wirtschaftsprüfer, seine Sorgfalt auf das Niveau zu erhöhen, bei dem die vom Geschädigten erwarteten Rückflüsse gleich Null werden[878]. So können ein Haftungsprozeß und die damit verbundenen Kosten vermieden werden[879]. Ob ein Geschädigter gegen einen Wirtschaftsprüfer klagen wird, ist somit abhängig vom Sorgfaltsniveau des Prüfers und von der gesetzlichen Regelung zur Verteilung der Prozeßkosten[880].

---

[875] Vgl. Lück, Wolfgang: Internationale Rechnungslegung und Prüfung. Für Wirtschaftsprüfer gibt es keine Grenzen, in: Küting, Karlheinz/ Schnorbus, Axel (Hrsg.): Betriebswirtschaftslehre heute. Für die Aufgaben der Praxis, Frankfurt am Main 1992, S. 140 - 142, hier S. 140 - 141.

[876] Vgl. Ebke, Werner F. (Verantwortlichkeit), a.a.O., S. 62 - 70.

[877] Vgl. Beckner, Clinton F./ Katz, Avery (Effects), a.a.O., S. 211; Png, I.P.L.: Litigation, Liability, and Incentives for Care, in: Journal of Public Economics, Vol. 34 (1987), S. 61 - 85, Zitierweise: Litigation, hier S. 64.

[878] Vgl. Beckner, Clinton F./ Katz, Avery (Effects), a.a.O., S. 211.

[879] Vgl. Beckner, Clinton F./ Katz, Avery (Effects), a.a.O., S. 211.

[880] Vgl. Beckner, Clinton F./ Katz, Avery (Effects), a.a.O., S. 212; Png, I.P.L. (Litigation) stellt unterschiedliche Auswirkungen auf das Sorgfaltsniveau unter der American Rule und der English Rule fest (s. S. 75 - 77). In Deutschland gilt grundsätzlich das Prinzip der English Rule, wonach der Verlierer eines Prozesses alle Kosten, auch die des Gegners, zu tragen hat. Es sind jedoch vielfältige Differenzierungen von seiten des Gerichts möglich. Im einzelnen vgl. dazu Thomas, Heinz/ Putzo, Hans: Kommentierung zu §§ 91 - 103 ZPO, in: Zivilprozeßordnung mit Gerichtsverfassungsgesetz und den Einführungsgesetzen, bearb. von Thomas, Heinz/ Putzo, Hans, 19. Auflage, München 1995.

Hintergrund für Ansprüche nach ausländischen Rechtsordnungen ist meist die Erwartung der Anspruchsteller, höhere Ansprüche vergütet zu bekommen[881]. Der Anspruchsteller wählt diejenige Rechtsordnung mit den für den Geschädigten günstigsten Regeln; Voraussetzung ist der Nachweis des Geschädigten, daß ihm unmittelbar für seine in diesem Land ansässigen Niederlassungen ein Schaden entstanden ist[882]. Das kann mit Nachteilen für den deutschen Wirtschaftsprüfer verbunden sein, wie der Nichtanerkennung vereinbarter Haftungsbeschränkung durch das ausländische Gericht, einer umfassenderen Auslegung der Berufspflichten, einer Haftung für nicht vom Wirtschaftsprüfer selbst verursachte Schäden oder der Festsetzung höherer Schadensersatzleistungen als nach deutschem Recht üblich[883].

Die Vereinheitlichung der Haftungsvorschriften, auch innerhalb der EG-Mitgliedstaaten, wird um so wichtiger[884], je weiter sich die internationalen Zusammenschlüsse in Prüfungsgesellschaften und die weltweite fachliche Tätigkeit ausbreiten. Unterschiedliche Ausgestaltungen der Haftungsregelungen bedeuten unterschiedliche Kostenexternalisierung in Schadensfällen und führen zu unterschiedlichen Wettbewerbsbedingungen[885]. Das optimale Sorgfaltsniveau hängt neben Schadenseintrittswahrscheinlichkeit, Schadenshöhe und Kosten der Sorgfaltsmaßnahmen auch von eventuellen Prozeßkosten ab[886]. Prozeßkosten heben das optimale Sorgfaltsniveau an, da es wichtiger wird, den Eintritt eines Schadens zu vermeiden[887]. In den großen Wirtschaftsprüfungsgesellschaften wurden Prüfungsansätze entwickelt, die weltweit anzuwenden sind. Diese Ansätze orientieren sich an internationalen beruflichen Verlautbarungen und dienen dazu, innerhalb

---

[881] Vgl. Ebke, Werner F. (Verantwortlichkeit), a.a.O., S. 62 - 63.
[882] Vgl. Havermann, Hans (Risiko), a.a.O., S. 67.
[883] Vgl. Havermann, Hans (Risiko), a.a.O., S. 67.
[884] Vgl. Adams, Michael (Normen), a.a.O., S. 954, der durch eine Rechtsvereinheitlichung die Minderung von Kosten der Übergänge zwischen verschiedenen Rechtssystemen und für Kenntnisse über andere Rechtssysteme erwartet.
[885] Vgl. Horn, Norbert (Rationalität), a.a.O., S. 330; Hirte, Heribert (Berufshaftung), a.a.O., S. 312.
[886] Vgl. Beckner, Clinton F./ Katz, Avery (Effects), a.a.O., S. 210.
[887] Vgl. Beckner, Clinton F./ Katz, Avery (Effects), a.a.O., S. 210.

einer Prüfungsgesellschaft unabhängig vom Ort der Ausübung alle Prüfungsaufträge auf gleichem qualitativen Niveau durchführen zu können[888] und damit der Gefahr, daß Berufspflichten weitgehender als auf nationaler Ebene ausgelegt werden, schon vorab entgegenzutreten.

Die Einhaltung dieser Qualitätsstandards wird durch interne Quality Control überwacht. Fehler können bereits bei dieser Kontrolle gefunden und entsprechend geahndet werden, nicht erst im Haftungsfall. Der Unsicherheitsfaktor, nach welcher Rechtsordnung international tätige Wirtschaftsprüfer zu haften haben, trägt zur Entwicklung und Verbesserung der Qualitätsstandards und Prüfungsansätze der Prüfungsgesellschaften bei. Dadurch ist eine Wirkung auf die Prüfungsqualität und das Qualitätsniveau der übrigen fachlichen Tätigkeit der Wirtschaftsprüfer zu verzeichnen. Das Ziel der Schadensprävention kann positiv beeinflußt werden.

Da Einzelwirtschaftsprüfer nicht den organisatorischen Hintergrund einer großen Prüfungsgesellschaft haben und daher kaum Zeit aufbringen können, neben der beruflichen Tätigkeit an der Entwicklung allgemeiner Qualitätsstandards mitzuwirken, sind sie auf die Tätigkeit der fachlichen Organisationen angewiesen. Die Bedeutung der Stellungnahmen des IDW als Maßstab für sorgfältige und gewissenhafte Durchführung der beruflichen Tätigkeit des Wirtschaftsprüfers wurde bereits angesprochen (vgl. D III 2.). Dazu muß sich der Wirtschaftsprüfer auch mit internationalen Verlautbarungen vertraut machen, die von FASB, IFAC oder AICPA herausgegeben werden. Die Mitglieder der internationalen Berufsorgani-

---

[888] Vgl. Heydkamp, Werner F./ Dyck, Klaus: Qualitätsnormen international operierender Wirtschaftsprüfungsgesellschaften, in: Schitag Ernst & Young-Gruppe (Hrsg.): Aktuelle Fachbeiträge aus Wirtschaftsprüfung und Beratung. Festschrift zum 65. Geburtstag von Professor Dr. Hans Luik, Stuttgart 1991, S. 217 - 236, Zitierweise: Qualitätsnormen, hier S. 225 - 226. Diese Entwicklung entspricht den Erwartungen, durch Rechtsvereinheitlichung könne Qualitätssteigerung und Kostenersparnis bewirkt werden, vgl. Adams, Michael (Normen), a.a.O., S. 954.

sationen (z.B. ist das IDW Mitglied der IFAC) haben sich verpflichtet, die Verlautbarungen in nationale Vorschriften und Grundsätze zu transformieren[889].

Problematisch ist die Beurteilung der Schadenskompensation. Die Möglichkeit des US-amerikanischen Rechts, den Wirtschaftsprüfer zu höheren Ersatzleistungen als tatsächlich Schaden entstanden ist, zu verurteilen[890], widerspricht der ökonomischen Effizienz der Verschuldenshaftung. Dem Wirtschaftsprüfer wird mehr aufgebürdet, als er an Schaden verursacht hat. Das beinhaltet den materiellen Anreiz für Geschädigte, Ansprüche gegen den Wirtschaftsprüfer geltend zu machen, da die Chance besteht, nach dessen Ersatzzahlung besser dazustehen als vor der Schädigung, das aber auf Kosten des Wirtschaftsprüfers, der danach schlechter dasteht, sowohl in finanzieller Hinsicht als auch seinen Ruf betreffend. Selbst wenn man das Prinzip der strikten Haftung für ökonomisch effizienter hält, wird eine übermäßige Haftung zu vermeiden sein, indem der auszugleichende Schaden auf den vorhersehbaren beschränkt wird[891].

Fraglich ist, inwieweit die Berufshaftpflichtversicherung für Ersatzverpflichtungen des Wirtschaftsprüfers, die über den tatsächlichen Schaden hinausgehen, eintreten würde. Dieser übersteigende Betrag hat strafrechtlichen Charakter. Für Zahlungsverpflichtungen des Wirtschaftsprüfers in diesem Sinne wird kein Versicherungsschutz bestehen.

Das OLG Düsseldorf[892] hat den Schadensersatzansprüchen eines deutschen Anlegers gegen die selbständige deutsche Niederlassung einer US-amerikanischen Wirtschaftsprüfungsgesellschaft einer in Konkurs gegangenen US-amerikanischen Aktiengesellschaft nicht statt gegeben. Der Kläger behauptete, die US-

---

[889] Vgl. Linden, Gerhard S.: Die Zusammenarbeit deutscher und ausländischer Wirtschaftsprüfer im Gemeinsamen Markt, in: Warth & Klein GmbH, Wirtschaftsprüfungsgesellschaft (Hrsg.): Wirtschaftsprüfung und Unternehmensberatung in Wissenschaft und Praxis, Bd. I: Wirtschaftsprüfung im Gemeinsamen Markt 1992, Stuttgart 1989, S. 329 - 352, hier S. 333 - 335.

[890] Vgl. Havermann, Hans (Risiko), a.a.O., S. 68; Ebke, Werner F. (Entwicklungen), a.a.O., S. 65.

[891] Vgl. Trimarchi, Pietro (Regelung), a.a.O., S. 134.

[892] Vgl. OLG Düsseldorf, Urt. v. 09.12.1994 - 22 U 6/94, in: BB, 50. Jg. (1995), S. 2234 - 2235.

Wirtschaftprüfungsgesellschaft habe falsche Abschlußberichte erstellt, da sie die Konkursreife der US-AG übersehen habe. Der Kläger trug vor, es sei US-amerikanisches Recht anzuwenden, wonach ihm als Aktionär und Geschädigten Schadensersatzansprüche gegen die Tochtergesellschaft der eigentlichen Schädigerin zuständen. Die Abweisung der Klage wurde mit der fehlenden Rechtsbeziehung zwischen den Parteien sowohl in vertragsrechtlicher als auch deliktischer Hinsicht begründet. Desweiteren bestehe nach deutschem Konzernrecht keine Haftungsverpflichtung einer Tochter- für ihre Muttergesellschaft und das US-amerikanische Recht sei hier nicht anwendbar.

Durch dieses Urteil wird klargestellt, daß eine Haftungsausweitung durch Umgehung des deutschen Haftungsrechts durch die deutsche Rechtsprechung nicht ohne weiteres zugelassen wird. Dadurch wird die Möglichkeit, sich die Rechtsordnung herauszusuchen, die die höchsten Schadensersatzansprüche zuläßt, in Grenzen gehalten. Die Urteilsbegründung weist jedoch darauf hin, daß dem Kläger jederzeit offensteht, ausländische Gerichte zur Durchsetzung seiner Forderungen in Anspruch zu nehmen.

Der Versuch des IDW, die anzuwendende Rechtsordnung in Nr. 16 der AAB dahingehend zu regeln, daß nur deutsches Recht gilt, untermauert das Bestehen der Gefahr, die von der Anwendung einer ausländischen Rechtsordnung ausgehen kann. Inwieweit diese Vereinbarung in den AAB rechtswirksam ist, wurde bisher nicht untersucht. Es wäre dafür nötig, sich mit der Rechtsprechung in anderen Staaten zur Gültigkeit von allgemeinen Auftragsbedingungen zu beschäftigen. Das ist nicht Thema dieser Arbeit.

E Änderungsvorschläge zu geltendem Recht und Folgenanalyse

I Gesetzliche Haftungsbeschränkung bei Pflichtprüfungen

1. Analyse der ökonomischen Auswirkungen einer unbegrenzten Haftung des Wirtschaftsprüfers in Deutschland

1.1 Problem der mangelnden Versicherbarkeit der Haftungsrisiken

Die in der Öffentlichkeit und innerhalb des Berufsstandes diskutierten Kritikpunkte an den Haftungsregeln für den Wirtschaftsprüfer beziehen sich auf die als ineffizient erkannten Situationen. Meist wird die Kritik nicht explizit in der Argumentationsweise der ökonomischen Analyse des Rechts geäußert. Dennoch lassen sich die Begründungen für kritische Äußerungen auch in diesem Sinne heranziehen, so z.B. das Argument der Existenzsicherung des Wirtschaftsprüfers, das gegen die wesentliche Ausweitung der Prospekthaftung in die Waagschale geworfen wird. Da im Rahmen dieser öffentlichen Diskussionen Vorschläge de lege ferenda, zur Änderung der Rechtsprechung sowie zu anderen die Haftung des Wirtschaftsprüfers beeinflussenden Gegebenheiten gemacht werden, sollen diese Vorschläge in die ökonomische Analyse einbezogen werden. Dabei geht es um die Analyse möglicher Folgen von Änderungsvorschlägen bezüglich der Effizienz der Haftung unter Berücksichtigung der Durchführbarkeit dieser Vorschläge.

Ein wesentlicher Unterschied zwischen US-amerikanischem und deutschem Wirtschaftsprüfer-Haftungsrecht liegt in der Haftungshöhe bei Pflichtprüfungen und der Verantwortlichkeit gegenüber Dritten. Da in Deutschland vor allem die Haftungsbeschränkung des § 323 Abs. 2 HGB umstritten ist, soll die Auswirkung der Abschaffung dieser Obergrenze in Orientierung an den US-amerikanischen Verhältnissen (vgl. C VI) untersucht werden.

Die Folgen einer unbeschränkten Haftung des Wirtschaftsprüfers lassen sich auf einige wesentliche Gesichtpunkte reduzieren: Eine unbegrenzte Haftung wird als nicht mehr versicherbares Risiko angesehen, da die zu erwartenden Schadensersatzverpflichtungen erhebliche Ausmaße erlangen könnten. Es wird befürchtet, daß das ökonomisch optimale Aktivitätsniveau der Prüfungstätigkeit von Wirtschaftsprüfern nicht erreicht wird. Würde man die Haftung nicht nur auf eine unbeschränkte, sondern sogar auf eine Produkthaftung ausweiten, gründet die Motivation, eine Klage gegen den Prüfer anzustrengen, auf der Ansicht, daß alle Schäden von irgendjemand zu kompensieren seien[893]. Daraus wäre eine Verantwortlichkeit der Prüfer für ein nicht funktionierendes Unternehmen abzuleiten[894]. Begründungen für Urteile gegen CPA im Sinne der Produkthaftung lauten z.B., daß der Prüfer wie ein Warenhersteller am besten in der Lage sei, die Qualität seiner Arbeit durch ein entsprechendes Maß an Sorgfalt zu beeinflussen, und er die Kosten einer Versicherung gegen finanzielle Schäden auf seinen Mandanten über das Honorar abwälzen könne[895]. Des weiteren ist bei einer unbegrenzten Haftung zu befürchten, daß Markteintrittsschranken geschaffen werden und der Wettbewerb zwischen den Wirtschaftsprüfern vermindert wird[896]. Da aber Wettbewerb positiv auf die effiziente Allokation von Ressourcen wirkt und eine Reduzierung aller Arten von Transaktionskosten zu erwarten ist[897], ist diese Entwicklung nicht erwünscht.

Gerade aus der Anwendung der Prinzipien der Produkthaftung auf die Haftung der Prüfer ist die Haftungsausweitung und explosionsartige Steigerung von Schadensersatzprozessen gegen CPA in den USA zu erklären[898]. Gegen diese Urteilsbegründungen ist einzuwenden, daß der Prüfer keineswegs in der Lage ist, vollkommene Kontrolle oder vollständiges Wissen über das geprüfte Unternehmen zu

---

[893] Vgl. Minow, Newton N. (Accountants), a.a.O., S. 72.
[894] Vgl. Minow, Newton N. (Accountants), a.a.O., S. 72; Siliciano, John A. (Law), a.a.O., S. 1962.
[895] Vgl. Minow, Newton N. (Accountants), a.a.O., S. 77; Siliciano, John A. (Law), a.a.O., S. 1939 - 1940.
[896] Vgl. Carr, L. Jack/ Mathewson, G. Frank: Unlimited Liability as a Barrier to Entry, in: Journal of Political Economy, Vol. 96 (1988), S. 766 - 784, Zitierweise: Liability, hier S. 768.
[897] Vgl. Michaelis, Elke (Organisation), a.a.O., S. 149 - 151.
[898] Vgl. Minow, Newton N. (Accountants), a.a.O., S. 77; IDW (Hauptfachausschuß) (Entwurf), a.a.O., S. 271.

haben[899]. Eine Haftpflichtversicherung bei Gefährdungshaftung ist vergleichsweise teurer, da die Versicherer schwer kalkulierbare Einzelrisiken zu versichern haben[900]. Auch die sozialen Kosten durch übermäßige Inanspruchnahme der Gerichte durch die große Anzahl von Schadensersatzklagen dürfen nicht unterschätzt werden.

Es ist nicht sicher, ob durch Abschaffung der handelsrechtlichen Haftungsbeschränkung[901] eine effizientere Situation geschaffen werden kann. Die Zweifel daran werden verstärkt durch Bestrebungen in den USA oder auch in Großbritannien, Haftungsbeschränkungen für Wirtschaftsprüfer durchzusetzen[902]. Als wichtigstes Argument gilt, daß die Risiken, die den Wirtschaftsprüfer im Rahmen seiner Tätigkeiten treffen - wobei neben den Pflichtprüfungen auch Steuerberatung, Unternehmensberatung und andere Tätigkeiten gemeint sind -, nicht mehr vollständig versicherbar sind[903]. Die *vollständige* Versicherbarkeit aller Risiken muß jedoch im ökonomischen Sinn gar nicht wünschenswert sein[904], vor allem wegen des bei den Ausführungen zur Berufshaftpflichtversicherung (vgl. D I 4.) beschriebenen möglichen moral hazard-Verhaltens der Versicherungsnehmer.

Starre Haftungshöchstgrenzen können den unterschiedlichen Risiken nicht adäquat festgelegt werden[905]. Sie stellen Externalisierungsmöglichkeiten dar, die die Schädiger zur Vermeidung der Schäden, die unterhalb der Haftungshöchstgrenze liegen, veranlassen, jedoch keine Anreize zur Vermeidung von Großschäden oberhalb der Haftungshöchstgrenze geben[906]. Dem stehen die „Imageverluste",

---

899 Vgl. Minow, Newton N. (Accountants), a.a.O., S. 82.
900 Vgl. Finsinger, Jörg (Wettbewerb), a.a.O., S. 249.
901 So lautet z.B. der Vorschlag von Bender, Karl (Abschlußprüfung), a.a.O., S. 367.
902 Vgl. Singleton-Green, Brian: Limiting Auditors' Liability. What the profession wants, and why it isn't getting it, in: Accountancy, Vol. 106 (July 1990), S. 97 - 98, Zitierweise: Liability, hier S. 97.
903 Vgl. Singleton-Green, Brian (Liability), a.a.O., S.97.
904 Vgl. Heyn, Wolfgang: Chancen und Risiken alternativer Haftungsansätze zur Allokation von Umweltgütern. Eine ökonomische Analyse, Frankfurt am Main u.a. 1993, Zitierweise: Chancen, S. 358.
905 Vgl. Heyn, Wolfgang (Chancen), a.a.O., S. 359.
906 Vgl. Heyn, Wolfgang (Chancen), a.a.O., S. 359 - 360.

die aus zu niedrigen Schadensersatzverpflichtungen entstehen können, entgegen[907]. Durch diese Privilegierung von Großrisiken können sich Wettbewerbsvorteile zugunsten von Großunternehmen ergeben, vorausgesetzt daß Schäden oberhalb der Haftungshöchstgrenze vor allem durch Großunternehmen geschaffen werden[908]. Diese vermuteten Wettbewerbsvorteile für große Prüfungsgesellschaften durch Haftungshöchstgrenzen haben sich in Deutschland nicht verwirklicht. Das Argument, daß Großrisiken vor allem durch Großunternehmen geschaffen werden, ist grundsätzlich zutreffend. Dabei ist jedoch zu berücksichtigen, daß die Prüfung großer Kapitalgesellschaften große Wirtschaftsprüfungsgesellschaften erfordert, um den Grundsatz der Unabhängigkeit einhalten zu können. Das heißt, auch ohne Haftungshöchstgrenzen würden Pflichtprüfungen, aus denen Risiken für Großschäden entstehen können, nicht von anderen als großen Prüfungsgesellschaften übernommen.

Die Frage, ob ein Haftungsrisiko versicherbar ist, hängt zunächst nicht von einer Haftungshöchstgrenze ab, sondern von der Höhe der Deckungssummen und Versicherungsprämien[909]. Diese beiden Größen werden jedoch entsprechend einem möglichen Haftungsrisiko festgelegt, das umso größer ist, je höher eine Haftungshöchstgrenze c.p. angesiedelt wird. So kann z.B. in den USA, wo eine unbeschränkte Haftung für die Prüfer gilt, ein Rückzug vieler Versicherer aus dem Geschäft der Versicherung von CPA festgestellt werden, sowie erhebliche Erhöhungen von Versicherungsprämien infolge stark angestiegener Schadensersatzverpflichtungen der CPA (vgl. E VII 1.). Haftungsobergrenzen für Wirtschaftsprüfer beeinflussen daher die Versicherbarkeit der Schadensrisiken. Je höher die Haftungshöchstgrenze angesiedelt ist, umso größere Ausmaße können Schadensersatzpflichten der Prüfer und damit Übernahmeverpflichtungen der Versicherungen annehmen, und das besonders, wenn unbeschränkte Haftung gilt. Die Versicherer können folglich die von den Prüfern nachgefragten Deckungssummen, die höher als bei begrenzter Haftung liegen, nicht mehr oder nur noch zu stark erhöh-

[907] Vgl. Heyn, Wolfgang (Chancen), a.a.O., S. 359.
[908] Vgl. Heyn, Wolfgang (Chancen), a.a.O., S. 360.
[909] Vgl. Heyn, Wolfgang (Chancen), a.a.O., S. 358.

ten Preisen anbieten, die für die Prüfer nicht mehr bezahlbar sind. Damit ist genau keine oder nur eingeschränkte Versicherbarkeit der Risiken gegeben, von der sicher eine Wirkung auf den Wettbewerb unter den Prüfern ausgeht. Letztendlich würden die kapitalstärkeren Prüfungsgesellschaften nicht durch eine beschränkte, sondern durch eine unbeschränkte Haftung Wettbewerbsvorteile erlangen, da sie höhere Versicherungsprämien bezahlen und damit einen größeren Teil des Haftungsrisikos aus der beruflichen Tätigkeit im Vergleich zu Einzelprüfern versichern könnten.

1.2 Auswirkungen einer unbegrenzten Haftung auf das optimale Aktivitätsniveau der Wirtschaftsprüfer

Durch gesetzliche Regelungen sollen Anreize zu effizientem Verhalten gegeben werden. Diese Anreizfunktion wird von zweierlei Verhaltensaspekten begleitet: der Entscheidung für ein bestimmtes Sorgfaltsniveau und der Entscheidung für ein bestimmtes Aktivitätsniveau[910]. Das Aktivitätsniveau des Wirtschaftsprüfers bei Pflichtprüfungen kann nur von diesem selbst verändert werden, so daß ein optimales Aktivitätsniveau erreicht wird, „wenn die Schäden einer zusätzlichen Einheit gerade gleich dem zusätzlichen Nutzen aus dieser Aktivität sind (Marginalbedingung für ein variables Aktivitätsniveau des Schädigers)“[911]. Weitere Bedingung ist die Forderung eines positiven Gesamtnutzens, wonach der Gesamtnettonutzen aus einer gefährlichen Aktivität größer null sein soll[912]. Da Prüfer nicht verpflichtet sind, Prüfungsaufträge anzunehmen, Kapitalgesellschaften ihrerseits aber der gesetzlichen Prüfungspflicht unterliegen, besteht bei unbeschränkter Haftung und fehlender Möglichkeit zur Versicherung die Gefahr, daß die Unternehmen keine Prüfer finden, die den Prüfungsauftrag übernehmen[913].

---

910 Vgl. Polinsky, A. Mitchell (Introduction), a.a.O., S. 131; Kahan, Marcel (Causation), a.a.O., S. 432 - 434 und S. 437 - 439. Das Aktivitätsniveau des Wirtschaftsprüfers bestimmt sich aus der Anzahl der angenommenen Prüfungsaufträge; das Sorgfaltsniveau ergibt sich aus der Art der Durchführung eines einzelnen Prüfungsauftrags.

911 Schäfer, Hans-Bernd/ Ott, Claus (Lehrbuch), a.a.O., S. 104.

912 Vgl. Schäfer, Hans-Bernd/ Ott, Claus (Lehrbuch), a.a.O., S. 104.

913 Diese Situation liegt in den USA vor. Anstatt der erhofften Erhöhung des Sorgfaltsniveaus durch die verschärfte Haftung, haben sich die Prüfer andere Möglichkeiten gesucht, um ihre

Das Problem des optimalen Aktivitätsniveaus und dessen Beeinflussung durch eine unbeschränkte Haftung läßt sich am Beispiel der gem. §§ 33, 34 DMBilG erforderlichen Prüfungen der DM-Eröffnungsbilanzen der prüfungspflichtig gewordenen Unternehmen in den neuen Bundesländern durch Wirtschaftsprüfer erläutern. Die Haftungsvorschriften des § 323 HGB sind für diese Prüfungen gültig (vgl. § 34 Abs. 5 DMBilG). Aus diesen Eröffnungsbilanzprüfungen, die unter erheblichem Zeitdruck durchzuführen waren, sowie aus den Folgeprüfungen ergeben sich erhebliche Risiken für die Wirtschaftsprüfer. Diese Risiken bestehen neben dem zeitlichen Aspekt vor allem in Bewertungsproblemen, da vielfach die Einschätzung zukünftiger Entwicklungen notwendig war, z.B. zur Beurteilung der Höhe einer Rückstellung für Dekontaminierung wegen Altlasten oder zum Erfolg von Sanierungskonzepten[914]. Neben der formalen Prüfung der DM-Eröffnungsbilanzen war der materielle Rat der fachlich kompetenten Wirtschaftsprüfer gefragt, indem vorab die Begutachtung und Befürwortung von Sanierungskonzepten gefordert waren[915]. Die Verjährungsfrist ist noch nicht abgelaufen, so daß die Haftungsgefahr der Wirtschaftsprüfer speziell aus diesen Aufträgen noch nicht gebannt ist. Da diese Aufträge durch fahrlässige Pflichtverletzung auch der Wirtschaftsprüfer zu erheblichen Vermögensschäden führen können, was allein aus der Altlastenproblematik und den dazu diskutierten Zahlen in Millionenhöhe ersichtlich ist, liegen die Vermögensschäden sicher über der Haftungsobergrenze des § 323 Abs. 2 HGB. Obwohl den westdeutschen Wirtschaftsprüfern Anfang der 90er Jahre diese Zusatzaufträge willkommen waren, ist zu fragen, ob sie diese Prüfungsaufträge angenommen hätten, wenn keine Haftungsbeschränkung gegolten hätte. Die Prüfer hätten in Anbetracht der für sie neuen Probleme kaum ihre in

---

Haftung (v.a. Dritten gegenüber) zu begrenzen. Eine Folge war, daß Unternehmen mit hohen Prüfungsrisiken keine Prüfer mehr fanden. Vgl. Siliciano, John A. (Law), a.a.O., S. 1959 - 1960; Minow, Newton N. (Accountants), a.a.O., S. 80.

[914] Vgl. zu den einzelnen Schwierigkeiten: Fliess, Wolfgang: Prüfung und Beratung im Spannungsfeld öffentlicher Erwartungen und unternehmerischer Zielsetzungen, in: Institut der Wirtschaftsprüfer in Deutschland e.V. (Hrsg.): Bericht über die Fachtagung 1991 des Instituts der Wirtschaftsprüfer in Deutschland e.V., Düsseldorf 1992, S. 53 - 66, hier S. 53 - 59.

[915] Vgl. Selchert, Friedrich Wilhelm: Wirtschaftsprüfung. Mehr als nur ein teures Übel, in: Küting, Karlheinz/ Schnorbus, Axel (Hrsg.): Betriebswirtschaftslehre heute. Für die Aufgaben der Praxis, Frankfurt am Main 1992, S. 175 - 177, hier S. 176.

Westdeutschland gesicherten Existenzen für derart risikobehaftete Aufträge in Ostdeutschland aufs Spiel gesetzt, auch wenn seinerzeit die Größenordnungen der Risiken nicht abschätzbar waren. Die Haftungsbeschränkung hat demnach die Prüfung durch die damals fachlich für diese Aufträge kompetentesten westlichen Wirtschaftsprüfer erst ermöglicht.

1.3 Festlegung des allgemein anerkannten Sorgfaltsmaßstabes

Der Anreiz gesetzlicher Regelungen zu effizientem Verhalten hängt von der Festlegung und Interpretation des allgemein anerkannten Sorgfaltsmaßstabes ab[916]. In einem Modell wurde nachgewiesen, daß bei einer reinen Verschuldenshaftung und unter der Annahme, daß das Sorgfaltsniveau des Schädigers unter Berücksichtigung des Sorgfaltsniveaus des Geschädigten gewählt wird, nur dann eine effiziente Lösung erreicht wird, wenn der gesetzlich festgelegte dem ökonomisch optimalen Sorgfaltsstandard entspricht[917]. Sowohl für den Fall, daß das gesetzlich festgelegte Sorgfaltsniveau höher liegt als das ökonomisch optimale, als auch umgekehrt, ist das Erreichen des optimalen Niveaus des Schädigers und des Geschädigten nicht möglich[918]. Gleichzeitig ist jedoch die Festlegung des optimalen Sorgfaltsniveaus durch die Gerichte eher ein Zufallsprodukt, falls es tatsächlich gelingen sollte, da eine sichere Ermittlung des Optimums nur mit Hilfe kostenintensiver Informationen erreicht werden kann[919].

---

[916] Vgl. Polinsky, A. Mitchell (Introduction), a.a.O., S. 131.

[917] Vgl. Bakker, B.B./ Sterks, C.G.M. (Standards), a.a.O., S. 387 - 390: In Anlehnung an das (unter B II 1.2.1) beschriebene Grundmodell gehen Bakker/ Sterks in ihrem Modell von bilateral verursachten Schäden aus. Die optimalen Sorgfaltsniveaus des Schädigers X und des Geschädigten Y werden durch Minimierung der Kosten für die Sorgfaltsaktivitäten und der erwarteten Schadenskosten erreicht. Es sind demnach gleichzeitig die beiden folgenden Gleichungen zu erfüllen:
$Min_x C(X,Y) = Min_x\ [K_a(x) + \Phi ES(x,y)]$ und $Min_y C(X,Y) = [K_b(y) + (1-\Phi)ES(x,y)]$
Es werden dann Fälle durchgespielt, in denen die Reaktionen des Schädigers und des Geschädigten in unterschiedlichen Situationen dargestellt werden. Variiert wird dabei das Verhältnis des optimalen Sorgfaltsniveaus des Schädigers X_Ω im Vergleich zum gesetzlich festgelegten Sorgfaltsniveau X* ($X^* = X_\Omega$, $X^* < X_\Omega$, $X^* > X_\Omega$) und ebenso für den Geschädigten ($Y^* = Y_\Omega$, $Y^* < Y_\Omega$, $Y^* > Y_\Omega$) sowie Kombinationen.

[918] Vgl. Bakker, B.B./ Sterks, C.G.M. (Standards), a.a.O., S. 390.

[919] Vgl. Schäfer, Hans-Bernd (Probleme), a.a.O., S. 375 - 376.

Der Sorgfaltsmaßstab wird einerseits durch den Berufsstand selbst und andererseits durch die Rechtsprechung festgelegt. Je genauer ein Sorgfaltsmaßstab bestimmt werden kann, um so genauer kann ein Haftungsrisiko eingeschätzt werden. Die Anpassung des Prüfers an seine allgemeinen Pflichten ist besser möglich. Eine Haftungsbeschränkung ist nicht notwendig, da die Informationen ausreichend Anreize geben, das eigene dem optimalen Sorgfaltsniveau anzupassen. Fehlen solche Informationen, d.h. ist die Festlegung des optimalen Sorgfaltsniveaus problematisch, können durch eine Haftungsbegrenzung eine unmäßige Ausweitung der Anforderungen an die Sorgfalt und Haftungsgefahren vermieden werden.

Sowohl in Deutschland als auch in den USA ist die Bestimmung des vom Wirtschaftsprüfer zu fordernden Maßes an Sorgfalt bei der Frage nach der Pflichtverletzung in Haftungsprozessen schwierig[920]. Dieser Sorgfaltsmaßstab wird von der Öffentlichkeit um so höher angesiedelt, je größer die Erwartungslücke bezüglich der Pflichten des Abschlußprüfers ist. Obwohl durch den Bestätigungsvermerk die Gesetzes- und Ordnungsmäßigkeit des Jahresabschlusses testiert wird, sieht die Öffentlichkeit häufig im Testat ein Garantieversprechen des Prüfers für den Eintritt zukünftigen wirtschaftlichen Erfolges[921]. Diese Erwartungslücke ist auch in Deutschland erkennbar[922], wirkt sich aber in Gerichtsurteilen zu Pflichtprüfungshaftungsprozessen kaum aus, da für Ansprüche von Anteilseignern oder Gläubigern bei Pflichtprüfungen § 323 HGB keine Anwendung findet. Die Erwartungslücke, die für amerikanische CPA gewaltige finanzielle Auswirkungen haben kann, hat für deutsche Wirtschaftsprüfer erst in letzter Zeit durch die zunehmende Kritik in der Öffentlichkeit an Bedeutung gewonnen. Daraus ergeben sich zwar Verluste des Ansehens und Vertrauens in den deutschen Berufsstand, aber kaum finanzielle Auswirkungen aufgrund von Schadensersatzleistungen. Trotzdem kann der Verlautbarungsentwurf des HFA zur Aufdeckung von Fehlern, Täuschungen, Vermögensschädigungen und sonstigen Gesetzesverstößen im

[920] Vgl. Lück, Wolfgang/ Knetsch, Katja (Haftung), a.a.O., S. 903.
[921] Vgl. Lück, Wolfgang/ Knetsch, Katja (Haftung), a.a.O., S. 903.
[922] Vgl. Biener, Herbert (Erwartungslücke), a.a.O., S. 39 - 41.

Rahmen der Abschlußprüfung[923] als Versuch verstanden werden, die Erwartungslücke zu verkleinern.

Von einer Interministeriellen Arbeitsgruppe des Bundesministeriums der Justiz wird erwogen, den Wortlaut des § 323 Abs. 1 Satz 1 HGB derart zu ergänzen, daß der Prüfer eine Abschlußprüfung „gewissenhaft und unparteiisch unter Beachtung der Grundsätze ordnungsmäßiger Prüfung" durchzuführen hat[924]. Gleichzeitig soll ein neu einzufügender Absatz regeln, daß die Beachtung genannter Grundsätze vermutet wird, wenn der Prüfer neben den Regeln der Berufssatzung zur Durchführung von Prüfungen und Qualitätssicherung auch die berufsständischen Mitteilungen der WPK beachtet hat[925]. Damit eine solche Vermutungsregel wirksam wird, ist eine schriftliche Verankerung und weitgehende Übereinstimmung über die Grundsätze ordnungsmäßiger Abschlußprüfung notwendig[926]. Die schriftliche Fixierung dieser Grundsätze darf nicht zu detailliert vorgenommen werden, um einen gewissen Spielraum und eine Anpassungsfähigkeit an besondere Prüfungssituationen zu erlauben, andererseits ist aber so exakt zu formulieren, daß die Konkretisierung dieser Grundsätze durch den Berufsstand und nicht durch Deduktion der Rechtsprechung erfolgt[927]. Sollte das festgelegte Sorgfaltsniveau unerreichbar werden, würde man von der Verschuldenshaftung auf eine Gefährdungshaftung übergehen, die den Prüfer nachträglich für jegliche Schäden eines Unternehmens zur Verantwortung zieht[928]. Das ist ökonomisch nicht erstrebenswert, weil im System der strikten Haftung der Prüfer mehr Information zu erreichen versucht als im System der Verschuldenshaftung, und diese Information

---

[923] Vgl. IDW (Hauptfachausschuß) (Entwurf), a.a.O..

[924] Vgl. Ebke, Werner (Risikoeinschätzung), a.a.O., S. 31; Burret, Gerhard: Tätigkeitsbericht des Präsidenten der WPK anläßlich der Beiratssitzung am 6. Dezember 1995, in: WPK-Mitt., 35. Jg. (1996), S. 35 - 54, Zitierweise: Tätigkeitsbericht 1995, hier S. 37.

[925] Vgl. Ebke, Werner (Risikoeinschätzung), a.a.O., S. 31.

[926] Vgl. Ebke, Werner (Risikoeinschätzung), a.a.O., S. 31.

[927] Vgl. Ebke, Werner (Risikoeinschätzung), a.a.O., S. 32.

[928] Vgl. Balachandran, Bala V./ Nagarajan, Nandu J.: Imperfect information, insurance, and auditors' legal liability, in: The Accounting Review, Vol. 61 (1986), S. 281 - 301, Zitierweise: Information, hier S. 282; Shapiro, Carl (Symposium), a.a.O., S. 6; Cosack, Tilman (Gefährdungshaftung), a.a.O., S. 1443.

nicht kostenlos ist[929]. Die Gefährdungshaftung kann dann kostenintensivere Auswirkungen auf die Tätigkeit des Prüfers haben als die Verschuldenshaftung, wenn man unter beiden Haftungssystemen zum gleichen Urteil über den zu prüfenden Jahresabschluß kommt, jedoch für dieses Urteil unter der strikten Haftung mehr Informationen eingeholt wurden. Vorteilhaft kann dabei jedoch sein, daß z.B. durch eine Erhöhung des Prüfungsumfangs die Sicherheit eines Urteils gesteigert und damit vor allem das β-Risiko/Prüfer-Risiko[930] vermindert werden kann[931].

Nicht zu unterschätzen ist die Gefahr der Gefährdungshaftung, durch die Versicherungen nicht mehr finanzierbar zu sein, was zu einer starken Diskrepanz zwischen Deckungssummen und tatsächlicher Haftung führen kann[932], und den Zweck einer Haftpflichtversicherung, nämlich den Schutz des Versicherten, untergräbt.

2. Vorschläge zur Haftungsbegrenzung bei Pflichtprüfungen

2.1 Haftungsbegrenzung aufgrund einzelvertraglicher Vereinbarung

Eine Alternative wäre, im Gesetz keine Haftungshöhe festzulegen, aber gleichzeitig vertragliche Individualvereinbarungen zwischen Wirtschaftsprüfer und zu prüfender Gesellschaft bezüglich einer Haftungsbeschränkung in der Rechtspre-

[929] Vgl. Balachandran, Bala V./ Nagarajan, Nandu J. (Information), a.a.O., S. 283.
[930] Der Prüfer beurteilt ein Prüffeld als ordnungsgemäß, obwohl dessen tatsächlicher Zustand nicht ordnungsgemäß ist. Vgl. v. Wysocki, Klaus (Grundlagen), a.a.O., S. 172 - 173; Quick, Reiner: Die Risiken der Jahresabschlußprüfung, Düsseldorf 1996, Zitierweise: Risiken, S. 24 - 25.
[931] Vgl. Wiedmann, Harald: Der risikoorientierte Prüfungsansatz, in: WPg, 46. Jg. (1993), S. 13 - 25, Zitierweise: Prüfungsansatz, hier S. 15, der in der Erhöhung des Stichprobenumfangs sogar die einzige Möglichkeit zur *gleichzeitigen* Verringerung des α- und des β-Risikos sieht.
[932] Vgl. Grell, Dieter: Haftpflichtversicherer vor ihrer größten Herausforderung, in: Versicherungswirtschaft, 43. Jg. (1988), S. 1465 - 1476, hier S. 1472, 1476.

chung anzuerkennen[933]. Ein Konflikt mit dem AGBG würde vermieden, wenn es sich um spezielle Haftungsbeschränkungen für jedes einzelne zu prüfende Unternehmen handelt, die außerhalb der AAB zwischen Wirtschaftsprüfer und Mandant ausgehandelt und vertraglich vereinbart werden. Das wäre der „klassische" Ansatz der Theorie der ökonomischen Analyse des Rechts: zwei Parteien verhandeln über die Verteilung von Ressourcen und die Zuordnung von Risiken, was bei optimaler Funktionsfähigkeit des Marktes betreffend die Selbstregulierung von Interessenkonflikten automatisch zu effizienten Lösungen führt[934]. Der Preis, mit dem ein Marktteilnehmer einen anderen für den Verzicht auf eine bestimmte Mittelverwendung entschädigt, drückt den spezifischen Nutzen der Marktteilnehmer aus, weshalb Effizienz unter der Voraussetzung des Marktmechanismus als gesellschaftlichem Entscheidungsverfahren mit Zahlungsbereitschaft gleichgesetzt werden kann[935].

Daß bei Vereinbarungen zwischen Wirtschaftsprüfer und Mandant im Rahmen von Pflichtprüfungen die effizienteste Risikoverteilung erreicht wird, kann nicht garantiert werden[936]. Die Kapitalgesellschaft tritt nicht freiwillig in Verhandlungen mit dem Wirtschaftsprüfer, sondern aufgrund gesetzlicher Verpflichtung. Sie muß zu einer Verhandlungslösung kommen. Der Prüfungsauftrag kann nicht wegen unbefriedigender Verhandlungen nicht vergeben werden. Das widerspricht einer Voraussetzung des Coase-Theorems, wonach die „vorgegebenen Eigentumsrechte zu wechselseitig akzeptablen Bedingungen zu modifizieren oder ganz

---

[933] So auch ein Vorschlag der Liekermann Steering Group in Großbritannien, vgl. Markus, Hugh B.: Die Berufshaftpflichtversicherung des Abschlußprüfers auf den Britischen Inseln, in: WPK-Mitt., 33. Jg. (1994), S. 144 - 149, Zitierweise: Berufshaftpflichtversicherung, hier S. 149.

[934] Vgl. Roth, Günther H.: Zur „economic analysis" der beschränkten Haftung, in: ZGR, 15. Jg. (1986), S. 371 - 382, hier S. 375.

[935] Vgl. Behrens, Peter (Aspekte), a.a.O., S. 480; Posner, Richard A. (Analysis), a.a.O., S. 14, 521.

[936] Vgl. z.B. Buchanan, James M.: Rights, Efficiency, and Exchange: The Irrelevance of Transactions Cost, in: Neumann, Manfred (Hrsg.): Ansprüche, Eigentums- und Verfügungsrechte, Berlin 1983, S. 9 - 24, Zitierweise: Rights, hier S. 12, der die Erreichung eines effizienten Zustandes im Sinne des Coase-Theorems nicht nur durch das Vorhandensein von Transaktionskosten (v.a. als Informationskosten), sondern auch durch z.B. free-rider-Verhalten der Individuen beeinträchtigt sieht.

zu veräußern sein müssen"[937]. Es läßt auf Verhandlungsvorteile für den Wirtschaftsprüfer schließen. Gleichzeitig haben die Wirtschaftsprüfer zufolge der Konkurrenzsituation am Prüfermarkt um ihre Mandate zu kämpfen, was wiederum auf Vorteile für die prüfungspflichtigen Unternehmen hinweist. Letzteren wird eine nicht unerhebliche Marktmacht zugeschrieben, die sich darin äußert, daß von verschiedenen Prüfern vor Vergabe des Prüfungsauftrages Angebote eingeholt werden und dann dem Prüfer mit der günstigsten Honorarforderung der Auftrag erteilt wird[938]. Es liegt ein Wechselspiel möglicher Verhandlungsvor- und -nachteile vor, das sich weitgehend ausgleichen dürfte. Ist der Abschlußprüfer bestellt, wird er den Auftrag annehmen wollen, außer er sieht sich nicht im Stande, die Ausführung gemäß den gesetzlichen und berufsrechtlichen Verpflichtungen zu erledigen. Verhandlungen über Haftungsbeschränkungen bei Pflichtprüfungsaufträgen sind sicher, da jeder Wirtschaftsprüfer daran interessiert ist, die Haftung in Grenzen zu halten, um seine berufliche Existenz zu sichern. Derzeit streben die Wirtschaftsprüfer in allen Tätigkeitsbereichen außerhalb der Pflichtprüfung auch eine Beschränkung der Haftung an.

Die Angebote der Auftraggeber und Wirtschaftsprüfer zur Haftungsbeschränkung orientieren sich an ihren jeweiligen Möglichkeiten zur Beeinflussung des Sorgfaltsniveaus. Je günstiger diese Möglichkeiten sind, um so höher wird das erreichte Sorgfaltsniveau und um so geringer die Gefahr von Verletzungen der Sorgfaltspflicht. Je geringer diese Gefahr ist, um so leichter wird es für den Wirtschaftsprüfer, eine höhere Haftung zu übernehmen. Eine effiziente Lösung durch Verhandlungen würde sich allenfalls dann ergeben, wenn die Angebote der Wirtschaftsprüfer zur Haftungsbeschränkung mit den Vorstellungen der Mandanten in Einklang gebracht werden können, ohne daß von einer Vertragsseite stärkere Verhandlungsmacht ausgeübt werden kann als von der anderen Vertragspartei.

---

[937] Monissen, Hans G. (Haftungsregeln), a.a.O., S. 410; vgl. Buchanan, James M. (Rights), a.a.O., S. 13.

[938] Vgl. Baetge, Jörg: Eine Zielvorschrift für Rationalisierungsansätze bei der Prüfung, in: BFuP, 37. Jg. (1985), S. 277 - 290, Zitierweise: Zielvorschrift, hier S. 282.

Durch diese Verhandlungslösungen kann aber die besondere Vertrauensstellung des Wirtschaftsprüfers gegenüber der Öffentlichkeit kaum berücksichtigt werden. Da an den Verhandlungen die übrigen Interessenten des Jahresabschlusses nicht beteiligt sind[939], werden deren Belange nicht einkalkuliert, so daß unter Umständen die Vermögensschäden Dritter, sofern sie nicht auf indirektem Wege beim Wirtschaftsprüfer geltend gemacht werden können, von diesen selbst zu tragen sind[940]. Durch einen effizienten Vertrag können zwar die Nutzen der beteiligten Parteien maximiert werden, daraus resultiert aber nicht zwangsläufig gesamtwirtschaftliche Effizienz[941].

2.2 *Haftungshöchstgrenzen als Vielfaches des Prüfungshonorars*

Ein Vorschlag aus Großbritannien, die Haftungsobergrenze als Vielfaches des Prüfungshonorars[942] gesetzlich festzulegen, hat auch in Deutschland Befürworter gefunden. Die SPD-Fraktion im Bundestag hat Ende Januar 1995 den Entwurf eines Gesetzes zur Verbesserung von Transparenz und Beschränkung von Machtkonzentration in der deutschen Wirtschaft (Transparenz- und Wettbewerbsgesetz) vorgelegt[943]. Ziel des Entwurfs ist u.a. die Verschärfung der Haftung von Wirtschaftsprüfern und Wirtschaftsprüfungsgesellschaften sowie eine verbesserte Sicherung von deren Unabhängigkeit. Damit soll dem Problem, daß offenkundige Defizite in der Kontrolle der Unternehmensverwaltungen, mangelnde Transparenz, Interessenkonflikte und Einflußkumulationen den deutschen Kapitalmarkt und dessen internationale Wettbewerbsfähigkeit belasten, entgegengetreten werden[944].

---

939 Vgl. Baetge, Jörg (Zielvorschrift), a.a.O., S. 281.
940 Zum Erreichen eines effizienten Zustandes wird jedoch die Übereinstimmung <u>aller</u> von einer Vereinbarung betroffenen Parteien verlangt. Vgl. Buchanan, James M. (Rights), a.a.O., S. 23.
941 Vgl. Nagel, Bernhard (Wirtschaftsrecht), a.a.O., S. 153.
942 Vgl. Singleton-Green, Brian (Liability), a.a.O., S. 97.
943 Vgl. BT-Drucksache 13/367 vom 30.01.95.
944 Vgl. BT-Drucksache 13/367 vom 30.01.95, S. 1.

Die Wirtschaftsprüfer sind vor allem durch die vorgeschlagenen Änderungen im HGB und AktG betroffen. Für vorliegende Arbeit wesentlich ist, daß die Haftungsbeschränkung des § 323 Abs. 2 HGB auf das Hundertfache der vereinbarten Vergütung oder, bei Fehlen einer Vereinbarung, der entsprechend der ordnungsgemäßen Durchführung der Prüfung üblichen Vergütung erhöht[945] werden soll. Die WPK wendet sich entschieden gegen die im SPD-Gesetzentwurf vorgesehene neue Haftungsobergrenze und die Einführung des obligatorischen Prüferwechsels[946].

Um die ökonomische Effizienz der vorgeschlagenen Haftungsbeschränkung zu beurteilen, ist zu klären, welche Größenordnungen bei dem Begriff der vereinbarten oder üblichen Prüfungshonorare heranzuziehen sind. Hierfür sind keine offiziellen Zahlen zu erlangen. Daher ist auf Schätzungen zurückzugreifen. Gemäß einer Kostenstrukturstatistik für das Jahr 1991 liegen die durchschnittlichen Umsatzzahlen zwischen ca. 64.500 DM für die kleinsten Wirtschaftsprüfereinzelpraxen und ca. 17.872.400 DM für die großen Wirtschaftsprüfungsgesellschaften[947]. Würde man von diesen Umsätzen jeweils das Hundertfache als Haftungsobergrenze rechnen, so läge das mögliche jährliche Haftungsrisiko zwischen ca. 6,45 Mio. DM für Einzelwirtschaftsprüfer mit vielleicht nur einem Angestellten und bis zu ca. 1,8 Mrd. DM für große Wirtschaftsprüfungsgesellschaften.

---

945 Es handelt sich dabei tatsächlich um eine Erhöhung der Haftungsobergrenze, da die derzeitige Beschränkung auf 500.000 DM einem Prüfungshonorar von 5.000 DM im Sinne des neuen Regelungsvorschlages entsprechen würde. Aber welche Pflichtprüfung kann heute für DM 5.000 ordnungsgemäß durchgeführt werden!

946 Vgl. o.V.: Entwurf eines Gesetzes zur Verbesserung von Transparenz und Beschränkung von Machtkonzentration in der deutschen Wirtschaft (Transparenz- und Wettbewerbsgesetz), in: WPK-Mitt., 34. Jg. (1995), S. 89, Zitierweise: Transparenzgesetz.

947 Vgl. Wittmann, Peter: Betriebswirtschaftliche Kennzahlen von Wirtschaftsprüfungsunternehmen für das Jahr 1991, in: WPK-Mitt., 34. Jg. (1995), S. 79 - 85, hier S. 81. Die Zahlen für die großen Wirtschaftsprüfungsgesellschaften betreffen wohl die einzelnen Tochtergesellschaften der Big Six. Die Konzernumsätze dürften wesentlich höher liegen. Z.B. weist der Geschäftsbericht der KPMG Deutsche Treuhand-Gesellschaft für 1995 einen Konzernumsatz von rd. 1,2 Mrd. DM aus. Der größte erzielte Einzelumsatz einer Tochtergesellschaft liegt bei 57 Mio. DM; dabei wurde die reine Unternehmensberatungstochter außer acht gelassen.

Natürlich ist gegen diese Rechnung einiges einzuwenden. Nicht alle Umsätze stammen aus Prüfungsaufträgen. Selbst wenn nur die Hälfte aller Einnahmen aus Pflichtprüfungsmandaten stammt, könnte das Haftungsrisiko für einen Prüfer bzw. eine Prüfungsgesellschaft gemäß dem SPD-Gesetzesentwurf immer noch zwischen ca. 3,2 Mio. DM und 900 Mio. DM pro Jahr allein aus den Prüfungsaufträgen eines Jahres liegen. Zusätzlich unterliegen die Wirtschaftsprüfer einer unbeschränkten Haftung für ihre übrigen Tätigkeiten, vorausgesetzt die in den AAB festgelegte Haftungsbeschränkung hält einer richterlichen AGB-Kontrolle nicht stand und die über Rechtsprechung vorhandenen Dritthaftungsrisiken werden berücksichtigt.

Die Haftungsobergrenze für einzelne Prüfungsaufträge kann unter den genannten Größenordnungen liegen. Dennoch können sich für die Pflichtprüfung einer nur mittelgroßen Kapitalgesellschaft Haftungsrisiken ergeben, die von einem Einzelwirtschaftsprüfer nicht mehr getragen werden können. Dazu folgende überschlägige Rechnung: Für eine einfache, ohne Besonderheiten oder Zusatzaufträge durchzuführende Jahresabschlußpflichtprüfung seien 80 Prüferstunden zu 150 DM Stundensatz geplant. Hinzu kommen 10 Wirtschaftsprüferstunden zu einem Stundensatz von 350 DM. Bereits hier ist ein Honoraraufwand von 15.500 DM angefallen, der noch keine Kosten für die Fertigstellung der Prüfungsberichte enthält. Man kommt demnach auf ein Prüfungshonorar von ca. 17.000 DM, das eine Haftungsobergrenze von 1,7 Mio. DM (also rd. das Dreifache der gem. § 323 Abs. 2 HGB geltenden Obergrenze) als Folge hätte. Es stellt sich die Frage der Verhältnismäßigkeit zwischen zu übernehmendem Haftungsrisiko und tatsächlich durch den Wirtschaftsprüfer erzielbarem Gewinn, der nach Abzug aller Kosten (wie Löhne und Gehälter, Material) bestenfalls bei ca. 5.000 DM vor Steuern liegen dürfte. Es ist zweifelhaft, ob jemand mit Aussicht auf 5.000 DM Gewinn (oder weniger) ein Haftungsrisiko von 1,7 Mio. DM zu übernehmen bereit ist. Diese Überlegung läßt sich hochrechnen auf Abschlußprüfungen großer Kapitalgesellschaften und Konzerne, die Stundenbudgets von 1000 Stunden und mehr allein für Prüfungsassistenten haben und eine intensivere Mitwirkung an den Prüfungshandlungen und dem Prüfungsbericht durch die Berufsträger selbst erfordern.

Man nähert sich einer unbegrenzten Haftung, je höher die Haftungsobergrenze angesiedelt wird. Das hat zur Konsequenz, daß der Versicherungsschutz mindestens erheblich teurer und schlimmstenfalls nicht mehr bezahlbar oder nicht mehr angeboten wird. Dadurch werden zuerst Einzelwirtschaftsprüfer und kleinere Prüfungsgesellschaften aus dem Markt gedrängt. Der Transparenz- und Wettbewerbsgesetzentwurf soll jedoch gerade die Vermeidung von Machtkonzentration bewirken, die sich dann bei den großen Wirtschaftsprüfungsgesellschaften ergeben würde, so daß man mit einer derart unmäßigen Erhöhung der Haftungsobergrenze über das Ziel hinausschießt. Eine Anhebung der Haftungsgrenze bis zum Hundertfachen des Prüfungshonorars ist nicht notwendig. Vielleicht würde bereits das Zehnfache zu einer angemessenen und noch versicherbaren Risikoverteilung führen. Auch andere Lösungen für eine ökonomisch sinnvolle Regelung der Haftungsbeschränkung sind denkbar, z.B. durch Verwendung anderer Werte als des Prüfungshonorars als Bemessungsgrundlage (vgl. E I 2.3) oder durch Staffelung der Haftungshöchstsumme[948]. Das könnte in Deutschland z.B. eine Untergrenze der Haftungsbeschränkung von den bisherigen 500 TDM bis maximal 10 Mio. DM oder dem Zehnfachen des Prüfungshonorars sein. Die Ausgestaltung der Staffelung zwischen den 500 TDM und den 10 Mio. DM könnte abhängig vom Prüfungshonorar des einzelnen Auftrags (und hier z.B. immer das Zehnfache) festgelegt werden.

Der Konkurrenzkampf zwischen den Wirtschaftsprüfungsgesellschaften, der sich in den geforderten Prüfungshonoraren ausdrückt, spielt eine große Rolle. Je niedriger die Stundensätze und je geringer die Zahl der aufgewendeten Stunden, umso größer ist die Chance, einen Prüfungsauftrag zu bekommen. Je geringer aber das Honorar, umso niedriger läge die Haftungsobergrenze. Das könnte den Effekt haben, daß niedrige Honorare verlangt werden, wodurch der Haftungsumfang be-

---

[948] Vgl. Markus, Hugh B. (Berufshaftpflichtversicherung), a.a.O., S. 149.

schränkt, aber eine entsprechende Verkürzung der Prüfungshandlungen notwendig wird. Sorgfalt und Prüfungsqualität sinken, das Schadensrisiko aufgrund fahrlässiger Pflichtverletzung steigt, gleichzeitig wird die Haftungsobergrenze verringert. Damit würde das Ziel der Jahresabschlußprüfung in Frage gestellt.

Dieser Vorschlag hätte in ökonomischer Hinsicht nur Erfolg, wenn gleichzeitig gem. § 55 WPO der Bundeswirtschaftsminister von seinem Recht Gebrauch machen würde, eine Gebührenordnung für gesetzlich vorgeschriebene Prüfungen zu erlassen. Das ist bislang nicht geschehen, so daß der Preiskampf um Prüfungsaufträge sich frei entfalten kann und die Haftungsgrenzen nicht vergleichbar sind. Man muß somit diesen Vorschlag unter die „over-inclusive regulations" zählen, wonach eine Gesetzesänderung mehr Schaden als Nutzen bewirkt[949].

2.3 Risikobeeinflussende Umstände als notwendige Grundlage bei der Bestimmung von Haftungshöchstgrenzen

Vor allem die Gefahr eines zu niedrigen Sorgfaltsniveaus und die daraus entstehenden Schäden über TDM 500 scheinen sich in der Kritik an den deutschen Wirtschaftsprüfern zu bestätigen, die auf das Mißverhältnis zwischen geltenden Haftungsgrenzen und „möglichen volkswirtschaftlichen Schäden durch Pleiten"[950] hinweist. Andererseits sind die Probleme der amerikanischen Prüfer aufgrund der unbeschränkten Haftung zu beachten, die inzwischen ein solches Ausmaß haben, daß einige Gesellschaften sich aus dem Prüfungsgeschäft zurückziehen, und viele Versicherer keine Berufshaftpflicht für Wirtschaftsprüfer mehr anbieten bzw. gewisse Risiken nicht mehr versicherbar sind[951].

Um zu einer begründeten Festlegung der Haftungsobergrenze zu gelangen, muß man die Risikoursachen und deren Unterschiedlichkeit feststellen, da sich diese wesentlich auf die Höhe des verursachten Schadens auswirken. In Anlehnung an

949 Vgl. Veljanovski, Cento (Economics), a.a.O., S. 80 - 81.
950 Schwarz, Harald (Prüfstand), a.a.O., S. 19.
951 Vgl. Lück, Wolfgang/ Holzer, Peter (Krise), a.a.O., S. 241.

den risikoorientierten Prüfungsansatz der Jahresabschlußprüfung werden drei Risikoarten des Abschlußprüfers genannt: das Geschäftsrisiko, „das den Bereich vom allgemeinen Unternehmerrisiko bis zum Risiko, berufsspezifische Pflichten zu verletzen, umspannt", das Auftragsrisiko, „das im zu prüfenden Unternehmen selbst liegt" (z.B. Branchenzugehörigkeit, Eigentümerstruktur) und das Prüfungsrisiko, „daß der Abschlußprüfer es unwissentlich versäumt, seinen Bestätigungsvermerk einzuschränken, zu versagen oder zumindest in geeigneter Weise zu ergänzen, wenn der Jahresabschluß wesentliche Fehler enthält"[952]. Grundlage für die Bestimmung von Haftungshöchstgrenzen ist in diesem Sinne vor allem das Auftragsrisiko sowie Teile des Prüfungsrisikos, die als inhärentes Risiko bezeichnet werden. Diese sind für alle Prüfer, egal ob Einzelprüfer oder große Prüfungsgesellschaft, gleich und von vornherein von diesen nicht beeinflußbar[953]. Inhärente Risiken sind unabhängig vom Prüfungsprozeß und ihre Kontrolle liegt allein in der Verantwortung der Mandanten[954]. Sie ergeben sich aus der Situation des zu prüfenden Unternehmens[955].

Ein bedeutendes Risiko liegt in der Größe des zu prüfenden Unternehmens[956]. Je größer das Unternehmen, um so mehr Prüfungsaufwand ist notwendig und um so mehr Bedeutung erlangt der Bestätigungsvermerk, da der Kreis der interessierten Öffentlichkeit größer sein wird. Das öffentliche Interesse steigt zudem mit der Börsennotierung einer Gesellschaft und mit deren Stellenwert innerhalb einer Volkswirtschaft[957].

---

[952] Dörner, Dietrich: Audit Risk, in: Coenenberg, Adolf/ v. Wysocki, Klaus (Hrsg.): Handwörterbuch der Revision, 2. Aufl., Stuttgart 1992, Sp. 81 - 96, Zitierweise: Risk, hier Sp. 82; Wiedmann, Harald (Prüfungsansatz), a.a.O., S. 16.

[953] Vgl. Stibi, Eva: Prüfungsrisikomodell und Risikoorientierte Abschlußprüfung, Düsseldorf 1995, Zitierweise: Prüfungsrisikomodell, S. 55.

[954] Vgl. Quick, Reiner (Risiken), a.a.O., S. 37.

[955] Vgl. Wiedmann, Harald (Prüfungsansatz), a.a.O., S. 17; Stibi, Eva (Prüfungsrisikomodell), a.a.O., S. 69.

[956] Vgl. Quick, Reiner (Risiken), a.a.O., S. 259 - 262; Wiedmann, Harald (Prüfungsansatz), a.a.O., S. 17; Stibi, Eva (Prüfungsrisikomodell), a.a.O., S. 68 - 70.

[957] Vgl. Geuer, Caroline (Management), a.a.O., S. 171 - 172.

Es gibt auch die gegenteilige Meinung, daß das Haftungsrisiko des Prüfers bei kleinen Mandanten größer sei als bei großen, da deren internes Kontrollsystem besser sei als das kleiner Unternehmen[958]. Dagegen spricht, daß grundsätzlich kleinere Unternehmen für einen Prüfer leichter durchschaubar sind als große, unabhängig vom jeweiligen internen Kontrollsystem.

Weitere Risiken liegen in der Branchenzugehörigkeit als Komponente des inhärenten Risikos des zu prüfenden Unternehmens[959]. So können Prüfungsfehler bei Prüfung von Kreditinstituten oder Versicherungen Schäden großen Ausmaßes nach sich ziehen[960] (vgl. dazu die Millionenklagen gegen Prüfer in den USA in Zusammenhang mit den Zusammenbrüchen von Sparbanken[961]). Bei beiden Branchen würde der Zusammenbruch eines solchen Unternehmens ein spürbares Ausmaß auf die Tätigkeiten in dieser Volkswirtschaft erlangen. Der Wirtschaftsprüfer geht demnach mit der Prüfung des Jahresabschlusses eines Kreditinstitutes oder einer Versicherung ein zusätzliches Risiko ein, wobei weiterhin die Größe des Unternehmens eine entscheidende Rolle spielt.

Das Risiko des Wirtschaftsprüfers wird auch durch die Fähigkeiten und Qualifikationen der im Rechnungswesen des zu prüfenden Unternehmens tätigen Mitarbeiter beeinflußt[962]. Je qualifizierter und sorgfältiger das Personal ist, mit dem der Prüfer während der Prüfung zusammentrifft, um so geringer wird die Wahrscheinlichkeit von unbeabsichtigten Fehlern. Das wirkt sich auf die Einschätzung des IKS und Prüfungsdurchführung aus.

---

[958] Vgl. Schultz, Joseph J./ Gustavson, Sandra G. (Actuaries), a.a.O., S. 632; Quick, Reiner (Risiken), a.a.O., S. 259.

[959] Vgl. Quick, Reiner (Risiken), a.a.O., S. 230 - 236; Wiedmann, Harald (Prüfungsansatz), a.a.O., S. 17; Stibi, Eva (Prüfungsrisikomodell), a.a.O., S. 73 - 74.

[960] So ist ein im Vergleich zu normalen Industrie- oder Handelsunternehmen erhöhtes inhärentes Risiko für Branchen zu vermuten, die hinsichtlich der Rechnungslegung Besonderheiten aufweisen. Vgl. Quick, Reiner (Risiko), a.a.O., S. 233, 234.

[961] Vgl. o.V.: Bankenzusammenbruch in USA/ Aufsichtsbehörde gegen Wirtschaftsprüfer/ Schadensersatzklagen in Milliardenhöhe, in: GI, 112. Jg. (1992), S. 270.

[962] Vgl. Quick, Reiner (Risiken), a.a.O., S. 270 - 272.

Auch die finanzielle Ausstattung eines Unternehmens hat risikobeeinflussende Wirkungen[963]. Die Wahrscheinlichkeit für eine Schadensersatzpflicht des Prüfers gegenüber Dritten ist solange sehr gering, bis sich eine „Katastrophe“ ereignet[964]. Die Wahrscheinlichkeit für ein solches Ereignis scheint um so höher, je schlechter die finanzielle Lage des Mandanten ist[965]. Diese Gefahr der Dritthaftung des deutschen Wirtschaftsprüfers aus einer Jahresabschlußprüfung, kann jedoch nur in den Fällen, in denen die Voraussetzungen des § 826 BGB vorliegen (vgl. C III 1. und D II 1.2), eintreten.

Noch nicht berücksichtigt wurde das Risiko, bewußte Täuschungen nicht zu entdecken, da die Aufdeckung von Unterschlagungen nicht Gegenstand der Jahresabschlußprüfung ist. Dennoch spielt dieses Risiko, das sich aus der Integrität und Qualität des Managements ergibt[966], eine Rolle für die Haftung des Wirtschaftsprüfers, wenn zu beurteilen ist, ob er diese bewußten Täuschungen bei seiner normalen Prüfungstätigkeit hätte entdecken müssen, was als Verletzung der Sorgfaltspflicht und der Redepflicht zu gelten hätte und eine Haftung nach § 323 Abs. 1 HGB begründen könnte[967].

Nicht alle Risiken können in einer einzigen Haftungsobergrenze Berücksichtigung finden. Risiken, die sich aus dem personellen Bereich eines zu prüfenden Unternehmens ergeben, sind kaum zur Festlegung einer gesetzlichen Haftungsobergrenze für Wirtschaftsprüfer geeignet. Es handelt sich um spezielle Probleme, die bei jeder Prüfung völlig unterschiedlich gelagert sind und nicht immer den gleichen (bedeutenden) Einfluß auf das Haftungsrisiko haben. Die Gefahr, die Haftungsgrenze auf einem nicht effizienten Niveau festzulegen, wäre zu groß. Daher ist ein weitgehend objektiviertes oder objektivierbares Kriterium zu verwenden,

---

963 Vgl. Quick, Reiner (Risiken), a.a.O., S. 236 - 256; Dörner, Dietrich (Risk), a.a.O., Sp. 91 - 94; Wiedmann, Harald (Prüfungsansatz), a.a.O., S. 17.

964 Vgl. Schultz, Joseph J./ Gustavson, Sandra G. (Actuaries), a.a.O., S. 633.

965 Vgl. Schultz, Joseph J./ Gustavson, Sandra G. (Actuaries), a.a.O., S. 633.

966 Vgl. Quick, Reiner (Risiken), a.a.O., S. 262 - 270.

967 Vgl. dazu Punkt 4. Risikobeurteilung in IDW (Hauptfachausschuß) (Entwurf), a.a.O., S. 272 - 273.

das - auch wenn es unterschiedlich ausfällt - für die Risikobehaftung der entsprechenden Unternehmen gleichbedeutend ist. Das kann von all den erwähnten Risiken nur von der durch Größe und Branchenzugehörigkeit entstehenden Haftungsgefahr erwartet werden. Daher scheint es möglich, eine Haftungsobergrenze in Abhängigkeit von bestimmten Größenkriterien festzulegen. Als Orientierungshilfe für solche Kriterien können zunächst die in § 267 HGB für die Umschreibung der Größenklassen verwendeten Werte dienen. Für die Festlegung der Haftungshöchstgrenzen gäbe es dann zwei Möglichkeiten:

Man könnte für mittlere und große Kapitalgesellschaften je einen festen Betrag als Haftungshöchstgrenzen benennen, z.B. 2,0 Mio. DM für mittlere und 4,0 Mio. DM für große Kapitalgesellschaften. Durch diese Form der Begrenzung bliebe bei großen Kapitalgesellschaften das Risiko unberücksichtigt, daß Schadensauswirkungen für Unternehmen, die knapp über der Grenze liegen, kleiner sind wegen der geringeren gesamtwirtschaftlichen Bedeutung als für Gesellschaften, die diese Grenze deutlich überschreiten.

Der Nachteil des ersten Lösungsvorschlages könnte beseitigt werden, indem keine betragsmäßig festen Haftungshöchstgrenzen festgelegt, sondern diese Grenzen als prozentualer Anteil der Bilanzsumme (z.B. 10 %) umschrieben werden. Sinnvoll wäre die gesetzliche Verankerung einer Mindestgrenze, die der Mindestdeckungssumme der Berufshaftpflichtversicherung entspricht. Diese Grenze sollte gegenüber der bisher geltenden Beschränkung angehoben werden, als Hinweis an die Öffentlichkeit, daß der Berufsstand Kritik zu würdigen weiß. Ferner könnte so der Rechtsprechung das Argument genommen werden, die für Pflichtprüfungen geltende Haftungshöchstgrenze sei nicht auf andere Tätigkeiten übertragbar.

Die Anbindung der Haftungshöchstgrenze an die Bilanzsumme enthält problematische Aspekte. Bei den Prüfern könnte die Tendenz entstehen, durch von ihnen veranlaßte Korrekturbuchungen die Bilanzsumme zu verkürzen, um damit die Haftungsbeschränkung möglichst niedrig zu halten. Da gleichzeitig von seiten des Unternehmens ein gegenläufiger Trend zu erwarten wäre, dürften sich diese Neigungen ausgleichen und die Wahrscheinlichkeit der Verfälschung der Rechnungslegung gering sein.

Bisher wurde nur die Unternehmensgröße als Kriterium verwendet. Um die erhöhten Risiken gewisser Branchen mitzuberücksichtigen, könnten zusätzlich in den entprechenden Spezialvorschriften des HGB für Kreditinstitute und Versicherungsunternehmen gesetzliche Haftungsregeln verankert werden. Diese Vorschriften könnten in einer Erhöhung des vorhergenannten Prozentsatzes von der Bilanzsumme (z.B. von 10 % auf 20 %) bestehen.

Problematisch an der Bezugsgröße „Bilanzsumme" sind die Unterschiede, die sich zwischen den Bilanzsummen kapitalintensiver im Vergleich zu Handelsunternehmen ergeben. Als weitere Bezugsgrößen könnten daher die Umsatz- und Beschäftigtenzahlen eines prüfungspflichtigen Unternehmens berücksichtigt werden (in Anlehnung an § 267 Abs. 1 HGB zur Festlegung der Größenklassen der Kapitalgesellschaften und damit der Prüfungspflicht gem. § 316 Abs. 1 HGB).

Die genannten Prozentsätze sind beispielhaft. Um durch eine solche Vorschrift effiziente Schadensverteilungen zu erzielen, müßte die Höhe der von Wirtschaftsprüfern verursachten Schäden z.B. aufgrund der bisher gemeldeten Versicherungsfälle untersucht werden. Die von den Versicherern übernommenen Ersatzverpflichtungen der Wirtschaftsprüfer aus gesetzlichen Pflichtprüfungen werden, wegen der geltenden Haftungsbeschränkung, wenig ergiebig sein. Daher kann die Schadenshöhe bei freiwilligen Prüfungen ins Auge gefaßt werden, für die die gleichen Berufsstandards gelten, aber keine gesetzliche Haftungsbeschränkung.

II Schutz von Dritten bei Pflichtprüfungen

1. Modelltheoretische Überlegungen zur Haftung des Prüfers gegenüber Investoren

Im folgenden Abschnitt wird ein Modell vorgestellt, dessen Untersuchungsziel die Beantwortung der Frage ist, ob durch gesetzliche Haftungsregeln in Zusammenhang mit dem jeweils optimalen Verhalten von Prüfern und Investoren die Sicherstellung ordentlicher Prüfungen mit dem gesetzlich festgelegten Prüfungsniveau, das den Grundsätzen ordnungsmäßiger Abschlußprüfungen entspricht, gewährleistet werden kann[968].

Dem Modell liegen dabei folgende Annahmen zugrunde[969]:

- Entgegen den Annahmen anderer Modelle, wonach die Entlohnung auch des Prüfers von Berichtsgrößen abhängig ist[970], wird hier kein Verhandlungsprozeß, sondern die Vereinbarung reiner Zeitgebühren unterstellt.
- Es liegt eine Marktsituation mit vielen Prüfern und vielen Anlegern vor.
- Alle Prüfer sind risikoneutral und haben grundsätzlich die gleichen Prüfungsfähigkeiten und Kostenstrukturen.
- Die Anleger sind entweder risikoneutral oder risikoscheu, jedoch dann alle mit der gleichen Nutzenfunktion.
- Der Prüfungsumfang $\hat{e}^{\circ}$ (gemessen in Zeiteinheiten) ist institutionell festgesetzt.
- Die Prüfungstätigkeit ist von den Investoren nicht beobachtbar. Die Leistungen verschiedener Prüfer sind für die Investoren, aufgrund der Annahme der gleichen Prüfungsfähigkeiten aller Prüfer, nicht unterscheidbar.
- Die Entlohnung des Prüfers durch die Zeitgebühr ist kostendeckend, wenn er $\hat{e}^{\circ}$ realisiert. Basierend auf diesen Annahmen ergibt sich das zu lösende Entscheidungsproblem des Prüfers (ähnlich wie im Grundmodell vgl. B II 1.2.1) als Su-

---

[968] Vgl. Ewert, Ralf (Wirtschaftsprüfung), a.a.O., S. 166, der das Modell nach Ko, W.M.: Auditor´s Incentive, Legal Liability and Reputation under Information Asymmetry, Ph. D. Diss, The Ohio State University 1985, hier S. 10 - 11, zitiert.

[969] Vgl. Ewert, Ralf (Wirtschaftsprüfung), a.a.O., S. 165 - 170.

[970] Vgl. Ballwieser Wolfgang (Kapitalmarkt), a.a.O., S. 358.

che des für ihn optimalen Prüfungsniveaus $\hat{e}^n$, das die Summe aus den anfallenden erwarteten Prüfungskosten ($c * \hat{e}$) und den erwarteten Schadenszahlungen (ES) minimiert.

- Die Investoren orientieren sich bei ihren Anlageentscheidungen an den testierten Jahresabschlüssen. Das heißt, bei Fehlern in der Rechnungslegung treffen die Anleger andere Entscheidungen als ohne diese Fehler.
- Es wird ein System der reinen Verschuldenshaftung unterstellt; demnach haftet der Prüfer falls gilt $\hat{e} < \hat{e}^{\circ}$.
- Weiterhin wird die Aufdeckung der Fehler in einer späteren Periode unterstellt. Die Verteilungsfunktion für Fehler hängt vom Prüfungsniveau ab. Grundsätzlich gilt, daß die Wahrscheinlichkeit für Fehler oberhalb einer bestimmten Höhe $\dot{d}$ mit zunehmendem Prüfungsniveau sinkt.
- Daraus folgt, daß eine Klage des Investors nur sinnvoll ist bei Fehlern, die oberhalb einer als wesentlich bezeichneten Abweichung liegen. Zusätzlich hängt der Erfolg einer Klage von der Wahrscheinlichkeit $w \geq 0$ ab, mit der die Investoren ein Prüfungsniveau $\hat{e} < \hat{e}^{\circ}$ erwarten.
- Die Gerichte können die tatsächlich gewählten Prüfungsniveaus perfekt überprüfen.

Die Entscheidungssituation für den Prüfer läßt sich durch zwei Gleichungen ausdrücken[971]:

a) $EGK(\hat{e})_1 = c * \hat{e}$, falls $\hat{e} \geq \hat{e}^{\circ}$

b) $EGK(\hat{e})_2 = c * \hat{e} + ES * P(\hat{e})$, falls $\hat{e} < \hat{e}^{\circ}$

Gleichung a) beschreibt die erwarteten Kosten für eine ordnungsmäßige Prüfung, Gleichung b) die erwarteten Kosten für eine nicht ordnungsmäßige Prüfung.

Die mit dem jeweils realisierten Prüfungsniveau zusammenhängende Klagewahrscheinlichkeit $P(\hat{e})$ wird bestimmt durch den Prozentsatz w der nicht ordnungs-

[971] Vgl. Ewert, Ralf (Wirtschaftsprüfung), a.a.O., S. 170.

gemäßen Prüfungen und das ex post optimale Klageverhalten der Anleger. Es gilt für $\hat{e} = \hat{e}°$: $P(\hat{e}) = 0$.

Wenn ein effektives Prüfungsniveau $\hat{e}°$, das einem Prüfungsumfang gemäß den Grundsätzen ordnungsmäßiger Abschlußprüfung (GoA) entspricht[972], relevant ist, existiert ein Gleichgewicht unter der Voraussetzung, die Erwartung w der Investoren, daß ein bestimmter Prozentsatz der Prüfungen am Markt nicht ordnungsgemäß ist[973], liegt zwischen 0 und 1 ($0 < w < 1$) und das vom Prüfer gewählte Prüfungsniveau liegt unter dem optimalen Prüfungsniveau ($\hat{e}_2 < \hat{e}°$)[974]. Nach diesem Modell beeinflussen Haftungsregeln dann das Verhalten des Prüfers, wenn tatsächlich eine Haftung den Prüfer treffen kann und die Geltendmachung des Schadensersatzes sich für den Anleger als Kläger lohnt[975]. Ob tatsächlich gegen den Prüfer geklagt wird, hängt von den Erwartungen der Kläger bezüglich des Erfolgs der Klage ab und diese Erwartungen wiederum von der Einhaltung des ordnungsgemäßen Prüfungsniveaus durch den Prüfer[976]. Demnach ist in einem System der Verschuldenshaftung im Gleichgewicht ein bestimmter Teil an Prüfungen vorhanden, die nicht ordnungsgemäß durchgeführt sind[977]. Gehen nämlich die Investoren von einer ordnungsgemäßen Prüfung aus, wird nie Klage erhoben werden, da dies keinen Erfolg hätte; das würde die Prüfer veranlassen, nicht mehr ordnungsgemäß zu prüfen, da keine Haftungsgefahr mehr bestünde; diese Reaktion der Prüfer ist aber den Investoren bekannt, so daß eine Klage gegen den Prüfer wieder Aussicht auf Erfolg hätte[978].

[972] Vgl. Ewert, Ralf (Wirtschaftsprüfung), a.a.O., S. 166.
[973] Vgl. Ewert, Ralf (Wirtschaftsprüfung), a.a.O., S. 169.
[974] Vgl. Ewert, Ralf (Wirtschaftsprüfung), a.a.O., S. 172.
[975] Vgl. Ewert, Ralf (Wirtschaftsprüfung), a.a.O., S. 175.
[976] Vgl. Ewert, Ralf (Wirtschaftsprüfung), a.a.O., S. 175.
[977] Vgl. Ewert, Ralf (Wirtschaftsprüfung), a.a.O., S. 175.
[978] Vgl. Ewert, Ralf (Wirtschaftsprüfung), a.a.O., S. 175.

Ein Gleichgewicht liegt bei Relevanz des optimalen Prüfungsniveaus vor, wenn gilt:

$$EGK\ (\hat{e}^{\circ})_1 = c * \hat{e}^{\circ} = EGK\ (\hat{e}_2)_2$$ [979],

wobei[980]:

$0 < w < 1$ und $\hat{e}_2 < \hat{e}^{\circ}$

$\hat{e}_2$ = Prüfungsniveau, das $EGK\ (\hat{e})_2 = c * \hat{e} + ES * P(\hat{e})$ minimiert.

Anhand dieses Modells ist eine Anreizwirkung von Haftungsregeln im Sinne einer Verschuldenshaftung auf die Art der Prüfungsdurchführung gemessen am gesetzlichen Sorgfaltsniveau erkennbar. Da in dem Modell die Beziehungen der Anleger zum Prüfer dargestellt werden, läßt sich daraus eine positive Wirkung einer Haftungsverpflichtung der Wirtschaftsprüfer auch gegenüber Dritten vermuten, zumindest soweit es sich dabei um Personen handelt, die im Vertrauen auf die Richtigkeit des testierten Jahresabschlusses Anlageentscheidungen tätigen. Obwohl nach HGB nicht die Investoren Vertragspartner der Wirtschaftsprüfer bei Pflichtprüfungsaufträgen sind, können das Modell bzw. dessen Schlußfolgerungen für diese Situation herangezogen werden: einerseits weil der Wirtschaftsprüfer auch in öffentlichem Auftrag tätig ist und andererseits weil das Modell Verhandlungsprozesse zwischen Investoren und Prüfern durch Festlegung einer Entlohnung durch Vereinbarung reiner Zeitgebühren vermeidet, und damit eine große Annäherung an die Realität gegeben ist.

Die Orientierung des beschriebenen Modells an Grundsätzen ordnungsmäßiger Abschlußprüfungen bei der Definition des optimalen Prüfungsniveaus $\hat{e}^{\circ}$ darf nicht zu einer Überschätzung der Bedeutung der GoA im Rahmen der Haftungsregeln führen[981]. Eine zu große Ausweitung der GoA hätte deren Nichtrealisierung zur Folge, da sie ein zu hohes Niveau erreichen würden; das wäre nicht mehr relevant[982]. Würde der Prüfer statt nach dem System der Verschuldenshaftung

[979] Vgl. Ewert, Ralf (Wirtschaftsprüfung), a.a.O., S. 173.
[980] Vgl. Ewert, Ralf (Wirtschaftsprüfung), a.a.O., S. 174.
[981] Vgl. Ewert, Ralf (Wirtschaftsprüfung), a.a.O., S. 178.
[982] Vgl. Ewert, Ralf (Wirtschaftsprüfung), a.a.O., S. 178.

nach dem System der Gefährdungshaftung haften, wären die GoA sogar völlig irrelevant, da der Prüfer immer ein Prüfungsniveau ê*, das niedriger als ê° und mit geringeren Kosten verbunden ist, realisieren würde[983]. Eine Haftung, die keine GoA berücksichtigt, kann nicht für deren Einhaltung dienlich sein[984].

2. Mögliche Regelung der Dritthaftung des gesetzlichen Abschlußprüfers in Deutschland

Ziel der Dritthaftung ist die ausreichende Erfüllung der Informationsfunktion des Jahresabschlusses gegenüber der Öffentlichkeit. Es ist somit nicht einzusehen, warum in Deutschland die Dritthaftung des Wirtschaftsprüfers bei gesetzlichen Pflichtprüfungen anders geregelt ist als bei freiwilligen Prüfungen und sonstigen Tätigkeiten[985]. Die Dritthaftung im Rahmen der Pflichtprüfungen einzuführen, ist daher notwendig[986]. Gleichzeitig ist eine Regelung zu finden, die die Risikoverteilung zwischen Wirtschaftsprüfer und Dritten entsprechend den jeweiligen Möglichkeiten der Schadensvermeidung und -begrenzung berücksichtigt.

Eine Dritthaftung bürdet dem Prüfer zwar mehr Kosten auf, die jedoch bei einer begrenzten Dritthaftung niedriger liegen werden als bei einer Haftung gegenüber allen Personen, die einen Schaden erleiden[987]. Obwohl diese Haftung zu höheren Preisen für Prüfungen und damit gesellschaftlichen Schäden führen kann, geht

---

[983] Vgl. Ewert, Ralf (Wirtschaftsprüfung), a.a.O., S. 179.
[984] Vgl. Ewert, Ralf (Wirtschaftsprüfung), a.a.O., S. 179.
[985] Vgl. Müller, Hans-Peter (Grenzen), a.a.O., S. 460 - 462; Land, Volker (Wirtschaftsprüferhaftung), a.a.O., S. 187 - 188.
[986] Vgl. Land, Volker (Wirtschaftsprüferhaftung), a.a.O., S. 200. Auf Anregung der Wirtschaftsprüferkammer soll jedoch auch im Vorschlag zur Änderung des § 323 HGB der Interministeriellen Arbeitsgruppe des Bundesministeriums der Justiz eine Dritthaftung weiterhin ausgeschlossen sein (vgl. Burret, Gerhard (Tätigkeitsbericht 1995), a.a.O., S. 37; Ebke, Werner F. (Verantwortlichkeit), a.a.O., S. 22).
[987] Vgl. Bishop, William (Misrepresentation), a.a.O., S. 369; ähnlich Land, Volker (Wirtschaftsprüferhaftung), a.a.O., S. 193.

davon gleichzeitig ein Anreiz für die Prüfer aus, qualitativ bessere Informationen zu produzieren und damit gesellschaftliche Schäden wieder auszugleichen[988].

Ausgehend von der Funktion des Jahresabschlusses gegenüber Dritten ist der Kreis der möglichen Anspruchsberechtigten näher zu bestimmen. Jahresabschlußadressaten sind Aufsichtsrat, Haupt- oder Gesellschafterversammlung und damit Anteilseigner, und wegen der Veröffentlichungspflicht ein nicht näher definierter Kreis von Interessenten[989]. Daneben gibt es einen näher bestimmten Interessentenkreis, wie Kreditinstitute, die gesetzlich (§ 18 KWG) verpflichtet sind, sich der Jahresabschlüsse von Kreditnehmern als Informationsinstrumente zu bedienen[990]. Es gibt somit eine Reihe von Interessenten, denen keine Schadensersatzansprüche gegenüber dem Wirtschaftsprüfer zugestanden werden, obwohl anerkannt ist, daß sie Informationen aus den Jahresabschlüssen beziehen[991]. Diese Informationen bestehen „in der Hilfe für Investitionsentscheidungen der Kapitalanleger“ und „in der Kontrolle des Managements durch die Kapitalgeber“[992]. Neben die Informationsfunktion tritt für den Einzelabschluß die Gewinnermittlungsfunktion[993], die für Anteilseigner von finanzieller Bedeutung ist.

Soll der Jahresabschluß all diese Zwecke erfüllen, ist auch für Nichterfüllungen, z.B. durch fehlerhafte Informationen, einzustehen[994]. Der Wert des Testats ergibt sich aus dessen Gültigkeit nach außen gegenüber Dritten[995]. Da die Erwartungen an die Informationsfunktion unterschiedlich sind, kann die Haftung nicht pauschal geregelt werden. Nach den Möglichkeiten der einzelnen, einen Schaden zu ver-

---

[988] Vgl. Bishop, William (Misrepresentation), a.a.O., S. 369.

[989] Vgl. Busse von Colbe, Walther: Die Entwicklung des Jahresabschlusses als Informationsinstrument, in: Wagner, Franz W. (Hrsg.): Ökonomische Analyse des Bilanzrechts. Entwicklungslinien und Perspektiven, in: ZfbF, Sonderheft 32/93, S. 11 - 29, Zitierweise: Entwicklung, hier S. 17.

[990] Vgl. Busse von Colbe, Walther (Entwicklung), a.a.O., S. 17 - 18.

[991] Vgl. Ballwieser, Wolfgang: Das Rechnungswesen im Lichte ökonomischer Theorie, in: Ordelheide, Dieter/ Rudolph, Bernd/ Büsselmann, Elke (Hrsg.): Betriebswirtschaftslehre und Ökonomische Theorie, Stuttgart 1991, S. 97 - 124, hier S. 111.

[992] Busse von Colbe, Walther (Entwicklung), a.a.O., S. 13 - 14.

[993] Vgl. Busse von Colbe, Walther (Entwicklung), a.a.O., S. 19.

[994] Vgl. Emmerich, Volker (Kontrolle), a.a.O., S. 226.

[995] Vgl. Späth, Wolfgang (Haftung), a.a.O., S. 403.

meiden oder zu kompensieren, sind die Dritten in verschiedene Gruppen einzuteilen[996].

Zunächst kann nach US-amerikanischem Vorbild unterschieden werden in vorhergesehene und vorhersehbare Dritte. Die Haftung des Wirtschaftsprüfers ist auf die vorhergesehenen Dritten einzugrenzen, da nur diese konkret in das Kalkül aller Aufwendungen einer Prüfung einbezogen werden können[997]. Das sind dem Prüfer bekannte juristische oder natürliche Personen wie Kreditinstitute, Gläubiger, Gesellschafter oder Anteilseigner, die den Jahresabschluß mit Wissen des Wirtschaftsprüfers für ihre Dispositionen als Entscheidungshilfe oder Vermögensnachweis verwenden. Problematisch kann der Kreis der Anteilseigner sein, die bei einer großen Publikumsgesellschaft dem Wirtschaftsprüfer keinesfalls alle bekannt sein können. Da die Aktionäre oder Gesellschafter zum engsten Adressatenkreis eines Jahresabschlusses zu zählen sind, gehören diese zwar nicht zu den dem Prüfer persönlich bekannten, aber zu den vorhergesehenen Dritten. Der Wirtschaftsprüfer hat im Rahmen seiner üblichen Prüfungshandlungen die Interessen der Anteilseigner mitzuberücksichtigen, die grundsätzlich von den Interessen der Geschäftsführung abweichen können[998]. Eventuell sind die Anteilseigner sogar besonders schutzwürdige Dritte, da ihnen nicht (wie anderen Dritten) der Vorwurf gemacht werden kann, free-rider-Nutznießer der Sorgfalt des Prüfers[999] zu sein. Die Anteilseigner zahlen indirekt für die Leistung des Prüfers über die um das

---

[996] Dieser Vorschlag würde der Forderung von Calabresi gerecht, auch die Identität der Gewinner und Verlierer einer Entscheidung unter distributiven Gesichtspunkten im Rahmen einer ökonomischen Analyse zu berücksichtigen; vgl. Calabresi, Guido (Pareto), a.a.O., S. 1227 - 1228, 1232.

[997] Für eine auf Vorhersehbarkeit beruhende Regelung der Dritthaftung steht zu erwarten, daß ein geringeres als das optimale Niveau an Informationen produziert wird. Vgl. Siliciano, John A. (Law), a.a.O., S. 1966.

[998] Vgl. Chow, Chee W.: The Demand for External Auditing: Size, Debt and Ownership Influences, in: The Accounting Review, Vol. 57 (1982), S. 272 - 291, Zitierweise: Demand, hier S. 273, der eine um so größere Abweichung der Interessen feststellt, je weniger Anteile die Manager (Geschäftsführer) an ihrem Unternehmen halten. D.h. bei einer prüfungspflichtigen GmbH mit Gesellschaftergeschäftsführern ergeben sich keine derartigen Interessenkonflikte. Francis, Jere R./ Wilson, Earl R. (Auditor), a.a.O., S. 666.

[999] Vgl. Siliciano, John A. (Law), a.a.O., S. 1955.

Prüfungshonorar bereits gekürzten Ausschüttungen aus den Jahresergebnissen der Unternehmen.

In Principal-Agent-Modellen lassen sich die Beziehungen zwischen Unternehmenseigentümern und Geschäftsführung abbilden und daraus eine Prüfungsnotwendigkeit begründen. Die Verpflichtung eines Prüfers durch die Eigentümer eines Unternehmens kann dem Zweck dienen, die Geschäftsführung zu wahrheitsgemäßer Berichterstattung zu bewegen[1000]. Der Prüfer wird als weiterer Agent neben dem Manager gesehen, dessen Aufgabe die Produktion von Informationen über die vom Manager abgegebenen Informationen und dadurch die Verminderung von Kosten für wahrheitsgemäße Berichterstattung zwischen Unternehmenseigentümer und Manager ist [1001]. Es gibt andere Modelle der ökonomischen Agency-Theorie, wonach Verträge zwischen Eigentümer und Manager eines Unternehmens so gestaltet werden können, daß Manager und Prüfer immer wahrheitsgemäß berichten[1002]. Voraussetzung für die Gültigkeit dieser Aussage ist jedoch die Annahme, daß Kooperationen zwischen Prüfer und Manager ausgeschlossen sind[1003]. Die Prüfung bezweckt dann, die Kosten einer wahrheitsgemäßen Berichterstattung zu reduzieren, da durch das Prüfungsergebnis eine weitere Information zur Bestimmung des optimalen Kontraktes zwischen Eigentümer und Manager bereitgestellt wird[1004].

Der Wirtschaftsprüfer hat bei der Abschlußprüfung auch sicherzustellen, daß der Jahresabschluß kein zugunsten der Geschäftsführung verzerrtes Bild darstellt. In letzter Zeit wurde der Vorwurf laut, Wirtschaftsprüfer seien Handlanger der Vor-

---

[1000] Vgl. Antle, Rick: The Auditor as an Economic Agent, in: Journal of Accounting Research, Vol. 20 (1982), S. 503 - 527, Zitierweise: Auditor, hier S. 512.

[1001] Vgl. Antle, Rick (Auditor), a.a.O., S. 513.

[1002] Vgl. Ballwieser, Wolfgang (Kapitalmarkt), a.a.O., S. 358 - 359; Ewert, Ralf (Wirtschaftsprüfung), a.a.O., S. 82 - 87.

[1003] Vgl. Ballwieser, Wolfgang (Kapitalmarkt), a.a.O., S. 360.

[1004] Vgl. Ewert, Ralf (Wirtschaftsprüfung), a.a.O., S. 88, 138; Antle, Rick (Independence), a.a.O., S. 2.

stände und Geschäftsführer und seien betriebsblind[1005]. Die Wahl des Abschlußprüfers erfolgt durch die Hauptversammlung auf Vorschlag des Aufsichtsrates. Meist folgt der Aufsichtsrat dem Vorschlag des Vorstandes, so daß der zu prüfende Vorstand sich seinen eigenen Prüfer wählt, weshalb die Unabhängigkeit des Wirtschaftsprüfers angezweifelt wird[1006]. Wenn der Wirtschaftsprüfer die Verantwortung für mögliche Schädigungen der Anteilseigner übernimmt, würde seine Unabhängigkeit gegenüber dem Vorstand/der Geschäftsführung der geprüften Gesellschaft gestärkt[1007]. Das mindert die Gefahr nicht entdeckter Fehler aufgrund der unterstellten Betriebsblindheit des Prüfers. Das Sorgfaltsniveau des Prüfers würde ansteigen. Das Risiko der Schädigung Dritter durch fahrlässige Pflichtverletzung des Prüfers würde sich vermindern.

Trotzdem hat die Dritthaftung gegenüber Anteilseignern und Gläubigern zwei Aspekte. Es wurde bereits bei Diskussion der Dritthaftung aufgrund der Vorschriften des BGB und der Rechtsprechung bei freiwilligen Prüfungen und sonstigen Tätigkeiten (vgl. D II) angesprochen, daß es unter diesen Dritten „Experten" und fachlich weniger informierte Personen gibt, die unterschiedliche Möglichkeiten besitzen, Verluste bei Vermögensdispositionen zu vermeiden[1008]. Danach sollte die Schutzwürdigkeit dieser Dritten durch eine Haftungsübernahme des Wirtschaftsprüfers beurteilt werden. Es wäre eine effiziente Lösung, Kapitalanlegern, die nur den geprüften Jahresabschluß als Informationsinstrument zur Verfügung haben, ein geringeres Risiko der Schadensübernahme aufzubürden als

---

[1005] Vgl. Schwarz, Harald (Prüfstand), a.a.O., S. 19; Scheffler, Eberhard: Aufsichtsrat und Abschlußprüfer als Überwachungsorgane der Aktiengesellschaft, in: Lanfermann, Josef (Hrsg.): Internationale Wirtschaftsprüfung. Festschrift zum 65. Geburtstag von Prof. Dr. Dr. h.c. Hans Havermann, Düsseldorf 1995, S. 651 - 680, Zitierweise: Aufsichtsrat, hier S. 669. Dieser Vorwurf wird auch den US-amerikanischen CPA gemacht; vgl. Chow, Chee W. (Demand), a.a.O., S. 272; Land, Volker (Wirtschaftsprüferhaftung), a.a.O., S. 191.

[1006] Vgl. Dörner, Dietrich/ Oser, Peter: Erfüllen Aufsichtsrat und Wirtschaftsprüfung ihre Aufgaben?, in: DB, 48. Jg. (1995), S. 1085 - 1093, Zitierweise: Aufsichtsrat, hier S. 1092; Scheffler, Eberhard (Aufsichtsrat), a.a.O., S. 668.

[1007] Vgl. Knief, Peter: Der Wirtschaftsprüfer im Spannungsfeld zwischen gesetzlichem Auftrag und öffentlicher Erwartung, in: BFuP, 28. Jg. (1976), S. 114 - 139, hier S. 129.

[1008] Vgl. auch Siliciano, John A. (Law), a.a.O., S. 1958.

professionellen Kapitalanlegern[1009]. Dadurch würden die Kosten der Informationserlangung über die richtige bzw. vorteilhafte Geldanlage entsprechend den kostengünstigsten Möglichkeiten verteilt. Für einen Kleinanleger ist es schwierig und teuer, wenn nicht unmöglich, Informationen über den finanziellen Erfolg eines Unternehmens über einen geprüften und veröffentlichten Jahresabschluß und Lagebericht hinaus zu erlangen[1010]. Seine Möglichkeiten, einen Schaden aus falscher Vermögensdisposition zu vermeiden, sind auf die Berücksichtigung der Aussagen des geprüften Jahresabschlusses beschränkt. Ein Kleinanleger erhält als Informationsinstrument nicht den Prüfungsbericht des Wirtschaftsprüfers, sondern nur den veröffentlichten Bestätigungsvermerk[1011]. Der Wirtschaftsprüfer hat eine (begrenzte) Möglichkeit der Schadensprävention durch Prüfungshandlungen, Erfüllung seiner Redepflicht und Darstellungen im Prüfungsbericht sowie durch die Erteilung, Einschränkung oder Versagung des Bestätigungsvermerks oder durch Zusätze zum Bestätigungsvermerk.

Die Problematik der Einteilung der Anteilseigner in institutionelle Großanleger, professionelle und Kleinanleger liegt darin, daß auch die professionellen Anleger versuchen werden, in die Kategorie eingestuft zu werden, die ihnen den größten Haftungsanspruch gegenüber den Wirtschaftsprüfern gewährt[1012]. Es bliebe der Rechtsprechung überlassen, in konkreten Haftungsfällen die Schutzwürdigkeit

---

[1009] Vgl. Hopt, Klaus J.: Self-Dealing and Use of Corporate Opportunity and Information: Regulating Directors´ Conflicts of Interest, in: Hopt, Klaus J./ Teubner, Gunter (Hrsg.): Corporate Governance and Directors´ Liabilities. Legal, Economic and Sociological Analyses on Corporate Social Responsibility, Berlin/ New York 1985, S. 285 - 326, hier S. 305 - 308.

[1010] Vgl. Ballwieser, Wolfgang: Kapitalmarkt und Informationsversorgung mit Jahresabschlüssen, in: Claussen, Carsten P./ Hübl, Lothar/ Schneider, Hans-Peter (Hrsg.): Zweihundert Jahre Geld und Brief. Herausforderungen an die Kapitalmärkte. Festgabe an die Niedersächsische Börse zu Hannover aus Anlaß ihres 200jährigen Bestehens, Frankfurt am Main 1987, S. 163 - 178, hier S. 163; Land, Volker (Wirtschaftsprüfer-haftung), a.a.O., S. 189.

[1011] Vgl. Ballwieser, Wolfgang: Zur Berichterstattung des Abschlußprüfers nach neuem Recht, in: BFuP, 40. Jg. (1988), S. 313 - 329, hier S. 313.

[1012] Es liegt ein „ex post moral hazard"-Verhalten vor, dementsprechend Dritte nach Schadenseintritt behaupten, sie hätten sich auf das Urteil des Prüfers verlassen, um so ihren Schaden vom Prüfer ersetzt zu bekommen. Vgl. Siliciano, John A. (Law), a.a.O., S. 1947.

des Anteilseigners zu beurteilen[1013], wodurch die Rechtsunsicherheit bezüglich der Haftungshöhe und deren Unkalkulierbarkeit nicht beseitigt werden können.

Des weiteren gehören zu den vorhergesehenen Dritten Kreditinstitute und andere Gläubiger, denen Jahresabschlüsse und Prüfungsberichte als Vermögensnachweise zur Verfügung gestellt werden, sowie potentielle Unternehmenskäufer. Dieser Interessentenkreis ist zu den Dritten zu rechnen, denen auch andere Informationsinstrumente zur Verfügung stehen. Gerade Kreditinstitute können im Rahmen von Kreditauskünften jedweden Vermögensnachweis verlangen oder Sicherheiten fordern, die die Haftung weg vom Wirtschaftsprüfer verlagern müßte, da hier kostengünstige Schadensprävention durch die Gläubiger möglich ist. Deren Schutz ist daher deutlich vom Schutz der Anteilseigner zu differenzieren. Gleichwohl sollte nicht völlig auf eine Haftungsverpflichtung des Wirtschaftsprüfers diesen Dritten gegenüber verzichtet werden, um die Bedeutung des Jahresabschlusses als Informationsinstrument vieler Interessenten nicht zu mindern.

Zu überlegen bleibt, wie die Haftungsobergrenze in Bezug auf die Haftung gegenüber Dritten auszugestalten wäre. Entweder gilt diese Grenze für alle Geschädigten zusammen, also für Auftraggeber und Dritte steht insgesamt ein Höchstbetrag zur Verfügung, oder es ist eine getrennte Behandlung möglich, die einerseits den geprüften Unternehmen einen Ersatzanspruch in Höhe der Haftungsbeschränkung zugesteht und gleichzeitig allen Dritten zusammen nochmals den gleichen Ersatzanspruch zuweist. Die zweite Lösung stellt den geschädigten Auftraggeber besser als geschädigte Dritte, die sich den Ersatzanspruch teilen müßten, sofern mehr als nur ein Dritter geschädigt wurde; sie hätte den Vorteil, daß ein höherer Betrag an Schäden internalisiert werden könnte, der vorher von der Allgemeinheit bzw. von den Geschädigten selbst hätte übernommen werden müssen.

[1013] Der Rechtsprechung fiele damit die Aufgabe zu, ein „ex ante moral hazard"-Verhalten zu vermeiden, das sich darin äußert, daß Dritte im Vertrauen auf einen Schadensersatz vom Prüfer von vornherein nicht die in ihrer Macht stehenden Möglichkeiten, einen Schaden zu vermeiden, ausnutzen. Vgl. Siliciano, John A. (Law), a.a.O., S. 1948.

Eine Dritthaftung ohne Haftungsbeschränkung wäre auch hinsichtlich der Versicherbarkeit problematisch[1014]. Aufgrund der Unsicherheit über Anzahl, Identität und sonstige charakeristische Merkmale möglicher geschädigter Dritter sind die Informationen des Prüfers über mögliche Schäden immer ungenau und kostspielig, was zu unkontrollierbaren Unsicherheiten und damit wesentlich erhöhten Versicherungsprämien führt[1015]. Aus ökonomischer Sicht wäre sogar zu überlegen, ob nicht eine Versicherung gegen „Prüfungsschäden" durch die betroffenen Dritten selbst günstiger wäre, da diese die Risiken besser einschätzen können[1016].

III Die Richtlinienvorschläge der Europäischen Gemeinschaften

1. Vorschlag einer 5. gesellschaftsrechtlichen Richtlinie (Strukturrichtlinie)

Im Zuge der Vereinheitlichung der Rechnungslegungsvorschriften auf europäischer Ebene werden die Vorschriften über die Haftung der Wirtschaftsprüfer diskutiert. In den bisher drei Vorschlägen einer 5. EG-Richtlinie über die Struktur von Aktiengesellschaften wurde keine Einigung der Mitgliedstaaten, auch wegen der Haftungsvorschriften für den Abschlußprüfer, erzielt. Nachdem in den ersten beiden Vorschlägen von 1973[1017] und 1983[1018] unbeschränkte Haftung des Prü-

---

[1014] Land hingegen sieht eine klar abgegrenzte Dritthaftung als zu erschwinglichen Prämien in Deutschland versicherbar an und gesteht einer summenmäßigen Haftungsbeschränkung nur zusätzliche prämienmindernde Wirkung zu; vgl. Land, Volker (Wirtschaftsprüferhaftung), a.a.O., S. 195.

[1015] Vgl. Siliciano, John A. (Law), a.a.O., S. 1949 - 1950.

[1016] Vgl. Siliciano, John A. (Law), a.a.O., S. 1950.

[1017] Vgl. Kommission der EG: Vorschlag einer fünften Richtlinie zur Koordinierung der Schutzbestimmungen, die in den Mitgliedstaaten der Gesellschaften im Sinne des Artikels 58 Absatz 2 des Vertrages im Interesse der Gesellschafter sowie Dritter hinsichtlich der Struktur der Aktiengesellschaft sowie der Befugnisse und Verpflichtungen ihrer Organe vorgeschrieben sind, in: Abl. EG, 15. Jg. (1972), Nr. C 131 vom 13.12.1972, S. C 131/49 - C 131/61.

[1018] Vgl. Kommission der EG: Geänderter Vorschlag einer 5. Richtlinie des Rates nach Artikel 54 Absatz 3 Buchstabe g) des Vertrages über die Struktur der Aktiengesellschaft sowie die Befugnisse und Verpflichtungen ihrer Organe, in: Abl. EG, 26. Jg. (1983), Nr. C 240 vom 9.9.1983, S. C 240/2 - C 240/38.

fers "im Falle von Fahrlässigkeit und auch gegenüber Dritten sowie Umkehr der Beweislast vorgesehen"[1019] war (Art. 62 i.V.m. Art. 14 des Vorschlags von 1983), sind im Vorschlag von 1989[1020] Begrenzungen der Haftung bei Fahrlässigkeit sowie die "eigenständige Regelung der zivilrechtlichen Haftung von Abschlußprüfern"[1021] durch die EG-Mitgliedstaaten enthalten. In der 5. Richtlinie ist nur die Haftung des Wirtschaftsprüfers als Abschlußprüfer einer AG geregelt. Die Haftung des Abschlußprüfers anderer Gesellschaften wird nicht berücksichtigt. So würde ein Haftungs-Sondertatbestand für AG-Abschlußprüfer geschaffen[1022].

Die WPK kritisiert an der Haftungsregelung des zweiten geänderten Vorschlags der 5. Richtlinie, daß die Ausweitung der Haftung auf Aktionäre und Dritte dem Votum des Europäischen Parlaments, das bereits bei Beratung des Vorschlags von 1973 eine Beschränkung der Haftung des Abschlußprüfers befürwortet hat, entgegensteht[1023]. Nach Ansicht der WPK ist die Strukturrichtlinie kein geeigneter Rahmen für Haftungsregelungen, die den Wirtschaftsprüfer betreffen, vielmehr sollte dessen Verantwortlichkeit über eine allgemeine Haftungsregelungen festlegende Richtlinie harmonisiert werden[1024].

Die Tatsache, daß gem. Art. 14 des 2. geänderten Vorschlags zur 5. Richtlinie die Organe der Gesellschaft keine Dritthaftungspflicht (auch nicht gegenüber Aktionären) trifft und damit der Wirtschaftsprüfer einer strengeren Haftung unterliegt

[1019] Pohl, Ernst A.: Bericht des Vorstandes der Wirtschaftsprüferkammer - Sachbericht - 1987 - 1990; vorgelegt und erstattet vom Präsidenten der Wirtschaftsprüferkammer, WP/StB Ernst A. Pohl, anläßlich der zehnten - ordentlichen - Wirtschaftsprüferversammlung am 12. Juni 1990 in Bonn, (Zitierweise: Bericht des Vorstandes der WPK), hier S. 14.

[1020] Vgl. Kommission der EG: Zweite Änderung zum Vorschlag für eine fünfte Richtlinie des Rates nach Artikel 54 EWG-Vertrag über die Struktur der Aktiengesellschaft sowie die Befugnisse und Verpflichtungen ihrer Organe, in: Abl. EG, 34. Jg. (1991), Nr. C 7 vom 11.01.1991, S. C 7/4 - C 7/6.

[1021] Pohl, Ernst A. (Bericht des Vorstandes der WPK), a.a.O., S. 14.

[1022] Vgl. WPK (Änderung), a.a.O., S. 73.

[1023] Vgl. WPK: Zweite Änderung für eine Fünfte EG-Richtlinie Art. 62: Haftung der mit der Rechnungsprüfung beauftragten Personen, in: WPK-Mitt., 30. Jg. (1991), S. 73 - 75, Zitierweise: Änderung, hier S. 73.

[1024] Vgl. WPK (Änderung), a.a.O., S. 73; Land, Volker (Wirtschaftsprüferhaftung), a.a.O., S. 203 - 204.

als der Vorstand einer AG, wird als nicht sachgerecht angesehen[1025]. Die WPK schlägt die Aufnahme eines Mitgliedstaatenwahlrechts in Art. 62 der 5. Richtlinie vor, das bei fahrlässiger Pflichtverletzung des Wirtschaftsprüfers den Mitgliedstaaten eine eigene Regelung der Haftung überläßt[1026]. Die derzeitige Haftungsbeschränkung des § 323 Abs. 2 HGB möchte die WPK nicht aufgeben, da eine unbegrenzte Haftung nicht versicherbar wäre, trotz unbeschränkter Haftung das nur begrenzt vorhandene Haftkapital der Wirtschaftsprüfer eine Haftungsobergrenze vorgibt, die berufliche Tätigkeit der Prüfer wegen der Interessengegensätze der am Prüfungsergebnis Interessierten einem erhöhten Haftungsrisiko unterliegt und eine unbegrenzte Haftung großen (weil kapitalstärkeren) Prüfungsgesellschaften Wettbewerbsvorteile schaffen könnte[1027].

Die Haftungsregelungen des Vorschlags von 1989 würden alle Nachteile hinsichtlich ökonomischer Effizienz mit sich bringen, wie sie bereits dargelegt wurden. Hinzu käme die Problematik des Haftungs-Sondertatbestandes für AG-Abschlußprüfer. Da es sich um bislang nicht verabschiedete Vorschläge für die Formulierung der 5. Richtlinie handelt, fehlt der rechtsverbindliche Charakter, der zur Umsetzung in nationales Recht verpflichtet. Es bleibt daher die Verabschiedung der Richtlinie abzuwarten und zu hoffen, daß die Mängel der bisherigen Vorschläge beseitigt werden.

[1025] Vgl. WPK (Änderung), a.a.O., S. 74.

[1026] Vgl. WPK (Änderung), a.a.O., S. 74.

[1027] Vgl. WPK (Änderung), a.a.O., S. 74 - 75; vgl. ebenso die kritischen Anmerkungen von Geisendörfer, Ulrich: Die Entwicklung des Wirtschaftsprüferberufs im Hinblick auf den Europäischen Binnenmarkt 92, in: WPg, 42. Jg. (1989), S. 667 - 671, hier S. 671, und von Zilias, Manfred: Die Harmonisierung der Haftungsvorschriften für Abschlußprüfer in den Mitgliedstaaten der EG - Künftig unbeschränkte Haftung und Haftung gegenüber Aktionären und Dritten?, in WPg, 27. Jg. (1974), S. 69 - 78, hier S. 72 - 77.

2. Vorschlag für eine Richtlinie des Rates über die Haftung bei Dienstleistungen

Im Januar 1991 wurde der Entwurf für eine Dienstleistungsrichtlinie[1028] vorgelegt. Dort wird die Haftung von Dienstleistungsanbietern geregelt. Die Anwendung der Richtlinie ist auf Dienstleistungen aus gewerblichen Tätigkeiten (dazu gehören die freiberuflichen Tätigkeiten in deutschem Rechtssinne) oder Tätigkeiten des öffentlichen Dienstes (Art. 2 Abs. 1 und Art. 3 Abs. 1) beschränkt. Der Schadensersatzanspruch umfaßt nur Körper- und Sachschäden (Art. 4), aber keine Vermögensschäden, wodurch sich die finanz- und rechtsberatend tätigen Berufe nicht im Rahmen der durch die Dienstleistungsrichtlinie geregelten Tätigkeiten befinden[1029].

Der deutsche Bundesrat ist der Ansicht, daß keine ausreichende Rechtsgrundlage zum Erlaß der Dienstleistungsrichtlinie gegeben sei und auch inhaltlich der Vorschlag nicht zu unterstützen sei, da die möglicherweise die Existenz der Dienstleistungsanbieter gefährdende Wirkung einer entsprechenden Haftungsregelung nicht berücksichtigt worden sei[1030].

Für die Wirtschaftsprüfer ist eine Präzedenzwirkung zu erwarten, sollte die Richtlinie rechtswirksam werden[1031]. Die Dienstleistungsrichtlinie sieht eine unbeschränkte Haftung des Dienstleisters vor (Art. 7), und der Dienstleister hat in Folge einer Beweislastumkehr aufgrund vermuteten Verschuldens seinerseits sein Nichtverschulden zu beweisen (Art. 1 Abs. 2 und 3).

[1028] Vgl. Kommission der EG: Vorschlag für eine Richtlinie des Rates über die Haftung bei Dienstleistungen, in: Abl. EG, 34. Jg. (1991), Nr. C 12 vom 18.1.1991, S. C 12/8 - C 12/11.

[1029] Vgl. Reich, Norbert: Europäisches Verbraucherschutzrecht. Binnenmarkt und Verbraucherinteresse, 2. völlig neubearb. Aufl., Baden-Baden 1993, S. 313.

[1030] Vgl. Skaupy, Walther: Der Vorschlag einer EG-Richtlinie für die Haftung bei Dienstleistungen, in: BB, 46. Jg. (1991), S. 2021 - 2025, hier S. 2021 - 2022.

[1031] Vgl. WPK: EG-Richtlinienvorschlag über die Haftung bei Dienstleistungen, in: WPK-Mitt., 30. Jg. (1991), S. 66 -67, Zitierweise: Dienstleistungen, hier S. 67.

Obwohl durch eine Regelung der Haftung des Wirtschaftsprüfers in einer Dienstleistungsrichtlinie der Nachteil des Haftungs-Sondertatbestandes für AG-Abschlußprüfer aus den Vorschlägen einer 5. Richtlinie ausgeglichen und mit dem Beruf des Wirtschaftsprüfers vereinbare Tätigkeiten geregelt werden könnten, wurde auch dieser Vorschlag von der WPK zu Recht kritisiert. Da Dienstleistungen der Herstellung von Massenprodukten nicht vergleichbar sind, ist eine Haftungsverschärfung wie in der Produkthaftungsrichtlinie nicht angemessen[1032].

Der Verbraucherschutz bei staatlich geregelten freien Berufen, wie dem Wirtschaftsprüfer, wird über die Berufspflichten und die Berufsaufsicht gewährleistet, so daß eine einheitliche EU-Regelung nicht notwendig ist[1033]. Die Kosten der Haftungsverschärfung, die u.a. in einer verteuerten Berufshaftpflichtversicherung bestehen würden, hätten die Verbraucher zu tragen, und infolge der Beweislastumkehr müßte der Wirtschaftsprüfer Risiken übernehmen, die eigentlich der Geschäftsführung des zu prüfenden Unternehmens zuzuordnen sind[1034]. Eine Beweislastumkehr ist nur in Betracht zu ziehen, wenn jemand für ein Schadensereignis verantwortlich ist, wobei besonders die Intensität des sozialen Kontaktes, das Ausmaß des Anvertrautseins des Geschädigten und die Möglichkeit und Zumutbarkeit der Gefahrbeherrschung des Schädigers zu berücksichtigen sind[1035]. Durch die veränderte Risikozuordnung würde der Anreiz der Haftung auf das Sorgfaltsniveau der Geschäftsführungsorgane prüfungspflichtiger Gesellschaften gemindert. Wenn gleichzeitig die Kosten auf den Verbraucher verlagert werden durch Erhöhung der Prüfungshonorare, die die Gewinne der geprüften Gesellschaft und damit die Ausschüttungsansprüche der Anteilseigner mindern, kann durch die Regelung der Haftung des Wirtschaftsprüfers in der Dienstleistungsrichtlinie keine Verbesserung der ökonomischen Effizienz der derzeitigen Haftungssituation erreicht werden.

[1032] Vgl. WPK (Dienstleistungen), a.a.O., S. 67.
[1033] Vgl. WPK (Dienstleistungen), a.a.O., S. 67.
[1034] Vgl. WPK (Dienstleistungen), a.a.O., S. 67.
[1035] Vgl. Stoll, Hans (Haftungsverlagerung), a.a.O., S. 195 - 196.

Obwohl zwischenzeitlich der Richtlinienvorschlag von der EG-Kommission förmlich zurückgezogen wurde, ist mit einer künftigen Regelung der Haftung für Dienstleistungen auf europäischer Ebene zu rechnen[1036].

IV Neuregelung des Mitverschuldens

Eine weitläufigere Anerkennung von Mitverschuldenstatbeständen bei Haftungsfällen von Wirtschaftsprüfern durch die Rechtsprechung hätte eine haftungsbeschränkende Wirkung. Diese Überlegung beruht auf der veränderten Art der Schadensfälle aus Pflichtprüfungen dahingehend, daß es immer häufiger um Fehlentscheidungen der Geschäftsführung geht. Dies wird aus den Diskussionen, ob die Abschlußprüfung um eine Geschäftsführungsprüfung erweitert werden soll, wie sie § 53 Haushaltsgrundsätzegesetz vorschreibt, und der verstärkten Forderung nach intensiverer Zusammenarbeit zwischen Wirtschaftsprüfer und Aufsichtsrat[1037] deutlich.

Wie erläutert, ist ein Mitverschulden des Auftraggebers (der zu prüfenden Gesellschaft) allenfalls dann zugunsten des Wirtschaftsprüfers geltend zu machen, wenn seitens des Mandanten eine vorsätzliche Schädigung vorliegt und gleichzeitig der Wirtschaftsprüfer seine Pflichten nur fahrlässig verletzt hat. Eine Veränderung in dieser Hinsicht zugunsten des Wirtschaftsprüfers müßte über die Rechtsprechung herbeigeführt werden, die die derzeitige Situation bezüglich der Anrechnung des Mitverschuldens begründet. Grundsätzlich sollte jeder für den Schaden aufkommen, den er verursacht hat, aber nicht mehr[1038]. Eine verursachungsgerechte Schadensaufteilung hätte positive Auswirkungen auf das Sorgfaltsniveau des Managements und evtl. der Aufsichtsräte, sofern auch diese im Schadensfall zur Verantwortung gezogen werden.

[1036] Vgl. Hirte, Heribert (Berufshaftung), a.a.O., S. 221.

[1037] Vgl. Clemm, Hermann: Der Abschlußprüfer als Krisenwarner, in: WPK-Mitt., 34. Jg. (1995), S. 65 - 78, hier S. 74 - 77.

[1038] Vgl. Minow, Newton N. (Accountants), a.a.O., S. 84; Lehmann, Michael (Kriterien), a.a.O., S. 1680.

Es gibt Modelle, die sich mit der Wirkung von Mitverschuldenshaftungsregeln auf die Wahl der Sorgfaltsniveaus von Schädiger und Geschädigtem auseinandersetzen[1039]. So zeigt ein Modell, daß durch eine Mitverschuldenshaftung dann bessere Ergebnisse als durch eine reine Verschuldenshaftung erzielt werden können, wenn der gesetzliche Sorgfaltsstandard für alle Schädiger gleich ist, aber die Schädiger unterschiedliche Sorgfaltskosten haben[1040]. Dieses Ergebnis wird jedoch auf bilaterale Schadensfälle beschränkt, in denen sowohl Schädiger als auch der Geschädigte nicht den festgelegten Sorgfaltsstandard erreichen[1041]. Wichtigste Annahme in diesem Modell ist die Unterstellung unterschiedlicher Sorgfaltskosten, das heißt, daß die Kosten der Durchführung einer bestimmten Sorgfaltsaktivität $K_a(x)$ nicht für alle Schädiger gleich sind. Folglich ist die Erreichung des festgesetzten Sorgfaltsstandards für jeden Schädiger unterschiedlich teuer. Gleiches gilt für die Sorgfaltskosten der Geschädigten. Da die Gerichte die Sorgfaltskosten der Schädiger nicht kennen, benutzen sie den Mittelwert der bekannten Verteilungen, um die Fahrlässigkeit eines Schädigers abzugrenzen[1042]. Die Gerichte müssen einen allgemein anerkannten Sorgfaltsmaßstab X* einer Verschuldenshaftung festlegen, der unabhängig von der die Sorgfaltskosten der einzelnen Schädiger beeinflussenden Variablen ist[1043]. In dieser Situation würde nur ein Individuum, dessen marginale Sorgfaltskosten den vom Gericht angenommenen Mittelkosten entsprechen, den Sorgfaltsmaßstab X* wählen. Für jeden einzelnen Schädiger und Geschädigten führt unter der Annahme der variierenden Sorgfaltskosten die Minimierung der Summengleichung aus dem Grundmodell zu unterschiedlichen Lösungen betreffend die Entscheidung, ob es effizienter (d.h. kostengünstiger) ist, mehr Sorgfaltskosten aufzuwenden oder einen größeren Teil der Schadenskosten zu übernehmen. Die reine Verschuldenshaftung veranlaßt alle Individuen zur Wahl des festgesetzten Sorgfaltsniveaus, da nur so Haftungsüber-

---

[1039] Vgl. Rubinfeld, Daniel L. (Efficiency), a.a.O., S. 378 - 383; Schäfer, Hans-Bernd/ Ott, Claus (Lehrbuch), a.a.O., S. 196 - 199; Haddock, David/ Curran, Christopher (Theory), a.a.O., S. 59 - 60; Bakker, B.B./Sterks, C.G.M. (Standards), a.a.O., S. 398; Endres, Alfred (Grundlagen), a.a.O., S. 24.

[1040] Vgl. Rubinfeld, Daniel L. (Efficiency), a.a.O., S. 376, 378.

[1041] Vgl. Rubinfeld, Daniel L. (Efficiency), a.a.O., S. 378.

[1042] Vgl. Rubinfeld, Daniel L. (Efficiency), a.a.O., S. 384.

[1043] Vgl. Rubinfeld, Daniel L. (Efficiency), a.a.O., S. 384.

nahme vermieden werden kann, während hingegen die Mitverschuldenshaftung die Wahl der Sorgfaltsniveaus der Schädiger und Geschädigten in Abhängigkeit von deren individuellen und nur ihnen persönlich bekannten Sorgfaltskosten erlaubt[1044].

Ein problematischer Aspekt kann sich ergeben, wenn der gesetzlich festgelegte Sorgfaltsmaßstab vom ökonomisch optimalen abweicht[1045].

Dennoch soll die besondere Vertrauensstellung, die der Wirtschaftsprüfer genießt, Berücksichtigung finden. Das kann über eine entsprechende Schadenszuordnung geschehen (z.B. über den von der Rechtsprechung festzulegenden mittleren Sorgfaltsmaßstab oder über eine 50%-Schwellen-Rege-lung[1046]) und muß nicht auf einer Alleinverantwortlichkeit des Wirtschaftsprüfers basieren. Die 50%-Schwellen-Regelung könnte - abweichend von der Definition von Haddock/Curran - derart ausgestaltet werden, daß der Wirtschaftsprüfer dann kein Mitverschulden des Auftraggebers zu seinen Gunsten geltend machen kann, wenn mehr als 50% des Schadens durch seine Fahrlässigkeit entstanden sind. In allen anderen Fällen soll der Schaden im Verhältnis der Verursachung aufgeteilt werden. Das Verhältnis der Schadensverursachung festzustellen, ist für die Gerichte nicht ohne Probleme[1047]. Dieselben Schwierigkeiten beinhaltet auch die Festlegung des allgemein anerkannten Sorgfaltsmaßstabes. Nicht anwendbar bei der Mitverschuldenshaftung zur Messung von Fahrlässigkeit ist die Learned-Hand-Formel, da diese nur die Einflußgrößen einer Partei betrachtet, d.h. das Sorgfalts-

---

[1044] Vgl. Rubinfeld, Daniel L. (Efficiency), a.a.O., S. 393.

[1045] Vgl. Bakker, B.B./ Sterks, C.G.M. (Standards), die insgesamt neun verschiedene Kombinationen betreffend den Vergleich der gesetzlich festgelegten Sorgfaltsniveaus des Schädigers und des Geschädigten mit den optimalen Standards in einem Modell der Mitverschuldenshaftung durchspielen, und nur für zwei Situationen ein tatsächliches Gleichgewicht errechnen (s. a.a.O., S. 398); s.o. E I 1.3.

[1046] Vgl. Haddock, David/ Curran, Christopher (Theory), a.a.O., S. 50 - 51, 56.

[1047] Vgl. das Rechenbeispiel bei Emons, Winand/ Sobel Joel (Effectiveness), a.a.O., S. 378 - 380, in dem gezeigt wird, daß eine effiziente Lösung berechenbar ist, was jedoch genaue Kenntnisse über verschiedene Einflußgrößen (z.B. die Nutzenfunktionen aller Beteiligten) voraussetzt, die in der Realität kaum erreichbar sein dürften.

niveau eines Geschädigten wird nicht berücksichtigt[1048]. Auf alle Fälle ist zu versuchen, den Fehler, der US-amerikanischen Gerichten vorgeworfen wird, daß nicht zwischen Prüfungsfehlern und Fehlern der Geschäftsführung eines Unternehmens unterschieden wird[1049], zu vermeiden.

V Schadensprävention durch verbesserte Beziehungen zwischen Wirtschaftsprüfer und Aufsichtsrat

Der Schutz des Vermögens des zu prüfenden Unternehmens ist nicht allein Aufgabe der Jahresabschlußprüfung durch die Wirtschaftsprüfer. Diese Aufgabe obliegt auch Vorstand, Aufsichtsrat und Haupt-/Gesellschafter-versammlung. Grundsätzlich haben Aufsichtsrat und Wirtschaftsprüfer unterschiedliche Überwachungsaufgaben: Der Aufsichtsrat ist für die Überwachung des Vorstandes und damit der Geschäftsführung mit dem Ziel der Vermeidung von Schäden durch Managementfehler zuständig, während dem Wirtschaftsprüfer die Überwachung der Ordnungsmäßigkeit der Rechnungslegung durch den Vorstand aufgegeben ist[1050]. Durch ein entsprechendes Verhältnis zwischen Wirtschaftsprüfer und Aufsichtsrat kann ein Beitrag zur Schadensprävention geleistet werden. Das erfordert eine Verbesserung der Beziehungen zwischen Wirtschaftsprüfer und Aufsichtsrat[1051], da beide das gleiche Überwachungsobjekt, nämlich die Tätigkeiten des Vorstandes, jedoch mit abweichenden Überwachungsaufgaben, haben[1052]. Wenn sowohl Wirtschaftsprüfer als auch Aufsichtsräte ihre Überwachungsaufgaben gewissenhaft wahrnehmen, könnte die gleichzeitige Verbesserung der kommunikativen Beziehungen z.B. in Form einer Teilnahme des Wirtschaftsprüfers

[1048] Vgl. Posner, Richard A. (Analysis), a.a.O., S. 169.

[1049] Vgl. Minow, Newton N. (Accountants), a.a.O., S. 77 - 78.

[1050] Vgl. Dörner, Dietrich/ Oser, Peter (Aufsichtsrat), a.a.O., S. 1085.

[1051] Einen Überblick über den derzeitigen Stand der Diskussion einschließlich der wesentlichen Verbesserungsvorschläge gibt: Theisen, Manuel René: Zwischenbilanz zur Diskussion über das Verhältnis zwischen Aufsichtsrat und Abschlußprüfer, in: WPK-Mitt., 34. Jg. (1995), S. 185 - 195.

[1052] Vgl. Schwegler, Iren: Die Stellung des Wirtschaftsprüfers zu den Organen Hauptversammlung, Aufsichtsrat und Vorstand, in: BB, 50. Jg. (1995), S. 1683 - 1685, hier S. 1683.

an den Bilanzsitzungen des Aufsichtsrates oder durch die direkte Weiterleitung der Prüfungsberichte an den Aufsichtsrat[1053] zu einer effizienteren Überwachung des Vorstandes und damit einer frühzeitigen Erkennung von Unternehmenskrisen sowie Schadensabwehr führen. Eine Auftragserteilung zur Jahresabschlußprüfung durch den Aufsichtsrat statt durch den Vorstand könnte den Vorwurf, daß sich die Vorstände ihre eigenen Prüfer selbst wählen, mindern[1054]. Durch eine Verteilung der Prüfungsschwerpunkte können mehr Gebiete besser abgedeckt werden. Kritisiert wird an diesem Vorschlag, daß die strenge Trennung zwischen Geschäftsführung (allein durch den Vorstand) und Überwachung (allein durch den Aufsichtsrat) darunter leiden könnte[1055].

Die verbesserte Zusammenarbeit zwischen Wirtschaftsprüfer und Aufsichtsrat ist vor allem deswegen zu fordern, weil sowohl Wirtschaftsprüfer als auch Aufsichtsrat grundsätzlich ihre gesetzlich vorgegebenen Aufgaben erfüllen[1056] und trotzdem die spektakulären Unternehmenszusammenbrüche in Deutschland in letzter Zeit nicht verhindert werden konnten, wodurch beide Institutionen in eine Vertrauenskrise geraten sind[1057].

VI Externe Nachschau als Qualitätssicherungsmaßnahme

Zu überlegen ist, ob eine externe Nachschau nach US-amerikanischem, britischem oder französischem Vorbild die bessere Lösung im Vergleich zur von der WPK und vom IDW geforderten internen Nachschau (vgl. D III 6.) darstellt. Der interne Kostenaufwand kann vermieden werden, wenn Wirtschaftsprüfer sich gegenseitig prüfen: diese Tätigkeit wird der geprüften Wirtschaftsprüferpraxis in

---

1053 Vgl. Forster, Karl-Heinz: MG, Schneider, Balsam und die Folgen - was können Aufsichtsräte und Abschlußprüfer gemeinsam tun?, in: AG, 40. Jg. (1995), S. 1 - 7, Zitierweise: Folgen, hier S. 4 - 5.

1054 Vgl. Bender, Karl (Abschlußprüfung), a.a.O., S. 366; Scheffler, Eberhard (Aufsichtsrat), a.a.O., S. 669.

1055 Vgl. Biener, Herbert (Erwartungslücke), a.a.O., S. 51 - 52.

1056 Vgl. Dörner, Dietrich/ Oser, Peter (Aufsichtsrat), a.a.O. , S. 1093.

1057 Vgl. Forster, Karl-Heinz (Folgen), a.a.O., S. 1.

Rechnung gestellt, ebenso erhält für die eigene externe Nachschau eine fremde Wirtschaftsprüferpraxis Honorar. Es kann von höherer Gewissenhaftigkeit und zugleich echter Prozeßunabhängigkeit[1058] ausgegangen werden (sofern Verstöße entsprechend sanktioniert werden), da es sich um eine Prüfung wie unter Fremden handelt. Insgesamt dürfte von der externen Nachschau eine Stärkung des Vertrauens in die Tätigkeit des Wirtschaftsprüfers ausgehen, die darauf basiert, „daß Tatbestände vertrauenswürdiger sind, wenn sie durch Personen geprüft werden, die an ihrer Entstehung nicht beteiligt waren, als wenn eine solche Überprüfung unterbleibt"[1059]. Das Wissen um eine mögliche Überprüfung entfaltet eine Präventivwirkung[1060]. Die externe Überwachung der Qualität der Facharbeit könnte, im Gegensatz zur internen, zu einer Minderung von Haftungsverpflichtungen und folglich einer Senkung der Beiträge zur Haftpflichtversicherung führen[1061]. Das bedeutet eine größere ökonomische Effizienz hinsichtlich des Verhältnisses von Kosten der Schadensvermeidung und tatsächlicher Schadenshöhe. Das würde die Nachschau als effizienten Ausfluß des Haftungsrisikos des Wirtschaftsprüfers klassifizieren, vor allem wenn die Haftung derart erhöht werden sollte, wie im Entwurf eines Transparenz- und Wettbewerbsgesetzes (vgl. E I 2.2) vorgesehen.

Die Einführung in- und externer Nachschauen ist mit erheblichen Schwierigkeiten verbunden, die hier nicht alle aufgezählt werden können[1062]. Vor allem die Probleme, die sich für Einzelwirtschaftsprüfer aus solchen berufsständischen Vorgaben zur Qualitätssicherung ergeben, wiegen schwer und würden wiederum eine Begünstigung der großen Prüfungsgesellschaften bedeuten. Diese Schwie-

---

[1058] D.h. die Mitwirkung an der Erstellung des zu prüfenden Objektes ist ausgeschlossen. Vgl. zum Begriff der Prozeßunabhängigkeit (allerdings im Zusammenhang mit der Jahresabschlußprüfung): Haegert, Lutz: Der Grundsatz der Prozeßunabhängigkeit des Abschlußprüfers - Soll und Ist, in: Gross, Gerhard (Hrsg.): Der Wirtschaftsprüfer im Schnittpunkt nationaler und internationaler Entwicklungen. Festschrift zum 60. Geburtstag von Prof. Dr. Klaus v. Wysocki, Düsseldorf 1985, S. 201 - 219.

[1059] Schmid, Reinhold: Qualitätssicherung in der deutschen Wirtschaftsprüfung, in: WPK-Mitt., 34. Jg. (1995), S. 109 - 120, Zitierweise: Qualitätssicherung, hier S. 114.

[1060] Vgl. Niehus, Rudolf J.: Die Qualitätskontrolle der Abschlußprüfung, Düsseldorf 1993, Zitierweise: Qualitätskontrolle, hier S. 256.

[1061] Vgl. Niehus, Rudolf J. (Qualitätskontrolle), a.a.O., S. 261.

[1062] Vgl. dazu Niehus, Rudolf J. (Abschlußprüfer II), a.a.O., S. 1 - 10.

rigkeiten könnten durch entsprechende Ausgestaltung der Rahmenbedingungen einer externen Nachschau überwunden werden (z.B. hinsichtlich der Regelungen der Verschwiegenheitspflicht oder des Konkurrenzdenkens der Wirtschaftsprüfer untereinander[1063]). Im US-amerikanischen Berufsstand gilt die externe Nachschau als wirksames Instrument bei der Entwicklung fehlender Qualitätsstandards sowie der Verbesserung der Prüfungsergebnisse[1064]. Die Vorteile der externen Quality Control, nämlich erhöhtes Qualitätsbewußtsein und Verbesserung bzw. Erhaltung der öffentlichen Vertrauensstellung der Wirtschaftsprüfer[1065], können den Berufsstand bei der Vermeidung von Schäden durch berufliche Verfehlungen unterstützen. Letztendlich ist es besser, durch eine Quality Review zu erfahren, ob die angewandten Prüfungsmethoden den beruflichen Standards entsprechen oder nicht, als vor Gericht[1066].

Die Ausführungen zur Schadensprävention durch verbesserte Beziehungen zwischen Wirtschaftsprüfer und Aufsichtsrat bzw. durch externe Nachschau als Qualitätssicherungsmaßnahme beinhalten Vorschläge, die außerhalb der gesetzlichen Haftungsregelungen die Ziele der Abschlußprüfung unterstützen sollen. In diese Kategorie wäre auch der Vorschlag einer Neuregelung des Prüfungsinhalts gem. § 317 HGB in Form einer Erweiterung auf eine Geschäftsführungsprüfung[1067] einzuordnen. Hierzu sollen keine näheren Ausführungen gemacht, sondern lediglich darauf hingewiesen werden, daß es vielfältige andere Möglichkeiten neben der Haftung zur Förderung der Ziele der Abschlußprüfung gibt.

[1063] Vgl. die Vorschläge von Schmid, Reinhold (Qualitätssicherung), a.a.O., S. 115 - 119.
[1064] Vgl. Heydkamp, Werner F./ Dyck, Klaus (Qualitätsnormen), a.a.O., S. 232.
[1065] Vgl. Schmid, Reinhold (Qualitätssicherung), a.a.O., S. 119.
[1066] Vgl. Huff, Bruce N./ Kelley, Thomas P. (Review), a.a.O., S. 35.
[1067] Vgl. Biener, Herbert (Erwartungslücke), a.a.O., S. 50.

VII Neuregelung der Berufshaftpflichtversicherung

1. Organisation der Versicherer von Wirtschaftsprüfer-Berufsrisiken

In den USA haben Wirtschaftsprüfer zunehmend Probleme, einen Versicherer für die Berufsrisiken zu finden. Es wird von der Versicherungskrise gesprochen, die neben steigenden Prämien fallende Deckungssummen mit sich bringt; gleichzeitig ist die Zahl der Versicherer, die Wirtschaftsprüferversicherungen für nicht den großen Gesellschaften angehörende Berufsangehörige anbieten, stark zurückgegangen[1068]. Die Erhöhung der Versicherungsprämien kann bis zum Ausstieg aus dem Prüferberuf führen[1069].

Zur Lösung der Versicherungsprobleme wurden in den USA eine Rückversicherungsgesellschaft durch das AICPA ins Leben gerufen und die Anteile an Berufsangehörige verkauft[1070]. Entsprechend wurden vom britischen Berufsstand eine Versicherungsgesellschaft[1071] und von den sechs größten Wirtschaftsprüfungsgesellschaften ein Versicherungsverein auf Gegenseitigkeit gegründet[1072].

Derartige Probleme haben sich bisher dem deutschen Berufsstand nicht gestellt, da die Versicherbarkeit wegen der Haftungsbeschränkung unproblematisch ist. Dazu kommt die im Gegensatz zu den angelsächsischen Ländern unterschiedliche Strukturierung der Versicherer von Wirtschaftsprüfer-Risiken. Wurden die Berufshaftpflichtversicherungen in den USA von einzelnen Versicherungsgesellschaften angeboten, so gibt es in Deutschland fast seit Gründung des Wirtschaftsprüfer-Berufes eine Versicherergemeinschaft, die verpflichtend für die Wirtschaftsprüfer als Berufshaftpflichtversicherer zu wählen war[1073]. Inzwischen gibt

---

[1068] Vgl. Goldberg, Victor P. (Accountants), a.a.O., S. 296; Siliciano, John A. (Law), a.a.O., S. 1950.
[1069] Vgl. Havermann, Hans (Risiko), a.a.O., S. 60.
[1070] Vgl. Fliess, Wolfgang (Haftung), a.a.O., S. 196.
[1071] Vgl. o.V.: o.T., in: Accountancy, Vol. 103 (July 1987), S. 9.
[1072] Vgl. International Accounting Bulletin, April 1988, S. 4.
[1073] Vgl. Pohl, Ulf: 60 Jahre Wirtschaftsprüferberuf und seine Berufshaftpflichtversicherung, in: WPK-Mitt., 30. Jg. (1991), S. 141 - 143, Zitierweise: 60 Jahre, hier S. 141.

es im Inland noch zwei weitere Anbieter von Berufshaftpflichtversicherungen für Wirtschaftsprüfer[1074]. Ein Vorteil dieser Gemeinschaft, die die Bezeichnung „Versicherungsstelle für das wirtschaftliche Prüfungs- und Treuhandwesen" führt, mit Sitz in Wiesbaden, ist die unabhängige Bearbeitung aller Schäden, wobei Unabhängigkeit von eventuellen Großkunden eines Versicherers, der gleichzeitig dessen Wirtschaftsprüfer versichert, gemeint ist[1075].

Ein weiterer Vorteil ist die fachliche Spezialisierung der Versicherungsstelle, die sich bei der Beurteilung bereits eingetretener Schäden und in Beratungsleistungen für die Berufsorganisationen zur Schadensprävention positiv für die Wirtschaftsprüfer auswirkt[1076]. Trotz dieser Vorteile haben sich in den letzten zehn Jahren in Deutschland die von den Versicherern übernommenen Haftpflichtfälle verdoppelt und die Schadenshöhen durchschnittlich vervierfacht[1077]. Das hat zur Erhöhung der Versicherungsprämien für die Wirtschaftsprüfer geführt[1078]. Ein Rückzug aus dem Versicherungsgeschäft ist in Deutschland nicht zu befürchten, auch wenn sich der Berufsstand in einer schwieriger werdenden Situation befindet. Dafür spricht die Werbung der Versicherungsstelle Wiesbaden, die auf das steigende Risiko für Wirtschaftsprüfer hinweist und spezielle Beratungsleistungen anbietet[1079]. Die Wirtschaftsprüfer sollen angehalten werden, über Höhe und Angemessenheit ihrer Deckungssummen nachzudenken[1080].

2. Erhöhung der Mindestdeckungssumme

Zunächst müßte die Mindestdeckungssumme an die vorgeschlagene Erhöhung der gesetzlichen Haftungsobergrenze bei Pflichtprüfungen (vgl. E I 2.3) angepaßt

[1074] Vgl. Geuer, Caroline (Management), a.a.O., S. 283 - 284.
[1075] Vgl. Pohl, Ulf (60 Jahre), a.a.O., S. 143.
[1076] Vgl. Pohl, Ulf (60 Jahre), a.a.O., S. 143.
[1077] Vgl. Havermann, Hans (Risiko), a.a.O., S. 62.
[1078] Vgl. Havermann, Hans (Risiko), a.a.O., S. 62.
[1079] Vgl. WPK-Mitt., 33. Jg. (1994), Heft 2, S. V.
[1080] Vgl. WPK-Mitt., 33. Jg. (1994), Heft 2, S. V.

werden. Einerseits wäre dadurch bei einem Haftungsfall wegen Pflichtverletzung bei einer gesetzlichen Abschlußprüfung die gesetzlich verpflichtend zu leistende Schadensersatzforderung gedeckt. Der Geschädigte kann auf einen Schadensausgleich in dieser Höhe sicher vertrauen. Andererseits könnte die Haftung bei anderen Tätigkeiten des Wirtschaftsprüfers besser durch die Versicherungen abgedeckt werden, da der derzeitigen Rechtsprechung vor allem zur Dritthaftung besser entsprochen werden kann. Voraussetzung dafür wäre allerdings die Anerkennung der Analogiefähigkeit der handelsrechtlichen Haftungsobergrenze für alle Tätigkeiten des Wirtschaftsprüfers.

Nach Erhöhung der Haftungsobergrenze wären Schäden in größerem Umfang vom Wirtschaftsprüfer zu tragen. Diese müßten bei gleichzeitiger Anpassung der Mindestdeckungssumme durch die Versicherer übernommen werden. Wenn die Mindestdeckungssumme nicht gesetzlich erhöht würde, würden die Wirtschaftsprüfer darauf drängen, ihre Risiken mindestens in Höhe der gesetzlichen Haftungsobergrenze zu versichern, um im Schadensfall nicht persönlich in Anspruch genommen zu werden. Angesichts der steigenden Schadenshöhe bei Pflichtverletzungen des Wirtschaftsprüfers würde somit ein größerer Teil der Schäden von den Versicherern übernommen. Ein Verlust des Anreizes für den Wirtschaftsprüfer, sorgfältig zu arbeiten, ist nicht zu befürchten, da sich mit Erhöhung der Deckungssummen die Prämien erhöhen werden. Letztendlich hat der Wirtschaftsprüfer den Schaden selbst zu tragen, er zahlt nur nicht auf einmal, sondern vorab in Raten in Form der zu entrichtenden Versicherungsprämien. Der Anreiz auf das Sorgfaltsniveau hängt weniger von der Versicherung an sich als vielmehr von der Höhe der Prämien ab.

3. Ermittlung der Versicherungsbeiträge anhand des Sorgfaltsniveaus

Bei der Berufshaftpflichtversicherung der Wirtschaftsprüfer handelt es sich um einen im ökonomischen Sinne schwierigen Fall der Versicherung, da gesetzlicher Versicherungszwang und in Deutschland nur geringe Konkurrenz zwischen den einzelnen Versicherern besteht. Die Wirtschaftsprüferhaftpflicht wird im wesentlichen von der Versicherungsstelle Wiesbaden sowie vom Gerling-Konzern und mit bislang nur geringem Marktanteil in Deutschland durch den französischen Versicherungskonzern Union des Assurances de Paris (UAP) angeboten[1081]. Dazu handelt es sich fast um Einheitstarife, da Prämienstaffelungen nur anhand der Deckungssummen und der Mitarbeiterzahlen vorgenommen werden und Schadensfreiheitsrabatte nicht üblich sind[1082]. Das moral hazard-Problem kann jedoch gemindert werden, wenn die Versicherungsprämien davon abhängen, wieviel Sorgfalt von der versicherten Person geübt wird[1083]. Gleichzeitig ist es nicht möglich, die Höhe der Prämien völlig am Sorgfaltsniveau des Versicherungsnehmers auszurichten[1084], so daß eine vollkommene Versicherung nicht erreichbar ist. Da die Versicherungen nur bis zu einem bestimmten Grad die Sorgfalt der Versicherungsnehmer beobachten können[1085], ergibt sich ein Anreiz zur Verminderung des Sorgfaltsniveaus beim Versicherten, wodurch er sich Kosten einer höheren Sorgfalt spart und gleichzeitig von ihm zusätzlich verursachte Schäden auf die übrigen Versicherungsnehmer verteilt, was zu durchschnittlich höheren Prämien, als ökonomisch optimal wäre, führt[1086].

Für die Berufshaftpflichtversicherung ist eine Orientierung der Prämienhöhe am Sorgfaltsniveau des Wirtschaftsprüfers besonders schwierig und eine Kalkulation erwarteter Schäden angesichts der Unsicherheit durch die Rechtsprechung weitgehend unmöglich. Eine Kalkulierbarkeit liegt derzeit nur für Pflichtprüfungen aufgrund der gesetzlichen Haftungsobergrenze vor, wodurch zwar nicht der tatsächlich entstandene Schaden, jedoch der Schadensersatzanspruch gegen den Wirtschaftsprüfer begrenzt wird. Das reicht für die Kalkulierbarkeit der Schadenshöhe nicht aus, da der Wirtschaftsprüfer nicht nur für Risiken aus Pflichtprüfungen, sondern allgemein für Risiken aus seiner beruflichen Tätigkeit pflicht-

[1081] Vgl. Geuer, Caroline (Management), a.a.O., S. 284 - 285.
[1082] Vgl. Schäfer, Hans-Bernd/ Ott, Claus (Lehrbuch), a.a.O., S. 180 - 181.
[1083] Vgl. Polinsky, A. Mitchell (Introduction), a.a.O., S. 57.
[1084] Vgl. Adams, Michael (Analyse), a.a.O., S. 225 - 226.
[1085] Vgl. Polinsky, A. Mitchell (Introduction), a.a.O., S. 57.
[1086] Vgl. Adams, Michael (Analyse), a.a.O., S. 226.

versichert sein muß. Gerade aus den anderen beruflichen Tätigkeiten entstehen die derzeitigen hohen Haftungsverpflichtungen der Wirtschaftsprüfer.

Bisher wurde davon ausgegangen, jeder versicherte Wirtschaftsprüfer verursache Schäden bei anderen, die zu Versicherungsfällen werden. Das ist in der Realität nicht der Fall. Darin besteht ebenfalls die Gefahr ökonomischer Ineffizienz, weil der Wirtschaftsprüfer trotzdem seine Versicherungsbeiträge zu leisten hat. Da es keinen Schadensfreiheitsrabatt gibt, werden entweder die Beitragseinnahmen der Versicherungsgesellschaften vermehrt oder Schadensleistungen für andere Wirtschaftsprüfer übernommen, deren Prämienzahlungen zur Deckung der versicherten Schäden nicht ausreichen. Folglich sinkt der materielle Anreiz zur Erhöhung des Sorgfaltsniveaus und die Schäden steigen. Gleichzeitig werden die Wirtschaftsprüfer, die aufgrund eines angemessenen Sorgfaltsniveaus keine Schäden verursacht haben, bestraft, da ihre Prämien zur Deckung der von anderen verursachten Schäden verwendet werden. Da es sich um eine Haftpflichtversicherung handelt, besteht für den mit hoher Sorgfalt arbeitenden Wirtschaftsprüfer keine Möglichkeit, die Kosten der Versicherung zu sparen, was ihm zunächst nur die Wahl läßt, die Kosten für die Sorgfalt soweit zu mindern, bis sie der zu zahlenden Versicherungsprämie angemessen sind. Das heißt, die Haftpflichtversicherung kann Anreize zu unsorgfältigem Handeln erzeugen[1087]. Diesen negativen Anreizen kann durch die Belastung des potentiellen Schädigers mit Selbstbehalten und Prämienzuschlägen entsprechend der Schadenshäufigkeit entgegengewirkt werden[1088]. Ob der Wirtschaftsprüfer tatsächlich aus dem Kalkül der unvollkommenen Versicherung heraus unsorgfältiger handelt, ist fraglich, berücksichtigt man den möglichen Ansehensverlust durch bekannt gewordene verminderte Sorgfalt.

Da die Messung und Kontrolle des Sorgfaltsniveaus von Wirtschaftsprüfern und Wirtschaftsprüfungsgesellschaften für die Versicherungen mit unüberbrückbaren Schwierigkeiten verbunden ist, bleibt als Ausweg eine nachträgliche Regulierung

[1087] Vgl. Koller, Ingo (Wirksamkeit), a.a.O., S. 1095.
[1088] Vgl. Koller, Ingo (Wirksamkeit), a.a.O., S. 1095; Polinsky, A. Mitchell (Introduction), a.a.O., S. 57.

durch Schadensfreiheitsrabatte[1089]. Die Abschaffung der gesetzlichen Pflicht zur Versicherung der Berufsrisiken der Wirtschaftsprüfer nach § 54 WPO ist nicht als Lösung geeignet, da das Risiko zu groß ist, daß Schäden von den Opfern zu tragen sind, weil eine Inanspruchnahme des persönlichen Vermögens des Wirtschaftsprüfers aus Mangel an finanziellen Rücklagen nicht möglich ist.

Schadensfreiheitsrabatte könnten in Form von Prämienteilrückzahlungen gewährt werden, wenn innerhalb eines bestimmten Zeitraums keine Versicherungsleistungen durch den Wirtschaftsprüfer in Anspruch genommen wurden. Dabei ist zu berücksichtigen, daß es sich bei den von Wirtschaftsprüfern verursachten Vermögensschäden fast immer um Spätschäden[1090] handelt. Die Verjährungsfristen zur Geltendmachung eventueller Schäden sind daher vor einer Prämienrückzahlung zu berücksichtigen. Damit haben Verjährungsfristen, vor allem je kürzer sie sind, haftungsbeschränkende Wirkung. Bei den derzeit geltenden Verjährungsfristen (§ 51a WPO wurde unverändert in die neue Fassung der WPO vom 1.1.1995 übernommen) bestünde für die Wirtschaftsprüfer grundsätzlich nach fünf Jahren die Gelegenheit zur Rückzahlung von Teilen der Versicherungsprämie, sofern innerhalb der zurückliegenden fünf Jahre kein Schadensersatzanspruch aus einer Tätigkeit, die mindestens fünf Jahre zurückliegt, vorliegt. Prinzipiell wird damit das Sorgfaltsniveau des Wirtschaftsprüfers nachträglich festgestellt und daran anknüpfend erfolgt eine rückwirkende Korrektur der Versicherungsbeiträge. Ist dieses Berechnungsprinzip dem Wirtschaftsprüfer bereits bei Abschluß des Versicherungsvertrags bekannt, werden damit materielle Anreize auf das Sorgfaltsniveau in ökonomisch effizienter Weise gegeben. Das ist auch der Fall, wenn der Wirtschaftsprüfer den Schaden der Versicherung nicht gemeldet, sondern selbst übernommen hat. Dann ist es für ihn kostengünstiger, den Schaden selbst zu tragen und eine Prämienrückzahlung von der Versicherung zu erhalten, als auf die Rückzahlung zu verzichten und den Schadensausgleich der Versicherung zu überlassen.

[1089] Vgl. Schäfer, Hans-Bernd/ Ott, Claus (Lehrbuch), a.a.O., S. 181.
[1090] Vgl. Geuer, Caroline (Management), a.a.O., S. 107 und 287.

Eine Einteilung der Wirtschaftsprüfer in Risikogruppen, wie beispielsweise bei der Kraftfahrzeug-, der Kranken- oder Lebensversicherung, ist ungeeignet. Je nach der Zahl der gemeldeten Versicherungsfälle und der Schadenshöhe jedes einzelnen Wirtschaftsprüfers müßten Gruppen gebildet werden. Das ist erst nach Ablauf einer gewissen Anzahl von Jahren beruflicher Tätigkeit möglich, da das Sorgfaltsniveau erst nachträglich bestimmt werden kann. Eine angemessene Einteilung von Berufsanfängern wäre schwierig, wenn man sie nicht grundsätzlich der höchsten Risikogruppe zuordnet. Dadurch würde man hohe oder sogar unüberwindbare Markteintrittsschranken schaffen, die hauptsächlich als selbständige Einzelwirtschaftsprüfer tätige Neueinsteiger treffen würden. Der Trend zur Konzentration des Wirtschaftsprüferberufes in einigen großen Prüfungsgesellschaften, die üblicherweise die Berufshaftpflichtversicherung für ihre angestellten Wirtschaftsprüfer übernehmen, würde unterstützt.

Als Vorbild zur Verbesserung der Versicherung der deutschen Wirtschaftsprüfer könnte die Regelung des Versicherungsschutzes in Großbritannien fungieren. Dort wurde erst 1989/1990 die Berufshaftpflichtversicherung in Folge der Umsetzung der 8. EG-Richtlinie in nationales Recht gesetzlich eingeführt[1091]. Die Prüfer suchen dort den für sie geeignetsten Versicherungsschutz mit Hilfe von Versicherungsmaklern[1092]. Sie haben vorab einen Fragebogen auszufüllen, der neben anderem nach den Gesamthonoraren der letzten Jahre, der Höhe der Honorare von den größten Klienten, der Aufteilung der Honorare nach Aktivitäten, der Art der Prüfungen (Pflicht- und freiwillige Prüfungen börsennotierter und anderer Unternehmen), der Tätigkeit in den USA und den dort erzielten Honoraren sowie den Einzelheiten über vorherigen Versicherungsschutz, Inanspruchnahme, Versicherungsleistungen u.ä. fragt[1093]. Anhand dieses Fragebogens werden von den Versicherungsgesellschaften individuell für jeden Prüfer bzw. jede Prüfungsgesellschaft die Höhe der erforderlichen Deckungssummen und die entsprechenden

---

[1091] Vgl. Markus, Hugh B. (Berufshaftpflichtversicherung), a.a.O., S. 147.
[1092] Vgl. Markus, Hugh B. (Berufshaftpflichtversicherung), a.a.O., S. 147.
[1093] Vgl. Markus, Hugh B. (Berufshaftpflichtversicherung), a.a.O., S. 147.

Prämien festgelegt[1094]. Meistens ist ein eventueller Schadensfall in den USA oder Kanada, wegen der dort erheblich höheren Haftungsgefahr, nicht enthalten bzw. eine Abdeckung auch dieser Risiken ist mit höheren Prämien gesondert abzuschließen[1095]. Auf diese Art knüpfen in gewissem Umfang die Versicherungsprämien an das individuelle Sorgfaltsniveau an. Es bleibt das Problem, daß ein solcher Fragebogen bei Be rufseinsteigern keine verwertbaren Daten liefern würde.

Die Ermittlung des Sorgfaltsniveaus könnte durch die Einführung einer externen Qualitätskontrolle (vgl. E VI) unterstützt werden. Dafür müßten die Ergebnisse dieser externen Nachschauen beispielweise in einer Art Bestätigungsvermerk veröffentlicht oder zumindest den Versicherern zugänglich gemacht werden. Je besser das Urteil der externen Nachschau für einen Wirtschaftsprüfer ausfällt, um so höher ist sein Sorgfaltsniveau und die Qualität seiner Tätigkeit anzusiedeln. Der Vorteil für die Versicherer läge in einer Kostenersparnis, da sie die Sorgfalt der Wirtschaftsprüfer nicht selbst einschätzen müßten, und in einer besonderen Verläßlichkeit des Urteils, da die externe Nachschau durch prozeßunabhängige, aber Berufsangehörige und damit sachverständige Personen durchgeführt würde.

[1094] Vgl. Markus, Hugh B. (Berufshaftpflichtversicherung), a.a.O., S. 147.
[1095] Vgl. Markus, Hugh B. (Berufshaftpflichtversicherung), a.a.O., S. 147.

F Thesenförmige Zusammenfassung

1. Ökonomische Analyse des Rechts ist die Beurteilung rechtlicher Regelungen unter dem Ziel der effizienten Allokation von Ressourcen und bei festgestellter Ineffizienz die Berücksichtigung der Wirkungen vorgeschlagener Regelungsänderungen in Hinsicht darauf, ob die neue Situation besser oder schlechter ist als die alte. Die ökonomische Analyse der Haftung des Wirtschaftsprüfers in Deutschland umfaßt die Darstellung der geltenden Haftungssituation, eine Effizienzanalyse sowie eine Analyse der in der Diskussion befindlichen Neuerungen von Gesetzen, Rechtsprechung und beruflicher Facharbeit. Zur Messung der Effizienz werden vor allem das Pareto-Optimum und das Kaldor-Hicks-Kriterium verwendet. Es liegt ein ökonomisches Verhaltensmodell zugrunde, das von einem rationalen und nutzenmaximierenden Menschen ausgeht.

2. Mit Hilfe des Coase-Theorems kann erläutert werden, daß das Erreichen einer effizienten Regelung von der Höhe der Transaktionskosten und der Ausstattung der Individuen mit Handlungsrechten abhängt. Somit sind unterschiedliche Haftungsregeln hinsichtlich der Allokationseffizienz nicht neutral. Da Transaktionskosten in Realität nie gleich Null sind, stellen sie eine Art Handlungsbeschränkung dar. Durch Festlegung gesetzlicher Haftungsregeln soll eine Minimierung der Transaktionskosten erreicht werden, die effizienteres Verhalten der handelnden Individuen fördern kann.

3. Haftungsregeln liegen drei Ziele zugrunde: Dem Ausgleichsziel dient die Festlegung von Art und Umfang eines zu ersetzenden Schadens. Das Präventionsziel wird durch Anreize zu schadensvermeidendem Verhalten unterstützt, um gesamtgesellschaftliche Wohlfahrt zu erreichen. Das verteilungspolitische Ziel soll zur Vermeidung sozialer Härtefälle beitragen. Aus ökonomischer Sicht vorherrschend ist das Präventionsziel.

4. Der Haftungsmaßstab hat zwei Grundausprägungen: die Verschuldens- und die Gefährdungshaftung. Für diese gibt es unterschiedlichste Varianten. Sie lassen

sich auf ein Grundmodell zurückführen, mit dessen Hilfe Haftungsregeln analysiert werden können. Ziel ist eine Minimierung der Gesamtkosten, die sich aus der Summe der Kosten des Schädigers und des Geschädigten ergeben. Deren individuelle Kosten wiederum ergeben sich aus ihren persönlichen Sorgfaltskosten und den bei der aufgewendeten Sorgfalt zu erwartenden Schadenskosten. Ausschlaggebend für alle Arten der Verschuldenshaftung ist die Verletzung von Sorgfaltspflichten. Die Verschuldenshaftung soll Anreize für ein Verhalten entsprechend dem optimalen Sorgfaltsniveau geben. Von der Gefährdungshaftung (hier haftet unabhängig von Pflichtverletzungen immer der Schädiger) wird ein Anreiz zur Suche nach Innovationen zur Schadensmeidung erwartet. Der Haftungsumfang beschäftigt sich mit der Frage, ob der Haftpflichtige voll umfänglich oder nur eingeschränkt zu haften hat.

5. Effizienz ist aus ökonomischer Sicht erreicht, wenn ein Ziel nur noch auf Kosten eines anderen Zieles verbessert werden kann. Bei Beurteilung der Effizienz einer Regelung ist zu fragen, ob Anreize zu effizientem Verhalten geschaffen und die Risiken zwischen den betroffenen Parteien effizient verteilt werden. Als Effizienzkriterien der Haftung werden Schadensprävention und Schadenskompensation festgelegt.

6. Ein Hilfsmittel zur Beurteilung der Allokationseffizienz einer Haftungsregel ist die Figur des cheapest cost avoider. Danach soll derjenige für Schäden haften, der zu den geringsten Kosten ein bestimmtes wirtschaftliches Risiko zu beherrschen vermag.

7. Die ökonomische Analyse des Rechts ist nicht kritiklos geblieben. Bemängelt wird, daß nur bestimmte Zustände analysiert werden, aber keine Anpassungsprozesse an ein ökonomisches Gleichgewicht. Die Objektivität von Kosten und Nutzen als Beurteilungsgrößen wird bezweifelt, ebenso die übereinstimmende Interpretation der zu analysierenden Regeln durch die Betroffenen. Das Bild des Menschen als Nutzenmaximierer wird als Reduzierung empfunden, da es keine ethischen Vorstellungen und Werte des Menschen enthalte. Des weiteren wird die

Frage nach der Vereinbarkeit des Effizienzzieles mit dem Ziel der Gerechtigkeit rechtlicher Regeln gestellt.

8. Zentrale Bestimmung für die Analyse der Haftung des Wirtschaftsprüfers ist § 323 HGB, der den Wirtschaftsprüfer bei Jahresabschlußpflichtprüfungen und (gemäß Rechtsprechung analog) bei allen anderen gesetzlich vorgeschriebenen und vorgesehenen Prüfungen für vorsätzliche und fahrlässige Pflichtverletzung haften läßt. Ziel der handelsrechtlichen Haftung ist der Schutz des Vermögens des geprüften Unternehmens. Ziel der Jahresabschlußprüfung (und der anderen gesetzlichen Prüfungen) ist auch der Schutz des Vermögens derer, die im Vertrauen auf den Jahresabschluß (oder Prüfungsbericht) disponiert haben oder erwartungsgemäß disponieren werden.

9. Bei einem Verstoß gegen die Verschwiegenheitspflicht und das Verwertungsverbot kann der Wirtschaftsprüfer als cheapest cost avoider identifiziert werden. In diesem Fall ist § 323 Abs. 1 HGB eine effiziente Regelung. § 333 HGB bezüglich einer strafrechtlichen Verfolgung des Pflichtverstoßes hat zusätzlich abschreckende Wirkung. Die strafrechtliche Verfolgung erfolgt nur auf Antrag der geschädigten Kapitalgesellschaft. Der Wirtschaftsprüfer kann daher in Verhandlungen versuchen, der Gesellschaft einen erhöhten Schadensersatz zu bieten, wenn diese im Gegenzug von einer strafrechtlichen Verfolgung absieht. Der Wirtschaftsprüfer kann so der Gefahr des Berufsverbots entgehen, und die Gesellschaft erhält einen höheren Schadensausgleich als nur auf Grundlage des § 323 HGB.

10. Bei einem Verstoß gegen die Gewissenhaftigkeit und Unparteilichkeit ist das Schadensrisiko nicht ohne weiteres dem Prüfer zuzuordnen, weil ein Pflichtverstoß im Sinne von § 323 Abs. 1 HGB nicht immer eindeutig und objektiv feststellbar ist. Ob die Risikozuordnung zum Wirtschaftsprüfer effizient ist, muß einzelfallabhängig entschieden werden. Richtlinien für die Beurteilung können z.B. die Berufsgrundsätze sein. Weiterhin ist zu fragen, inwieweit der Wirtschaftsprü-

fer Schadensvermeidungsmöglichkeiten während der Prüfung hatte. Grundsätzlich sind sowohl effiziente als auch ineffiziente Risikozuordnungen vorstellbar.

11. Die Haftungsbeschränkung des § 323 Abs. 2 HGB ist sinnvoll, wenn sie eine Risikoverteilung festlegt, die aufgrund hoher Transaktionskosten so nicht zustande hätte kommen können. Durch die Haftungsbeschränkung lassen sich Kosten der Auftragserlangung vermindern und Kosten für Verhandlungen zwischen prüfungspflichtigen Unternehmen und Wirtschaftsprüfern bezüglich vertraglicher Haftungsbeschränkungen vermeiden. Da aufgrund ihrer besseren Eigenkapital-Ausstattung große Prüfungsgesellschaften grundsätzlich höhere Haftungsobergrenzen anbieten könnten als Einzelprüfer, würden sich ohne die Haftungsbeschränkung Wettbewerbsvorteile für die großen Prüfungsgesellschaften ergeben.

Die gesetzliche Haftungsbeschränkung scheint mit TDM 500 im Verhältnis zur Höhe möglicher Vermögensschäden zu niedrig angesetzt. Dadurch besteht für den Prüfer ein Anreiz, ein zu niedriges Sorgfaltsniveau anzustreben, da er in seine Kalkulation nur Schäden bis maximal zur gesetzlichen Haftungsobergrenze einbezieht, aber nicht die tatsächlich verursachten Schäden. Diesem Anreiz wirken mögliche Imageverluste des Prüfers durch Schadensfälle entgegen.

12. Die Berufshaftpflichtversicherung ist einerseits eine unvollkommene Versicherung, da die Prämien nicht an das Sorgfaltsniveau der Tätigkeit des Wirtschaftsprüfers geknüpft sind, sondern an die davon weitgehend unabhängige Mitarbeiterzahl. Andererseits berücksichtigen die Wirtschaftsprüfer selbst ihr Sorgfaltsniveau über die von ihnen frei wählbare Deckungssumme, die zu einer entsprechenden Prämienstaffelung führt. Die personenzahlabhängige Prämiengestaltung kann nicht dem Ziel einer Versicherung, nämlich der Innovationssuche zur Verbesserung des Sorgfaltsniveaus zur Vermeidung von Vermögensschäden, dienen.

13. Vermögensschäden Dritter finden bei der handelsrechtlichen Haftung keinen Ausgleich. Nicht zu bestreiten ist, daß auch Dritten (z.B. Gläubigern oder An-

teilseignern) Schäden durch eine Verletzung von Pflichten des § 323 HGB entstehen können. Im Rahmen der Verschuldenshaftung kann dann keine Effizienz erreicht werden, wenn nur ein Teil der Geschädigten Schadensersatz erlangt bzw. verlangen kann.

14. Ein Mitverschulden des Auftraggebers wird bei der Haftung aus Pflichtprüfungen nur ausnahmsweise bei vorsätzlicher Pflichtverletzung des Mandanten und nur fahrlässiger Pflichtverletzung des Prüfers durch die Rechtsprechung anerkannt. Stärkere Anerkennung des Mitverschuldens von Geschäftsführung oder Vorstand kann jedoch im Vorfeld der Abschlußprüfung schadensvermeidend und somit effizienzfördernd wirken, indem die Zahl der vom Wirtschaftsprüfer zu findenden Fehler durch entsprechenden Anreiz auf das Sorgfaltsniveau der Geschäftsleitungen reduziert wird. Gleiches gilt für ein Mitverschulden der Aufsichtsräte.

15. Neben der Haftung aufgrund rechtlicher Regelungen hat eine mögliche Schädigung des Ansehens des Wirtschaftsprüfers in der Öffentlichkeit durch eine bekannt gewordene berufliche Verfehlung eine im Sinne des Effizienzkriteriums präventive Wirkung.

16. Die deliktische Haftung gem. §§ 823 Abs. 2, 824 und 826 BGB stellt die einzige Möglichkeit für Dritte dar, im Rahmen von Jahresabschlußprüfungen Ansprüche gegen den Wirtschaftsprüfer geltend zu machen, wodurch die Ineffizienz der Haftung nach HGB teilweise beseitigt wird. Schadensersatzansprüche aus §§ 823 Abs. 2 und 824 BGB stehen Dritten nur zu, wenn der Wirtschaftsprüfer vorsätzlich seine Pflichten bei der Prüfung verletzt hat. Bei Vorsatz ist die Effizienz der rechtlichen Regelung zu bejahen, da der Wirtschaftsprüfer als cheapest cost avoider identifiziert werden kann.

17. Die Rechtsprechung zu § 826 BGB bejaht eine unbeschränkte Haftung des Wirtschaftsprüfers gegenüber Dritten auch bei fahrlässiger Pflichtverletzung wegen Sittenwidrigkeit. Dadurch wird der Versicherungsschutz außer Kraft gesetzt,

weil formell Vorsatz als Voraussetzung für § 826 BGB gilt. Gleichzeitig kann der Schadensersatz für Dritte höher liegen als für den Auftraggeber. Der Wirtschaftsprüfer muß vorher nicht eindeutig wissen, wem gegenüber er schadensersatzpflichtig ist. Er kann in diesem Fall nicht cheapest cost avoider sein, da er das zu vermeidende Risiko nicht kennt.

Anders verhält es sich, wenn der Wirtschaftsprüfer einen eventuell geschädigten Dritten und dessen Absicht, seine Prüfungsergebnisse zu verwenden, von vornherein kennt. Dann kann er den Umfang seiner Tätigkeit und seine Sorgfalt auf den Schutz dessen Vermögens ausrichten.

18. Problematisch hinsichtlich der Effizienz des Vertrags mit Schutzwirkung zugunsten Dritter und des Auskunftsvertrags ist die Ungewißheit, wer in den Schutzzweck dieser Rechtsinstitute einzubeziehen ist. Es kann die Situation eintreten, daß der Prüfer einem ihm unbekannten Dritten einen Schaden zu ersetzen hat, den er nicht über eine Haftungsbeschränkung in tragbaren Grenzen halten kann. Die Ineffizienz der handelsrechtlichen Haftung wird jedoch nicht beseitigt, da beide Rechtskonstrukte nicht anwendbar auf Schadensersatzansprüche Dritter aus Pflichtprüfungen sind.

19. Die Prospekthaftung als Rechtsinstitut bei freiwilligen Prospektprüfungen läßt den Wirtschaftsprüfer auch wegen seiner Garantenstellung, die ihn zum Mitinitiator macht, haften. Im Schadensfall tritt die Berufshaftpflichtversicherung nicht ein, da der Prüfer nicht wegen einer Verfehlung im Rahmen seiner beruflichen Tätigkeit haftet. Wegen der möglichen Existenzgefährdung des Wirtschaftsprüfers und der fehlenden Verhältnismäßigkeit der Risikoübernahme durch den Wirtschaftsprüfer ist die Prospekthaftung nicht effizient, da eine Gefährdungshaftung auf Vermögensschäden angewandt wird und diese damit gesundheitlichen Schäden mehr oder weniger gleich gestellt werden.

20. Seit 1.1.1995 ist über § 54a WPO die vertragliche Begrenzung von Ersatzansprüchen zwischen Auftraggeber und Wirtschaftsprüfer zulässig. Durch die für

einzelvertragliche Vereinbarungen und vorformulierte Vertragsbedingungen unterschiedlich geregelte Beschränkung könnte eine effizientere Situation bei den sonstigen beruflichen Tätigkeiten des Wirtschaftsprüfers außerhalb der Pflichtprüfungen erreicht werden. Einzelvertraglich vereinbarte Haftungsbeschränkungen sind das Ergebnis von Verhandlungen zwischen Wirtschaftsprüfer und Auftraggeber, wodurch grundsätzlich ökonomische Effizienz erreicht wird. Eine Haftungsbeschränkung unter TDM 500 oder ein Haftungsausschluß sind nicht zulässig. Damit erhält ein nicht vollständig informierter Vertragspartner des Wirtschaftsprüfers einen gesetzlichen Mindestschutz.

21. Die berufsrechtlichen Maßnahmen bei Pflichtverletzung des Wirtschaftsprüfers sind in der WPO, die Pflichten des Wirtschaftsprüfers in der Berufssatzung geregelt. Dadurch sowie durch die Verlautbarungen der beruflichen Fachverbände wird die Interpretation, wann Pflichtverstöße des Wirtschaftsprüfers vorliegen, wesentlich unterstützt. Die Berufssatzung hat statusausfüllenden und damit rechtsverbindlicheren Charakter als die Berufsrichtlinien. Ihre Verabschiedung ist somit ökonomisch vorteilhaft, da sie zur Feststellung des durch den Wirtschaftsprüfer angewandten Sorgfaltsniveaus von der Rechtsprechung verwendet werden kann.

22. Die zum 1.1.1995 neu formulierten Allgemeinen Auftragsbedingungen begrenzen die Haftung auf 2 Mio. DM, wenn insoweit Versicherungsschutz besteht. Damit wird ein Teil der Ineffizienz der Haftungssituation beseitigt, der das Problem, daß nicht der vollständige Schaden durch den Wirtschaftsprüfer ersetzt wird, betrifft. Fraglich ist die Gültigkeit der Haftungsbeschränkung der AAB gegenüber Dritten, da die vorausgesetzte vertragliche Beziehung zwischen Wirtschaftsprüfer und Dritten fehlt, außer bei Vorliegen des Vertrages mit Schutzwirkung zugunsten Dritter.

23. Durch die von WPK und IDW gemeinsam erlassene VO 1/1995 wurden Maßnahmen zur Qualitätssicherung der beruflichen Facharbeit der Wirtschaftsprüfer ergriffen. Ziel ist eine Stärkung der öffentlichen Vertrauensstellung des

Wirtschaftsprüfers, Schadensprävention und damit Haftungsvermeidung. Eine Effizienzsteigerung ist zu erwarten, wenn die qualitätssichernden Maßnahmen selbst nicht kostenintensiver sind als der damit vermiedene Schadensaufwand.

Aufgrund der Schwierigkeiten für Einzelprüfer und kleine Prüfungsgesellschaften, die in der VO 1/1995 geforderten Maßnahmen durchzuführen, können sich Vorteile zugunsten der großen Prüfungsgesellschaften ergeben. VO 1/1995 sieht eine interne Nachschau vor. Eine externe Nachschau könnte jedoch vorteilhafter sein, da sie - durch unabhängige Personen durchgeführt - die Vertrauenswürdigkeit der Wirtschaftsprüfer steigern könnte. Einer externen Überwachung ist größere Präventivwirkung zuzuschreiben.

24. Strafrechtliche Sanktionen haben abschreckenden Charakter. Ihre Bedeutung für die Haftungssituation des Wirtschaftsprüfers dürfte untergeordnet sein, da vorsätzliche Schädigung Voraussetzung ist, die bei Haftungsfällen von Wirtschaftsprüfern die Ausnahme sein dürfte. Die Seltenheit könnte jedoch ein Beleg für die abschreckende Wirkung sein.

25. Die haftungsbeschränkende Wirkung bestimmter Rechtsformen kann zu ökonomischen Ineffizienzen der Haftung von Wirtschaftsprüfungsgesellschaften führen, wenn nur ein Teil der Schäden aufgrund einer nicht ausreichenden Eigenkapitalausstattung der Gesellschaft ausgeglichen wird und wegen der fehlenden persönlichen Haftung des einzelnen Prüfers der materielle Anreiz auf dessen Sorgfaltsniveau verlorengeht. Die Ineffizienz der Schadenskompensation kann durch verbesserte Schadensprävention als positive Folge beruflicher Zusammenschlüsse ausgeglichen werden.

26. Über die Internationalisierung der beruflichen Tätigkeiten der Wirtschaftsprüfer besteht die Gefahr, nach ausländischen Rechtsordnungen zu haften. Grundsätzlich gibt diese Gefahr einen Anreiz zur Schadensprävention durch Verbesserung der Prüfungsqualität auf international einheitliches Niveau.

27. Die Dritthaftung des US-amerikanischen CPA ist auf der Grundlage des Deliktsrechts, des Kapitalanlegerschutzrechtes sowie des Gesetzes gegen das organisierte Verbrechen möglich. Abhängig von der Rechtsprechung in den einzelnen Bundesstaaten haftet der CPA entweder einem eingegrenzten Kreis vorhergesehener Dritter, die er direkt kennen muß, sowie deren Absicht, sein Prüfungsergebnis zu verwenden, oder einem erweiterten Kreis vorhersehbarer Dritter, bei dem der unmittelbare Kontakt nicht mehr Voraussetzung ist. Sowohl aufgrund der Ausweitung der Dritthaftung durch die Rechtsprechung als auch wegen einiger Besonderheiten des prozessualen Haftungsrechts sind die Schadensersatzklagen gegen CPA in den letzten Jahren erheblich gestiegen. Folgen sind die Existenzbedrohung für den Berufsstand, die teuer gewordene Versicherung (sofern sie überhaupt angeboten wird) und der Ansehensverlust des Berufsstandes.

28. Die Einführung einer unbeschränkten Haftung im Rahmen von Jahresabschlußprüfungen führt nicht mit Sicherheit zu einer effizienteren Situation. Die Versicherbarkeit der Haftungsrisiken wird umso schwieriger und teurer, je größer das Haftungsrisiko und die damit verbundenen Schadensersatzverpflichtungen sind. Das widerspricht dem Ziel der Existenzsicherung der Prüfer durch Versicherung. Wird das Haftungsrisiko zu groß, könnte daraus eine Reduzierung des Aktivitätsniveaus unter das optimale Niveau resultieren. Die prüfungspflichtigen Unternehmen würden vielleicht keinen Abschlußprüfer finden.

Je genauer ein allgemein anerkannter Sorgfaltsmaßstab festgelegt werden kann, um so genauer kann das Haftungsrisiko erkannt werden. Da es für Richter schwierig ist, diesen Sorgfaltsmaßstab festzulegen, dient eine begrenzte Haftung dem Schutz des Prüfers vor einer unmäßigen Haftung wegen mangelnder Information der Rechtsprechung.

29. Eine Haftungsbeschränkung in einzelvertraglichen Vereinbarungen führt mit hoher Wahrscheinlichkeit zu einer effizienten Lösung der Haftungsregelung, da beide Vertragspartner in Abwägung ihrer jeweiligen Sorgfaltsniveaus und den damit verbundenen Kosten eine für sie günstige Lösung aushandeln können. Pro-

blematisch könnten Verhandlungsvorteile der Wirtschaftsprüfer dadurch sein, daß die Unternehmen prüfungspflichtig sind und zu Verhandlungslösungen kommen müssen. Entscheidend für eine effiziente Lösung ist die bestehende Konkurrenzsituation auf dem Prüfermarkt, die den prüfungspflichtigen Unternehmen Auswahlmöglichkeiten bietet. Nicht einbeziehbar in eine Verhandlungslösung sind die Schadensrisiken Dritter, da diese an den Verhandlungen nicht teilnehmen.

30. Der SPD-Vorschlag, die Haftungsobergrenze als das Hundertfache des Prüfungshonorars festzulegen, nähert sich quantitativ einer unbeschränkten Haftung, so daß keine effizientere Haftungssituation erreicht werden kann. Eine weitere Problematik dieses Vorschlags ist die Beeinflußbarkeit des Anknüpfungspunktes Prüfungshonorar durch die Vertragsparteien.

31. Das Haftungsrisiko ist eng verbunden mit dem Fehlerrisiko in einem zu prüfenden Jahresabschluß. Anzahl und Art der möglichen Fehler sind nicht zuletzt von Größe und Branche des zu prüfenden Unternehmens abhängig. Als Anknüpfungspunkt könnte daher die Höhe der Haftungsobergrenze die Bilanzsumme unter besonderer Berücksichtigung der Branchenzugehörigkeit in Form eines prozentualen Aufschlags verwendet werden. Dadurch wird die Haftung besser an mögliche Schadenshöhen angenähert; die Beeinflußbarkeit des Orientierungsmaßstabes ist durch gesetzliche Bilanzierungsregeln für alle gleich geregelt. Problematisch an dem Anknüpfungspunkt Bilanzsumme sind die Unterschiede, die sich zwischen kapitalintensiven und Handelsunternehmen ergeben, die nicht gleichzeitig auch Ausdruck unterschiedlich hoher Risiken sein müssen.

32. Zur Steigerung der Effizienz der Haftung von Wirtschaftsprüfern ist deren Dritthaftung auch bei Pflichtprüfungen unumgänglich. Diese ist in einem streng geregelten Rahmen zu halten und auf vorhergesehene Dritte zu beschränken. Haftungsbeschränkungen, die zwischen Auftraggeber und Wirtschaftsprüfer gelten, sind auch im Verhältnis zu Dritten anzuerkennen. Die Möglichkeiten der Dritten zur Beeinflussung von Eintritt und Höhe des Schadens sind zu berücksichtigen. Durch eine entsprechende Regelung kann eine größere Anzahl von

durch den Prüfer verursachten Schäden diesem anstelle der Allgemeinheit bzw. des Geschädigten zugerechnet werden. Gleichzeitig wird durch eine Haftungsbeschränkung hinsichtlich Höhe und Anspruchsberechtigung die Existenz des Wirtschaftsprüfers gesichert.

33. Die Haftung des Wirtschaftsprüfers könnte zukünftig durch die derzeit nur vorgeschlagenen 5. gesellschaftsrechtliche Richtlinie und Dienstleistungsrichtlinie der Kommission der EG beeinflußt werden. Beide Vorschläge stellen keine geeigneten Instrumente zur Verbesserung der ökonomischen Effizienz der Haftung der Wirtschaftsprüfer in Deutschland dar. Während die 5. Richtlinie nur die Haftung des AG-Abschlußprüfers regelt, sind in der Dienstleistungsrichtlinie keine Ersatzverpflichtungen für Vermögensschäden enthalten. Die befürchtete Präzedenzwirkung der Dienstleistungsrichtlinie auf die Wirtschaftsprüferhaftung würde durch eine unbeschränkbare Haftung zu einer Verteuerung der von den Wirtschaftsprüfern angebotenen Dienstleistungen führen.

34. Würde die Haftung des Wirtschaftsprüfers durch Änderung der Haftungsbeschränkung und der Dritthaftungsregeln ausgeweitet, müßten die Mindestdekkungssummen der Berufshaftpflichtversicherung erhöht werden. Die Erhöhung des Haftungsrisikos des Wirtschaftsprüfers hätte nicht die gewünschten positiven Effekte auf die Internalisierung von Schäden, wenn das erforderliche Haftkapital zum Schadensausgleich fehlen würde.

35. Eine Verbesserung der Wirkung der Berufshaftpflichtversicherung auf das Sorgfaltsniveau des Wirtschaftsprüfers könnte durch Ermittlung der Versicherungsbeiträge anhand des Sorgfaltsniveaus durch unterschiedlich hohe Prämien im voraus berücksichtigt werden. Eine nachträgliche Berücksichtigung könnte durch Schadensfreiheitsrabatte in Form von Prämienteilrückzahlungen erfolgen, falls der Prüfer innerhalb eines von Verjährungsfristen abhängigen Zeitraumes keine Versicherungsleistungen in Anspruch genommen hat.

Anhang: Darstellung der aus den Berufsrichtlinien in die Berufssatzung übernommenen Grundsätze:

Richtlinien für die Berufsausübung der Wirtschaftsprüfer und vereidigten Buchprüfer (Stand: 12. März 1987)	Satzung über die Rechte und Pflichten bei der Ausübung der Berufe des Wirtschaftsprüfers und des vereidigten Buchprüfers vom 11. Juni 1996
I. Unabhängigkeit und Unbefangenheit	§ 2 Unabhängigkeit § 3 Verbot der Vertretung widerstreitender Interessen § 20 Unbefangenheit und Unparteilichkeit § 21 Besorgnis der Befangenheit § 22 Vereinbarkeit von Prüfungstätigkeit und Gutachtertätigkeit mit Beratung § 23 Unvereinbarkeit von Prüfungstätigkeit und Gutachtertätigkeit mit Erstellung § 24 Ausschluß als Prüfer
II. Gewissenhaftigkeit	§ 4 Gewissenhaftigkeit § 5 Qualifikation und Information der Mitarbeiter § 8 Umgang mit fremden Vermögenswerten § 25 Kennzeichnung übernommener Angaben in Prüfungsberichten und Gutachten § 26 Pflichten bei vorzeitiger Beendigung des Prüfungsauftrages § 37 Prüfungsplanung
III. Eigenverantwortlichkeit	§ 11 Eigenverantwortlichkeit § 12 Führung von Mitarbeitern § 19 Berufliche Niederlassungen und Zweig niederlassungen
IV. Verschwiegenheit	§ 9 Verschwiegenheit § 10 Verbot der Verwertung von Berufsgeheimnissen
V. Unparteilichkeit	§ 20 Unbefangenheit und Unparteilichkeit
VI. Berufswürdiges Verhalten	§ 13 Berufswürdiges Verhalten § 14 Pflichten gegenüber anderen WP/vBP § 17 Berufshaftpflichtversicherung

Richtlinien für die Berufsausübung der Wirtschaftsprüfer und vereidigten Buchprüfer (Stand: 12. März 1987)	Satzung über die Rechte und Pflichten bei der Ausübung der Berufe des Wirtschaftsprüfers und des vereidigten Buchprüfers vom 11. Juni 1996
VII. Unvereinbare Tätigkeiten	§ 22 Vereinbarkeit von Prüfungstätigkeit und Gutachtertätigkeit mit Beratung § 23 Unvereinbarkeit von Prüfungstätigkeit und Gutachtertätigkeit mit Erstellung § 30 Verwendung der Firmierung oder des Namens von Berufsgesellschaften durch andere Unternehmen
VIII. Kundmachung, Werbeverbot	§ 31 Weitere Tätigkeitsbezeichnungen § 32 Spezialisierungshinweise § 33 Grenzen der sachlichen Information über das Dienstleistungsangebot § 34 Kriterien der reklamehaften Werbung § 35 Kriterien der Mandatswerbung § 36 Kriterien der Drittwerbung
IX. Unterzeichnung von Bestätigungs- vermerken und Prüfungsvermerken	- (§ 32 WPO)
X. Siegelführung	§ 18 Siegelführung

Literaturverzeichnis

Ackerman, Bruce A.: Recht, Ökonomie und das Problem der juristischen Kultur, in: Schäfer, Hans-Bernd/ Wehrt, Klaus (Hrsg.): Die Ökonomisierung der Sozialwissenschaften, Frankfurt am Main/ New York 1989, S. 129 - 148

Adams, Michael (Analyse): Ökonomische Analyse der Gefährdungs- und Verschuldenshaftung, Heidelberg 1985

Adams, Michael (Aufgabe): Zur Aufgabe des Haftungsrechts im Umweltschutz. Eine Abhandlung zur Theorie optimaler Beweislast und Haftungsregeln bei Unsicherheit, in: ZZP, 99. Bd. (1986), S. 129 - 165

Adams, Michael: New Activities and the efficient Liability Rules, in: Faure, M./ Van den Bergh, R. (Hrsg.): Essays in Law and Economics, Corporations, Accident Prevention and Compensation for Losses, 1989, S. 103 - 106

Adams, Michael (Eigentum): Eigentum, Kontrolle und beschränkte Haftung, in: Ott, Claus/ Schäfer, Hans-Bernd: Ökonomische Probleme des Zivilrechts. Beiträge zur ökonomischen Analyse des Rechts, Berlin u.a. 1991, S. 193 - 225

Adams, Michael (Normen): Normen, Standards, Rechte, in: JZ, 46. Jg. (1991), S. 941 - 955

Adler, Hans/ Düring, Walther/ Schmaltz, Kurt (ADS): Rechnungslegung und Prüfung der Unternehmen. Kommentar zum HGB, AktG, GmbHG, PublG nach den Vorschriften des Bilanzrichtlinien-Gesetzes, hrsg. v. Forster, Karl-Heinz, u.a., 5. Aufl., Stuttgart 1987 (Stand: September 1992)

Antle, Rick (Auditor): The Auditor as an Economic Agent, in: Journal of Accounting Research, Vol. 20 (1982), S. 503 - 527

Antle, Rick (Independence): Auditor Independence, in: Journal of Accounting Research, Vol. 22 (1984), S. 1 - 20

Assmann, Heinz-Dieter (Haftung): Prospekthaftung als Haftung für die Verletzung kapitalmarktbezogener Informationsverkehrspflichten nach deutschem und US-amerikanischem Recht, Köln u.a. 1985

Assmann, Heinz Dieter (Prospekthaftung): § 7 Prospekthaftung, in: Assmann, Heinz Dieter/ Schütze, Rolf A.: Handbuch des Kapitalanlagerechts, München 1990, S. 177 - 222

Assmann, Heinz-Dieter (Transformationsprobleme): Die Transformationsprobleme des Privatrechts und die Ökonomische Analyse des Rechts. Chancen und Grenzen der privatrechtlichen Verwertbarkeit der Ökonomischen Analyse des Rechts, in: Assmann, Heinz-Dieter/ Kirchner, Christian/ Schanze, Erich: Ökonomische Analyse des Rechts, Tübingen 1993, S. 17 - 61

Baetge, Jörg (Zielvorschrift): Eine Zielvorschrift für Rationalisierungsansätze bei der Prüfung, in: BFuP, 37. Jg. (1985), S. 277 - 290

Bakker, B.B./ Sterks, C.G.M. (Standards): Optimal Legal Standards in Negligence-Based Liability Rules, in: De Economist, 136. Bd. (1988), S. 383 - 400

Balachandran, Bala V./ Nagarajan, Nandu J. (Information): Imperfect information, insurance, and auditors´ legal liability, in: The Accounting Review, Vol. 61 (1986), S. 281 - 301

Baliga, Wayne J.: Disclosure Duties for Limited Partnerships, in: JoA, Vol. 170 (December 1990), S. 23

Baliga, Wayne J.: Montana Supreme Court Rules on Privity, in: JoA, Vol. 171 (January 1991), S. 31

Baliga, Wayne J.: California Limits Accountants´ Duty to Third Parties, in: JoA, Vol. 174 (November 1992), S. 37

Ballwieser Wolfgang (Kapitalmarkt): Kapitalmarkt, Managerinteressen und Rolle des Wirtschaftsprüfers, in: Schneider, Dieter (Hrsg.): Kapitalmarkt und Finanzierung. Jahrestagung des Vereins für Socialpolitik, Gesellschaft für Wirtschafts- und Sozialwissenschaften in München vom 15. - 17. September 1986, Berlin 1987, S. 351 - 362

Ballwieser, Wolfgang: Kapitalmarkt und Informationsversorgung mit Jahresabschlüssen, in: Claussen, Carsten P./ Hübl, Lothar/ Schneider, Hans-Peter (Hrsg.): Zweihundert Jahre Geld und Brief. Herausforderungen an die Kapitalmärkte. Festgabe an die Niedersächsische Börse zu Hannover aus Anlaß ihres 200jährigen Bestehens, Frankfurt am Main 1987, S. 163 - 178

Ballwieser, Wolfgang: Zur Berichterstattung des Abschlußprüfers nach neuem Recht, in: BFuP, 40. Jg. (1988), S. 313 - 329

Ballwieser, Wolfgang: Das Rechnungswesen im Lichte ökonomischer Theorie, in: Ordelheide, Dieter/ Rudolph, Bernd/ Büsselmann, Elke (Hrsg.): Betriebswirtschaftslehre und Ökonomische Theorie, Stuttgart 1991, S. 97 - 124

Baur, Cornelius (Entscheidungen): Make-or-Buy-Entscheidungen in einem Unternehmen der Automobilindustrie, München 1990

Becker, Gary S. (Ansatz): Der ökonomische Ansatz zur Erklärung menschlichen Verhaltens. Übers. von Monika und Viktor Vanberg, Tübingen 1982

Beckner, Clinton F./ Katz, Avery (Effects): The Incentive Effects of Litigation Fee Shifting When Legal Standards Are Uncertain, in: International Review of Law and Economics, Vol. 15 (1995), S. 205 - 224

Behrens, Peter (Aspekte): Aspekte einer ökonomischen Theorie des Rechts, in: Rechtstheorie, 12. Bd. (1981), S. 472 - 490

Behrens, Peter (Grundlagen): Die ökonomischen Grundlagen des Rechts. Politische Ökonomie als rationale Jurisprudenz, Tübingen 1986

Behrens, Peter (Verhältnis): Über das Verhältnis der Rechtswissenschaft zur Nationalökonomie: Die ökonomischen Grundlagen des Rechts, in: Jahrbuch für Neue Politische Ökonomie, Bd. 7 (1988), S. 209 - 228

Bender, Karl (Abschlußprüfung): Kann die handelsrechtliche Abschlußprüfung nach §§ 316 ff. HGB effektiver gestaltet werden?, in: ZRP, 28. Jg. (1995), S. 365 - 367

Biener, Herbert (Erwartungslücke): Die Erwartungslücke - eine endlose Geschichte, in: Lanfermann, Josef (Hrsg.): Internationale Wirtschaftsprüfung. Festschrift zum 65. Geburtstag von Prof. Dr. Dr. h.c. Hans Havermann, Düsseldorf 1995, S. 37 - 63

Bishop, William (Misrepresentation): Negligent Misrepresentation through Economists´ Eyes, in: The Law Quarterly Review, Vol. 96 (1980), S. 360 - 379

Blankenburg, Erhard: Über die Unwirksamkeit von Gesetzen, in: ARSP, 63. Bd. (1977), S. 31 - 58

Böhret, Carl (Gesetze): Wenn wir nur wüßten, wie Gesetze wirken...! Anmerkungen zur ex-ante-Prüfung von Rechtsvorschriften, in: Letzgus, Klaus, u.a.

(Hrsg.): Für Recht und Staat. Festschrift für Herbert Helmrich zum 60. Geburtstag, München 1994, S. 487 - 500

Boucher, Rick: Why Civil RICO Must Be Reformed. RICO hits hard: treble damages and destroyed reputations, in: JoA, Vol. 160 (December 1985), S. 102 - 108

Brandner, Hans Erich (Berufshaftung): Berufshaftung und Vertragsgestaltung der Wirtschaftsprüfer. Zur Neufassung der Allgemeinen Auftragsbedingungen für Wirtschaftsprüfer und Wirtschaftsprüfungsgesellschaften, in: ZIP, 5. Jg. (1984), S. 1186 - 1194

Brown, John Prather (Theory): Toward an Economic Theory of Liability, in: The Journal of Legal Studies, Vol. 2 (1973), S. 323 - 349

Brox, Hans (Schuldrecht): Allgemeines Schuldrecht, 22. Auflage, München 1995

Buchanan, James M. (Rights): Rights, Efficiency, and Exchange: The Irrelevance of Transactions Cost, in: Neumann, Manfred (Hrsg.): Ansprüche, Eigentums- und Verfügungsrechte, Berlin 1983, S. 9 - 24

Budde, Wolfgang Dieter/ Hense, Burkhard: Kommentierung zu § 323 HGB, in: Beck´scher Bilanz-Kommentar. Handels- und Steuerrecht - §§ 238 bis 339 HGB, bearb. von Budde, Wolfgang Dieter, u.a., 3. völlig neubearb. Auflage, München 1995

Budde, Wolfgang Dieter/ Steuber, Elgin: Kommentierung zu § 318 HGB, in: Beck´scher Bilanz-Kommentar. Handels- und Steuerrecht - §§ 238 bis 339 HGB, bearb. von Budde, Wolfgang Dieter, u.a., 3. völlig neubearb. Auflage, München 1995

Burow, Patrick (Einführung): Einführung in die ökonomische Analyse des Rechts, in: JuS, 33. Jg. (1993), S. 8 - 12

Burret, Gerhard (Tätigkeitsbericht 1995): Tätigkeitsbericht des Präsidenten der WPK anläßlich der Beiratssitzung am 6. Dezember 1995, in: WPK-Mitt., 35. Jg. (1996), S. 35 - 54

Busse von Colbe, Walther (Entwicklung): Die Entwicklung des Jahresabschlusses als Informationsinstrument, in: Wagner, Franz W. (Hrsg.): Ökonomische Analyse des Bilanzrechts. Entwicklungslinien und Perspektiven, in: ZfbF, Sonderheft 32/1993, S. 11 - 29

Calabresi, Guido (Thoughts): Some Thoughts on Risk Distribution and the Law of Torts, in: Yale Law Journal, Vol. 70 (1961), S. 499 - 553

Calabresi, Guido (Decision): The Decision for Accidents: An Approach to Non-fault Allocation of Costs, in: Harvard Law Review, Vol. 78 (1965), S. 713 - 745

Calabresi, Guido (Transaction): Transaction Costs, Resource Allocation and Liability Rules - A Comment, in: Journal of Law and Economics, Vol. 11 (1968), S. 67 - 73

Calabresi, Guido (Costs): The Costs of Accidents. A Legal and Economic Analysis, New Haven/ London 1970

Calabresi, Guido (Pareto): The Pointlessness of Pareto: Carrying Coase Further, in: Yale Law Journal, Vol. 100 (1991), S. 1211 - 1237

Calabresi, Guido/ Melamed, A. Douglas (Rules): Property Rules, Liability Rules, and Inalienability: One View of the Cathedral, in: Harvard Law Review, Vol. 85 (1972), S. 1089 - 1128

Canaris, Claus-Wilhelm (Schutzgesetze): Schutzgesetze - Verkehrspflichten - Schutzpflichten, in: Canaris, Claus-Wilhelm/ Diederichsen, Uwe (Hrsg.): Festschrift für Karl Larenz zum 80. Geburtstag, München 1983, S. 27 - 110

Carl, Dieter (Partnerschaftsgesellschaft): Die Partnerschaftsgesellschaft - eine neue Rechtsform für die Freien Berufe, in: StB, 46. Jg. (1995), S. 173 - 179

Carmichael, Douglas R./ Willingham, John J./ Schaller, Carol A. (Auditing): Auditing Concepts and Methods. A Guide to Current Theory and Practice, 6th ed., New York u.a. 1996

Carr, L. Jack/ Mathewson, G. Frank (Liability): Unlimited Liability as a Barrier to Entry, in: Journal of Political Economy, Vol. 96 (1988), S. 766 - 784

Causey, Denzil Y.: Duties and Liabilities of Public Accountants, Homewood 1979

Chow, Chee W. (Demand): The Demand for External Auditing: Size, Debt and Ownership Influences, in: The Accounting Review, Vol. 57 (1982), S. 272 - 291

Clemm, Hermann: Der Abschlußprüfer als Krisenwarner, in: WPK-Mitt., 34. Jg. (1995), S. 65 - 78

Coase, Ronald H. (Social Cost): The Problem of Social Cost, in: The Journal of Law & Economics, Vol. III (October 1960), S. 1 - 44

Coase, Ronald H. (Law): Law and Economics at Chicago, in: The Journal of Law & Economics, Vol. 36 (1993), S. 239 - 254

Coleman, Jules L. (Analysis): The Economic Analysis of Law, in: Pennock, J.R./ Chapman, J.W. (eds.): Ethics, Economics and the Law, 1982, S. 83 - 103

Cosack, Tilman (Gefährdungshaftung): Die Gefährdungshaftung im Vordringen, in: VersR, 43. Jg. (1992), S. 1439 - 1444

Czech, Hartmut W. (Haftung): Die Haftung des Wirtschaftsprüfers gegenüber Dritten, in: BB, 30. Jg. (1975), S. 723 - 726

Darrough, Masako N./ Stoughton, Neal M.: Moral Hazard and Adverse Selection: The Question of Financial Structure, in: Journal of Finance, Vol. 41 (1986), S. 501 - 513

DeAngelo, Linda Elizabeth (Independence): Auditor Independence, „Low Balling“, and Disclosure Regulation, in: Journal of Accounting and Economics, Vol. 3 (1981), S. 113 - 127

DeAngelo, Linda Elizabeth (Auditor): Auditor Size and Audit Quality, in: Journal of Accounting and Economics, Vol. 3 (1981), S. 183 - 199

Deckert, Martina R. (Einführung): Zur Einführung: Die folgenorientierte Auslegung, in: JuS, 35. Jg. (1995), S. 480 - 484

Demsetz, Harold (Theory): Toward a Theory of Property Rights, in: American Economic Review, Vol. 57 (1967), S. 347 - 359

Demsetz, Harold (Rule): When does the Rule of Liability Matter?, in: The Journal of Legal Studies, Vol. 1 (1972), S. 13 - 28

Deppe, Hans-Dieter (Haftung): Finanzielle Haftung heute - Obsoletes Relikt oder marktwirtschaftliche Fundamentalisierung?, in: Claussen, Carsten P./ Hübl, Lothar/ Schneider, Hans-Peter (Hrsg.): Zweihundert Jahre Geld und Brief. Herausforderungen an die Kapitalmärkte. Festgabe an die Niedersächsische Börse zu Hannover aus Anlaß ihres 200jährigen Bestehens, Frankfurt a.M. 1987, S. 179 - 204

Dörner, Dietrich (Risk): Audit Risk, in: Coenenberg, Adolf/ v. Wysocki, Klaus (Hrsg.): Handwörterbuch der Revision, 2. Aufl., Stuttgart 1992, Sp. 81 - 96

Dörner, Dietrich/ Oser, Peter (Aufsichtsrat): Erfüllen Aufsichtsrat und Wirtschaftsprüfer ihre Aufgaben?, in: DB, 48. Jg. (1995), S. 1085 - 1093

Ebke, Werner F. (Dritthaftung): Wirtschaftsprüfer und Dritthaftung, Bielefeld 1983

Ebke, Werner (Rechtsprechung): Geht die Rechtsprechung zur Dritthaftung des Abschlußprüfers in den USA neue Wege?, in: WPK-Mitt., 34. Jg. (1995), S. 11 - 17

Ebke, Werner F. (Entwicklungen): Neuere Entwicklungen im US-amerikanischen Handels- und Wirtschaftsrecht, in: RIW, 41. Jg. (1995), S. 64 - 70

Ebke, Werner F. (Risikoeinschätzung): Risikoeinschätzung und Haftung des Wirtschaftsprüfers und vereidigten Buchprüfers - international -, in: WPK-Mitt., Sonderheft, 35. Jg. (April 1996), S. 17 - 40

Ebke, Werner F. (Verantwortlichkeit): Die zivilrechtliche Verantwortlichkeit der wirtschaftsprüfenden, steuer- und rechtsberatenden Berufe im internationalen Vergleich, Heidelberg 1996

Ebke, Werner F./ Scheel, Hansjörg (Haftung): Die Haftung des Wirtschaftsprüfers für fahrlässig verursachte Vermögensschäden Dritter, in: WM, 45. Jg. (1991), S. 389 - 398

Edlin, Aaaron S. (Standards): Efficient Standards of Due Care: Should Courts Find More Parties Negligent under Comparative Negligence? in: International Review of Law and Economics, Vol. 14 (1994), S. 21 - 34

Eger, Thomas/ Nagel, Bernhard/ Weise, Peter (Effizienz): Effizienz und Menschenwürde - Ein Gegensatz?, in: Ott, Claus/ Schäfer, Hans-Bernd (Hrsg.): Ökonomische Probleme des Zivilrechts. Beiträge zur ökonomischen Analyse des Rechts, Berlin u.a. 1991, S. 18 - 40

Eidenmüller, Horst (Effizienz): Effizienz als Rechtsprinzip: Möglichkeiten und Grenzen der ökonomischen Analyse des Rechts, Tübingen 1995

Ellickson, Robert C. (Case): The Case for Coase and Against „Coaseanism“, in: Yale Law Journal, Vol. 99 (1989), S. 611 - 630

Emmerich, Volker (Kontrolle): Die Kontrolle der Kontrolleure, in: Busse von Colbe, Walther/ Lutter, Marcus: Wirtschaftsprüfung heute: Entwicklung oder Reform? Ein Bochumer Symposion, Wiesbaden 1977, S. 215 - 232

Emons, Winand/ Sobel, Joel (Effectiveness): On the Effectivness of Liability Rules when Agents are not identical, in: Review of Economic Studies, Vol. 58 (1991), S. 375 - 390

Endres, Alfred (Coase): Das Coase-Theorem bei langfristiger Betrachtung, in: Jahrbuch für Sozialwissenschaft, Bd. 27 (1976), S. 430 - 433

Endres, Alfred (Grundlagen): Ökonomische Grundlagen des Haftungsrechts, Heidelberg 1991

Engelhardt, Gunther: Imperialismus der Ökonomie?, in: Schäfer, Hans-Bernd/ Wehrt, Klaus (Hrsg.): Die Ökonomisierung der Sozialwissenschaften, Frankfurt/ New York 1989, S. 19 - 49

Engelke, Heinrich J. (Interpretation): Interpretation der Rundfunkfreiheit des Grundgesetzes: Eine Analyse aus ökonomischer Sicht, Frankfurt am Main u.a. 1992

Epstein, Marc J./ Spalding, Albert D. (Guide): The Accountant´s Guide to Legal Liability and Ethics, Homewood 1993

Esser, Karl-Peter (Haftung): Die zivilrechtliche Haftung des Wirtschaftsprüfers gegenüber Dritten aus dem Bestätigungsvermerk nach dem Aktiengesetz und nach dem Entwurf eines Gesetzes über den Vertrieb von Anteilen an Vermögensanlagen, Diss. Münster 1981

Ewert, Ralf (Wirtschaftsprüfung): Wirtschaftsprüfung und asymmetrische Information, Berlin u.a. 1990

Ewert, Ralf (Rechnungslegung): Rechnungslegung, Wirtschaftsprüfung, rationale Akteure und Märkte, in: ZfbF, 45. Jg. (1993), S. 715 - 747

Felderer, Bernhard/ Homburg, Stefan: Makroökonomik und neue Makroökonomik, 6. Aufl., Berlin u.a. 1994

Fezer, Karl-Heinz (Aspekte): Aspekte einer Rechtskritik an der economic analysis of law und am property rights approach, in: JZ, 41. Jg. (1986), S. 817 - 824

Fezer, Karl-Heinz: Nochmals: Kritik an der ökonomischen Analyse des Rechts, in: JZ, 43. Jg. (1988), S. 223 - 228

Finsinger, Jörg (Wettbewerb): Wettbewerb und Regulierung, München 1991

Fliess, Wolfgang: Prüfung und Beratung im Spannungsfeld öffentlicher Erwartungen und unternehmerischer Zielsetzungen, in: Institut der Wirtschaftsprüfer in Deutschland e.V. (Hrsg.): Bericht über die Fachtagung 1991 des Instituts der Wirtschaftsprüfer in Deutschland e.V., Düsseldorf 1992, S. 53 - 66

Fliess, Wolfgang (Haftung): Die Haftung des Wirtschaftsprüfers unter Berücksichtigung internationaler Entwicklungen, in: Baetge, Jörg (Hrsg.): Rechnungslegung und Prüfung 1994. Vorträge der Jahre 1991 - 1993 vor dem Münsteraner Gesprächskreis Rechnungslegung und Prüfung e.V., Düsseldorf 1994, S. 161 - 198

Forster, Karl-Heinz: Zur „Erwartungslücke" bei der Abschlußprüfung, in: Letzgus, Klaus/ Hill, Hermann/ Klein, Hans Hugo/ Kleinert, Detlef/ Oschatz, Georg-Berndt/ DeWith, Hans: Für Recht und Staat. Festschrift für Herbert Helmrich zum 60. Geburtstag, München 1994, S. 613 - 626

Forster, Karl-Heinz (Folgen): MG, Schneider, Balsam und die Folgen - was können Aufsichtsräte und Abschlußprüfer gemeinsam tun?, in: AG, 40. Jg. (1995), S. 1 - 7

Francis, Jere R. (Effect): The Effect of Audit Firm Size on Audit Prices. A Study of the Australian Market, in: Journal of Accounting and Economics, Vol. 6 (April 1984), S. 133 - 151

Francis, Jere R./ Simon, Daniel T. (Test): A Test of Audit Pricing in the Small-Client Segment of the U.S. Audit Market, in: The Accounting Review, Vol. 62 (1987), S. 145 - 157

Francis, Jere R./Wilson, Earl R. (Auditor): Auditor Changes: A Joint Test of Theories Relating to Agency Costs and Auditor Differentiation, in: The Accounting Review, Vol. 63 (1988), S. 663 - 682

Frey, Bruno S. (Ökonomie): Ökonomie ist Sozialwissenschaft. Die Anwendung der Ökonomie auf neue Gebiete, München 1990

Friedemann, Jens (Qualitätssiegel): Das Wirtschaftsprüfertestat: Ein Qualitätssiegel mit beschränkter Haftung?, in: WPK-Mitt., 28. Jg. (1989), S. 18 - 19

Gäfgen, Gérard (Entwicklung): Entwicklung und Stand der Theorie der Property Rights: Eine kritische Bestandsaufnahme, in: Neumann, Manfred (Hrsg.): Ansprüche, Eigentums- und Verfügungsrechte: Arbeitstagung des Vereins für Socialpolitik, Ges. für Wirtschafts- und Sozialwissenschaften, Basel 26. - 28. September 1983, Berlin 1984, S. 43 - 62

Geisendörfer, Ulrich: Die Entwicklung des Wirtschaftsprüferberufs im Hinblick auf den Europäischen Binnenmarkt 92, in: WPg, 42. Jg. (1989), S. 667 - 671

Geuer, Caroline (Management): Das Management des Haftungsrisikos der Wirtschaftsprüfer, Düsseldorf 1994

Goldberg, Victor P. (Accountants): Accountable Accountants: Is Third-Party Liability Necessary?, in: The Journal of Legal Studies, Vol. XVII (1988), S. 295 - 312

Gotthold, Jürgen (Theorie): Zur ökonomischen „Theorie des Eigentums", in: ZHR, 144. Bd. (1980), S. 545 - 562

Grell, Dieter (Haftpflichtversicherer): Haftpflichtversicherer vor ihrer größten Herausforderung, in: Versicherungswirtschaft, 43. Jg. (1988), S. 1465 - 1476

Grewe, Wolfgang: Das Prüfungsergebnis, in: Institut der Wirtschaftsprüfer in Deutschland e.V. (Hrsg.): Wirtschaftsprüfer-Handbuch 1996, Handbuch für Rechnungslegung, Prüfung und Beratung, Bd. I, 11. Auflage, Düsseldorf 1996, S. 1075 - 1299

Haddock, David/ Curran, Christopher (Theory): An Economic Theory of Comparative Negligence, in: The Journal of Legal Studies, Vol. 14 (1985), S. 49 - 72

Haegert, Lutz: Der Grundsatz der Prozeßunabhängigkeit des Abschlußprüfers - Soll und Ist, in: Gross, Gerhard (Hrsg.): Der Wirtschaftsprüfer im Schnittpunkt nationaler und internationaler Entwicklungen. Festschrift zum 60. Geburtstag von Prof. Dr. Klaus v. Wysocki, Düsseldorf 1985, S. 201 - 219

Haller, Axel (Ziele): Wesentliche Ziele und Merkmale US-amerikanischer Rechnungslegung, in: Ballwieser, Wolfgang (Hrsg.): US-amerikanische Rechnungslegung, 2. überarb. und erw. Aufl., Stuttgart 1996, S. 1 - 27

Hartmann, Erich/ Schwope, Stefan (Prospekthaftung): Prospekthaftung - ein typisches Berufsrisiko des Wirtschaftsprüfers?, in: WPK-Mitt., 32. Jg. (1993), S. 46 - 51

Havermann, Hans (Risiko): Das Risiko des Abschlußprüfers, in: Institut der Wirtschaftsprüfer in Deutschland e.V. (Hrsg.): Bericht über die Fachtagung 1988 des Instituts der Wirtschaftsprüfer in Deutschland e.V., Düsseldorf 1989, S. 57 - 70

Heinrichs, Helmut: Kommentierung zu § 9 AGBG, in: Palandt. Bürgerliches Gesetzbuch, bearb. von Bassenge, Peter, u.a., 55. Auflage, München 1996

Heinrichs, Helmut: Kommentierung Einführung zu § 21 BGB, in: Palandt. Bürgerliches Gesetzbuch, bearb. von Bassenge, Peter, u.a., 55. Auflage, München 1996

Heinrichs, Helmut: Kommentierung zu § 254 BGB, in: Palandt. Bürgerliches Gesetzbuch, bearb. von Bassenge, Peter, u.a., 55. Auflage, München 1996

Heinrichs, Helmut: Kommentierung zu § 276 BGB, in: Palandt. Bürgerliches Gesetzbuch, bearb. von Bassenge, Peter, u.a., 55. Auflage, München 1996

Heinrichs, Helmut: Kommentierung zu § 328 BGB, in: Palandt. Bürgerliches Gesetzbuch, bearb. von Bassenge, Peter, u.a., 55. Auflage, München 1996

Heni, Bernhard (Sanktionen): Berufsrechtliche Sanktionen bei Verletzung handelsrechtlicher Offenlegungspflichten durch Wirtschaftsprüfungsgesellschaften - Zugleich eine Anmerkung zum Publizitätsverhalten deutscher Wirtschaftsprüfungsgesellschaften -, in: DB, 46. Jg. (1993), S. 1629 - 1634

Henry, Andreas u.a.: Wirtschaftsprüfer. Leichen im Keller, in: Wirtschaftswoche, 48. Jg. (1994), Heft 19, S. 38 - 43

Hesse, Günter (Property Rights): Der Property-Rights-Ansatz. Eine ökonomische Theorie der Veränderung des Rechts?, in: Jahrbuch der Nationalökonomie und Statistik, Bd. 19 (1980), S. 481 - 495

Hesse, Günter (Erklärung): Zur Erklärung der Änderung von Handlungsrechten mit Hilfe der ökonomischen Theorie, in: Schüller, Alfred (Hrsg.): Property Rights und ökonomische Theorie, München 1983, S. 79 - 109

Heydkamp, Werner F./ Dyck, Klaus (Qualitätsnormen): Qualitätsnormen international operierender Wirtschaftsprüfungsgesellschaften, in: Schitag Ernst & Young-Gruppe (Hrsg.): Aktuelle Fachbeiträge aus Wirtschaftsprüfung und Beratung. Festschrift zum 65. Geburtstag von Professor Dr. Hans Luik, Stuttgart 1991, S. 217 - 236

von Heymann, Ekkehardt (Prospektangaben): Haftung für unrichtige Prospektangaben, in: DStR, 31. Jg. (1993), S. 840 - 843

Heyn, Wolfgang (Chancen): Chancen und Risiken alternativer Haftungsansätze zur Allokation von Umweltgütern. Eine ökonomische Analyse, Frankfurt am Main u.a. 1993

Hicks, John R.: The Foundations of Welfare Economics, in: Economic Journal, Vol. 49 (1939), S. 696 - 712

Hirte, Heribert (Berufshaftung): Berufshaftung, München 1996

Hofmann, Norbert/ Zdral, Wolfgang: Die Macht des Geldes, in: TopBusiness, Juni 1992, S. 20 - 28

Hohenlohe-Oehringen, Peter Prinz zu: Die Rechtsprechung zur Auskunftshaftung, in: BB, 41. Jg. (1986), S. 894 - 895

Hopt, Klaus J. (Berufshaftung): Nichtvertragliche Haftung außerhalb von Schadens- und Bereicherungsausgleich - Zur Theorie und Dogmatik des Berufsrechts und der Berufshaftung, in: AcP, 183. Bd. (1983), S. 608 - 720

Hopt, Klaus J. (Opportunity): Self-Dealing and Use of Corporate Opportunity and Information: Regulating Directors´ Conflicts of Interest, in: Hopt, Klaus J./ Teubner, Gunter (Hrsg.): Corporate Gouvernance and Directors´ Liabilities. Legal, Economic and Sociological Analyses on Corporate Social Responsibility, Berlin/ New York 1985, S. 285 - 326

Hopt, Klaus J. (Haftung): Die Haftung des Wirtschaftsprüfers - Rechtsprobleme zu § 323 HGB (§ 168 AktG a.F.) und zur Prospekt- und Auskunftshaftung -, in: WPg, 39. Jg. (1986), S. 461 - 466 und S. 498 - 506

Hopt, Klaus J. (Dritthaftung): Dritthaftung für Testate, in: NJW, 40. Jg. (1987), S. 1745 - 1746

Hopt, Klaus J. (Prüfer): Haftung des externen Prüfers, in: Coenenberg, Adolf/ v. Wysocki, Klaus (Hrsg.): Handwörterbuch der Revision, 2. Aufl., Stuttgart 1992, Sp. 791 - 802

Horn, Norbert (Rationalität): Zur ökonomischen Rationalität des Privatrechts. - Die privatrechtstheoretische Verwertbarkeit der „Economic Analysis of Law“, in: AcP, 176. Band (1976), S. 307 - 333

Hotz, Beat: Ökonomische Analyse des Rechts - eine skeptische Betrachtung, in: Wirtschaft und Recht, 34. Jg. (1982), S. 293 - 314

Hovenkamp, Herbert (Movement): The First Great Law & Economics Movement, in: Stanford Law Review, Vol. 42 (1990), S. 993 - 1058

Huff, Bruce N./ Kelley, Thomas P. (Review): Quality Review and You. Here are practical answers to practitioners´ questions about the program, in: JoA, Vol. 167 (February 1989), S. 34 - 40

Hunger, Joe (Meinungsbild): Die Jahresabschlußprüfung im Meinungsbild der Wirtschaftsprüfer, ihrer Mandanten und der Öffentlichkeit, in: BFuP, 32. Jg. (1980), S. 21 - 33

Hutter, Michael (Alternative): Über eine Alternative zur neoklassischen ökonomischen Analyse des Rechts, in: ZHR, 144. Band (1980), S. 642 - 651

IDW (Hauptfachausschuß): Grundsätze ordnungsmäßiger Durchführung von Abschlußprüfungen. Fachgutachten 1/1988, in: WPg, 42. Jg. (1989), S. 9 - 19

IDW (Hauptfachausschuß): Grundsätze ordnungsmäßiger Berichterstattung bei Abschlußprüfungen. Fachgutachten 2/1988, in: WPg, 42. Jg. (1989), S. 20 - 27

IDW (Hauptfachausschuß): Grundsätze für die Erteilung von Bestätigungsvermerken bei Abschlußprüfungen. Fachgutachten 3/1988, in: WPg, 42. Jg. (1989), S. 27 - 36

IDW (Hauptfachausschuß) (Entwurf): Entwurf einer Verlautbarung: Zur Aufdeckung von Fehlern, Täuschungen, Vermögensschädigungen und sonstigen Gesetzesverstößen im Rahmen der Abschlußprüfung, in: FN-IDW, Nr. 6/1996, S. 269 - 275

IDW (Wohnungsfachausschuß): Stellungnahme 1/1987: Grundsätze ordnungsmäßiger Durchführung von Prospektprüfungen, in: WPg, 40. Jg. (1987), S. 325 - 328

Jaspert, Werner: Klöckner - Humboldt - Deutz zieht erste Konsequenzen aus den Manipulationen, in: SZ, 52. Jg., Nr. 123 vom 30. Mai 1996, S. 22

Kahan, Marcel (Causation): Causation and Incentives to take Care under the Negligence Rule, in: The Journal of Legal Studies, Vol. 18 (1989), S. 427 - 447

Kaldor, Nicholas: Welfare Propositions of Economics and Interpersonal Comparisons of Utility, in: Economic Journal, Vol. 49 (1939), S. 549 - 552

Kaminski, Horst (WPH 1996, Bd. I): Der Beruf des Wirtschaftsprüfers, in: Institut der Wirtschaftsprüfer in Deutschland e.V. (Hrsg.): Wirtschaftsprüfer-Handbuch 1996. Handbuch für Rechnungslegung, Prüfung und Beratung, Bd. I, 11. Auflage, Düsseldorf 1996, S. 1 - 99

Kaplan, Richard L. (Accountants): Accountants´ Liability and Audit Failures: When the Umpire Strikes Out, in: Journal of Accounting and Public Policy, Vol. 6 (1987), S. 1 - 8

Kirchgässner, Gebhard (homo): Führt der homo oeconomicus das Recht in die Irre?, in: JZ, 46. Jg. (1991), S. 104 - 111

Kirchner, Christian: „Ökonomische Analyse des Rechts“ und Recht der Wettbewerbsbeschränkungen (antitrust law and economics), in: ZHR, 144. Bd. (1980), S. 563 - 588

Kirchner, Christian: Ökonomische Analyse des Rechts. Interdisziplinäre Zusammenarbeit von Ökonomie und Rechtswissenschaft, in: Assmann, Heinz-Dieter/ Kirchner, Christian/ Schanze, Erich: Ökonomische Analyse des Rechts, Tübingen 1993, S. 62 - 78

Knief, Peter: Der Wirtschaftsprüfer im Spannungsfeld zwischen gesetzlichem Auftrag und öffentlicher Erwartung, in: BFuP, 28. Jg. (1976), S. 114 - 139

Kötz, Hein (Analyse): Ökonomische Analyse von Rechtsproblemen. Entwurf einer Lehrveranstaltung für Juristen, in: Horn, Norbert (Hrsg.): Sozialwissenschaften im Studium des Rechts, Bd. I, Zivil- und Wirtschaftsrecht, München 1977, S. 234 - 244

Kötz, Hein (Effizienz): Zur Effizienz von Haftungsausschlußklauseln, in: Ott, Claus/ Schäfer, Hans-Bernd: Allokationseffizienz in der Rechtsordnung. Beiträge zum Travemünder Symposium zur ökonomischen Analyse des Zivilrechts, 23. - 26. März 1988, Berlin u.a. 1989, S. 189 - 200

Kötz, Hein (Haftung): Zivilrechtliche Haftung aus ökonomischer Sicht, in: Schäfer, Hans-Bernd/ Wehrt, Klaus (Hrsg.): Die Ökonomisierung der Sozialwissenschaften, Frankfurt/ New York 1989, S. 149 - 167

Kötz, Hein (Ziele): Ziele des Haftungsrechts, in: Baur, Jürgen F./ Hopt, Klaus J./ Mailänder, K. Peter (Hrsg.): Festschrift für Ernst Steindorff zum 70. Geburtstag am 13. März 1990, Berlin/ New York 1990, S. 643 - 666

Kötz, Hein/ Schäfer, Hans-Bernd (Schadensverhütung): Schadensverhütung durch ökonomische Anreize. Eine empirische Untersuchung, in: AcP, 189. Band (1989), S. 501 - 525

Kohl, Reinhard (Rechtsanwendung): Über die Rechtsanwendung im Sinne der ökonomischen Analyse des Rechts im Verhältnis zu den hergebrachten Kanones der Gesetzesauslegung, in: Jahrbuch Junger Zivilrechtswissenschaftler, 1992, S. 29 - 46

Koller, Ingo (Wirksamkeit): Die Wirksamkeit formularmäßiger Haftungsfreizeichnungsklauseln zwischen Schadensausgleich und Schadensprävention, in: ZIP, 7. Jg. (1986), S. 1089 - 1100

Kommission der EG: Vorschlag einer fünften Richtlinie zur Koordinierung der Schutzbestimmungen, die in den Mitgliedstaaten der Gesellschaften im Sinne des Artikels 58 Absatz 2 des Vertrages im Interesse der Gesellschafter sowie Dritter hinsichtlich der Struktur der Aktiengesellschaft sowie der Befugnisse und Verpflichtungen ihrer Organe vorgeschrieben sind, in: Abl. EG, 15. Jg. (1972), Nr. C 131 vom 13.12.1972, S. C 131/49 - C 131/61

Kommission der EG: Geänderter Vorschlag einer 5. Richtlinie des Rates nach Artikel 54 Absatz 3 Buchstabe g) des Vertrages über die Struktur der Aktiengesellschaft sowie die Befugnisse und Verpflichtungen ihrer Organe, in: Abl. EG, 26. Jg. (1983), Nr. C 240 vom 9.9.1983, S. C 240/2 - C 240/38

Kommission der EG: Zweite Änderung zum Vorschlag für eine fünfte Richtlinie des Rates nach Artikel 54 EWG-Vertrag über die Struktur der Aktiengesellschaft sowie die Befugnisse und Verpflichtungen ihrer Organe, in: Abl. EG, 34. Jg. (1991), Nr. C 7 vom 11.01.1991, S. C 7/4 - C 7/6

Kommission der EG: Vorschlag für eine Richtlinie des Rates über die Haftung bei Dienstleistungen, in: Abl. EG, 34. Jg. (1991), Nr. C 12 vom 18.1.1991, S. C 12/8 - C 12/11

Kremer, Arnold (Rechtsform): Freie Berufe in der Rechtsform der GmbH, in: GmbH-Rdsch., 74. Jg. (1983), S. 259 - 267

Kronman, Anthony P. (Wealth): Wealth Maximization as a Normative Principle, in: The Journal of Legal Studies, Vol. 9 (1980), S. 227 - 242

Krüsselberg, Hans-Günter (Property Rights): Property Rights-Theorie und Wohlfahrtsökonomie, in: Schüller, Alfred (Hrsg.): Property Rights und ökonomische Theorie, München 1983, S. 45 - 77

Kübler, Friedrich (Effizienz): Effizienz als Rechtsprinzip. Überlegungen zum rechtspraktischen Gebrauch ökonomischer Argumente, in: Baur, Jürgen F./ Hopt, Klaus J./ Mailänder, K. Peter (Hrsg.): Festschrift für Ernst Steindorff zum 70. Geburtstag am 13. März 1990, Berlin/ New York 1990, S. 687 - 704

Kühnberger, Manfred (Anmerkungen): Anmerkungen zum Argument vom „hohen Grad an Professionalisierung der deutschen Wirtschaftsprüfer als Garantie für vertrauenswürdige Jahresabschlußinformationen" - Eine kritische Bestandsaufnahme, in: ZfbF, 39. Jg. (1987), S. 455 - 478

Land, Volker (Wirtschaftsprüferhaftung): Wirtschaftsprüferhaftung gegenüber Dritten in Deutschland, England und Frankreich, Frankfurt am Main u.a. 1996

Landes, William M./ Posner, Richard A. (Structure): The Economic Structure of Tort Law, Cambridge, Massachusetts u.a. 1987

Lang, Arno (Rechtsprechung): Die Rechtsprechung des Bundesgerichtshofes zur Dritthaftung der Wirtschaftsprüfer und anderer Sachverständiger, in: WM, 42. Jg. (1988), S. 1001 - 1008

Lang, Arno (Dritthaftung): Zur Dritthaftung der Wirtschaftsprüfer, in: WPg, 42. Jg. (1989), S. 57 - 64

Lehmann, Michael (Recht): Bürgerliches Recht und Handelsrecht - eine juristische und ökonomische Analyse, Stuttgart 1983

Lehmann, Michael (Privileg): Das Privileg der beschränkten Haftung und der Durchgriff im Gesellschafts- und Konzernrecht. Eine juristische und ökonomische Analyse, in: ZGR, 15. Jg. (1986), S. 345 - 370

Lehmann, Michael (Kriterien): Juristisch-ökonomische Kriterien zur Berechnung des Verletzergewinns bzw. des entgangenen Gewinns, in: BB, 43. Jg. (1988), S. 1680 - 1687

Lenz, Hansrudi (Struktur): Die Struktur des Marktes für Abschlußprüfungsmandate bei deutschen Aktiengesellschaften, in: WPg, 49. Jg. (1996), S. 269 - 279 und S. 313 - 318

Leser, Hans G. (Instrumente): Zu den Instrumenten des Rechtsgüterschutzes im Delikts- und Gefährdungshaftungsrecht, in: AcP, 183. Band (1983), S. 568 - 602

Lichtner, Rolf/ Korfmacher, Hans Wilhelm (Berufsrechte): Berufsrechte im Umbruch? Zum Entwurf eines Dritten Gesetzes zur Änderung der Wirtschaftsprüferordnung, in: WPK-Mitt., 32. Jg. (1993), S. 93 - 103

Linden, Gerhard S.: Die Zusammenarbeit deutscher und ausländischer Wirtschaftsprüfer im Gemeinsamen Markt, in: Warth & Klein GmbH, Wirtschaftsprüfungsgesellschaft (Hrsg.): Wirtschaftsprüfung und Unternehmensberatung in Wissenschaft und Praxis, Bd. I: Wirtschaftsprüfung im Gemeinsamen Markt 1992, Stuttgart 1989, S. 329 - 352

Lück, Wolfgang: Internationale Rechnungslegung und Prüfung. Für Wirtschaftsprüfer gibt es keine Grenzen, in: Küting, Karlheinz/ Schnorbus, Axel (Hrsg.): Betriebswirtschaftslehre heute. Für die Aufgaben der Praxis, Frankfurt am Main 1992, S. 140 - 142

Lück, Wolfgang/ Holzer, Peter (Krise): Die Krise des wirtschaftsprüfenden Berufsstandes in den USA, in: DB, 46. Jg. (1993), S. 237 - 242

Lück, Wolfgang/ Knetsch, Katja (Haftung): Zur Haftung des wirtschaftsprüfenden Berufsstandes in den USA, in: DB, 45. Jg. (1992), S. 901 - 906

Machunsky, Jürgen (Kapitalanlagen): Steuerbegünstigte Kapitalanlagen: Haftung von Wirtschaftsprüfern und Steuerberatern bei Prospekterstellung, Prospektprüfung, Treuhandschaft und Anlageberatung, in: DB, 41. Jg. (1988), S. 1306 - 1310

Mai, Thomas R. (Rechtsverhältnis): Rechtsverhältnis zwischen Abschlußprüfer und prüfungspflichtiger Kapitalgesellschaft, Düsseldorf 1993

Malloy, Robin Paul (Law): A New Law and Economics, in: Malloy, Robin Paul/Braun, Christopher K. (Hrsg.): Law and Economics. New and Critical Perspectives, New York u.a. 1995, S. 1 - 29

Marks, Peter: Die Gewährleistung der Prüfungsqualität - Zur Verabschiedung der gemeinsamen Stellungnahme der Wirtschaftsprüferkammer und des Instituts der Wirtschaftsprüfer -, in: WPg, 35. Jg. (1982), S. 25 - 29

Markus, Hugh B. (Berufshaftpflichtversicherung): Die Berufshaftpflichtversicherung des Abschlußprüfers auf den Britischen Inseln, in: WPK-Mitt., 33. Jg. (1994), S. 144 - 149

Medicus, Dieter (Schuldrecht I): Schuldrecht I. Allgemeiner Teil, 6. Aufl., München 1992

Medicus, Dieter (Recht): Bürgerliches Recht, 17. neubearb. Auflage, Köln u.a. 1996

Mednick, Robert: Accountants´ Liability: Coping with the Stampede to the Courtroom. What will it take to push the pendulum back toward fairness? Time, money .... and your commitment, in: JoA, Vol. 164 (September 1987), S. 118 - 122

Mertens, Hans-Joachim: Berufshaftung. Haftungsprobleme alter Professionen, in: VersR, 25. Jg. (1974), S. 509 - 520

Michaelis, Elke (Organisation): Organisation unternehmerischer Aufgaben - Transaktionskosten als Beurteilungskriterium, Frankfurt a.M./ Bern/ New York 1985

Miller, Richard L./ Brady, Gerald P. (CPA): CPA Liability Meeting the Challenge, New York u.a. 1986

Minow, Newton N. (Accountants): Accountants´ Liability and the Litigation Explosion. CPAs´ liability - no further than fair, in: JoA, Vol. 158 (September 1984), S. 70 - 86

Monissen, Hans G. (Haftungsregeln): Haftungsregeln und Allokation: Einige einfache analytische Zusammenhänge, in: Jahrbuch für Sozialwissenschaft, Bd. 27 (1976), S. 391 - 412

Moxter, Adolf (Abgrenzung): Zur Abgrenzung von unzulässiger Mitwirkung und gebotener Einwirkung des Abschlußprüfers bei der Abschlußerstellung, in: BB, 51. Jg. (1996), S. 683 - 686

Müller, Hans-Peter (Grenzen): Grenzen und Begrenzbarkeit der vertragsrechtlichen Dritthaftung für Prüfungsergebnisse des Abschlußprüfers, in: Moxter, Adolf, u.a. (Hrsg.): Rechnungslegung. Entwicklungen bei der Bilanzierung und Prüfung von Kapitalgesellschaften; Festschrift zum 65. Geburtstag von Professor Dr. Dr. h.c. Karl-Heinz Forster, Düsseldorf 1992, S. 451 - 469

Münch, Bernd: Legt der BGH strengere Maßstäbe hinsichtlich der Befangenheit des Wirtschaftsprüfers an?, in: DB, 46. Jg. (1993), S. 851

Nagel, Bernhard (Wirtschaftsrecht): Wirtschaftsrecht II. Eigentum, Delikt, Vertrag, mit einer Einführung in die ökonomische Analyse des Rechts von Thomas Eger, München/ Wien 1989

Nann, Werner (Wirtschaftsprüferhaftung): Wirtschaftsprüferhaftung - Geltendes Recht und Reformüberlegungen, Frankfurt am Main 1985

Narayanan, V.G. (Analysis): An Analysis of Auditor Liability Rules, in: JAR, Vol. 32 (Suppl. 1994), S. 39 - 59

Ng, David S.: An Information Economics Analysis of Financial Reporting and External Auditing, in: The Accounting Review, Vol. 53 (1978), S. 910 - 920

Niehus, Rudolf J. (Qualitätskontrolle): Die Qualitätskontrolle der Abschlußprüfung, Düsseldorf 1993

Niehus, Rudolf J. (Abschlußprüfer I bzw. Abschlußprüfer II): Der Abschlußprüfer und die Qualitätskontrolle - Ein Anliegen des deutschen Berufsstandes, Teil 1, in: WPK-Mitt., 33. Jg. (1994), S. 125 - 133, und Teil 2, in: WPK-Mitt., 34. Jg. (1995), S. 1 - 10

Nölting, Andreas/ Wilhelm, Winfried: Wes Brot ich ess´..., in: Manager Magazin, 24. Jg. (1994), Heft 6, S. 34 - 46

Nordemann, Hermann H. J.: Der Europäische Wirtschaftsprüfer - Mythos oder Realität?, in: WPg, 42. Jg. (1989), S. 671 - 679

O'Driscoll, Gerald P. (Justice): Justice, Efficiency, and the Economic Analysis of Law: A Comment on Fried, in: The Journal of Legal Studies, Vol. 9 (1980), S. 355 - 366

O'Driscoll, Gerald P. (Crisis): The Liability Crisis: A Law and Economics Analysis, in: Federal Reserve Bank of Dallas Economic Review, (November 1987), S. 1 - 13

Ott, Claus (Effektivität): Die soziale Effektivität des Rechts bei der politischen Kontrolle der Wirtschaft, in: Jahrbuch für Rechtssoziologie und Rechtstheorie, Bd. 3 (1977), S. 345 - 408

Ott, Claus/ Schäfer, Hans-Bernd (Irrweg): Die ökonomische Analyse des Rechts - Irrweg oder Chance wissenschaftlicher Rechtserkenntnis?, in: JZ, 43. Jg. (1988), S. 213 - 223

o.V.: o.T., in: Accountancy, Vol. 103 (July 1987), S. 9

o.V.: Bankenzusammenbruch in USA/ Aufsichtsbehörde gegen Wirtschaftsprüfer/ Schadensersatzklagen in Milliardenhöhe, in: GI, 112. Jg. (1992), S. 270

o.V.: Berufsständische Mitteilungen: Änderungen der Wirtschaftsprüferordnung, in: FN-IDW, Nr. 8/1994, S. 386 - 387

o.V. (Transparenzgesetz): Entwurf eines Gesetzes zur Verbesserung von Transparenz und Beschränkung von Machtkonzentration in der deutschen Wirtschaft (Transparenz- und Wettbewerbsgesetz), in: WPK-Mitt., 34. Jg. (1995), S. 89

o.V. (Entwurf): Entwurf der Berufssatzung. Entwurf des Vorstandes der Wirtschaftsprüferkammer, Stand: 23. Mai 1995, in: WPK-Mitt., 34. Jg. (1995), S. 141 - 159

o.V.: Riegel gegen die Prozessflut im US-Börsengeschäft. Gesetzesreform zur Ausmerzung missbräuchlicher Klagen, in: NZZ (internationale Ausgabe), Nr. 149 vom 30. Juni 1995, S. 24

o.V.: Wirtschaftsprüfer wollen die Qualitätssicherung erhöhen, in: Handelsblatt Nr. 230 vom 28.11.1995, S.25

o.V.: Furcht vor zwei Klassen von Prüfern. Neue Qualitätsregeln sollen den Gesetzgeber gnädig stimmen, in: SZ Nr. 274 vom 28. November 1995, S. 23

o.V.: Dürfen Steuerberater auch Abschlußprüfer sein?, in: Handelsblatt Nr. 241 vom 13.12.1995, S. 21

o.V.: Berufsständische Mitteilungen: Berufssatzung der Wirtschaftsprüferkammer, in: FN-IDW, Nr. 8/1996, S. 393

o.V.: Inkrafttreten der Berufssatzung für Wirtschaftsprüfer, in: FN-IDW, Nr. 10/1996, S. 481

Pauly, Mark V. (Economics): The Economics of Moral Hazard: Comment, in: The American Economic Review, Vol. 58 (1968), S. 531 - 537

Picker, Eduard (Schadenshaftung): Vertragliche und deliktische Schadenshaftung, in: JZ, 42. Jg. (1987), S. 1041 - 1058

Picot, Arnold (Bedeutung): Zur Bedeutung allgemeiner Theorieansätze für die betriebswirtschaftliche Information und Kommunikation: Der Beitrag der Transaktionskosten- und Principal-Agent-Theorie, in: Kirsch, Werner/ Picot, Arnold (Hrsg.): Die Betriebswirtschaftslehre im Spannungsfeld zwischen Generalisierung und Spezialisierung. Edmund Heinen zum 70. Geburtstag, Wiesbaden 1989, S. 362 - 379

Picot, Arnold (Transaktionskostenansatz): Transaktionskostenansatz, in: Wittmann, Waldemar u.a.: Handwörterbuch der Betriebswirtschaft. Teilband 3, 5. völlig neu gestaltete Auflage, Stuttgart 1993, Sp. 4194 - 4204

Picot, Arnold/ Dietl, Helmut (Transaktionskostentheorie): Transaktionskostentheorie, in: WiSt, 19. Jg. (1990), S. 178 - 184

Pigou, A.C.: The Economics of Welfare, 4th Edition, London 1932

Png, I.P.L. (Litigation): Litigation, Liability, and Incentives for Care, in: Journal of Public Economics, Vol. 34 (1987), S. 61 - 85

Pohl, Ernst A. (Bericht des Vorstandes der WPK): Bericht des Vorstandes der Wirtschaftsprüferkammer - Sachbericht - 1987 - 1990; vorgelegt und erstattet vom Präsidenten der Wirtschaftsprüferkammer, WP/ StB Ernst A. Pohl, anläßlich der zehnten - ordentlichen - Wirtschaftsprüferversammlung am 12. Juni 1990 in Bonn

Pohl, Ulf (60 Jahre): 60 Jahre Wirtschaftsprüferberuf und seine Berufshaftpflichtversicherung, in: WPK-Mitt., 30. Jg. (1991), S. 141 - 143

Pohl, Ulf (Risikoeinschätzung): Risikoeinschätzung und Haftung des Wirtschaftsprüfers und vereidigten Buchprüfers - national -, in: WPK-Mitt., Sonderheft, 35. Jg. (April 1996), S. 2 - 16

Polinsky, A. Mitchell (Introduction): An Introduction to Law and Economics, 2d edition, Boston/ Toronto 1989

Poll, Jens: Die Verantwortlichkeit des Abschlußprüfers nach § 323 HGB, in: DZWir, 5. Jg. (1995), S. 95 - 101

Posner, Richard A. (Theory): A Theory of Negligence, in: The Journal of Legal Studies, Vol. 1 (1972), S. 29 - 96

Posner, Richard A. (Liability): Strict Liability: A Comment, in: The Journal of Legal Studies, Vol. 2 (1973), S. 205 - 221

Posner, Richard A. (Utilitarianism): Utilitarianism, Economics and Legal Theory, in: The Journal of Legal Studies, Vol. 8 (1979), S. 103 - 140

Posner, Richard A. (Analysis): Economic Analysis of Law, 4th Edition, Boston/Toronto 1992

Pougin, Erwin (Sozialverpflichtung): Die Sozialverpflichtung des Wirtschaftsprüfers, in: BFuP, 28. Jg. (1976), S. 93 - 113

Quick, Reiner (Haftung): Die Haftung des handelsrechtlichen Abschlußprüfers, in: BB, 42. Jg. (1992), S. 1675 - 1685

Quick, Reiner (Risiken): Die Risiken der Jahresabschlußprüfung, Düsseldorf 1996

Quick, Reiner/ Baker, C. Richard (Haftung USA): Die zivilrechtliche Haftung des Abschlußprüfers in den USA, in: RIW, 41. Jg. (1995), S. 474 - 485

Rahmsdorf, Detlev W./ Schäfer, Hans-Bernd (Analyse): Ökonomische Analyse des Rechts - ein Gegentrend?, in: Voigt, Rüdiger (Hrsg.): Verrechtlichung, Königstein/Ts. 1980, S. 94 - 108

Rawls, John (Theorie): Eine Theorie der Gerechtigkeit. Übersetzt von Hermann Vetter, 8. Aufl., Frankfurt am Main 1994

Reich, Norbert: Europäisches Verbraucherschutzrecht. Binnenmarkt und Verbraucherinteresse, 2. völlig neubearb. Aufl., Baden-Baden 1993

Rosario, Ric (Documentation): Making Documentation Pay off. Documenting client interaction not only provides good practice protection, it´s a good client service, in: JoA, Vol. 179 (February 1995), S. 70 - 74

Roth, Günther H.: Zur "economic analysis" der beschränkten Haftung, in: ZGR, 15. Jg. (1986), S. 371 - 382

Rubinfeld, Daniel L. (Efficiency): The Efficiency of Comparative Negligence, in: The Journal of Legal Studies, Vol. 16 (1987), S. 375 - 394

Salje, Peter (Analyse): Ökonomische Analyse des Rechts aus deutscher Sicht, in: Rechtstheorie, 15. Jg. (1984), S. 277 - 312

Schäfer, Hans-Bernd (Allokationseffizienz): Allokationseffizienz als Grundprinzip des Zivilrechts, in: Ott, Claus/ Schäfer, Hans-Bernd: Allokationseffizienz in der Rechtsordnung. Beiträge zum Travemünder Symposium zur ökonomischen Analyse des Zivilrechts, 23. - 26. März 1988, Berlin u.a. 1989, S. 1 - 24

Schäfer, Hans-Bernd (Probleme): Probleme bei der Festlegung von Sorgfaltsstandards durch Zivilgerichte aus ökonomischer Sicht, in: KritV, 75. Jg. (1992), S. 374 - 389

Schäfer, Hans-Bernd/ Ott, Claus (Lehrbuch): Lehrbuch der ökonomischen Analyse des Zivilrechts, 2. überarb. und erweiterte Auflage, Berlin u.a. 1995

Schanze, Erich (Analyse): Ökonomische Analyse des Rechts in den U.S.A.. Verbindungslinien zur realistischen Tradition, in: Assmann, Heinz-Dieter/ Kirchner, Christian/ Schanze, Erich: Ökonomische Analyse des Rechts, Tübingen 1993, S. 1 - 16

Scheffler, Eberhard (Aufsichtsrat): Aufsichtsrat und Abschlußprüfer als Überwachungsorgane der Aktiengesellschaft, in: Lanfermann, Josef (Hrsg.): Internationale Wirtschaftsprüfung. Festschrift zum 65. Geburtstag von Prof. Dr. Dr. h.c. Hans Havermann, Düsseldorf 1995, S. 651 - 680

Schildbach, Thomas: Die Jahresabschlußprüfung im Spannungsfeld möglicher Prüfungsgegenstände und Adressaten, in: BFuP, 40. Jg. (1988), S. 341 - 355

Schildbach, Thomas (Intensität): Die Glaubwürdigkeitskrise der Wirtschaftsprüfer - zu Intensität und Charakter der Jahresabschlußprüfung aus wirtschaftlicher Sicht, in: BFuP, 48. Jg. (1996), S. 1 - 30

Schlechtriem, Peter: Summenmäßige Haftungsbeschränkungen in Allgemeinen Geschäftsbedingungen, in: BB, 39. Jg. (1984), S. 1177 - 1187

Schmid, Reinhold (Qualitätssicherung): Qualitätssicherung in der deutschen Wirtschaftsprüfung, in: WPK-Mitt., 34. Jg. (1995), S. 109 - 120

Schmidt, Reinhard H. (Analyse): Ökonomische Analyse des Insolvenzrechts, Wiesbaden 1980

Schmidtchen, Dieter (Maximierung): Jenseits von Maximierung, Gleichgewicht und Effizienz: Neuland für die ökonomische Analyse des Rechts?, in: Ott, Claus/ Schäfer, Hans-Bernd (Hrsg.): Ökonomische Probleme des Zivilrechts. Beiträge zur ökonomischen Analyse des Rechts, Berlin u.a. 1991, S. 316 - 343

Schmitz, Bernhard (Vertragshaftung): Die Vertragshaftung des Wirtschaftsprüfers und Steuerberaters gegenüber Dritten, in: DB, 42. Jg. (1989), S. 1909 - 1915

Schneider, Dieter: Rechtssichere Gesetzesanwendung und Steuerplanung - Ein Beitrag zur ökonomischen Analyse des Rechts -, in: Tipke, Klaus (Hrsg.): Grenzen der Rechtsfortbildung durch Rechtsprechung und Verwaltungsvorschriften im Steuerrecht, Köln 1982, S. 85 - 98

Schoenfeld, Hanns Martin W.: Wirtschaftsprüfung USA, in: Coenenberg, Adolf/ v. Wysocki, Klaus: Handwörterbuch der Revision, 2. Aufl., Stuttgart 1992, Sp. 2330 - 2342

Schruff, Lothar (Berufsausübung): Wirtschaftsprüfer, Formen der Berufsausübung, in: Coenenberg, Adolf/ v. Wysocki, Klaus (Hrsg.): Handwörterbuch der Revision, 2. Aufl., Stuttgart 1992, Sp. 2190 - 2199

Schünemann, Wolfgang B. (Homo): Der Homo Oeconomicus im Rechtsleben, in: ARSP, 72. Bd. (1986), S. 502 - 512

Schultz, Joseph J./ Gustavson, Sandra G. (Actuaries): Actuaries´ Perceptions of Variables Affecting the Independent Auditor´s Legal Liability, in: The Accounting Review, Vol. 53 (1978), S. 626 - 641

Schultz, Joseph J./ Pany, Kurt (Overview): The Independant Auditor´s Civil Liability - An Overview, in: The Accounting Review, Vol. 55 (1980), S. 319 - 326

Schulz, Andreas (Überlegungen): Überlegungen zur ökonomischen Analyse des Haftungsrechts, in: VersR, 35. Jg. (1984), S. 608 - 618

Schwarz, Harald (Prüfstand): Prüfer auf dem Prüfstand. Der Ruf der Revisoren ist wegen ihrer Testate unter den Bilanzen von Pleitekandidaten ramponiert, in: SZ vom 13./14./15. August 1994, S. 19

Schwegler, Iren: Die Stellung des Wirtschaftsprüfers zu den Organen Hauptversammlung, Aufsichtsrat und Vorstand, in: BB, 50. Jg. (1995), S. 1683 - 1685

Schwericke, F. Jürgen: Die Haftung der accountants und bookkeeper nach dem Recht der USA, Diss. Köln 1957

Seibert, Ulrich (Partnerschaft): Die Partnerschaft für die Freien Berufe, in: DB, 47. Jg. (1994), S. 2381 - 2384

Selchert, Friedrich Wilhelm: Wirtschaftsprüfung. Mehr als nur ein teures Übel, in: Küting, Karlheinz/ Schnorbus, Axel (Hrsg.): Betriebswirtschaftslehre heute. Für die Aufgaben der Praxis, Frankfurt am Main 1992, S. 175 - 177

Shapiro, Carl (Symposium): Symposium on the Economics of Liability, in: Journal of Economic Perspectives, Vol. 5, Nr. 3 (1991), S. 3 - 10

Shavell, Steven: Strict Liability versus Negligence, in: The Journal of Legal Studies, Vol. 9 (1980), S. 1 - 25

Shavell, Steven (Incentive): Liability and the Incentive to obtain Information about Risk, in: The Journal of Legal Studies, Vol. 21 (1992), S. 259 - 270

Siliciano, John A. (Accounting): Negligent Accounting and the Limits of Instrumental Tort Reform, in: Michigan Law Review, Vol. 86 (1988), S. 1929 - 1980

Singleton-Green, Brian (Liability): Limiting Auditors´ Liability. What the profession wants, and why it isn´t getting it, in: Accountancy, Vol. 106 (July 1990), S. 97 - 98

Sinn, Hans-Werner: Gedanken zur volkswirtschaftlichen Bedeutung des Versicherungswesens, in: Zeitschrift für die gesamte Versicherungswissenschaft, Vol. 77 (1988), S. 1 - 27

Skaupy, Walter: Der Vorschlag einer EG-Richtlinie für die Haftung bei Dienstleistungen, in: BB, 46. Jg. (1991), S. 2021 - 2025

Sotiropoulos, Georgios: Partnerschaftsgesellschaft: Haftung der Partner und Haftungsbeschränkungswege, in: ZIP, 16. Jg. (1995), S. 1879 - 1886

Späth, Wolfgang (Haftung): Zur zivilrechtlichen Haftung des Steuerberaters gegenüber Dritten, in: DStR, 34. Jg. (1996), S. 400 - 404

Stibi, Eva (Prüfungsrisikomodell): Prüfungsrisikomodell und Risikoorientierte Abschlußprüfung, Düsseldorf 1995

Stoll, Hans (Haftungsverlagerung): Haftungsverlagerung durch beweisrechtliche Mittel, in: AcP, 176. Bd. (1976), S. 145 - 196

Streck, Michael: Haftungsfall Testat, in: Stbg, 34. Jg. (1991), S. 98 - 105

Taupitz, Jochen (Analyse): Ökonomische Analyse und Haftungsrecht - Eine Zwischenbilanz, in: AcP, 196. Bd. (1996), S. 114 - 167

Theisen, Manuel René: Zwischenbilanz zur Diskussion über das Verhältnis zwischen Aufsichtsrat und Abschlußprüfer, in: WPK-Mitt., 34. Jg. (1995), S. 185 . 195

Thomas, Heinz: Kommentierung zu § 663 BGB, in: Palandt. Bürgerliches Gesetzbuch, bearb. von Bassenge, Peter, u.a., 55. Auflage, München 1996

Thomas, Heinz/ Putzo, Hans: Kommentierung zu §§ 91 - 103 ZPO, in: Zivilprozeßordnung mit Gerichtsverfassungsgesetz und den Einführungsgesetzen, bearb. von Thomas, Heinz/ Putzo, Hans, 19. Auflage, München 1995

Tietzel, Manfred (Ökonomie): Die Ökonomie der Property Rights: Ein Überblick, in: Zeitschrift für Wirtschaftspolitik, 30. Jg. (1981), S. 207 - 243

Trimarchi, Pietro (Regelung): Die Regelung der Vertragshaftung aus ökonomischer Sicht, in: ZHR, 136. Band (1972) S. 118 - 138

Utzig, Siegfried (Rolle): Die Rolle des Rechts in der modernen ökonomischen Theorie. Ergebnisse neuer institutionenökonomischer Forschung, in: AcP, 189. Band (1989), S. 158 - 178

Varian, Hal R. (Mikroökonomie): Mikroökonomie. Übers. von Michaela Kleber und Martin Weigert, 3. völlig überarb. und stark erweiterte Auflage, München/ Wien 1994

Veljanovski, Cento G.: Wealth Maximization, Law and Ethics - On the Limits of Economic Efficiency, in: International Review of Law and Economics, Vol. 1 (1981), S. 5 - 28

Veljanovski, Cento (Economics): The Economics of Law. An Introductory Text, London 1990

Versicherungsstelle Wiesbaden, Versicherungsgemeinschaft für das wirtschaftliche Prüfungs- und Treuhandwesen (Haftungsbegrenzung): Haftungsbegrenzung und Allgemeine Auftragsbedingungen, in: WPK-Mitt., 28. Jg. (1989), S. 114 - 115

Versicherergemeinschaft für das wirtschaftliche Prüfungs- und Treuhandwesen (Haftungsgefahren): Neue Haftungsgefahren für den prüfenden Berufsstand. Haftung ja, Versicherungsschutz nein?, in: WPK-Mitt., 34. Jg. (1995), S. 29 - 31

Versicherergemeinschaft für das wirtschaftliche Prüfungs- und Treuhandwesen (Grenzen): Grenzen der Dritthaftung oder Schutzzweck einer Sonderprüfung, in: WPK-Mitt., 34. Jg. (1995), S. 136 - 138

Weber, Rolf H. : Ökonomische Rationalität und Vertragsrecht. Bemerkungen zu den Theorieansätzen der "ökonomischen Analyse des Rechts", in: Forstmoser, Peter/ Schluep, Walter R. (Hrsg.): Freiheit und Verantwortung im Recht. Festschrift zum 60. Geburtstag von Arthur Meier-Hayoz, Bern 1982, S. 419 - 444

Weigel, Wolfgang (Ökonomie): Ökonomie und Recht, eine Einführung, in: Weigel, Wolfgang (Hrsg.): Economic Analysis of Law. A Collection of Applications, Wien 1991, S. 13- 39

Weiland, Heiner (Vereinbarkeit): Zur Vereinbarkeit von Abschlußprüfung und Beratung, in: BB, 51. Jg. (1996), S. 1211 - 1216

v. Weizsäcker, Carl Christian (Property Rights): Was leistet die Property Rights Theorie für aktuelle wirtschaftspolitische Fragen?, in: Neumann, Manfred (Hrsg.): Ansprüche, Eigentums- und Verfügungsrechte: Arbeitstagung des Vereins für

Socialpolitik, Ges. für Wirtschafts- und Sozialwissenschaften, Basel, 26. - 28. September 1983, Berlin 1984, S. 123 - 152

Wiedmann, Harald (Prüfungsansatz): Der risikoorientierte Prüfungsansatz, in: WPg, 46. Jg. (1993), S. 13 - 25

Williamson, Oliver E. (Transaction Cost): Tranaction Cost Economics Meets Posnerian Law and Economics, in: JITE, Vol. 149 (1993), S. 99 - 118

Wilson, Robert (Auditing): Auditing: Perspectives from Multi-Person Decision Theory, in: The Accounting Review, Vol. 58 (1983), S. 305 - 318

Wittman, Donald (Price): The Price of Negligence under Differing Liability Rules, in: Journal of Law & Economics, Vol. 29 (1986), S. 151 - 163

Wittmann, Peter: Betriebswirtschaftliche Kennzahlen von Wirtschaftsprüfungsunternehmen für das Jahr 1991, in: WPK-Mitt., 34. Jg. (1995), S. 79 - 85

WPK (Hrsg.) (Richtlinien): Richtlinien für die Berufsausübung der Wirtschaftsprüfer und vereidigten Buchprüfer. Berufsrichtlinien. Stand 12. März 1987, Düsseldorf 1987

WPK (Dienstleistungen): EG-Richtlinienvorschlag über die Haftung bei Dienstleistungen, in: WPK-Mitt., 30. Jg. (1991), S. 66 - 67

WPK (Änderung): Zweite Änderung für eine Fünfte EG-Richtlinie Art. 62: Haftung der mit der Rechnungsprüfung beauftragten Personen, in: WPK-Mitt., 30. Jg. (1991), S. 73 - 75

WPK (Hrsg.) (Entscheidungen II): Berufsgerichtliche Entscheidungen und Rügen in Wirtschaftsprüfersachen. Band II. März 1978 - Juni 1991, bearb. von Lichtner, Rolf und Teckemeyer, Helmuth, Düsseldorf 1993

WPK (Hrsg.) (Sonderrundschreiben): Sonderrundschreiben zum Entwurf der Berufssatzung, Düsseldorf 10. Juli 1995

WPK (Hrsg.) (HBR): Handbuch des Berufsrechts. WPK-HBR für Wirtschaftsprüfer und vereidigte Buchprüfer einschließlich des Berufsrechts der Steuerberater und Rechtsanwälte. Bearb. von Rolf Lichtner und Hans Wilhelm Korfmacher, Stand Oktober 1995

WPK (Satzung): Satzung über die Rechte und Pflichten bei der Ausübung der Berufe des Wirtschaftsprüfers und des vereidigten Buchprüfers, in: WPK-Mitt., 35. Jg. (1996), S. 176 - 195

WPK und IDW (Hrsg.) (Qualitätssicherung): VO 1/1995: Zur Qualitätssicherung in der Wirtschaftsprüferpraxis, in: Beilage zu FN-IDW, Nr. 12/1995, S. 530a - 530x

v. Wysocki, Klaus (Grundlagen): Grundlagen des betriebswirtschaftlichen Prüfungswesens, 3. Aufl., München 1988

Zemke, Corinna (Inkompatibilität): Inkompatibilität von Prüfung und Beratung, in: StB, 45. Jg (1994), S. 87 - 98

Zilias, Manfred: Die Harmonisierung der Haftungsvorschriften für Abschlußprüfer in den Mitgliedstaaten der EG - Künftig unbeschränkte Haftung und Haftung gegenüber Aktionären und Dritten?, in: WPg, 27. Jg. (1974), S. 69 - 78

Zünd, André: Amerikanische Wirtschaftsprüfung in der Krise - Lehren für den schweizerischen Berufsstand?, in: Der Schweizer Treuhänder, 60. Jg. (1986), S. 386 - 390

Zünd, André (Expectation Gap): "Expectation Gap" - Die Revision im Clinch von Erwartung und Auftrag, in: Der Schweizer Treuhänder, 66. Jg. (1992), S. 371 - 379

Rechtsprechungsverzeichnis

BVerfG-Beschlüsse:

BVerfG, Beschl. des ersten Senats v. 14. Juli 1987, 1 BvR 537/81, BVerfGE 76, S. 171 - 196

BVerfG, Beschl. des ersten Senats v. 14. Juli 1987, 1 BvR 362/79, BVerfGE 76, S. 196 - 210

BGH-Urteile

BGH, Urt. v. 13.07.1956 - VI ZR 132/55, in: BB, 11. Jg. (1956), S. 865 - 866

BGH, Urt. v. 05.12.1972 - VI ZR 74/71, in: NJW, 26. Jg. (1973), S. 321 - 322

BGH, Urt. v. 23.01.1985 - IVa ZR 66/83, in: WM, 39. Jg. (1985), S. 450 - 453

BGH, Urt. v. 17.09.1985 - VI ZR 73/84, in: NJW, 39. Jg. (1986), S. 180 - 182

BGH, Urt. v. 26.11.1986 - IVa ZR 86/85, in: DB, 40. Jg. (1987), S. 828 - 829

BGH, Urt. v. 11.10.1988 - XI ZR 1/88, in: DB, 42. Jg. (1989), S. 101 - 102

BGH, Urt. v. 18.10.1988 - XI ZR 12/88, in: WM, 43. Jg. (1989), S. 375 - 377

BGH, Urt. v. 31.05.1990 - VII ZR 340/88, in: NJW, 43. Jg. (1990), S. 2461 - 2464

BGH, Urt. v. 26.09.1991 - VII ZR 376/89, in: NJW, 45. Jg. (1992), S. 228 - 232

BGH, Urt. v. 13.02.1992 - III ZR 28/90, in: NJW, 45. Jg. (1992), S. 2080 - 2084

BGH, Urt. v. 30.04.1992 - III ZR 151/91, in: DB, 45. Jg. (1992), S. 1466 - 1468

BGH, Urt. v. 28.10.1993 - IX ZR 21/93, in: NJW, 47. Jg. (1994), S. 323 - 327

BGH, Urt. v. 01.06.1994 - VIII ZR 36/93, in: BB, 49. Jg. (1994), S. 1453 - 1454

BGH, Urt. v. 10.11.1994 - III ZR 50/94, in: DB, 48. Jg. (1995), S. 209 - 212

OLG-Urteile

OLG Braunschweig, Urt. v. 11.02.1993 - 11 U 27/92, in: WPK-Mitt., 34. Jg. (1995), S. 209 - 211

OLG Düsseldorf, Urt. v. 06.05.1982 - 2 U 108/81, in: ZIP, 3. Jg. (1982), S. 852 - 854

OLG Düsseldorf, Urt. v. 09.12.1994 - 22 U 96/94, in: BB, 50. Jg. (1995), S. 2234 - 2235

OLG Frankfurt, Urt. v. 20.09.1988 - 11 U 15/88, in: WM, 43. Jg. (1989), S. 1618 - 1620

OLG Hamm, Urt. v. 29.04.1986 - 0 U 290/85, in: NJW-RR, 2. Jg. (1987), S. 209 - 210

OLG Hamm, Urt. v. 17.02.1993 - 25 U 77/92, in: WPK-Mitt., 34. Jg. (1995), S. 219 - 222

OLG Karlsruhe, Urt. v. 07.02.1985 - 12 U 132/82, in: ZIP, 6. Jg. (1985), S. 404 - 415

OLG Karlsruhe, Urt. v. 23.11.1995 - 9 U 24/95, in: BB, 50. Jg. (1995), S. 2644 - 2645

OLG Köln, Urt. v. 20.10.1987 - 15 U 55/87, in: NJW-RR, 3. Jg. (1988), S. 335 - 336

OLG Köln, Urt. v. 29.11.1995 - 11 U 96/95, n. rkr., in: BB, 51. Jg. (1996), S. 898 - 900

OLG Saarbrücken, Urt. v. 12.07.1978 - 1 U 174/76, in: BB, 33. Jg. (1978), S. 1434 - 1436

OLG Stuttgart, Urt. v. 25.07.1995 - 12 U 57/94 n. rkr., in: WPK-Mitt., 34. Jg. (1995), S. 222 - 224

Urteile US-amerikanischer Gerichte:

Ultramares Corp. v. Touche (255 N.Y. 170, 174, N.E. 441, 1931)

United States v. Carroll Towing Co. (159 F. 2d 169, 2d cir. 1947)

Rusch Factors Inc. v. Levin (284 F.Supp. 85, D.R.I. 1968)

Escott v. Bar Chris Construction Corp. (283 F. Supp. 643, S.D.N.Y. 1968)

H. Rosenblum Inc. v. Adler (93 N.J. 324, 461 A. 2d, 1983)

Credit Alliance Corp. v. Arthur Andersen & Co. (65 N.Y. 2d 536, 551, 1985)

Willingham Iselin & Company Inc. v. Mann Judd Landau (71 N.Y. 2d 420, 1988)

Bily v. Arthur Young & Co. (11 Cal. Rptr. 2d 51, 834, P. 2d 745, 1992)

Reves v. Ernst & Young (113 S.Ct. 1163, 1993)

Roland Bubik

Geschichte der Marketing-Theorie

Historische Einführung in die Marketing-Lehre

Frankfurt/M., Berlin, Bern, New York, Paris, Wien, 1996. 230 S., 8 Abb.
Europäische Hochschulschriften: Reihe 5, Volks- und Betriebswirtschaft.
Bd. 1889
ISBN 3-631-50036-X · br. DM 69.–*

Die Marketing-Lehre gleicht einer Ansammlung der unterschiedlichsten Approaches und Methoden. Marketing umfaßt eine funktionale Absatztheorie, versteht sich daneben aber auch als eine Managementlehre. Woher rührt diese Heterogenität des Faches? Wie konnte eine Verkaufskunde zur Parallel-BWL mutieren? Was ist eigentlich „modern" am „modernen Marketing" – und welche alten Inhalte erscheinen lediglich in immer neuer Verpackung auf dem Wissenschaftsmarkt? Wie kam es zur Verdrängung der deutschen Absatzlehre durch ihr Pendant aus den USA? Dieses Buch versteht sich als historische Rekonstruktion des Marketing-Ansatzes. Es bietet eine vergleichende Darstellung der amerikanischen Marketing- und der deutschsprachigen Absatzlehre von ihren Anfängen um 1900 bis heute. Dabei kommt es zu spektakulären Ergebnissen: Ob Marketing-Mix oder marktorientierte Unternehmensführung – ihre Konzeptionen wurzeln viel weiter in der Vergangenheit als bisher angeommen wurde.
Aus dem Inhalt: Auf den Wellen der Konsumgesellschaft: Marketing von 1900 bis 1945 · Im Schatten des Kostendenkens: Anfänge der Absatztheorie · Absatzlehre und Nationalsozialismus · Entwicklung zum Marketing-Management · Rezeption des US-Marketings in Deutschland · Verhaltenswissenschaftliche Fundierung und Modellansatz · Social Marketing und NPO-Marketing · Marketing der Marketing-Wissenschaft?

Printed by
CPI books GmbH, Leck

Kolibri 360 GmbH
Ferdinand-Jühlke-Straße 7
99095 Erfurt, Deutschland
produktsicherheit@kolibri360.de